# Die Ostseeküste fotografieren –

## Die schönsten Motive auf Hiddensee, Rügen und Usedom

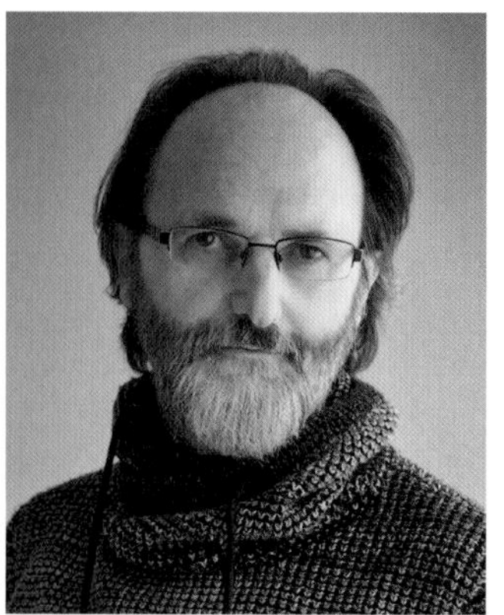

**HEINZ WOHNER**, geb. 1957 in der Eifel, studierte von 1978–1984 Foto-Design an der Fachhochschule Dortmund, und ist seitdem als Reise- und Landschaftsfotograf tätig. Nach Reisen in entlegenere Regionen wie Alaska oder Tasmanien ist er seit vielen Jahren auch bevorzugt in den Landschaften Deutschlands unterwegs. Seine Arbeiten werden in Bildbänden, Kalendern und Magazinen wie Geo-Saison, Mare oder Merian publiziert. Heinz Wohner ist langjähriges Mitglied der Fotografenagentur lookphotos. Als Dozent leitet Heinz Wohner Foto-Workshops zum Thema Landschaftsfotografie. Im dpunkt.verlag ist sein Lehrbuch »Landschaftsfotografie in Deutschland« erschienen.

Heinz Wohner

# DIE OSTSEEKÜSTE FOTOGRAFIEREN

Die schönsten Motive auf Hiddensee, Rügen und Usedom

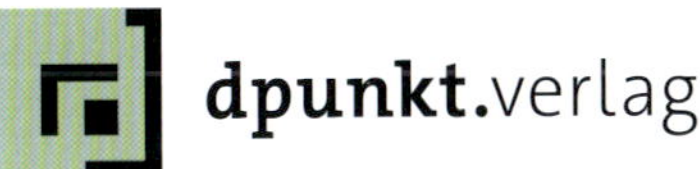

Heinz Wohner

Lektorat: Gerhard Rossbach
Lektoratsassistenz: Julia Griebel
Copy-Editing: Alexander Reischert, *www.aluan.de*
Satz: Anna Diechtierow
Herstellung: Stefanie Weidner, Frank Heidt
Umschlaggestaltung: Anna Diechtierow, unter Verwendung von Fotos des Autors
Druck und Bindung: mediaprint solutions GmbH, 33100 Paderborn

Bibliografische Information der Deutschen Nationalbibliothek
Die Deutsche Nationalbibliothek verzeichnet diese Publikation in der Deutschen Nationalbibliografie; detaillierte bibliografische Daten sind im Internet über *http://dnb.d-nb.de* abrufbar.

ISBN:
Print 978-3-86490-840-8
PDF 978-3-96910-314-2
ePub 978-3-96910-315-9
mobi 978-3-96910-316-6


Wieblinger Weg 17
69123 Heidelberg



543210

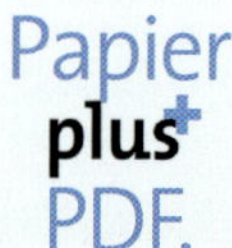

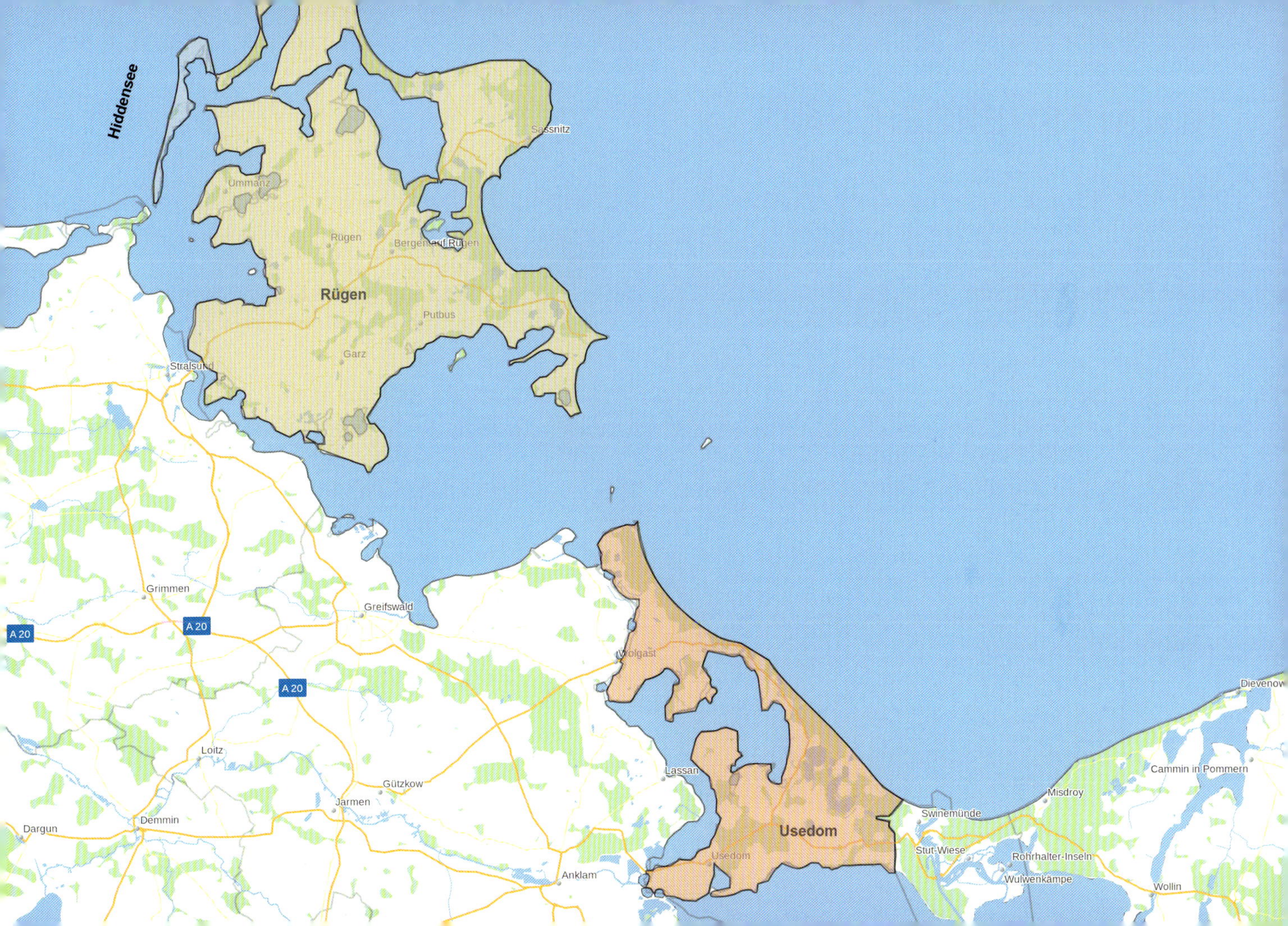

Hiddensee
Sassnitz
Ummanz
Rügen
Bergen auf Rügen
Rügen
Putbus
Garz
Stralsund
Grimmen
A 20
A 20
A 20
Greifswald
Wolgast
Dievenow
Loitz
Lassan
Cammin in Pommern
Gützkow
Jarmen
Misdroy
Demmin
Dargun
Swinemünde
Usedom
Stut-Wiese
Rohrhalter-Inseln
Usedom
Anklam
Wulwenkämpe
Wollin

# INHALTSVERZEICHNIS

# Einleitung

Rügen, Hiddensee und Usedom – nicht nur für mich sind die drei Inseln im äußersten Nordosten Deutschlands die Perlen der deutschen Ostseeküste.

Rügen und Usedom liegen seit Jahren konstant auf den Plätzen 1 und 2 im Ranking der beliebtesten Urlaubsinseln Deutschlands, zudem beansprucht Usedom für sich, mit den meisten Sonnenstunden in Deutschland gesegnet zu sein. Hiddensee hingegen bewahrt sich seinen besonderen Charme als Rückzugs- und Sehnsuchtsinsel, indem es konsequent jeglichen Tribut an den touristischen Rummel verweigert – mondäne Strandpromenaden, Seebrücken oder gar Diskotheken sind auf der nach wie vor autofreien Insel nicht zu finden.

Grund genug also, diesem Dreigestirn in der Ostsee einen Foto-Scout zu widmen, der die Schönheit und Vielfalt seiner Landschaften in den Fokus nimmt. Denn genau das möchte dieses Buch sein: kein normaler Reiseführer, sondern Inspirationsquelle und Ratgeber für Landschaftsfotograf*innen. Ausführlich und detailliert werden die landschaftlichen Highlights der Inseln dargestellt und beschrieben, ohne dass weniger bekannte Plätze zu kurz kommen. Zu jedem der vorgestellten Foto-Spots gibt es genaue Ortsbeschreibungen mit Koordinatenangaben, Empfehlungen für die besten Aufnahmestandorte sowie Tages- und Jahreszeiten, um zur richtigen Zeit im besten Licht an der richtigen Stelle stehen zu können.

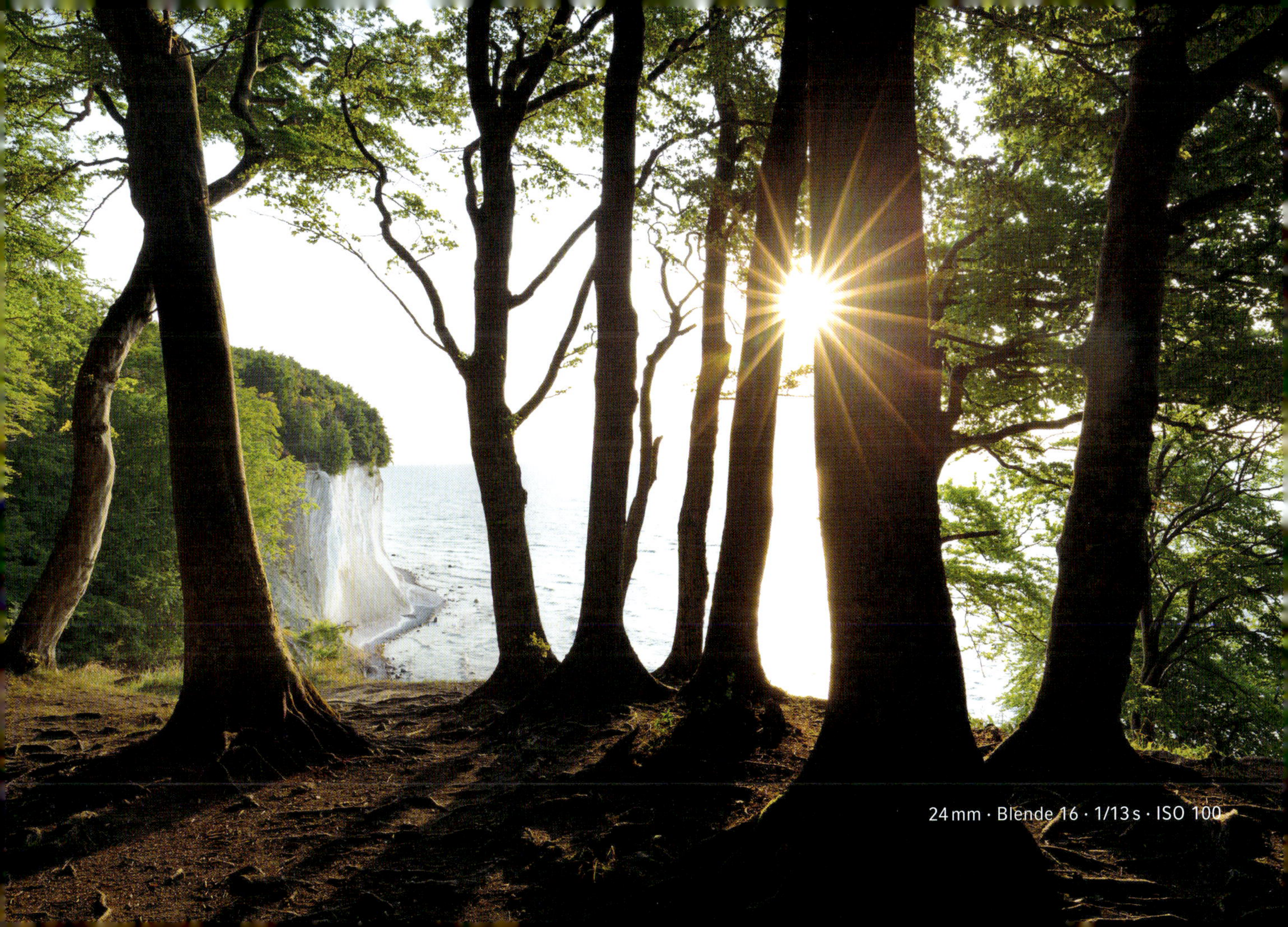
24 mm · Blende 16 · 1/13 s · ISO 100

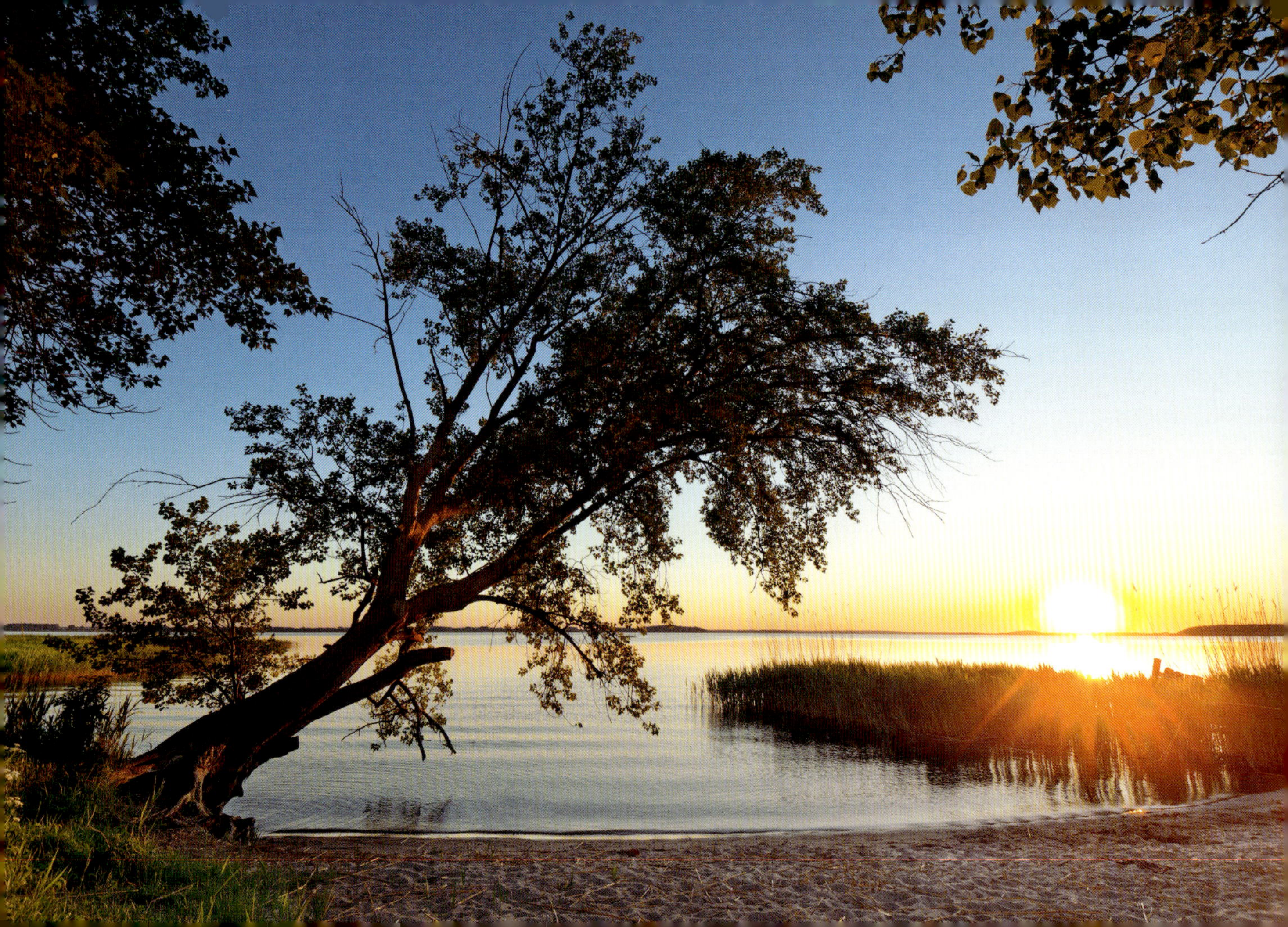

16 mm · Blende 11 · 1/80 s · ISO 200

Denn darum geht es in der Landschaftsfotografie: um das Licht und um das Wetter – und um die Stimmungen, die das Zusammenspiel dieser beiden äußeren Einflüsse erzeugt. Wir können an unterschiedlichen Tagen und zu unterschiedlichen Zeiten immer wieder denselben Standort aufsuchen und werden doch immer wieder ganz verschiedene Stimmungen erleben. Damit dies kein Glücksspiel wird, ist gute Vorbereitung wichtig, und dabei möchte dieses Buch helfen.

Wichtig für gelingende Bilder, die das widerspiegeln, was wir vor Ort gesehen und empfunden haben, ist ein versierter Umgang mit Technik und Gestaltung. Deshalb gibt es zu vielen Bildbeispielen konkrete Tipps zum optimalen Einsatz der richtigen fotografischen Technik und zur Auswahl der passenden Objektive, aber auch zu den verschiedenen Möglichkeiten der Bildgestaltung. Sinnvoller und wichtiger als eine möglichst große Zahl an verschiedenen Locations war mir deshalb gelegentlich auch zu zeigen, was man an dem jeweiligen Foto-Spot machen kann: von unterschiedlichen Perspektiven und Blickwinkeln bis hin zu serieller Fotografie, mit der man beispielsweise ein und denselben Spot in unterschiedlichen Licht- und Wetterstimmungen abbilden kann. Flankiert wird das Ganze durch ein Kapitel zum Fotografieren mit den wichtigsten Filtern in der Landschaftsfotografie wie Verlaufsfilter, Graufilter und Polarisationsfilter. In jeder Hinsicht gut vorbereitet gelingen dann die besten und stimmungsvollsten Bilder. Ganz selbstverständlich sollte für uns dabei ein verantwortungsvoller Umgang mit der Natur sein, der alles unterlässt, was zu Störungen, Schäden oder Beeinträchtigungen führen könnte.

# REISEVORBEREITUNG UND PLANUNG

## ANREISE

Für Autofahrer läuft fast alles über die A 20. Von Westen über Lübeck und Rostock, von Süden und Osten über Berlin je nach Reiseziel über die A 19 oder A 11 und A 20. Nach Rügen über die Brücke bei Stralsund, nach Hiddensee mit der Fähre ab Stralsund oder ab Schaprode auf Rügen (in der Hochsaison der Sommermonate frühzeitig buchen), nach Usedom über Wolgast oder Anklam.

Ganz ähnlich führen auch die Bahnstrecken über Hamburg oder Berlin nach Stralsund oder Greifswald zum Umsteigen in die Usedomer Bäderbahn oder direkt nach Bergen oder Binz auf Rügen.

Es gibt natürlich auch noch die Flughäfen Rostock/Laage und Heringsdorf, aber ich oute mich hier mal als Gegner von innerdeutschen Flügen und möchte dies nicht empfehlen.

Vor Ort gibt es auf Rügen und Usedom Bus- und Bahnlinien, die allerdings eher selten für uns Landschaftsfotograf*innen in Betracht kommen, wenn wir schon sehr früh oder noch sehr spät vor Ort sein wollen. Da sind wir wohl oder übel doch auf das Auto angewiesen. Wer aber nicht unbedingt bei einem Besuch die komplette Insel bereisen möchte, sondern sich beispielsweise auf Rügen nur auf die Kreideküste konzentriert, kann durch kluge Wahl des Standortes auch auf das Auto verzichten und zu Fuß oder mit dem Rad unterwegs sein; auch Usedom ist gut für Radtouren geeignet, und die autofreie Insel Hiddensee sowieso.

## UNTERKUNFT

Auf den Inseln gibt es Hotels, Pensionen sowie Ferienhäuser und -wohnungen in allen Kategorien, auf Rügen und Usedom auch Camping- und Wohnmobilstellplätze.

## REISEZEIT

Besuchenswert sind die Inseln immer und zu jeder Jahreszeit, auch im Winter. Die Hauptreisezeit im Hochsommer, also Juli und August, können und sollten wir aber getrost den Strandurlaubern überlassen. Fotografisch am reizvollsten und ergiebigsten sind das Frühjahr und der Herbst. Zartgrün das frische Laub der Buchenwälder, gelb die Blüten von Raps und Besenginster, rot der Klatschmohn – das sind die Farben des Frühjahrs. Nicht minder fotogen die leuchtend bunte Farbpalette des Herbstes. Und auch Wintertage mit Schnee und Eis können traumhaft sein, werden aber leider immer seltener.

## AUSRÜSTUNG

Was muss alles rein in den Fotorucksack? Es soll ja Fotografen geben, die sich über ihre Fotoausrüstung mehr Gedanken machen als über die Bilder, die sie damit machen wollen. Ich selbst habe in der Regel selten mehr als das Nötigste dabei, das Kameragehäuse mit einem starken Weitwinkel- und einem leichten Telezoomobjektiv. Nützliches Zubehör können dann noch Verlaufsfilter sein, Grau- bzw. Neutraldichtefilter unterschiedlicher Stärke und ein Polfilter. Dazu genügend Speicherkarten und geladene Kamera-Akkus, Reinigungstuch für die Objektive und ganz allgemein noch ein paar hilfreiche Zutaten, die in jeden Wanderrucksack gehören, wie Taschenmesser, Taschen- oder besser noch Stirnlampe, genug Proviant und eine Wasserflasche.

Für mich das Wichtigste in der Landschaftsfotografie: ein Stativ! Wir brauchen es für die frühen Morgen- und späten Abendstunden, für die Deckungsgleichheit von Belichtungsreihen (s. dazu auch das Kapitel »Filter in der Landschaftsfotografie«, Seite 238 ff.), aber auch für ein ruhiges und konzentriertes Fotografieren: Sind mit der Kamera auf dem Stativ einmal Standpunkt und Bildausschnitt festgelegt, lässt sich in Ruhe die Entwicklung des Lichts oder der ziehenden Wolken abwarten, bis der »richtige Moment« gekommen ist, um auf den Auslöser zu drücken.

24 mm · Blende 16 · 1/160 s · ISO 100

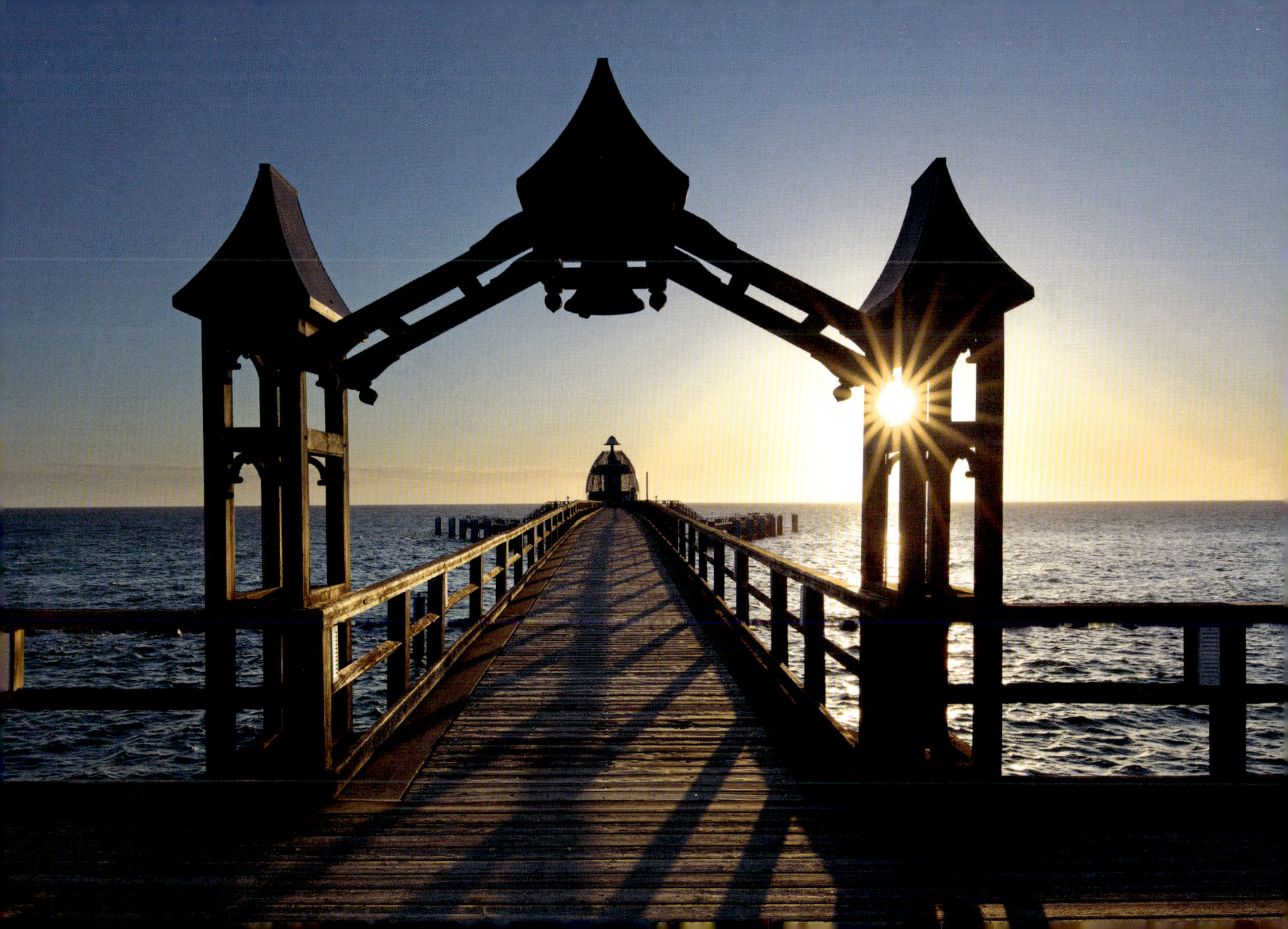

# SICHERES FOTOGRAFIEREN FÜR FRÜHAUFSTEHER

Zu den nach Osten hin ausgerichteten Stränden wie auch zu den Kreidefelsen auf Rügen kommen wir gerne frühmorgens, um den Sonnenaufgang zu erleben. Um rechtzeitig vor Ort zu sein, ist es wichtig, nicht nur die Zeit für die Wegstrecke zu berücksichtigen, sondern auch zu bedenken, dass die Zeit vor Sonnenaufgang manchmal noch stimmungsvoller ist als der Moment selbst. Ich versuche immer eine Dreiviertelstunde vor Sonnenaufgang an Ort und Stelle zu sein. Rechne ich für den Weg z. B. eine Viertelstunde ein, muss ich mindestens eine Stunde vor Sonnenaufgang los, also ausgerüstet mit Stirnlampe noch in völliger Dunkelheit. Sinnvoll finde ich daher immer, diesen Weg nach Möglichkeit tags zuvor schon einmal im Hellen gemacht zu haben. Erstens lande ich dann mit Sicherheit an der richtigen und vorher ausgesuchten Stelle, zweitens bringe ich mich nicht – in Unkenntnis des richtigen Weges – unnötig in Gefahr. Diese Vorsicht ist ganz besonders an den Kreidefelsen auf Rügen geboten. Schon unten am Strand bilden die groben Steine Stolperfallen, richtig gefährlich kann es oben am Hochufer werden, dort besteht erhöhte Absturzgefahr. Jedes Jahr kommt es zu tödlich endenden

16 mm · Blende 11 · 1/20 s · ISO 200

Abstürzen von Menschen, die auf der Suche nach der Top-Aussicht die ausgeschilderten Wege verlassen und alle Warnhinweise missachten. Dabei kann ich aus eigener Erfahrung sagen, dass sich diese Suche nicht lohnt. Die sicheren Aussichtspunkte sind auch die schönsten. Viel sinnvoller ist es, an diesen Plätzen Zeit zu investieren, sie vielleicht auch mehrmals zu unterschiedlichen Licht- und Wetterstimmungen aufzusuchen. Niemals sollte man sich nach starken Regenfällen der Abbruchkante nähern, denn eines muss man sich immer wieder bewusst machen: Es ist kein Fels, es ist Kreide!

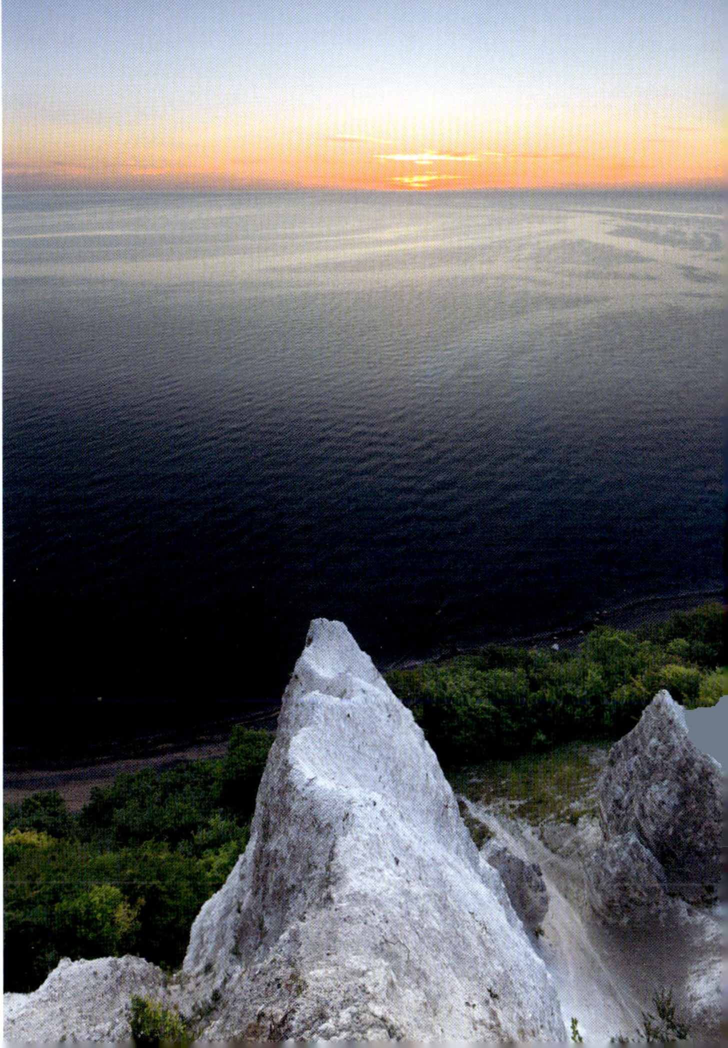

# RÜGEN

Natürlich sind es die berühmten Kreidefelsen, die Rügen so einzigartig machen und uns hierher ziehen, so wie sie vor uns Fotograf*innen auch immer schon die Maler angezogen haben, allen voran unseren »Übervater« Caspar David Friedrich. In mehreren Etappen wollen wir uns deshalb auch hier ganz ausführlich der Kreideküste widmen, dabei aber nicht die anderen Schönheiten vernachlässigen, die es sonst noch auf Rügen zu entdecken gilt: den Baumwipfelpfad mit Blick über die herrlichen Buchenwälder, den sagenumwobenen Schwarzen See, die Feuersteinfelder oder die stille Halbinsel Mönchgut.

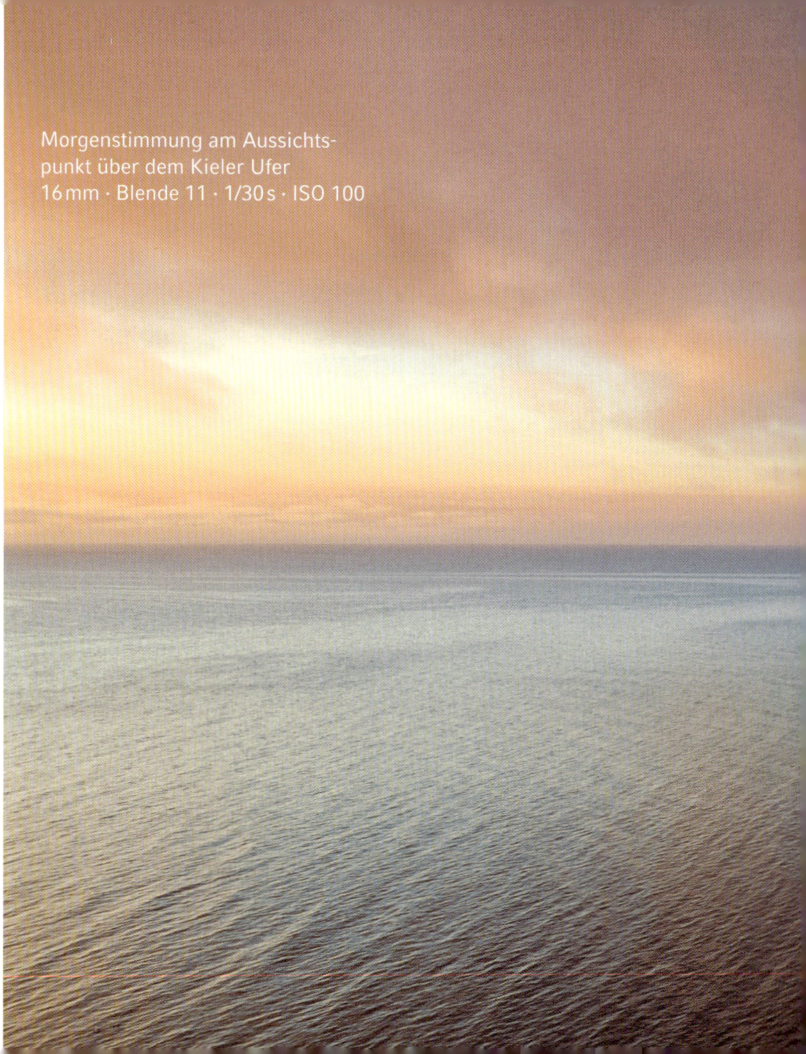

Morgenstimmung am Aussichtspunkt über dem Kieler Ufer
16 mm · Blende 11 · 1/30 s · ISO 100

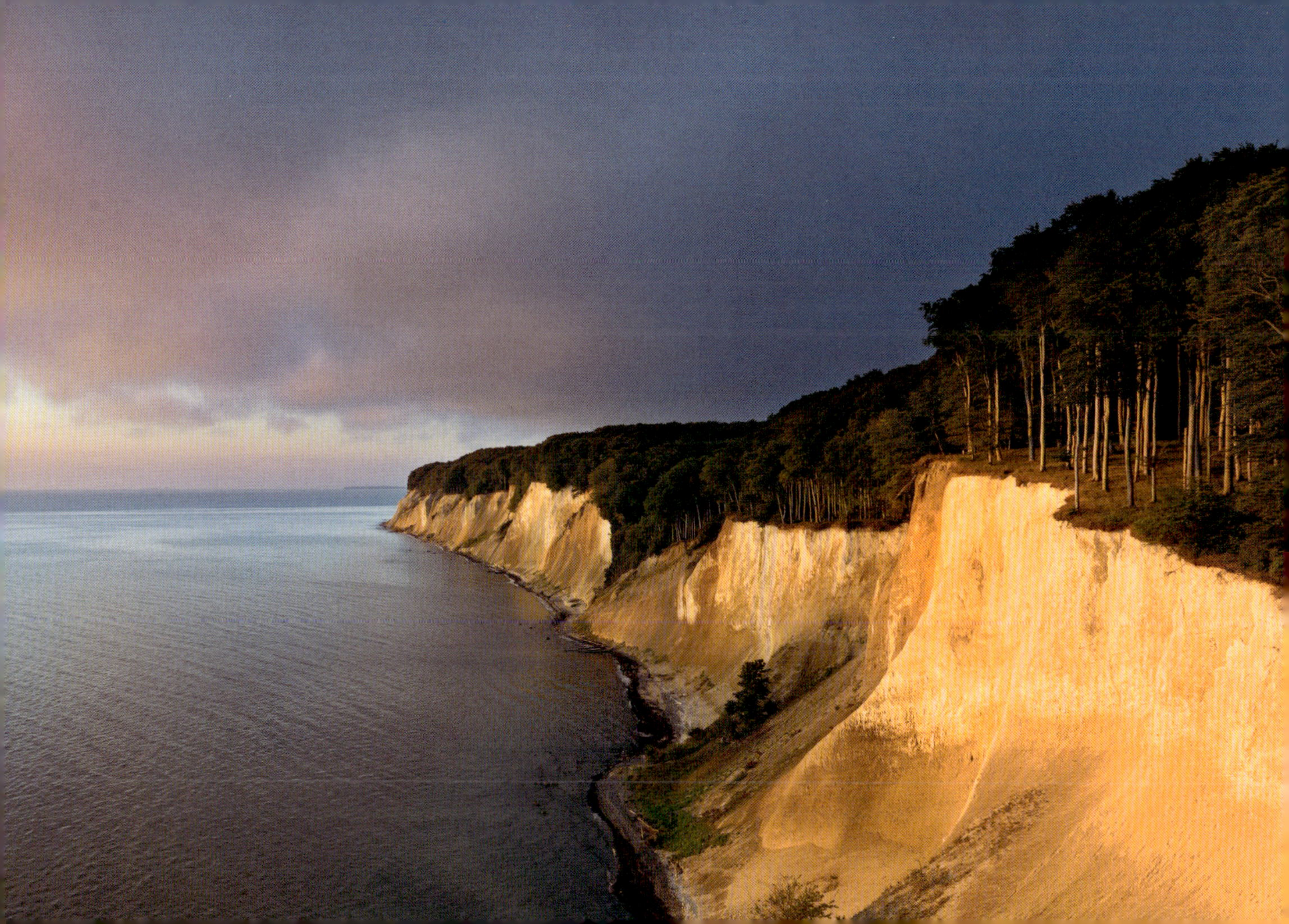

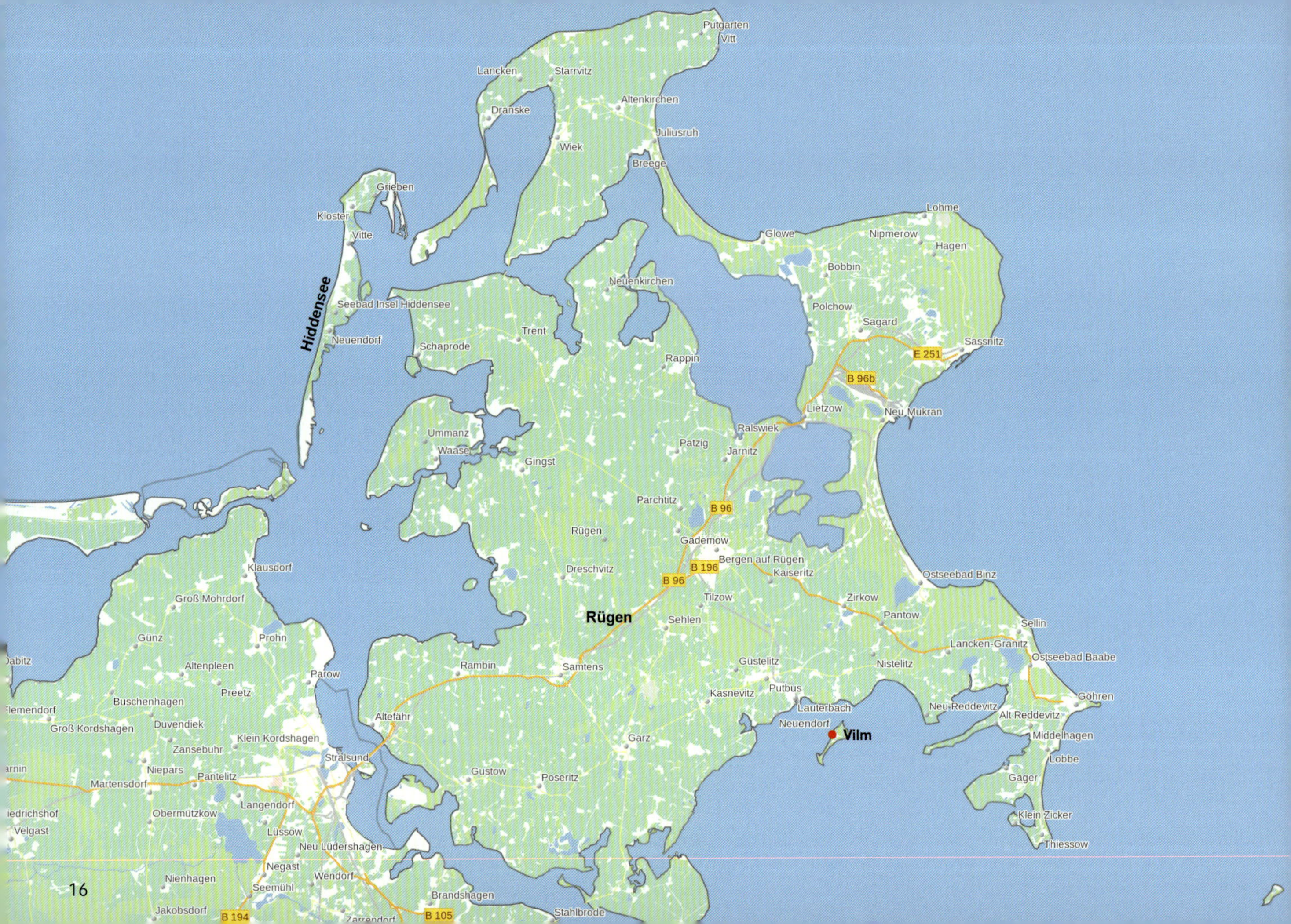

Putgarten
Vitt
Lancken
Starrvitz
Altenkirchen
Dranske
Juliusruh
Wiek
Breege
Grieben
Kloster
Vitte
Lohme
Glowe
Nipmerow
Hagen
Bobbin
Neuenkirchen
Hiddensee
Seebad Insel Hiddensee
Polchow
Sagard
Trent
Neuendorf
Sassnitz
Schaprode
E 251
Rappin
B 96b
Lietzow
Neu Mukran
Ummanz
Ralswiek
Patzig
Waase
Jarnitz
Gingst
Parchtitz
B 96
Rügen
Gademow
Bergen auf Rügen
B 196
Klausdorf
Dreschvitz
Kaiseritz
Ostseebad Binz
B 96
Tilzow
Groß Mohrdorf
Zirkow
Rügen
Pantow
Sehlen
Sellin
Günz
Prohn
Lancken-Granitz
Dabitz
Altenpleen
Rambin
Samtens
Gustelitz
Nistelitz
Ostseebad Baabe
Parow
Preetz
Putbus
Kasnevitz
Göhren
Buschenhagen
Lauterbach
Neu Reddevitz
Flemendorf
Altefähr
Alt Reddevitz
Neuendorf
Groß Kordshagen
Duvendiek
Vilm
Garz
Middelhagen
Klein Kordshagen
Zansebuhr
Stralsund
Lobbe
Niepars
Gustow
Poseritz
Gager
Martensdorf
Pantelitz
Langendorf
Obermützkow
Klein Zicker
Lüssow
Velgast
Thiessow
Neu Lüdershagen
Negast
Nienhagen
Wendorf
Seemühl
Brandshagen
Jakobsdorf
Stahlbrode
B 194
B 105
Zarrendorf

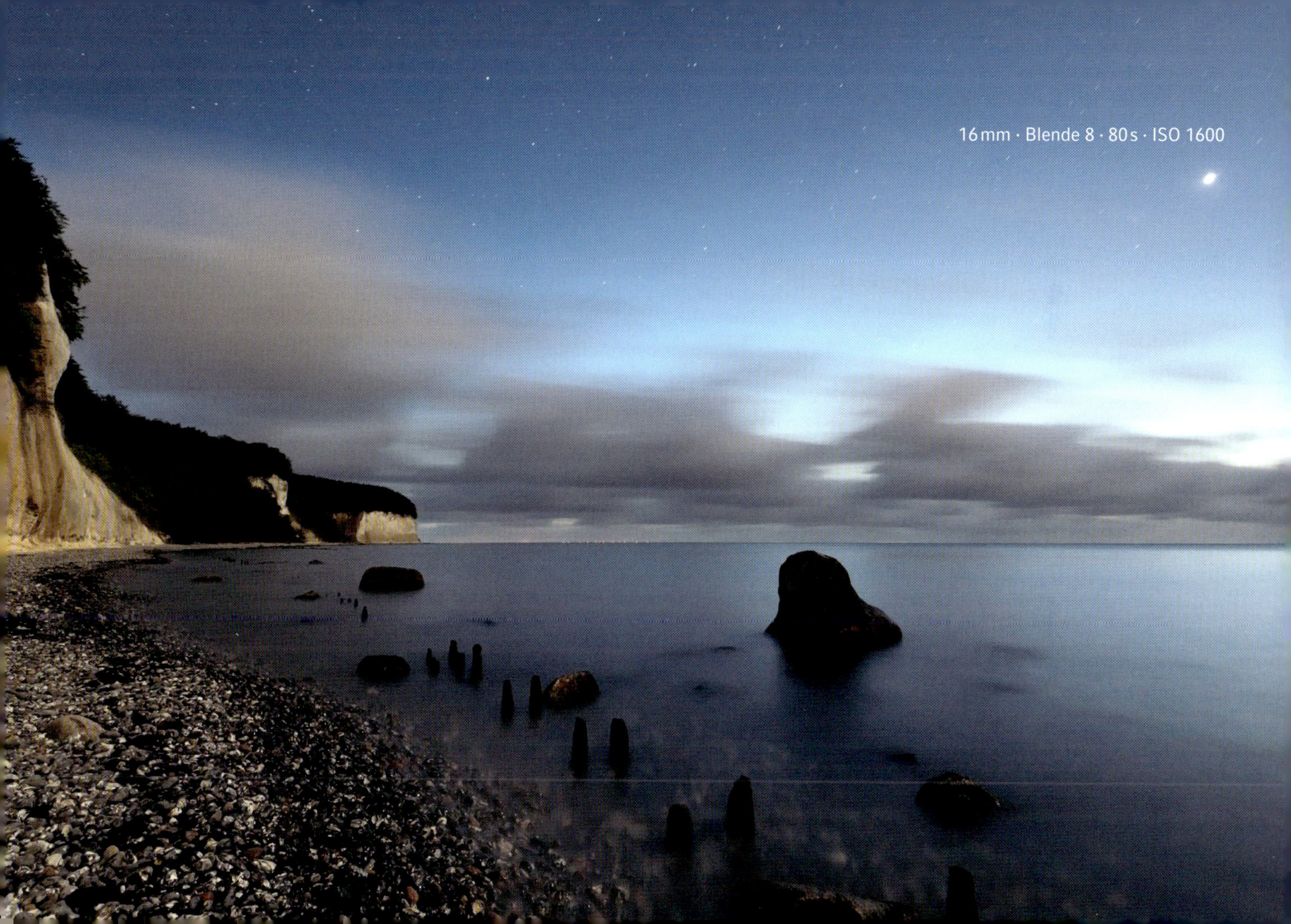

16 mm · Blende 8 · 80 s · ISO 1600

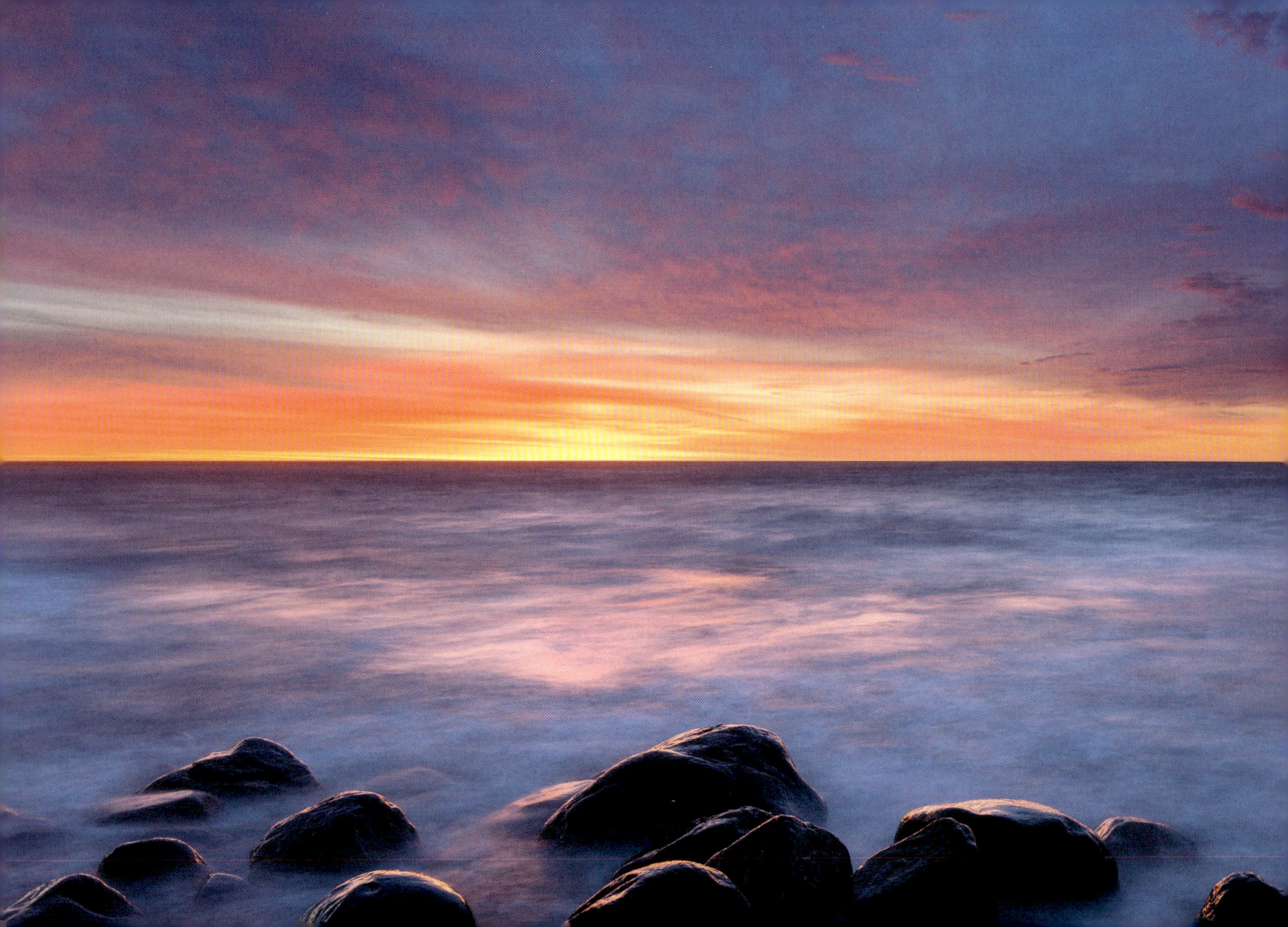

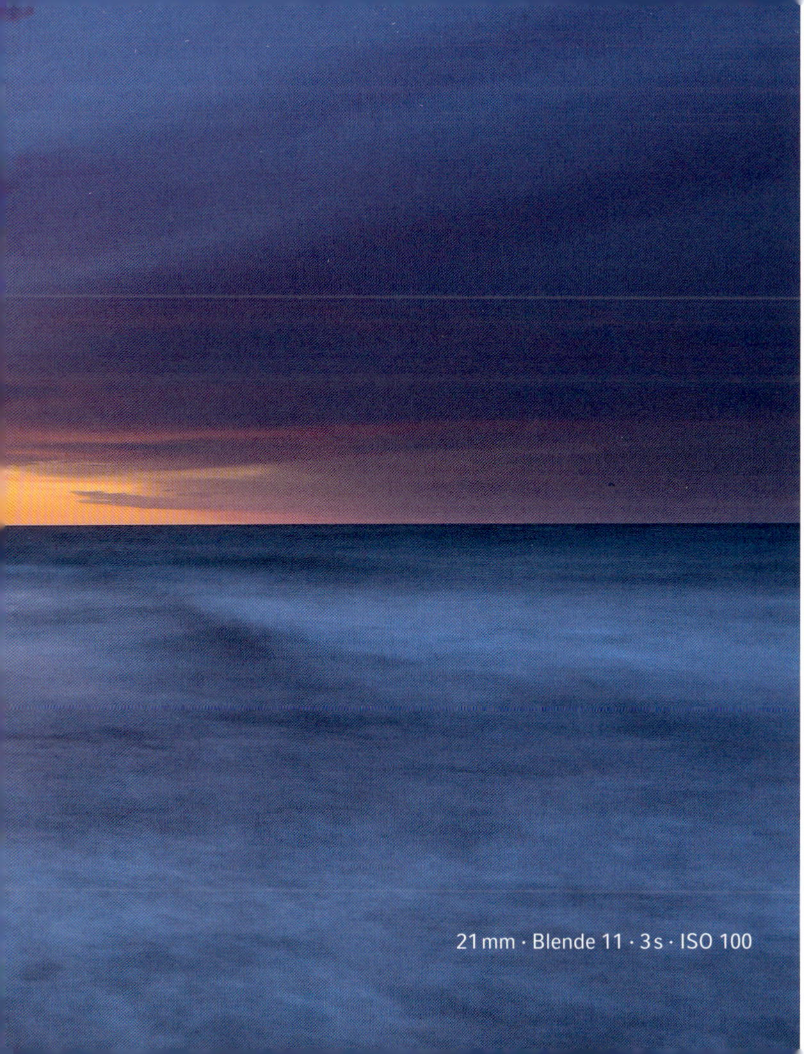

21 mm · Blende 11 · 3 s · ISO 100

# KAP ARKONA
## TOUR 1

Beginnen wir unseren Foto-Trip ganz oben am nördlichsten Zipfel Rügens, am Kap Arkona auf der Halbinsel Wittow.

Der Parkplatz vor dem Ortseingang von Putgarten hat einen eigenen Wohnmobilstellplatz, im Ort gibt es Hotels und Ferienhäuser.

Wer genügend Zeit mitbringt, sollte hier durchaus in einen mehrtägigen Aufenthalt investieren, denn die beschriebenen drei Foto-Spots erweisen sich sowohl zu Sonnenaufgang als auch bei Sonnenuntergang als fotografisch besonders ergiebig. Fotogen sind auch die Kapelle und die reetgedeckten Fischerhäuser von Vitt.

## KAP ARCONA
## TOUR 1

1. PEILTURM UND LEUCHTTÜRME
2. ALTES PEGELHAUS
3. KAP ARKONA VON VITT AUS

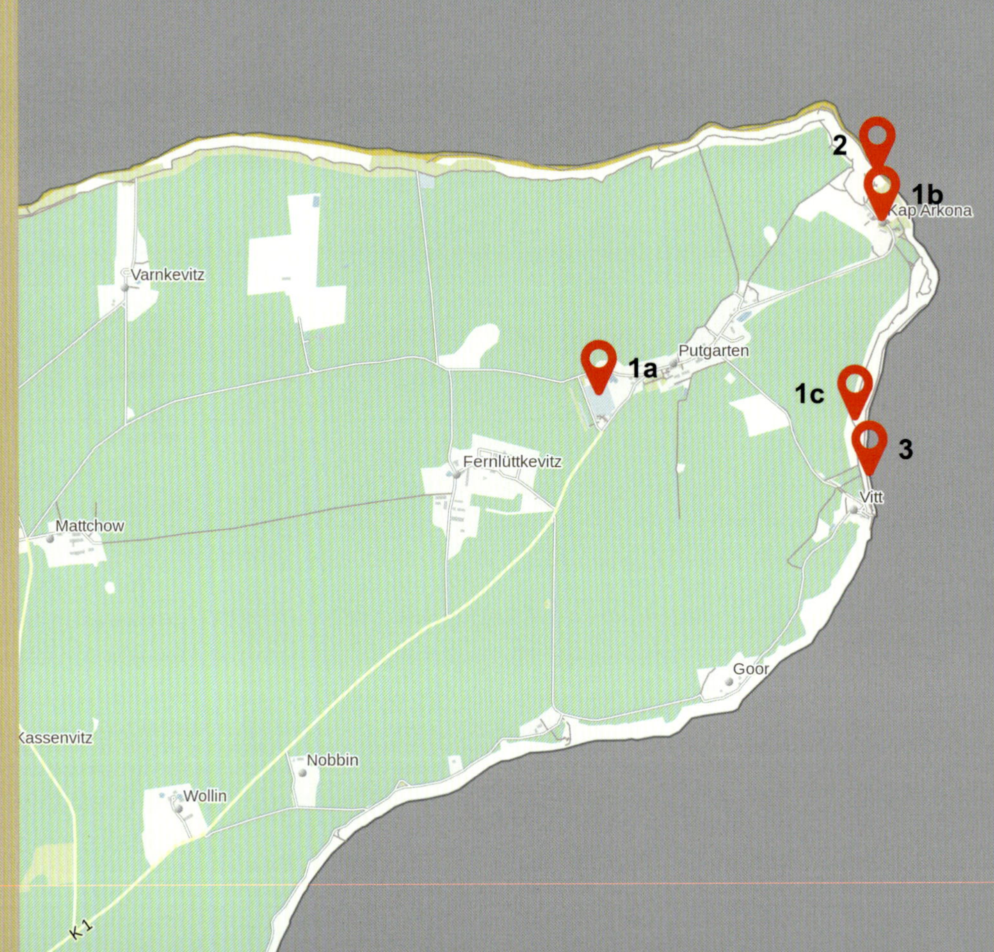

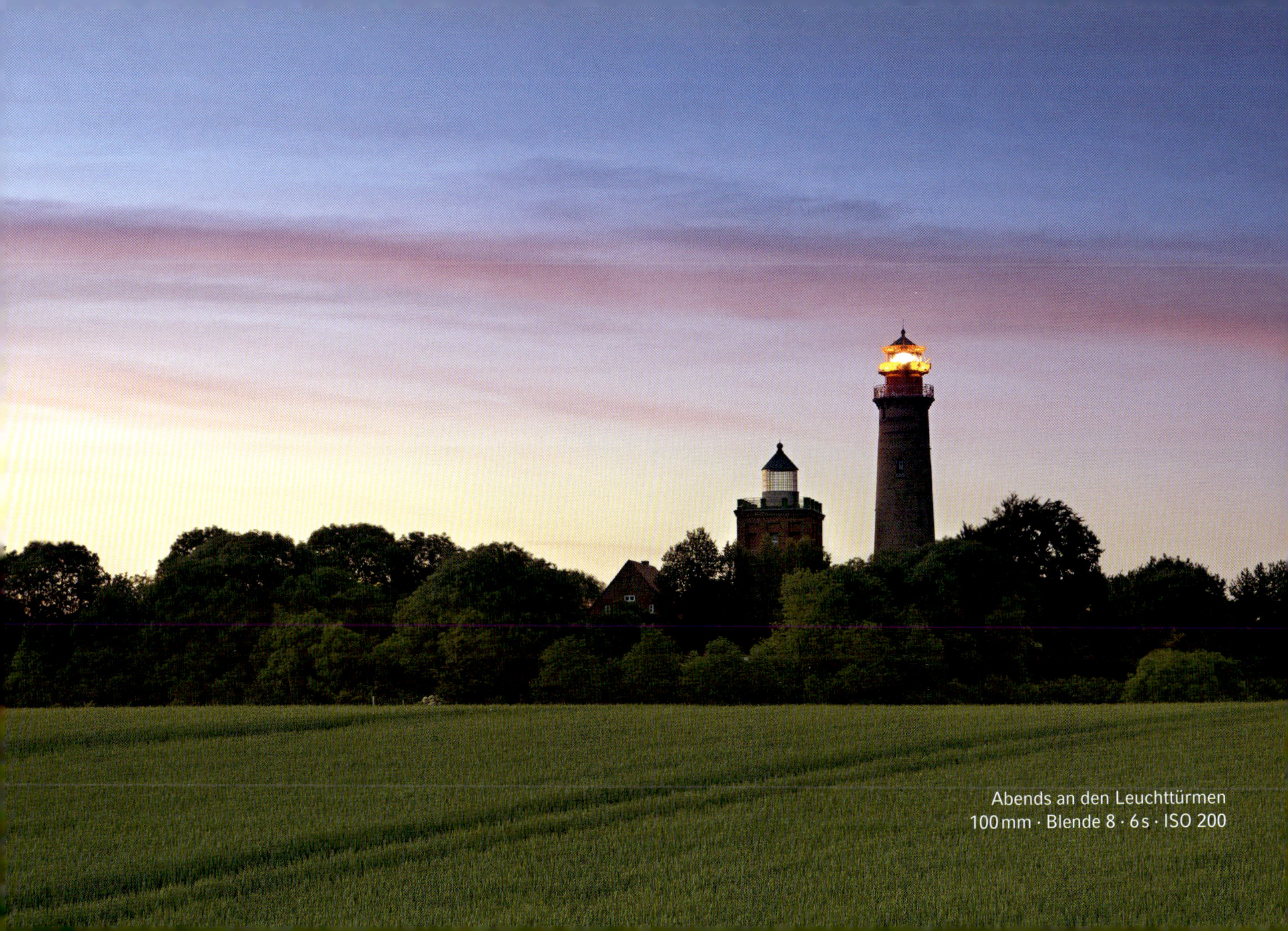

Abends an den Leuchttürmen
100 mm · Blende 8 · 6 s · ISO 200

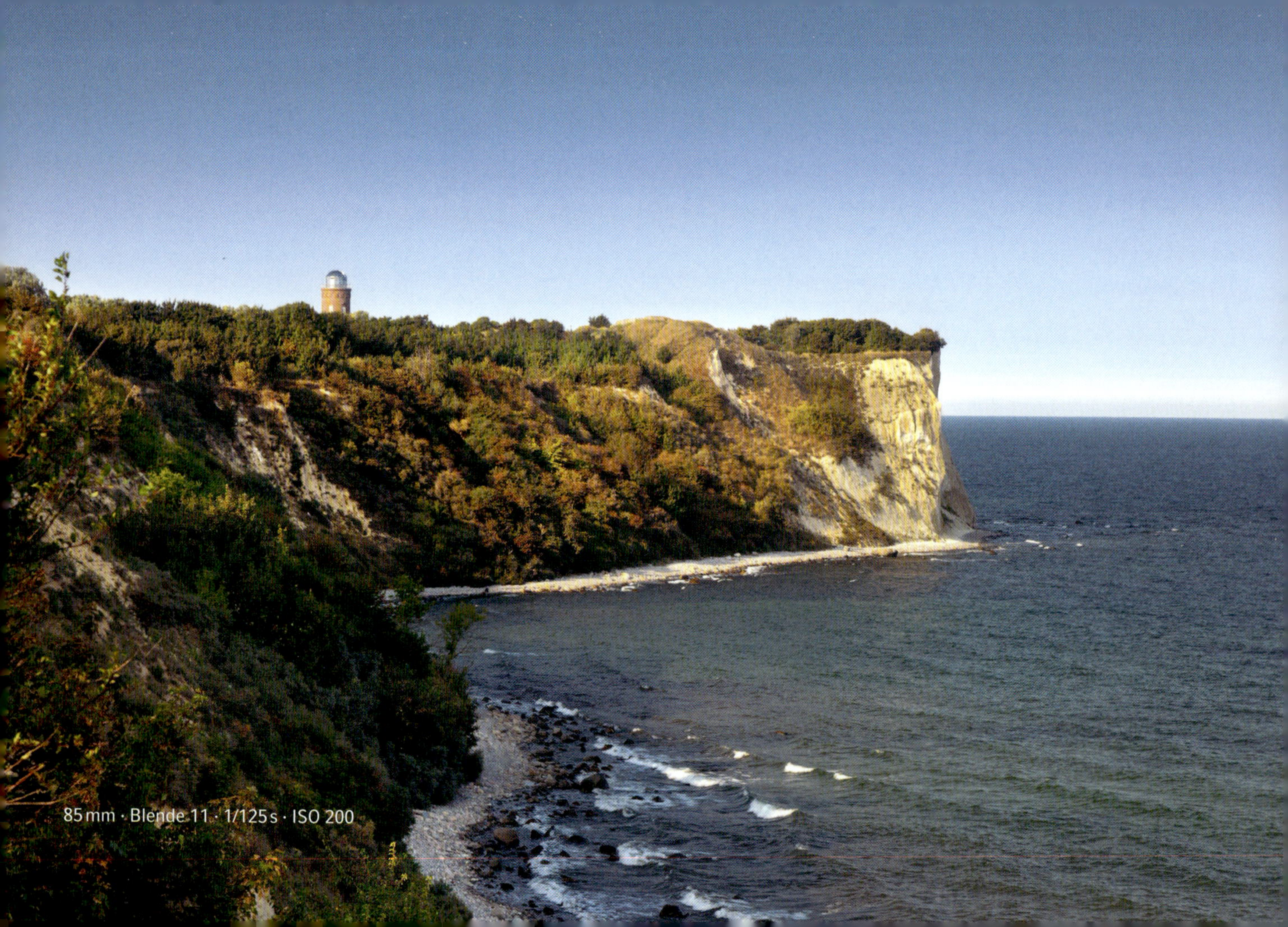

85 mm · Blende 11 · 1/125 s · ISO 200

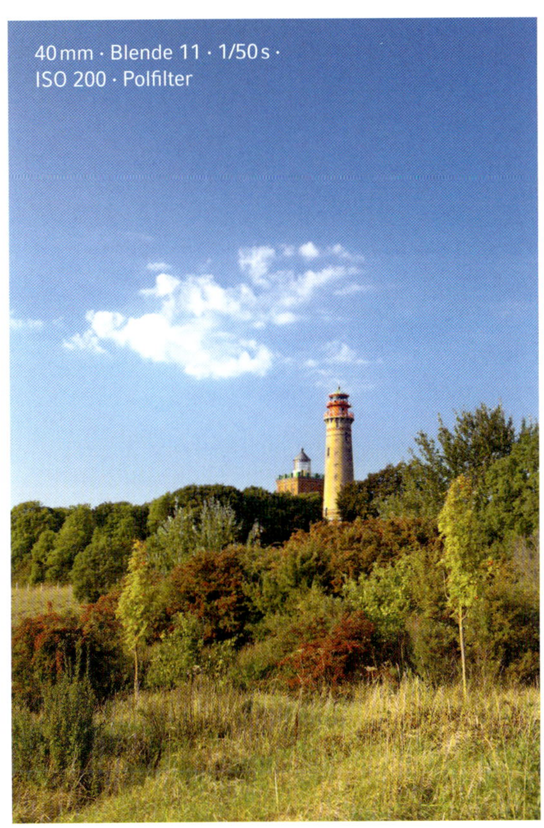

40 mm · Blende 11 · 1/50 s · ISO 200 · Polfilter

## 1 PEILTURM UND LEUCHTTÜRME

**Anfahrt:** von Süden über die L30 bis Altenkirchen, dort rechts ab bis zum Parkplatz Putgarten. Fußweg Parkplatz bis Kap Arkona ca. 2 Kilometer

**Koordinaten Parkplatz:** 54.671401 / 13.409719

**Koordinaten Leuchttürme:** 54.679515 / 13.433022

**Koordinaten Aussichtspunkt:** 54.670235 / 13.430941

**Beste Tageszeit:** vormittags / nachmittags

Vom Parkplatz am Ortseingang führt der meist als Rundwanderung begangene Weg durch Putgarten hindurch: in der Ortsmitte entweder geradeaus direkt zu den Leuchttürmen oder am Vitter Weg rechts abbiegen für einen Besuch der Kapelle und des Fischerdörfchens Vitt, dann über den Hochuferweg zum Aussichtspunkt auf Kap Arkona und weiter zum Peilturm und den Leuchttürmen. Am Weg zu den Leuchttürmen ist sogar ein eigener Foto-Spot markiert. Schöne Blicke ergeben sich aber entlang des ganzen Wegs oder auch vom jenseits der Felder verlaufenden Schulweg, besonders reizvoll im Frühjahr mit Rapsblüte im Vordergrund.

## 2 ALTES PEGELHAUS

**Koordinaten:** 54.681784 / 13.432781
**Wegstrecke ab Parkplatz:** ca. 2,5 Kilometer
**Beste Tageszeit:** Sonnenaufgang / Sonnenuntergang
**Beste Jahreszeit:** Sommer
**Besonderheit:** Gefährlicher Küstenabschnitt

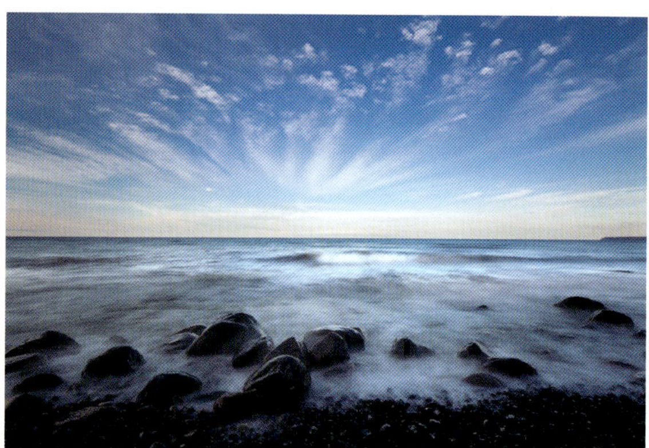

16 mm · Blende 11 · 2,5 s · ISO 100 · ND-64-Filter

An den Leuchttürmen vorbei führt der Weg am Hochufer entlang nach Norden bis zur Treppe am Gellort und hinunter zum »Siebenschneiderstein«, einem viele Tonnen schweren Eiszeit-Findling, dem eigentlichen nördlichsten Punkt Rügens. Am Strand entlang geht es in südöstlicher Richtung dann fast die gleiche Strecke zurück bis zum Alten Pegelhaus.

Was von der Ruine des Alten Pegelhauses noch übrig ist, hat den morbiden Charme einer Lost-Place-Location, was sich bei leicht bewegten Wellen mit einer Langzeitbelichtung gut in Szene setzen lässt. Auch die Findlingssteine am Ufer liefern einen schönen Vordergrund beim Blick aufs Meer. Der Weg am Strand entlang ist aber nicht ganz ungefährlich und bisweilen, je nach Wetterlage, auch gesperrt. Man sollte ihn nur bei relativ ruhiger See und niedrigem Tidenstand gehen und nach längerem Regen und Sturm unbedingt meiden. Der kürzere Zugang über die »Königstreppe« ist nach starken Gesteinsabbrüchen seit 2012 gesperrt. Genau hier, zwischen Königstreppe und Altem Pegelhaus, ist durch einen solchen Abbruch ein Jahr zuvor ein zehnjähriges Mädchen zu Tode gekommen und seine Mutter schwer verletzt worden.

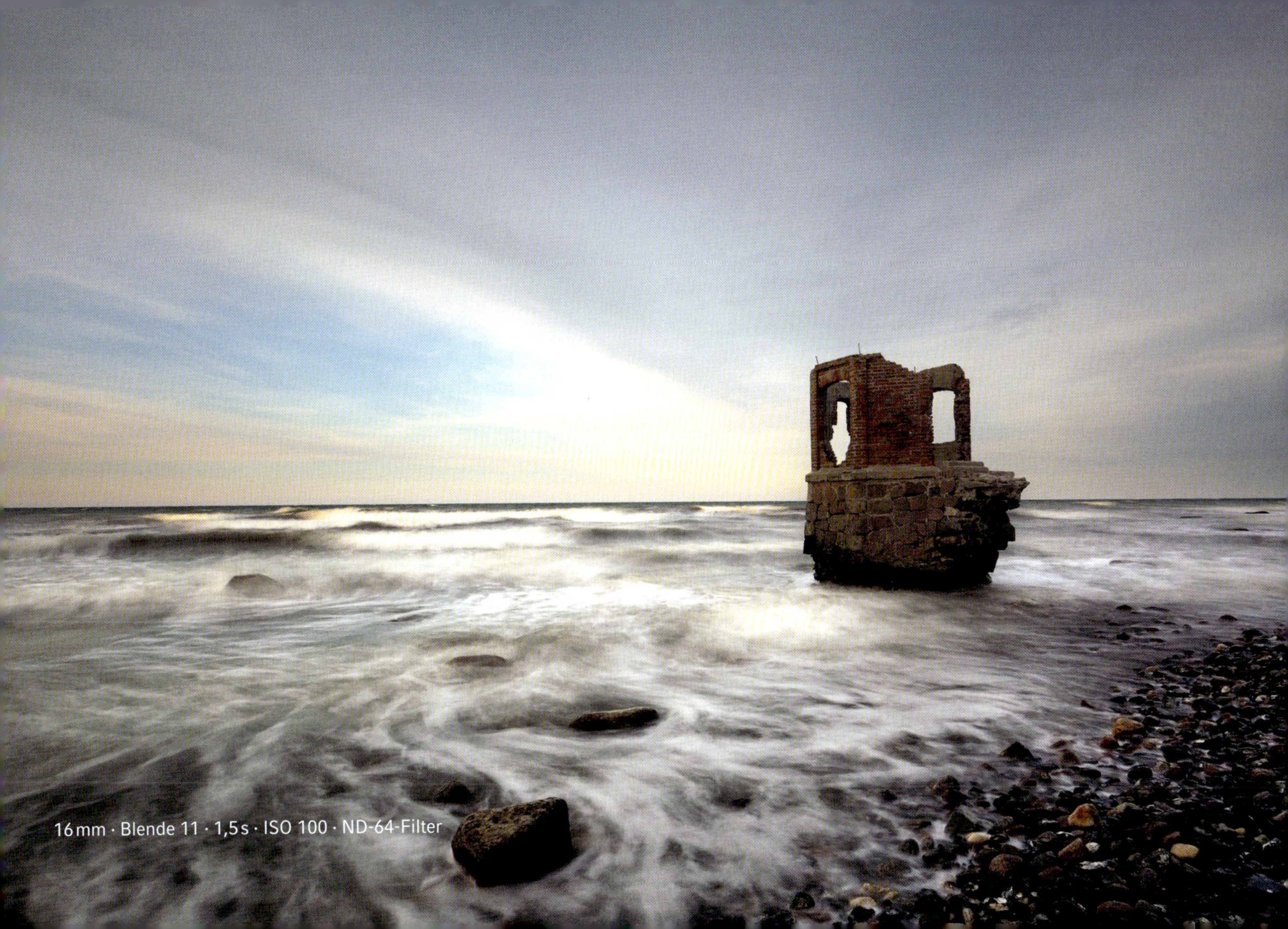

16 mm · Blende 11 · 1,5 s · ISO 100 · ND-64-Filter

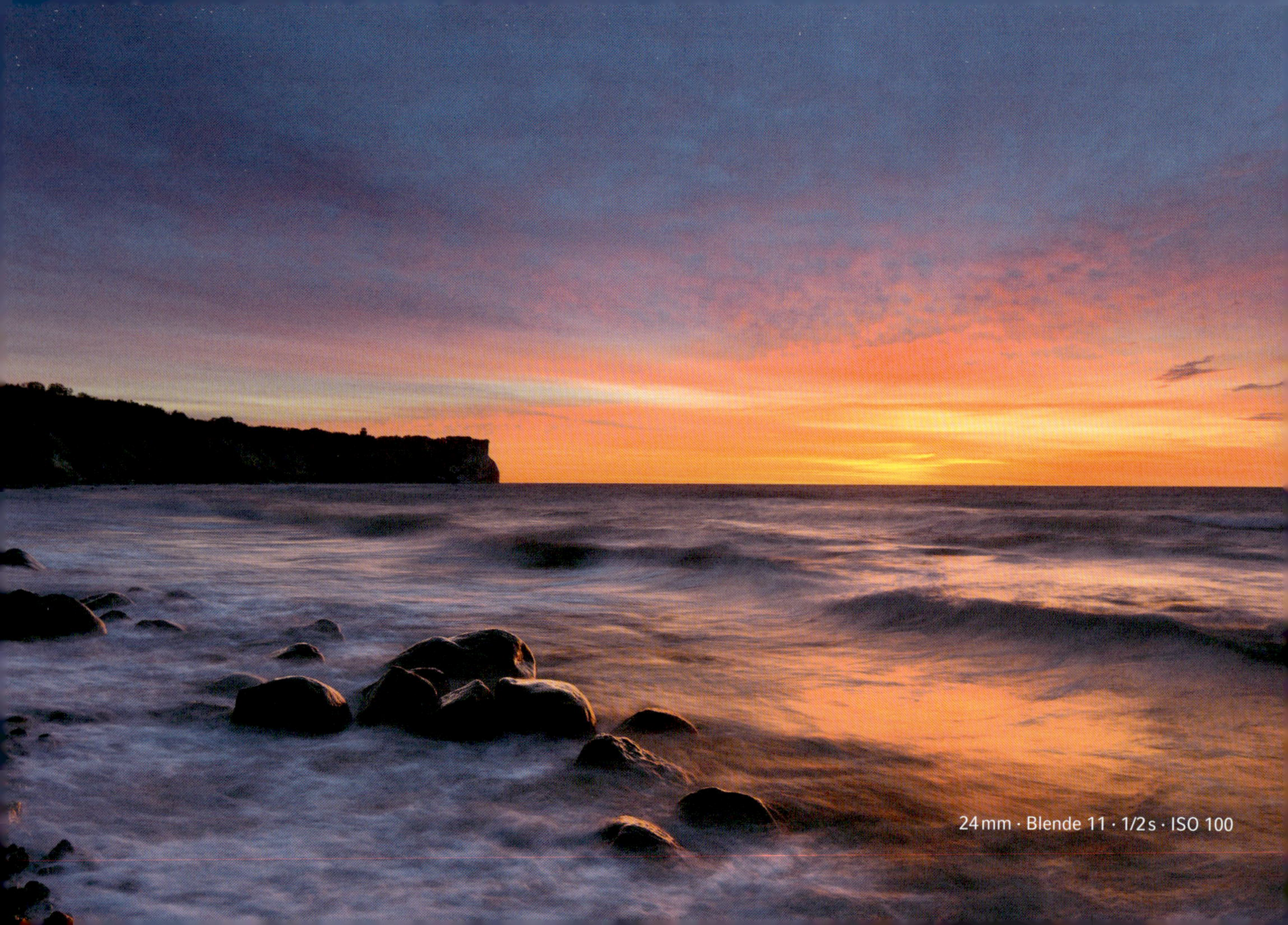
24 mm · Blende 11 · 1/2 s · ISO 100

## ③ KAP ARKONA VON VITT AUS

**Koordinaten:** 54.667646 / 13.432122
**Wegstrecke ab Parkplatz:** ca. 2 Kilometer
**Beste Tageszeit:** Sonnenaufgang
**Beste Jahreszeit:** Sommer

Noch besser als vom Aussichtspunkt am Hochufer ist ein Sonnenaufgang am Kap Arkona direkt vom Strand des Fischerdorfes Vitt aus ins Bild zu bekommen. Am besten zur Sommersonnenwende Ende Juni, weil dann die aufgehende Sonne am nächsten an die Spitze des Kaps herangerückt ist. Gerade im Sommer bedeutet dies aber auch, dass wir sehr früh aus den Federn kommen müssen. Empfehlenswert ist es, eine Stunde vor Sonnenaufgang vor Ort zu sein, um die ganze Entwicklung des Farbenspiels der Dämmerung miterleben und sich dabei ganz in Ruhe mit der Bildgestaltung beschäftigen zu können. Besonders bei leicht bewölktem Himmel lässt sich dann oft eine unglaubliche und sich stetig verändernde Farbenpracht beobachten.

Von Putgarten kommend dann nicht geradeaus zu den Leuchttürmen, sondern wie schon beschrieben am Vitter Weg rechts abbiegen und bis nach Vitt hinunter zum Strand gehen. Dort nach links wenden und nach fotogenen Findlingssteinen Ausschau halten, die einen geeigneten Vordergrund bilden können. Wenn die Wellen an den Strand rauschen, können wir hier ganz wunderbar mit längeren Belichtungszeiten experimentieren. Je nach Stärke der Wellenbewegung haben sich für meinen Geschmack recht kurze Zeiten von einer halben bis zwei Sekunden als günstig herausgestellt, um die Wellen in Bewegung darzustellen, aber nicht mit noch längeren Zeiten die Wasseroberfläche zu sehr zu »glätten«.

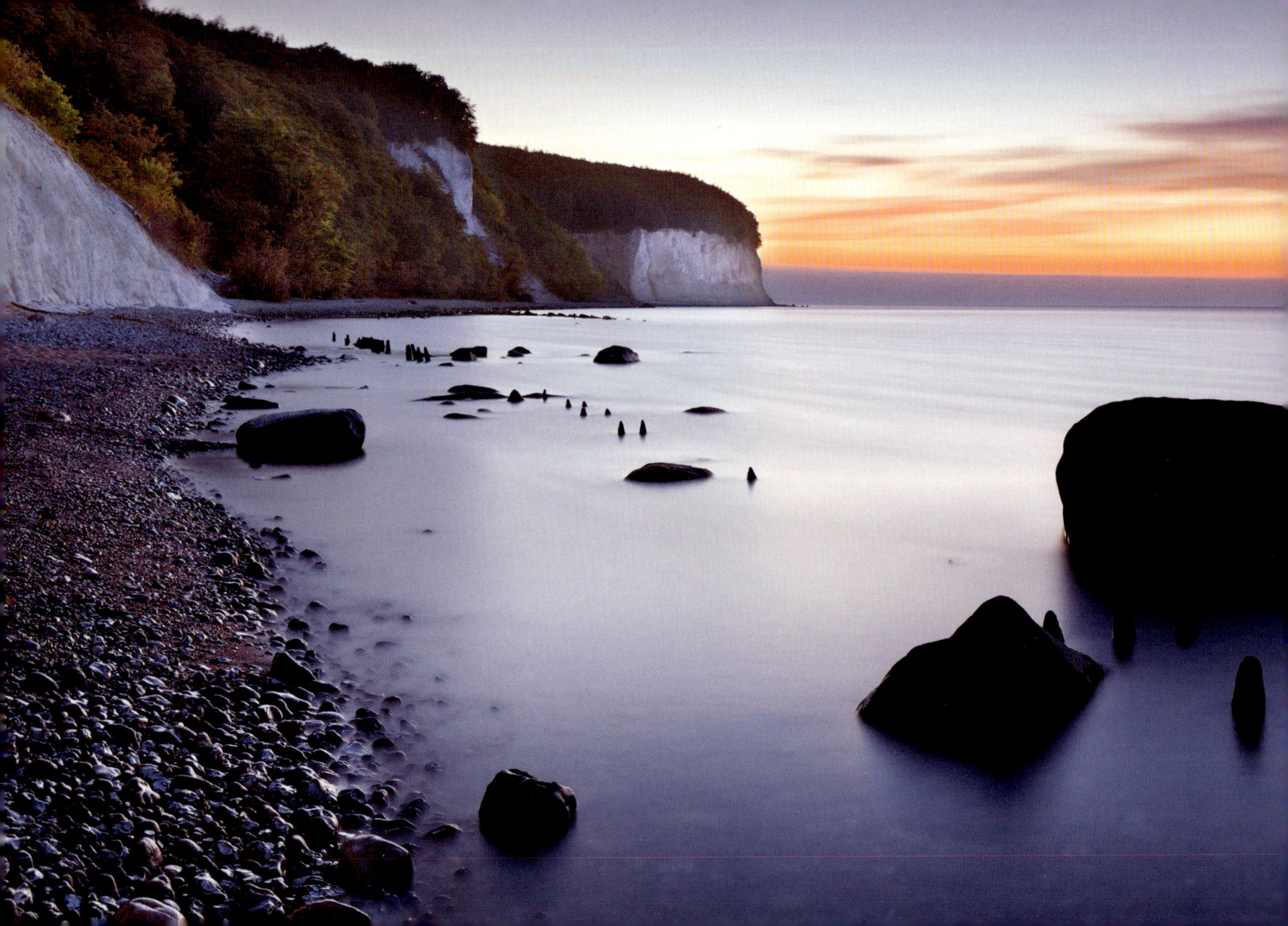

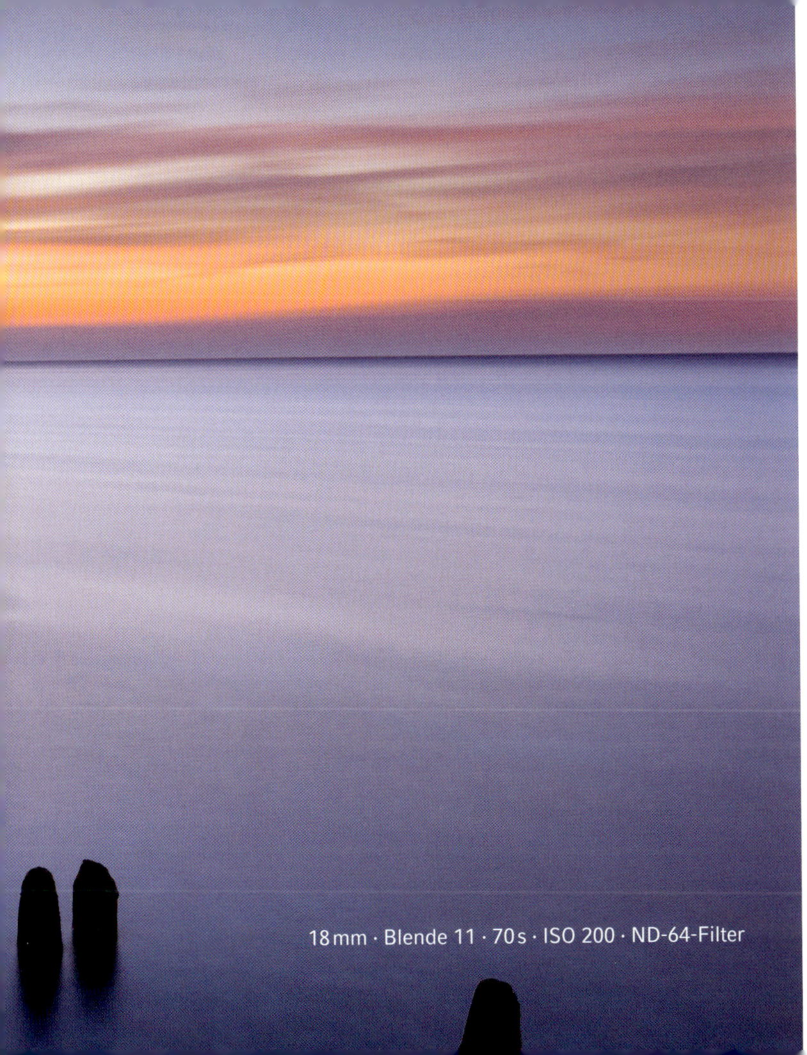

18 mm · Blende 11 · 70 s · ISO 200 · ND-64-Filter

# DIE KREIDE-FELSEN

## TOUR 2

Vom Kap Arkona gelangen wir über die schmale Landzunge der Schaabe zur Halbinsel Jasmund, wo die berühmten Kreidefelsen im Nationalpark als Highlight und Hauptziel einer jeden Rügen-Reise warten. Ihr unvergleichlicher Anblick alleine schon ist mehr Rechtfertigung als genug für einen längeren Aufenthalt, um sich ihnen mit Hingabe widmen zu können.

Ich möchte deshalb drei, als Rundwege gedachte Spaziergänge und Wanderungen vorschlagen, die man gerne auch an verschiedenen Tagen und zu unterschiedlichen Tageszeiten machen kann, denn jeder Tag bietet neue Wetter-, Licht- und Wolkenstimmungen.

# DIE KREIDEFELSEN
## TOUR 2

1. PIRATENSCHLUCHT
2. AUSSICHTSPUNKT AM HOCHUFERWEG
3. BLICK ZU DEN WISSOWER KLINKEN
4. AM KIELER BACH
5. ERNST-MORITZ-ARNDT-SICHT
6. KÖNIGSSTUHL
7. VIKTORIASICHT
8. »SCHÖNE AUSSICHT«
9. HERTHASEE
10. AUSFLUG MIT DEM SCHIFF

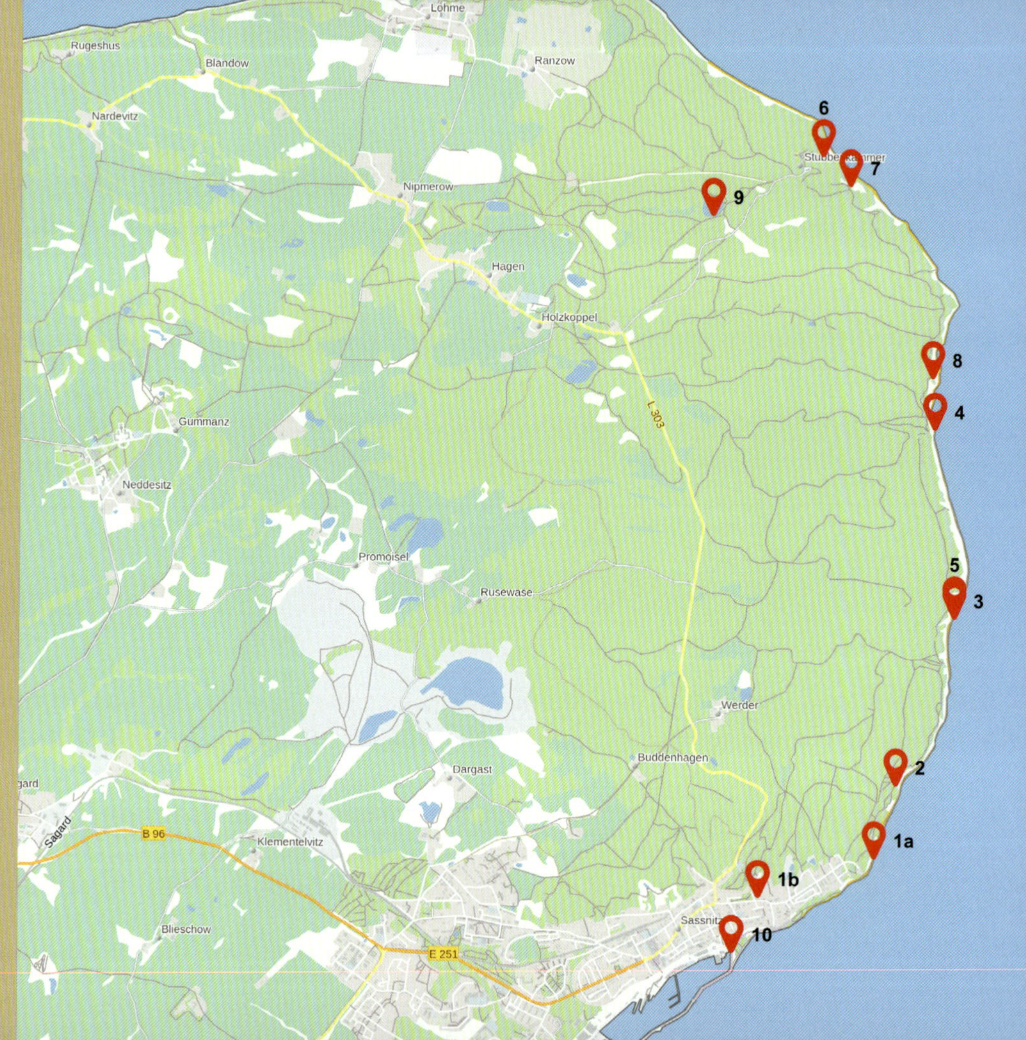

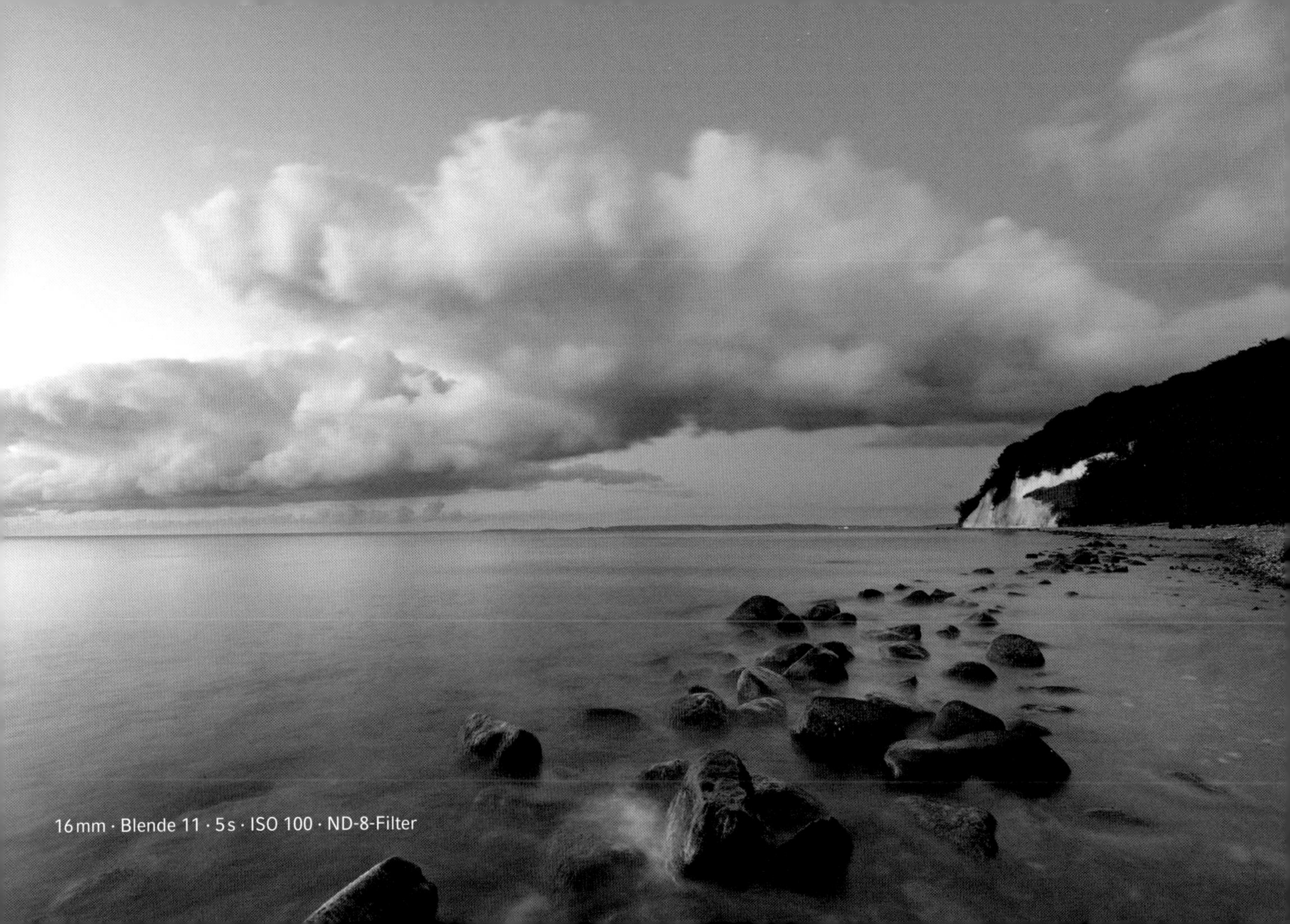

16 mm · Blende 11 · 5 s · ISO 100 · ND-8-Filter

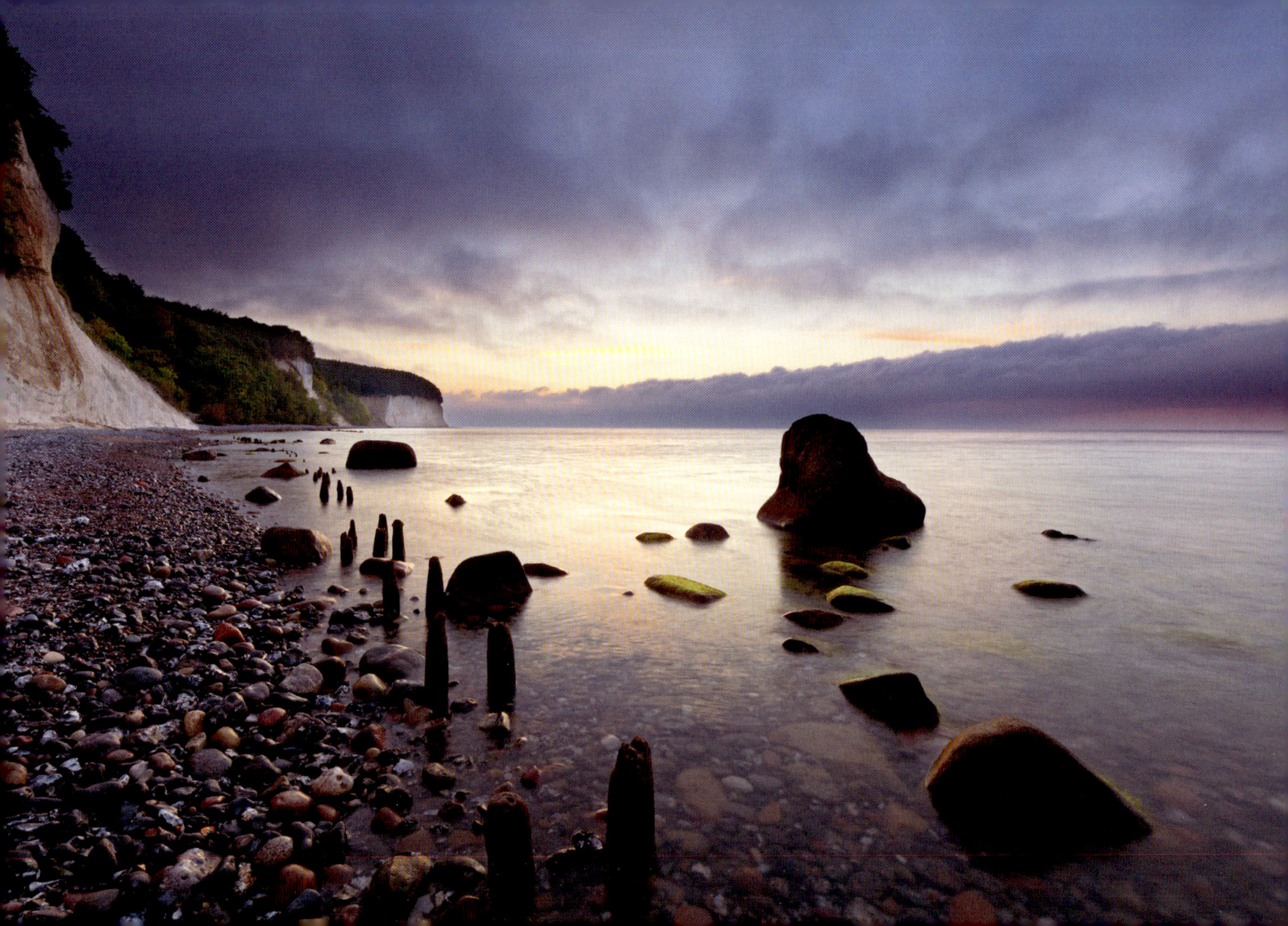

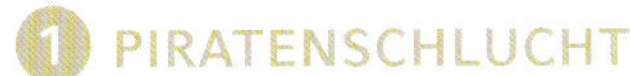

## 1 PIRATENSCHLUCHT

**Koordinaten:** 54.521950 / 13.669200
**Koordinaten Parkplatz:** 54.519055 / 13.654201 (Altstadtparkplatz)
**Wegstrecke ab Parkplatz:** ca. 1,5 Kilometer
**Beste Tageszeit:** Sonnenaufgang
**Beste Jahreszeit:** ganzjährig

Ein sehr schöner und für einen ersten Eindruck auch leicht erreichbarer Foto-Spot ist die Piratenschlucht mit ihren Findlingssteinen. Vom Altstadtparkplatz der Bergstraße und weiter der Weddingstraße folgen bis zum Wendeplatz am Ende. Dort nicht weiter geradeaus zum Hochuferweg, sondern rechts hinunter zum Strandabstieg. Hier nach links in nordöstlicher Richtung, dann erreichen wir schon nach wenigen hundert Metern die markanten Felsblöcke mit den Buhnenresten davor. Idealerweise sind wir noch vor Sonnenaufgang hier und erforschen die verschiedenen Gestaltungsmöglichkeiten dieses Spots.

»Klassisch« ist der Blick nach Norden entlang der Kreidefelsen, mal mit mehr, mal mit weniger Kiesstrand im Vordergrund. Wer schlauer war als ich und sich Gummistiefel mitgebracht hat, kann bei ruhiger See auch ein paar Schritte ins Wasser hinein machen (geht bei warmen Temperaturen auch barfuß), und kommt so zu einer veränderten Vordergrundgestaltung.

16 mm · Blende 11 · 1/2 s · ISO 100 · ND-8-Filter

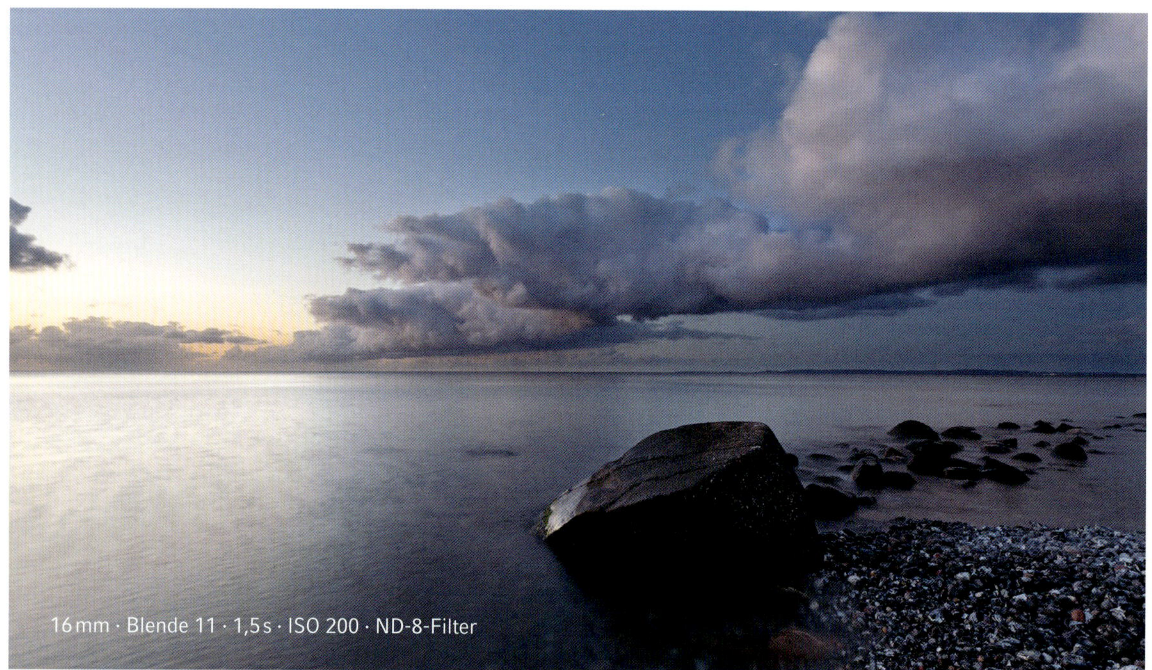
16 mm · Blende 11 · 1,5 s · ISO 200 · ND-8-Filter

Doch selbst ohne die Kreidefelsen lassen sich die großen Findlingssteine sehr gut zum Hauptmotiv der Bilder machen. Mit etwas Glück mag hier beides zusammenkommen: dramatische Wolken am Himmel und genügend Wellenbewegung. Auch hier haben wir dann wieder alle Möglichkeiten, mit längeren Belichtungszeiten zu spielen. Gestalterisch ideal kann dafür ein starkes Weitwinkelobjektiv zum Einsatz kommen.

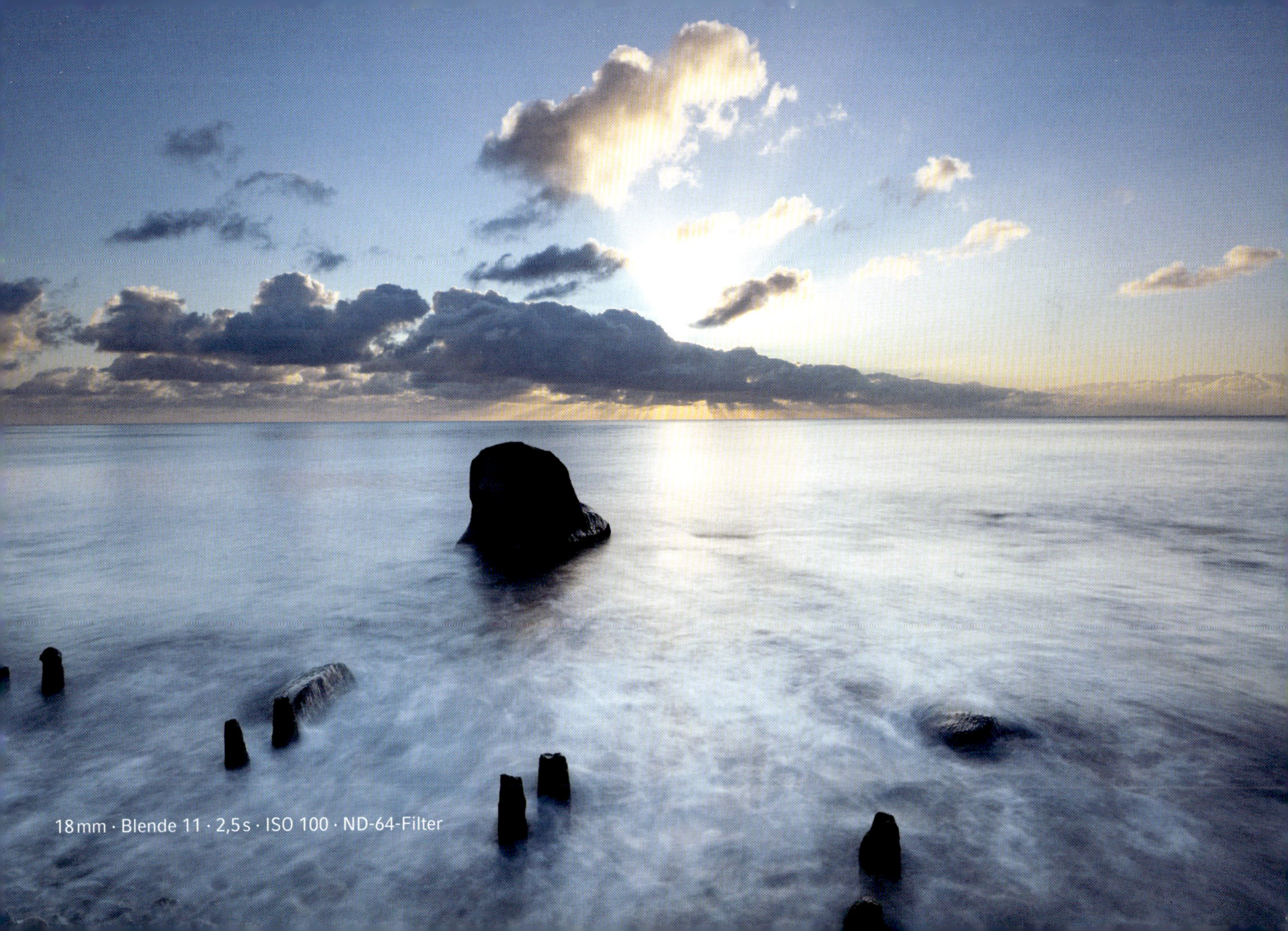

18 mm · Blende 11 · 2,5 s · ISO 100 · ND-64-Filter

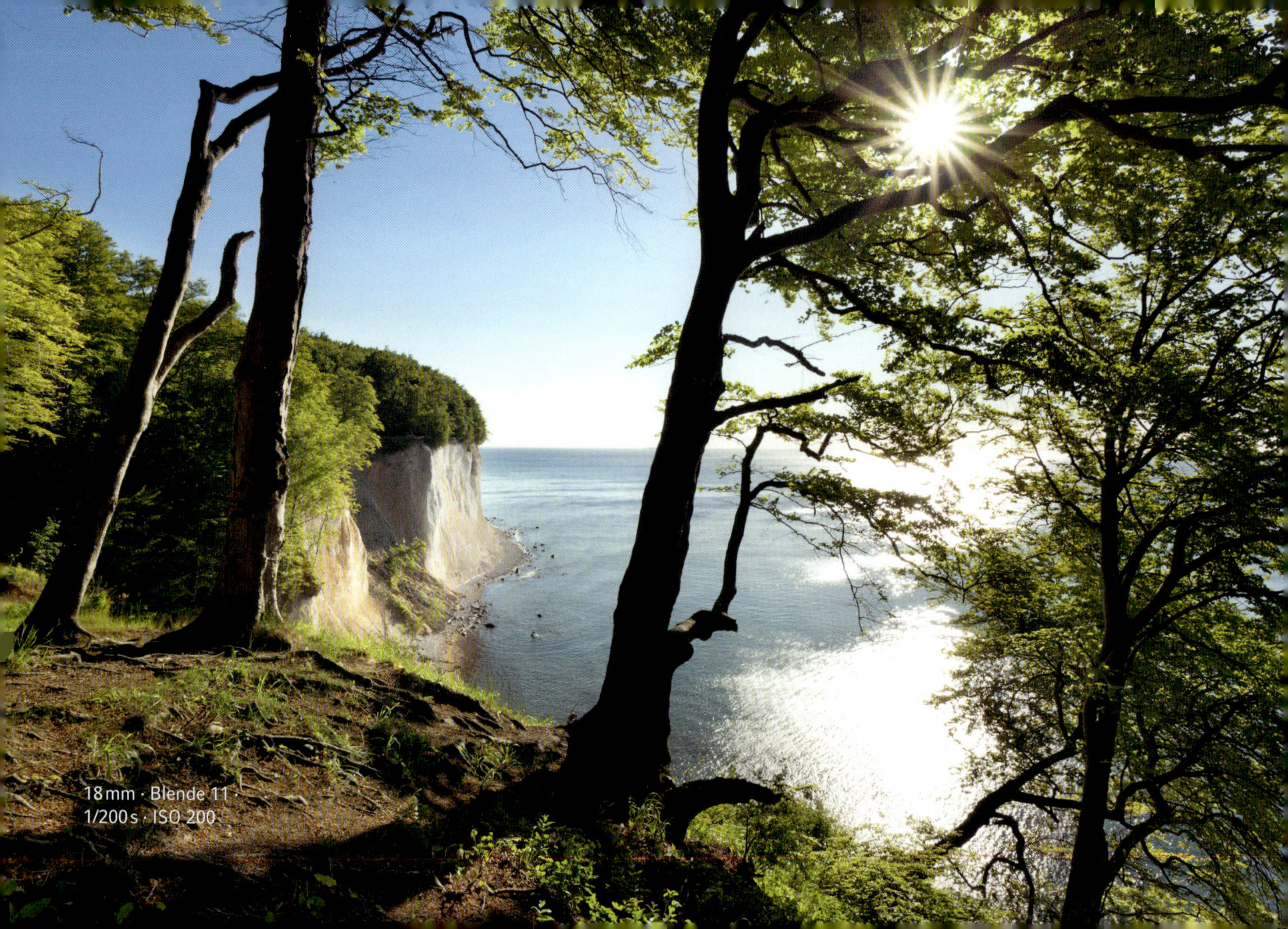

18 mm · Blende 11 · 1/200 s · ISO 200

## 2 AUSSICHTSPUNKT AM HOCHUFERWEG

**Koordinaten:** 54.527255 / 13.671950

Oben an der Abbruchkante der Kreidefelsen entdecken wir immer wieder einzelne Buchen, denen langsam der Grund unter den Füßen bzw. Wurzeln wegbricht. Die Wurzeln halten die Erdschicht noch eine Weile zusammen, doch wenn durch die Erosion die Kreide darunter bröckelt, geraten die Bäume in Schieflage und stürzen irgendwann nach unten. Eine Wanderung am Strand entlang ist also keine ganz ungefährliche Angelegenheit, ebenso wenig wie oben am Hochuferweg, wo man sich tunlichst vom letzten Meter bis zur Abbruchkante fernhalten sollte.

Eine Treppe führt uns bald vom Strand hinauf, oben wenden wir uns nach rechts Richtung Norden und gelangen schnell zu einem der schönsten Aussichtspunkte der Kreidefelsen. Die Buchen lassen sich hier auf vielfältige Weise als Vordergrund nutzen, ein paar Schritte weiter gibt es freie Sicht auf die Bucht und die Felsen.

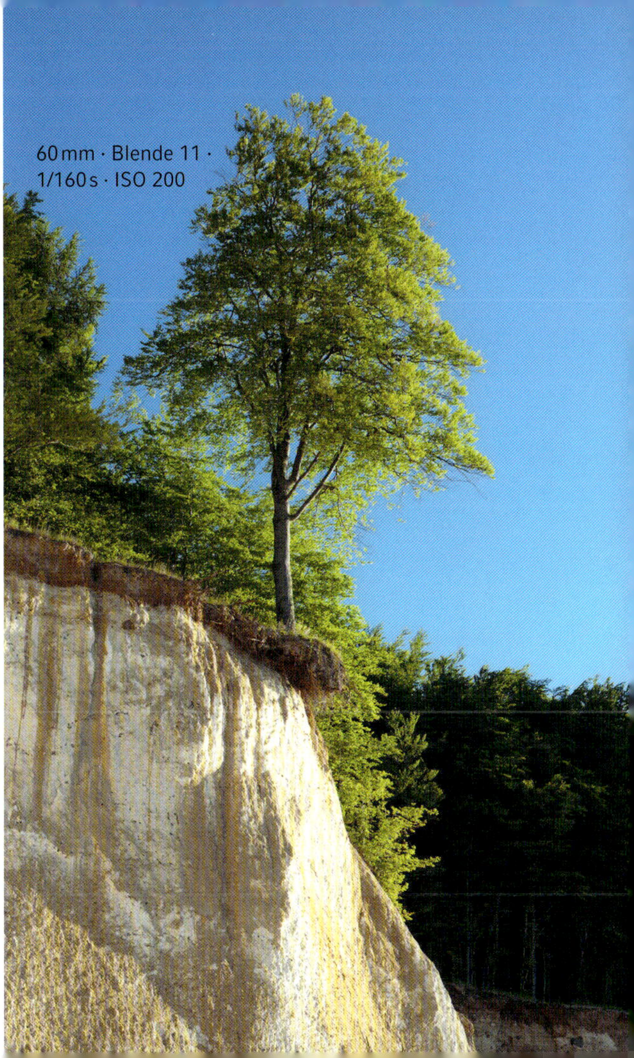

60 mm · Blende 11 · 1/160 s · ISO 200

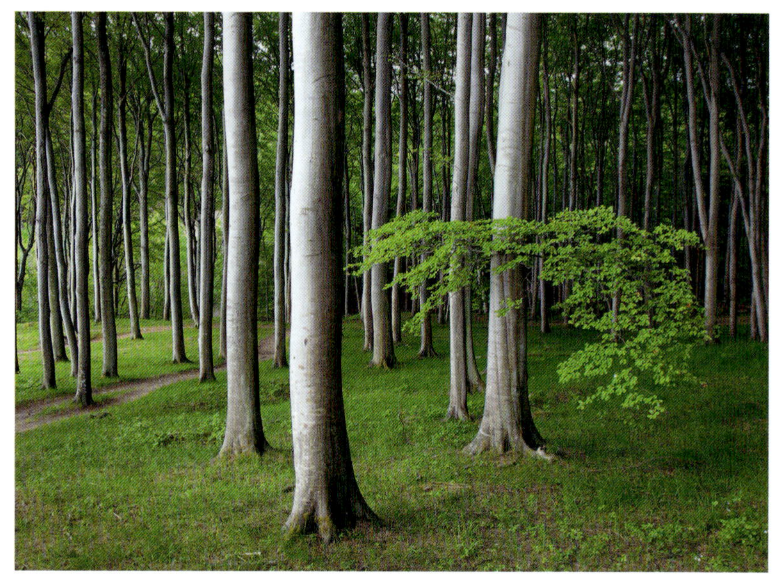

28 mm · Blende 11 · 1/30 s · ISO 200

Wir könnten nun ganz nach Lust und Kondition weiterwandern in Richtung Königsstuhl, doch für einen ersten »Schnupperspaziergang« ist hier auch ein geeigneter Wendepunkt, um über den Hochuferweg zurück zum Ausgangspunkt am Altstadtparkplatz zu gehen. Auf der Hochfläche hat sich ein geschützter Buchenwald ausgebreitet, dessen Formenreichtum viele gestalterische Spielmöglichkeiten bietet. Im Wald dominieren die schlanken, hoch gewachsenen und geraden Stämme, während sich vorne an der Abbruchkante teilweise ganz bizarre Wuchsformen herausgebildet haben. Immer wieder erlauben reizvolle Durchblicke die Sicht aufs Meer, in dessen smaragdgrüne Farbigkeit sich an manchen Stellen ein milchiges Weiß der Kreide von frischen Abbrüchen gemischt hat. Hier lässt es sich ganz wunderbar auch an bedeckten Tagen fotografieren.

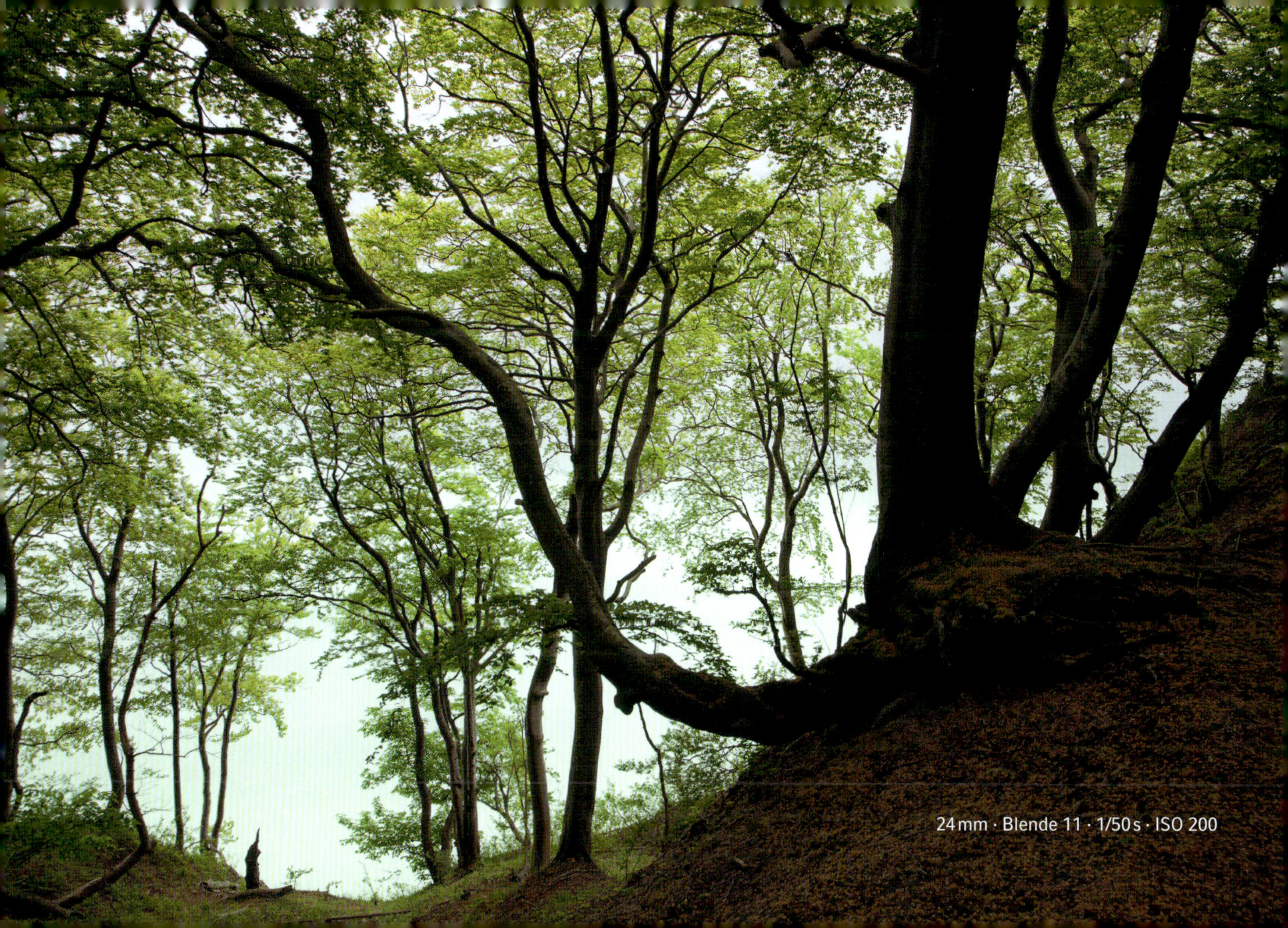

24 mm · Blende 11 · 1/50 s · ISO 200

# STRANDWANDERUNG

## ③ BLICK ZU DEN WISSOWER KLINKEN
## ④ AM KIELER BACH
## ⑤ ERNST-MORITZ-ARNDT-SICHT

**Koordinaten:** verschiedene
**Wegstrecke ab Parkplatz:** 2,5–5 Kilometer
**Beste Tageszeit:** Sonnenaufgang

Unsere nächste Wanderung am Strand entlang startet ebenfalls am Altstadtparkplatz, führt uns aber deutlich weiter zu den attraktivsten Kreidefelsen. Um rechtzeitig vor Ort am gewünschten Ziel zu sein, müssen wir also noch früher los als beim »Schnupperspaziergang«, vor allem auch weil das Wandern über die groben Kieselsteine am Strand in der Dunkelheit gewöhnungsbedürftig ist und man dann langsamer vorankommt als sonst.



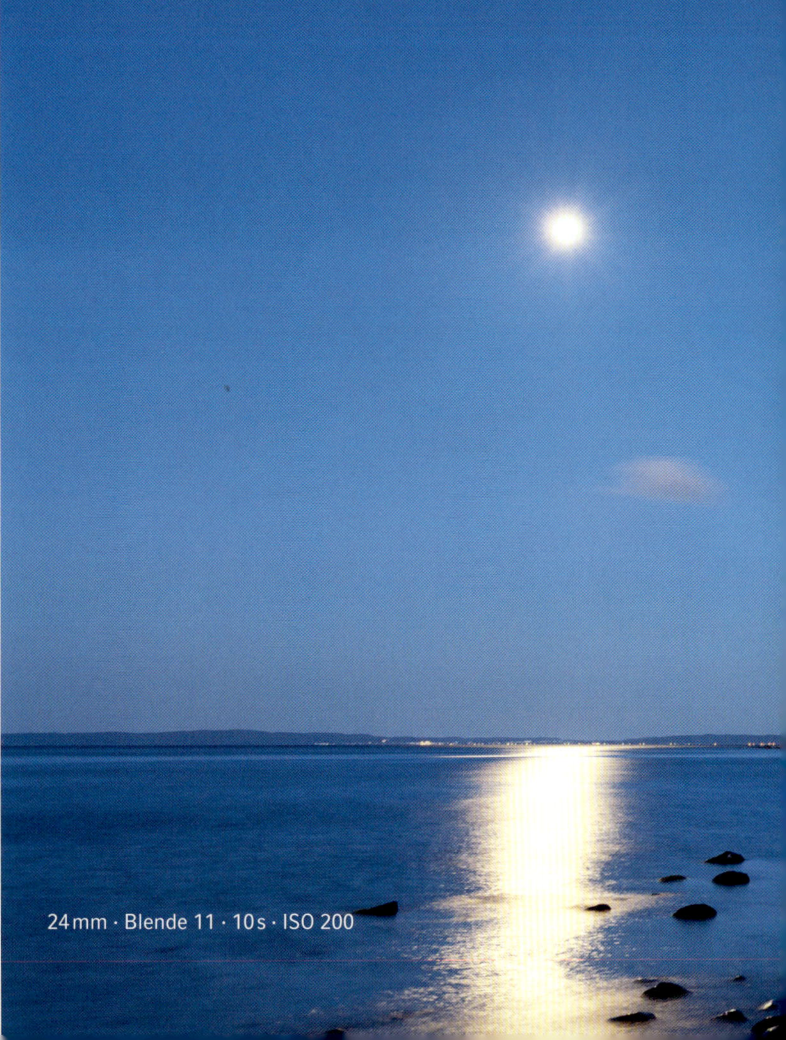

24 mm · Blende 11 · 10 s · ISO 200

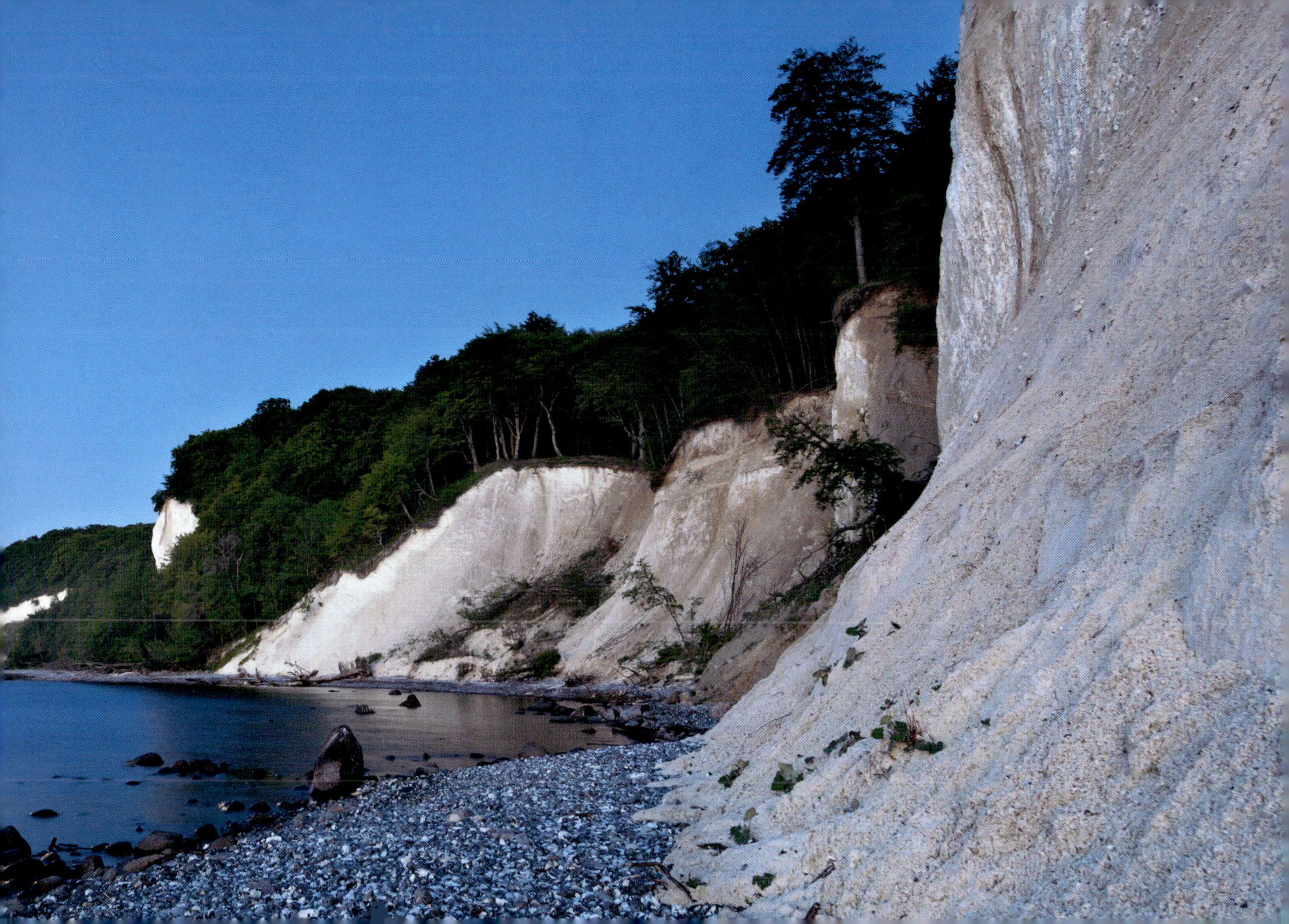

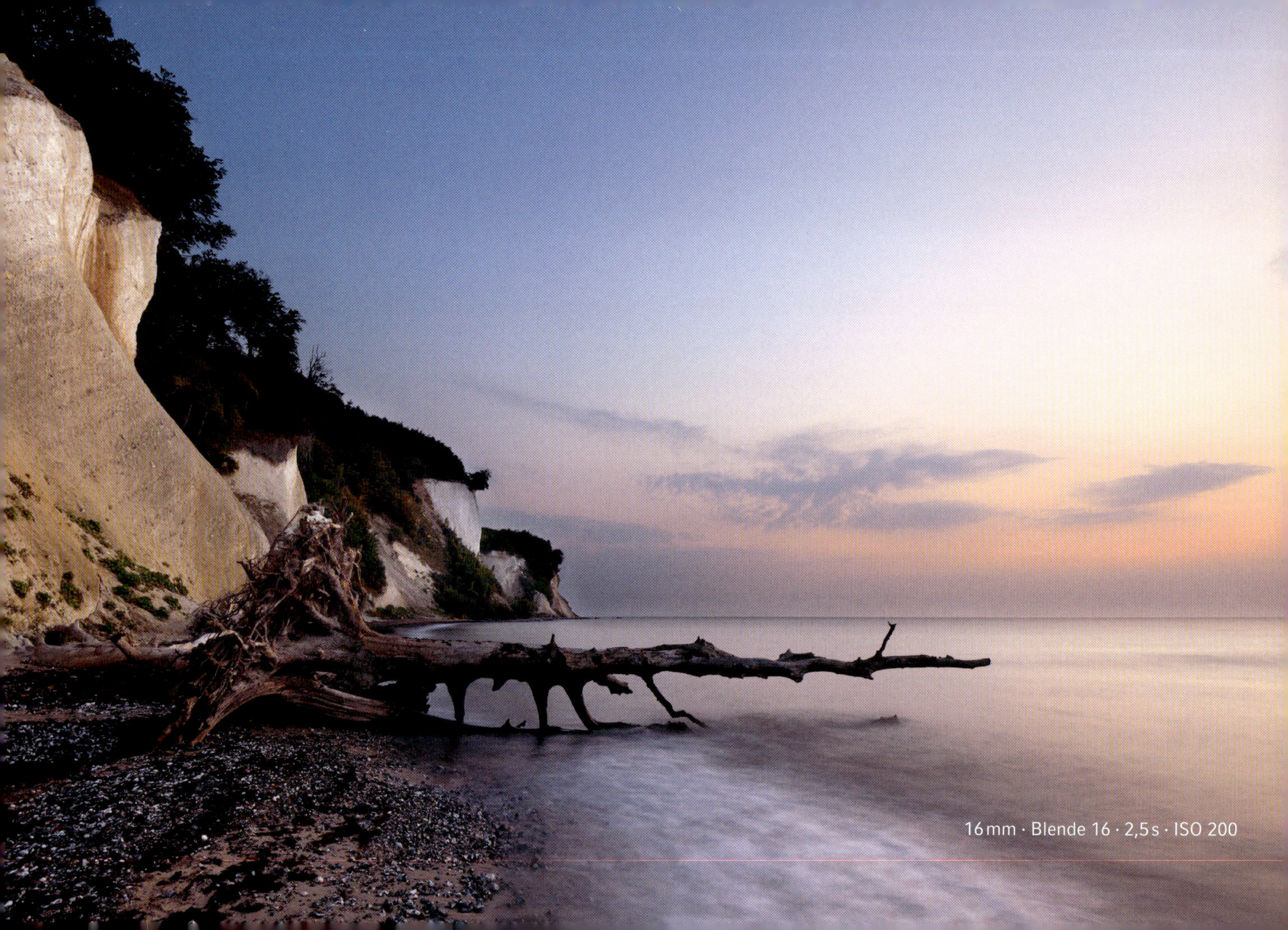

16 mm · Blende 16 · 2,5 s · ISO 200

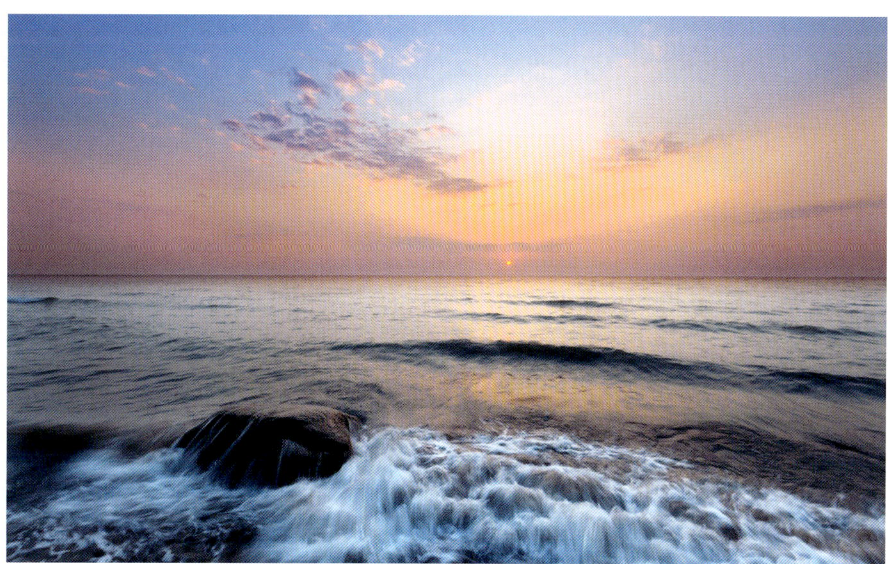

16 mm · Blende 16 · 1/8 s · ISO 100

Immer wieder mal versperren uns bei der Wanderung abgestürzte Bäume den Weg, die umgangen oder manchmal auch überklettert sein wollen. Sie können aber auch gut geeignet sein, um sich als Vordergrund ins Bild setzen zu lassen, wie im Bild links, wo ein vielbeiniges bizarres Fabeltier sich auf den Weg ins Meer zu machen scheint.

Und so sehr wir natürlich die Kreidefelsen im Blick haben, lohnt sich doch immer auch ein gelegentlicher Blick aufs Meer für ein ganz klassisches Sonnenaufgangsbild, bei dem die Wellen die Steine am Strand umspülen. Bei stark geschlossener Blende und niedriger ISO-Einstellung ist für die Wellenbewegung nicht einmal ein Grau- bzw. ND-Filter notwendig.

Bei einer meiner Wanderungen am Strand hatte ich sogar das große Glück, in frühmorgendlicher Dunkelheit einen hell erleuchteten Mond als Bonus vorzufinden. Mithilfe entsprechender Apps lässt sich das aber gewiss auch im Voraus planen und berechnen. Um die »Echtheit« des Mondes zu belegen und zu beweisen, dass er nicht etwa nachträglich per Photoshop ins Bild hineingebastelt worden ist, war es dann hilfreich, eine Kameraposition zu finden, bei der sich der Mond im Wasser spiegeln konnte. Die Leuchtspur des Mondlichts im Wasser macht das Bild auch noch ein Stück interessanter. Der Himmel ist zu dieser Stunde noch dunkel genug, um den Mond erstrahlen und im Wasser schimmern zu lassen, während die Kreidefelsen den hellen Schein des gegenüberliegenden Morgenrots reflektieren.

Die in gefährlicher Schräglage hoch oben über dem Abgrund balancierende kleine Buche könnte beim nächsten Besuch möglicherweise schon ihre Reise nach unten zum Strand hin angetreten haben. So sind solche Bilder immer auch Dokumente der Vergänglichkeit, denn die Küste ist hier einer stetigen Veränderung unterworfen.

18 mm · Blende 11 · 1/2 s · ISO 200

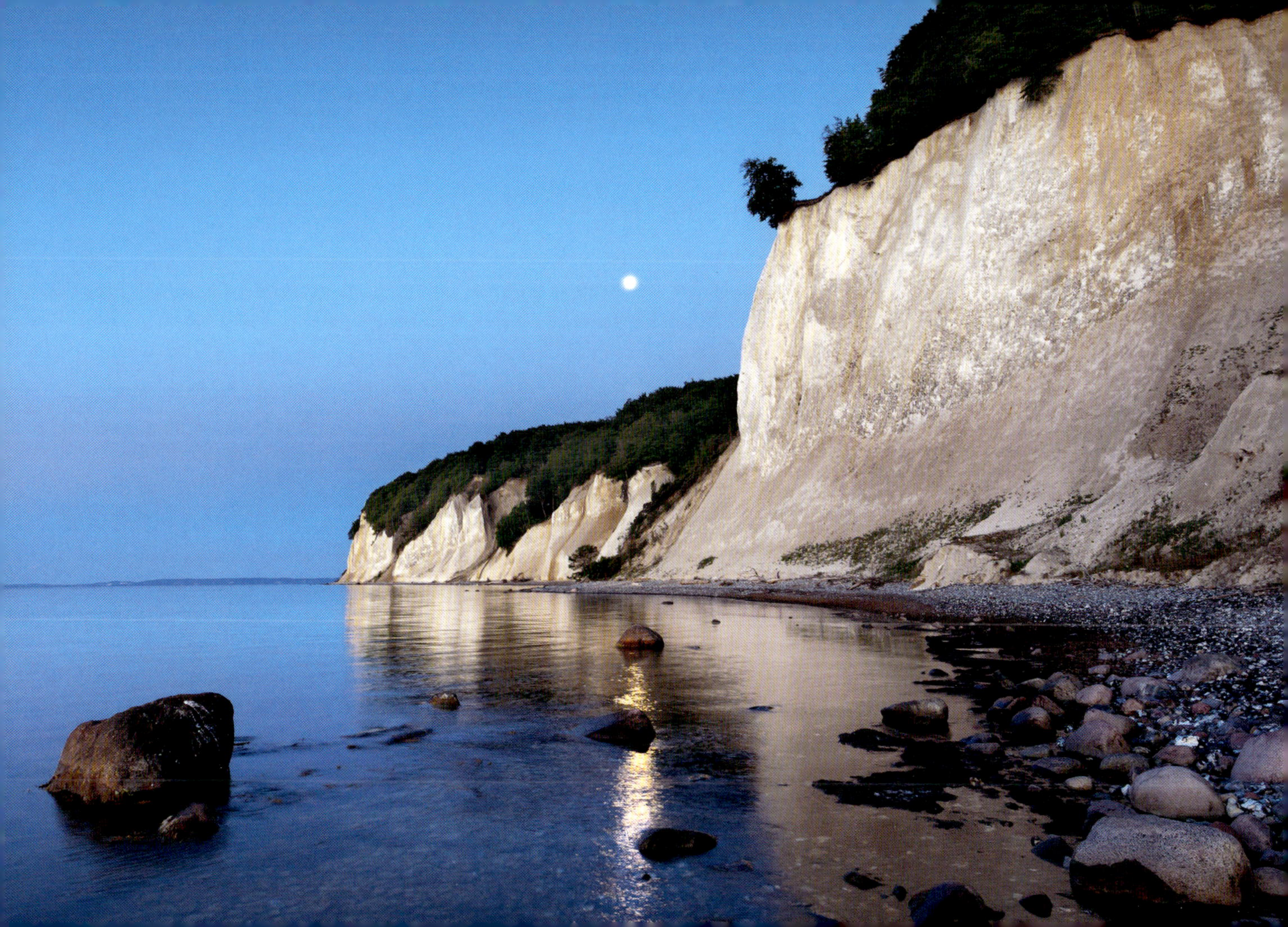

## ③ BLICK ZU DEN WISSOWER KLINKEN

**Koordinaten:** 54.539434 / 13.679403

Die Schwäne sind mir zu Hilfe gekommen und haben sich glücklich ins Bild eingefügt. Sie ließen sich natürlich überhaupt nicht vorhersehen und sind genau deshalb ein gutes Beispiel für das Quäntchen Glück, das es in der Landschaftsfotografie trotz guter Planung auch braucht, und was die Sache eben auch spannend macht. Bei Sonnenaufgang strahlen die Kreidefelsen ganz majestätisch und erhaben in purem Gold. Eine wunderbare Lichtstimmung, und doch zeigt sich wieder einmal, dass es oft die kleinen unvorhersehbaren Zufallsbegebenheiten sind, die das i-Tüpfelchen eines guten Bildes ausmachen können. Demütig und dankbar freuen wir uns darüber.

Wer genau hinschaut, wird erkennen, dass dieses Bild von fast demselben Standpunkt aus fotografiert ist wie das auf der vorherigen Doppelseite, nur etwas später und mit engerem Bildausschnitt. Für mich ist dies einer der schönsten Blicke an der Kreideküste, auch wenn er früher noch einen wesentlich imposanteren Eindruck gemacht hat. Wir schauen hier nämlich auf das, was von den einst berühmten Wissower Klinken übrig geblieben ist, die im Februar 2005 abgestürzt sind und 50.000 Kubikmeter Kreide in die Ostsee gespült haben. Das neben dem Königsstuhl spektakulärste Wahrzeichen der Kreideküste Rügens war verloren. Doch die durch Regen und Frost hervorgerufenen Schäden der Erosion sind ein ganz natürlicher und unaufhaltsamer Prozess, der hier im Nationalpark für eine fortdauernde Umgestaltung der Küstenlandschaft sorgt.

70 mm · Blende 11 · 1/125 s · ISO 200

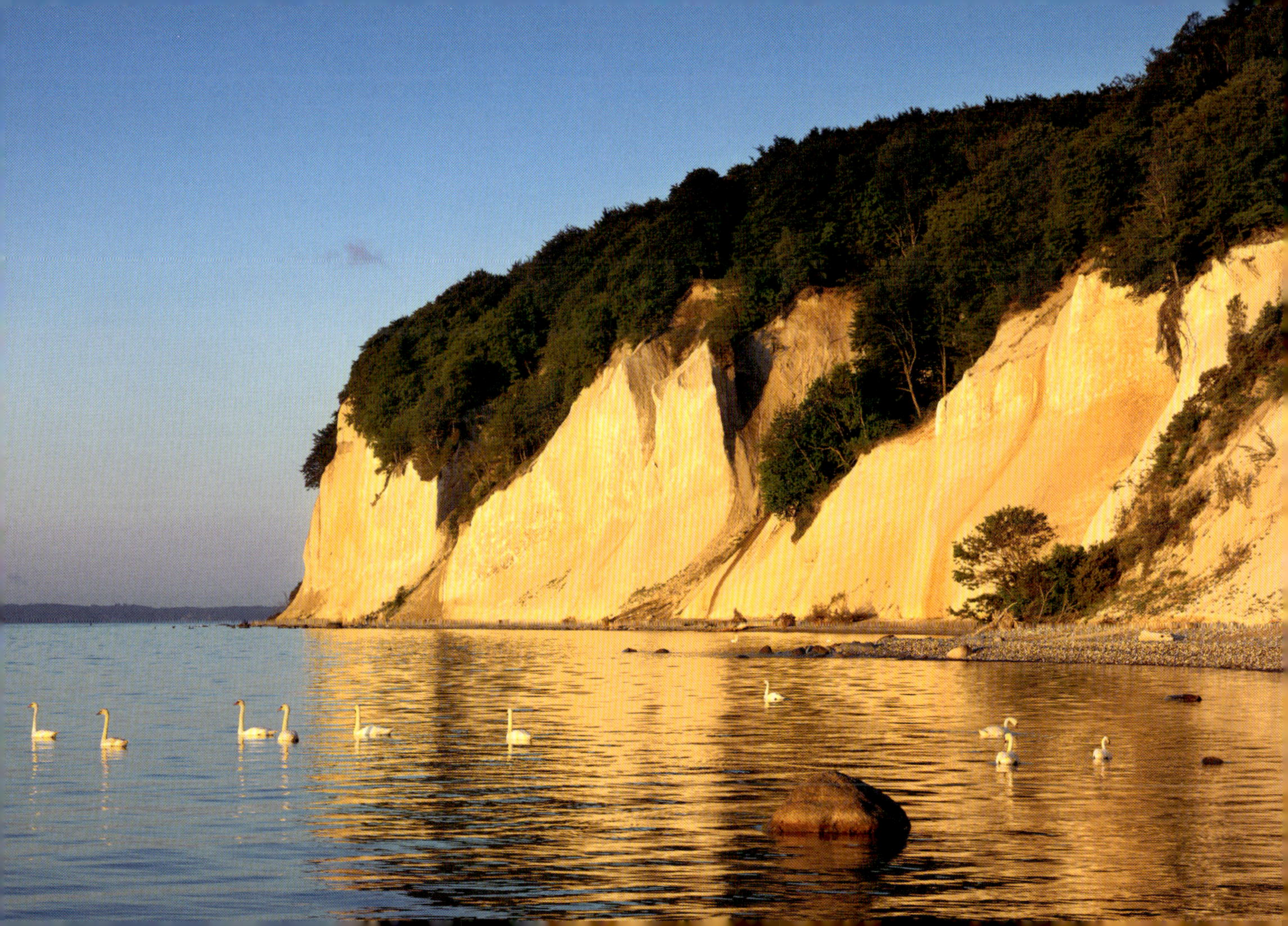

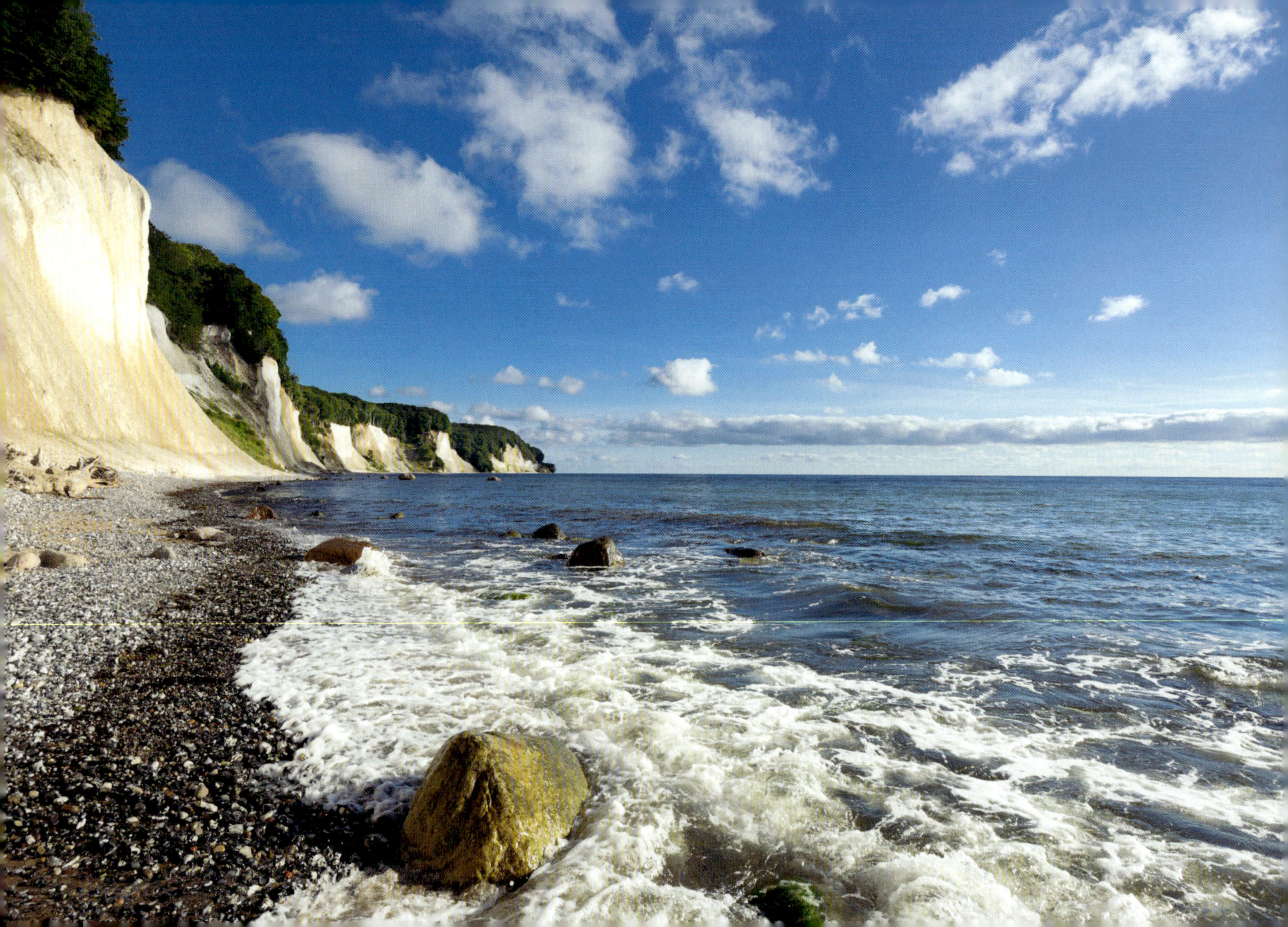

## 4 AM KIELER BACH

**Koordinaten:** 54.553186 / 13.676698

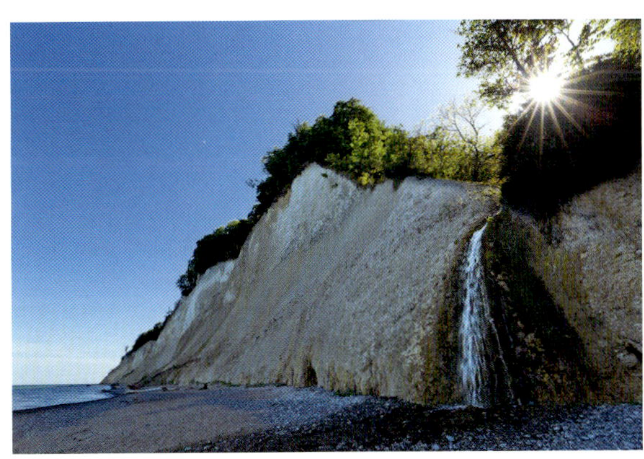

16 mm · Blende 16 · 1/50 s · ISO 100

16 mm · Blende 11 · 1/200 s · ISO 100

Auf dem weiteren Weg Richtung Norden ergeben sich immer neue vielfältige Perspektiven auf die Kreidefelsen, die sich bis zum Horizont ins Meer zu schieben scheinen. Die bewaldeten Felsen, das Meer und der Himmel zeigen sich im Sonnenlicht in der klassischen Farbkombination Blau-Weiß-Grün. Schließlich gelangen wir ans Kieler Ufer und den Kieler Bach, der sich durch den Wald des Nationalparks schlängelt und hier von den Hängen herab als kleiner, etwa 4 Meter hoher Wasserfall zum Strand hinunterplätschert. Unmittelbar daneben führt die letzte Treppe nach oben zum Hochuferweg, denn die alte Treppe weiter nördlich am Königsstuhl ist nach einem Hangrutsch nicht mehr nutzbar und gesperrt. Da der Strandabschnitt von hier bis zum Königsstuhl zu den gefährlicheren gehört, empfiehlt es sich ohnehin, hier aufzusteigen.

## 5 ERNST-MORITZ-ARNDT-SICHT

**Koordinaten:** 54.539927 / 13.679040

Am Hochuferweg stehen wir wieder vor der Entscheidung, weiter nach Norden Richtung Königsstuhl zu gehen, oder nach Süden zurück zum Ausgangspunkt nach Sassnitz. Ich würde Letzteres empfehlen und den Bereich um den Königsstuhl in einer eigenen Wanderung vom Nationalparkzentrum aus erkunden. Dort werden wir dann auch die schönsten und sichersten Blicke »von oben« auf die Kreidefelsen haben können.

Am Hochuferweg nach Sassnitz ermöglichte auch der Aussichtspunkt der Ernst-Moritz-Arndt-Sicht bislang einen schönen Blick auf die Wissower Klinken, doch ist diese Aussicht inzwischen auch mit einem Warnschild versehen. Wer um die Gefahr von Hangrutschungen an den Kreidefelsen weiß, versteht auch, warum das so ist und warum man sich daran halten sollte ...

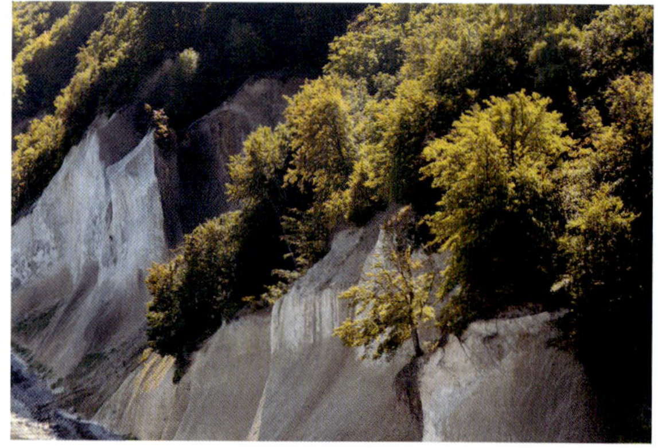

100 mm · Blende 11 · 1/100 s · ISO 200

18 mm · Blende 11 · 1/320 s · ISO 200

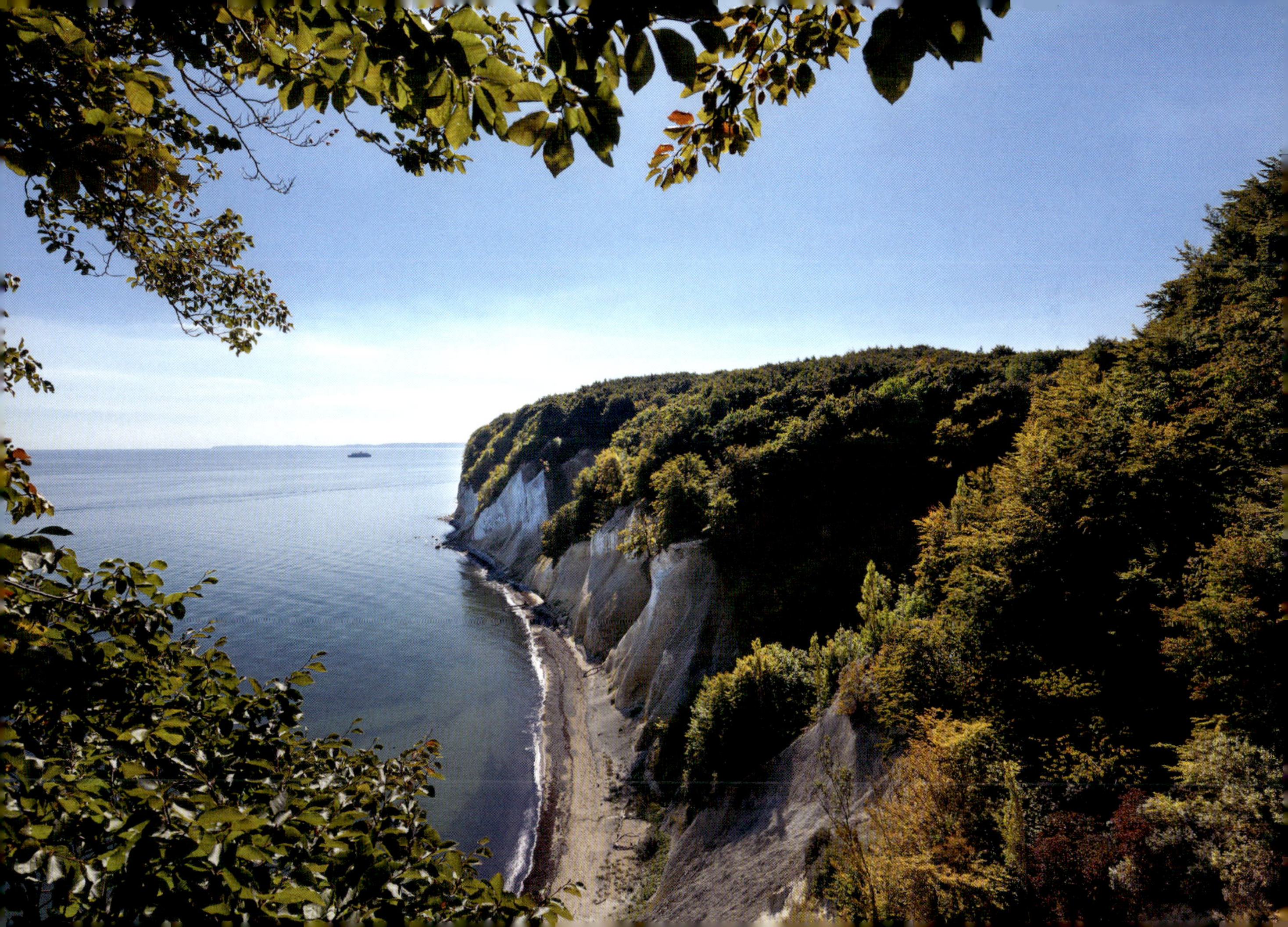

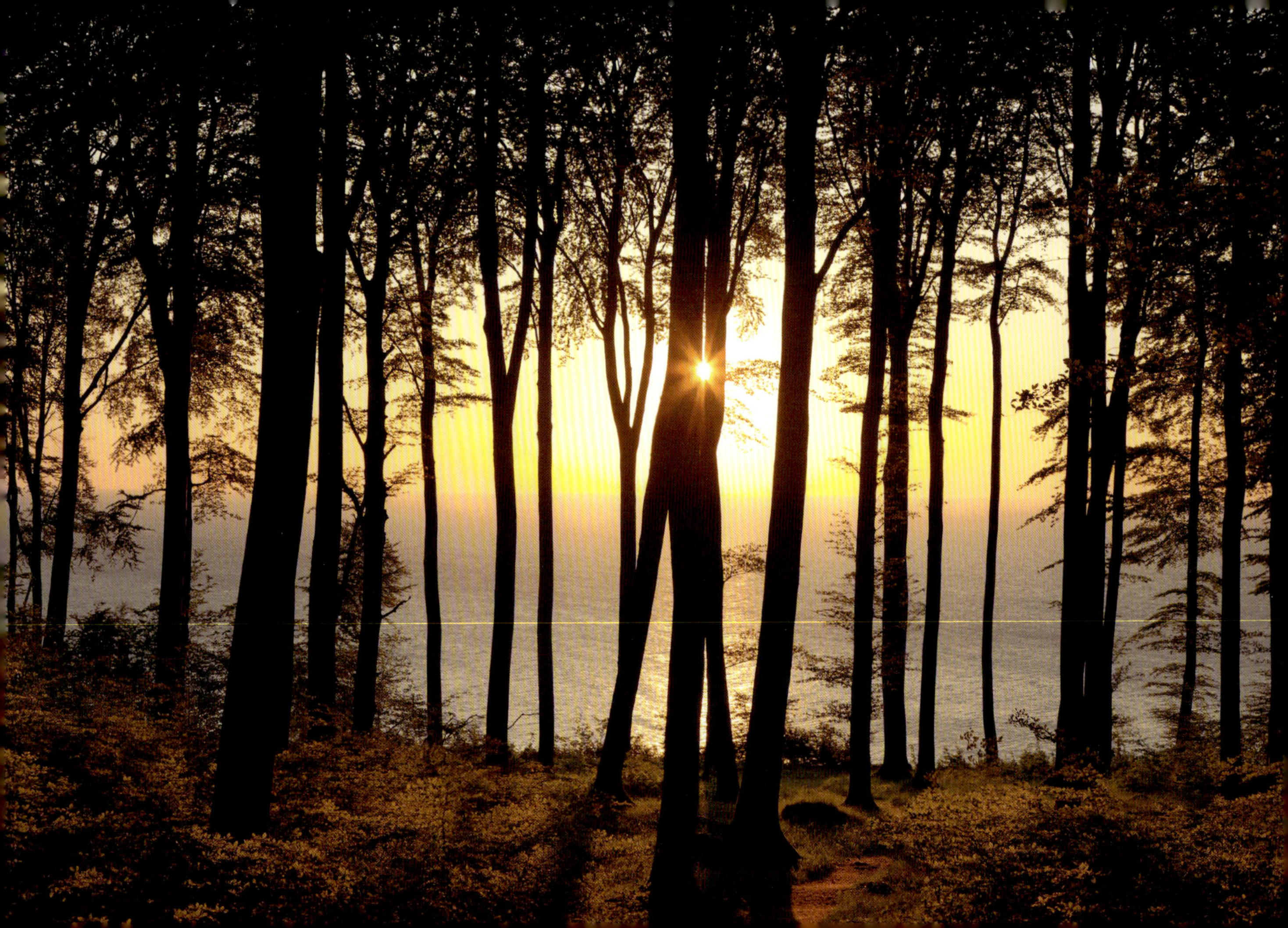

60 mm · Blende 11 · 1/100 s · ISO 200

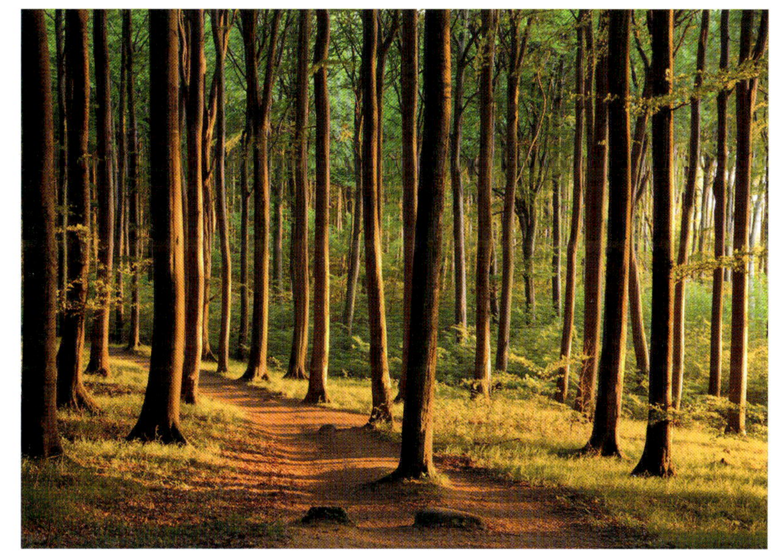

65 mm · Blende 11 · 1 s · ISO 100

Doch auch der Buchenwald selbst bietet immer wieder schöne Motive, ohne dass man an die Abbruchkante herantreten und sich in Gefahr bringen müsste. Zwischen den hoch gewachsenen schlanken Stämmen schimmert im Hintergrund das Meer, und es lohnt sich auch sehr, hier noch einmal des morgens herzukommen, um den Sonnenaufgang aus dieser Perspektive zu erleben. Im direkten Gegenlicht stehen die Buchen wie Scherenschnitte vor dem Meer und dem Himmel, beim Blick nach Norden ergießt sich das seitlich vom Meer wie durch ein großes Fenster einfallende Licht über die gesamte Szenerie.

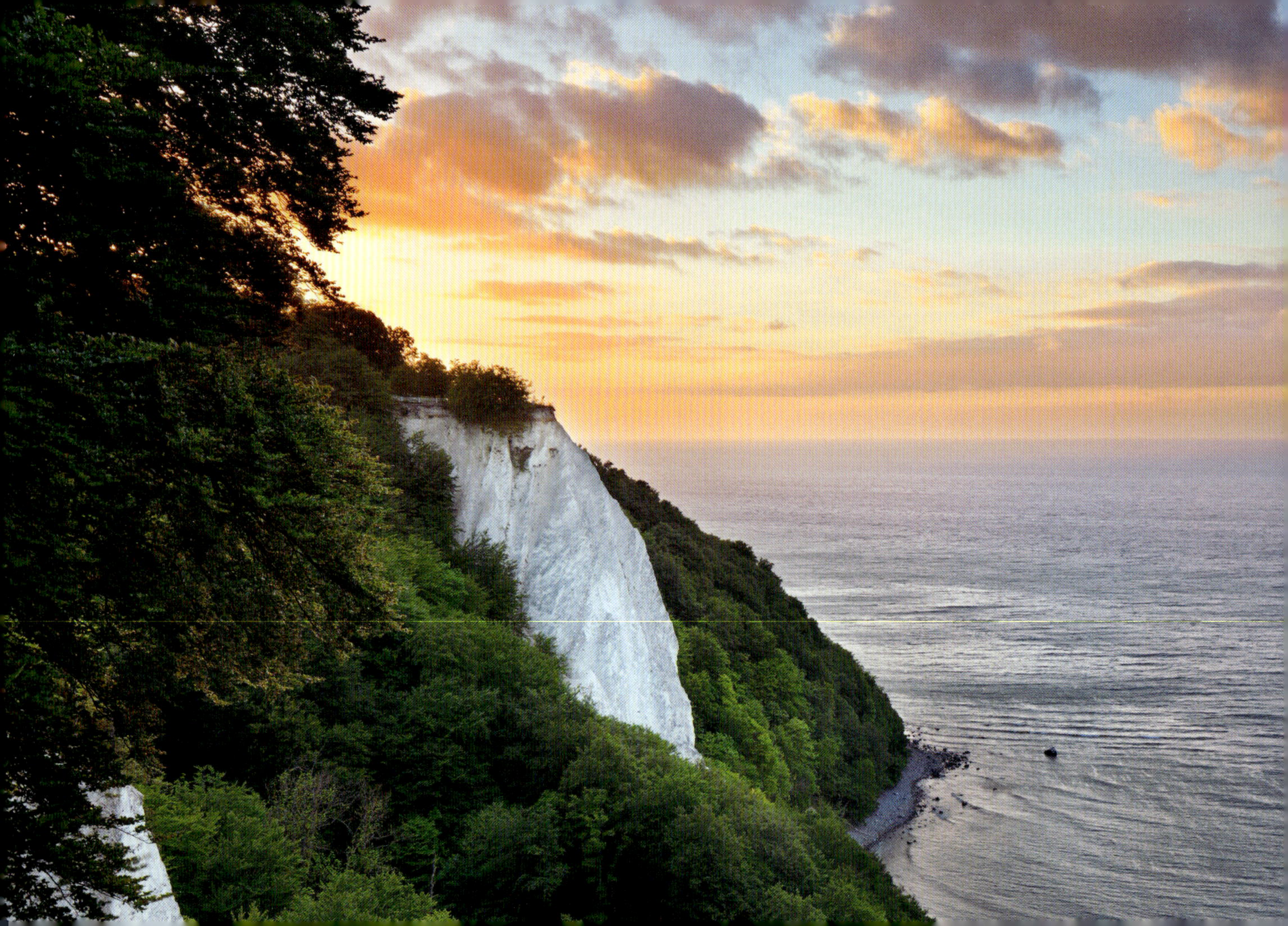

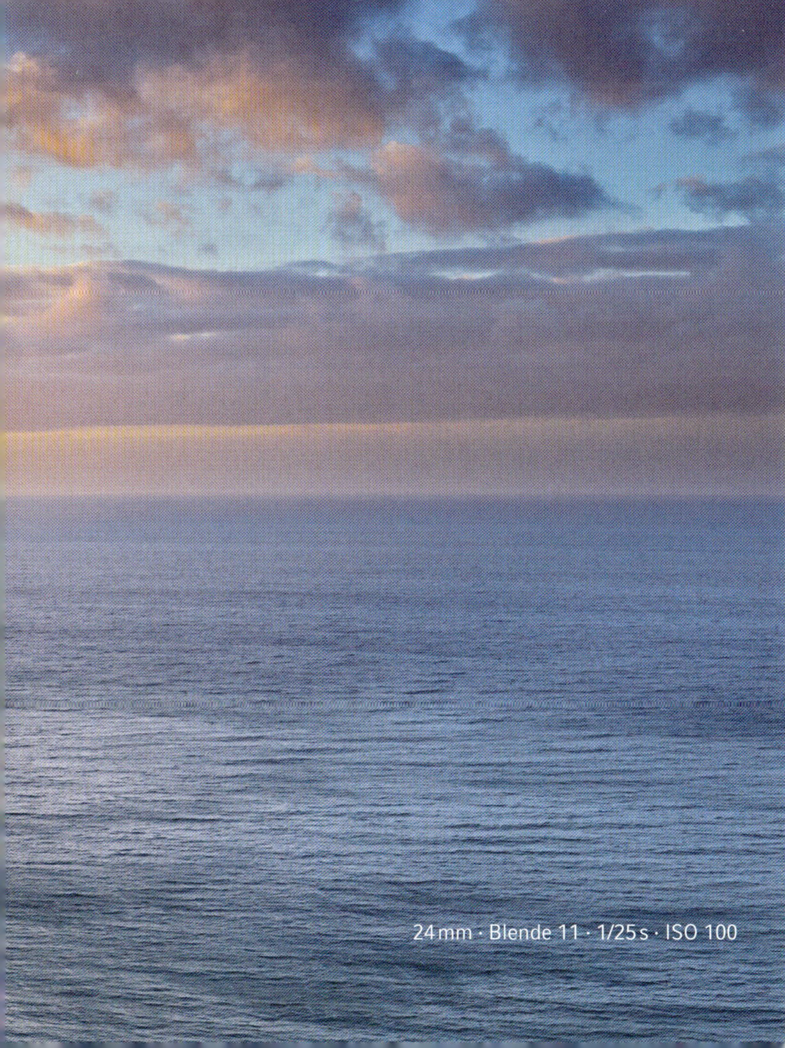

24 mm · Blende 11 · 1/25 s · ISO 100

## ZUM KÖNIGSSTUHL

6 KÖNIGSSTUHL
7 VIKTORIASICHT
8 »SCHÖNE AUSSICHT«
9 HERTHASEE

Die Königsstuhl-Wanderung führt uns zu den spektakulärsten Aussichten auf die Kreidefelsen. Der kürzeste und einfachste Weg führt vom Parkplatz Hagen durch den Wald zum Nationalparkzentrum und dem Königsstuhl. Ganz bequem gelangt man auch mit dem Pendelbus hin. Doch wer die stimmungsvollen Zeiten des frühen Morgenlichts (oder im Sommer auch des späten Abendlichts) erleben will, kommt auch hier um den gut 3 Kilometer langen Fußweg nicht herum, wird dafür aber mit Eindrücken und Bildern belohnt, wie sie sonst deutschlandweit nicht zu haben sind.

## 6 BLICK VOM KÖNIGSSTUHL ZUR VIKTORIASICHT

**Koordinaten:** 54.572999 / 13.661973
**Beste Tageszeit:** Sonnenaufgang

Der klassische Ausblick aus exakt dieser Perspektive vom Königsstuhl hinüber zur Viktoriasicht dürfte bei Erscheinen des Buches schon Geschichte sein, denn der Standort dafür wird dann einige Meter höher liegen, nämlich auf der geplanten Aussichtsplattform. Bisher führt vom Nationalparkzentrum eine kleine Brücke über das sogenannte Königsgrab auf den Königsstuhl. Genau von dieser Brücke aus öffnet sich der Ausblick hinüber zur Viktoriasicht, zum Sonnenaufgang vor allem im Herbst ein ganz magischer Anblick. Doch nicht nur die natürliche Erosion, sondern auch die mehreren hunderttausend jährlichen Besucher machen dem Wahrzeichen Rügens schon lange zu schaffen; der Zugang ist über die Jahre stetig schmaler geworden. Seit die ersten Abbrüche die Begehbarkeit des exponierten Felsens gefährden, gibt es Überlegungen, den Königsstuhl für das unmittelbare Betreten zu sperren. Stattdessen wird nun eine über dem Königsstuhl schwebende Aussichtsplattform errichtet, die den Rundblick vom Königsstuhl weiterhin wie gewohnt ermöglicht, ohne dass der Felsen selbst dafür noch betreten werden muss. Verankert wird die Plattform im Fels weit hinter dem Königsstuhl. Ihre Spitze soll nicht über den Königsstuhl hinausragen, damit sie den Blick von der Viktoriasicht und von der Seeseite her zum Königsstuhl nicht beeinträchtigt.

16 mm · Blende 16 · 1/200 s · ISO 200

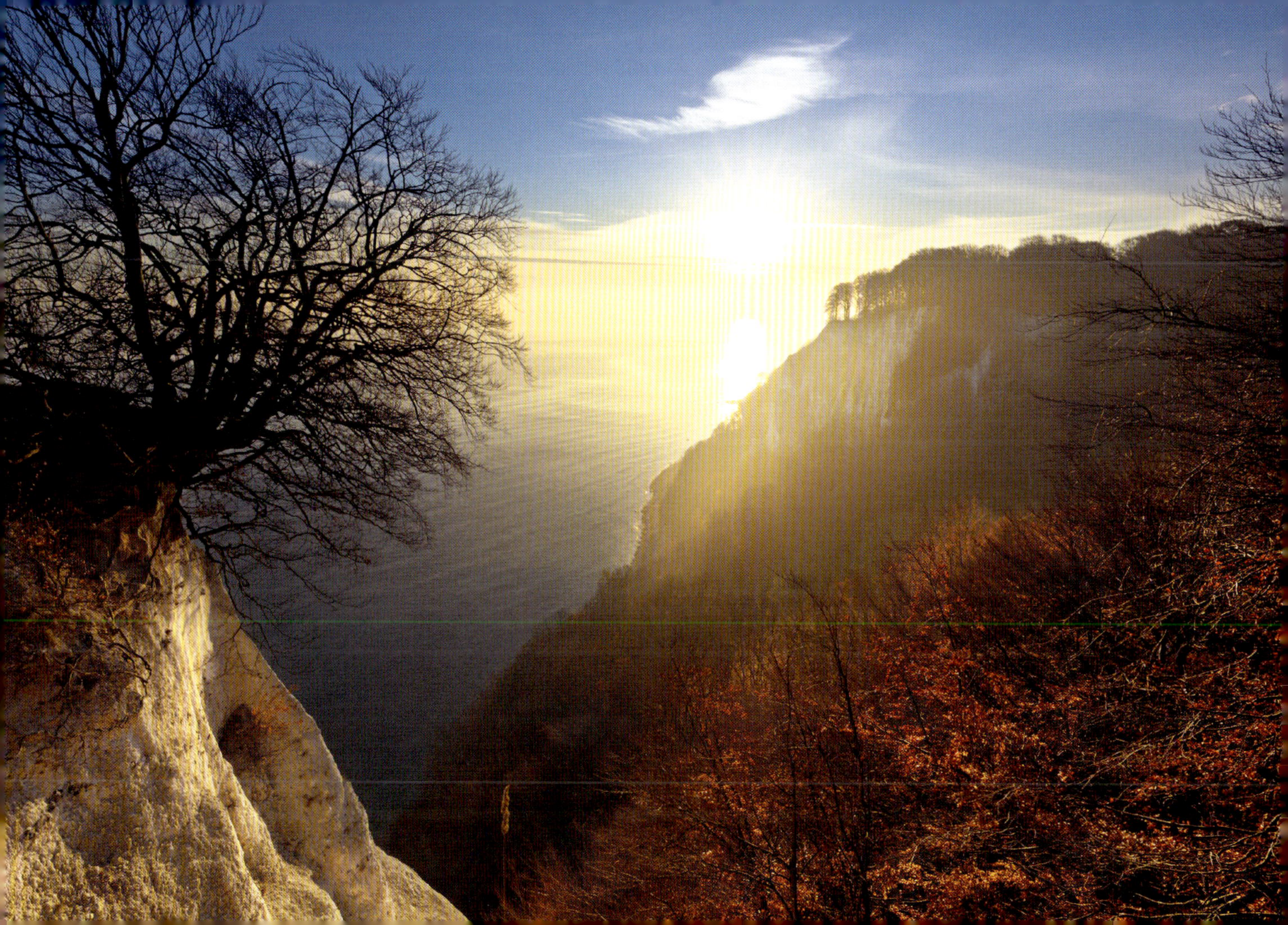

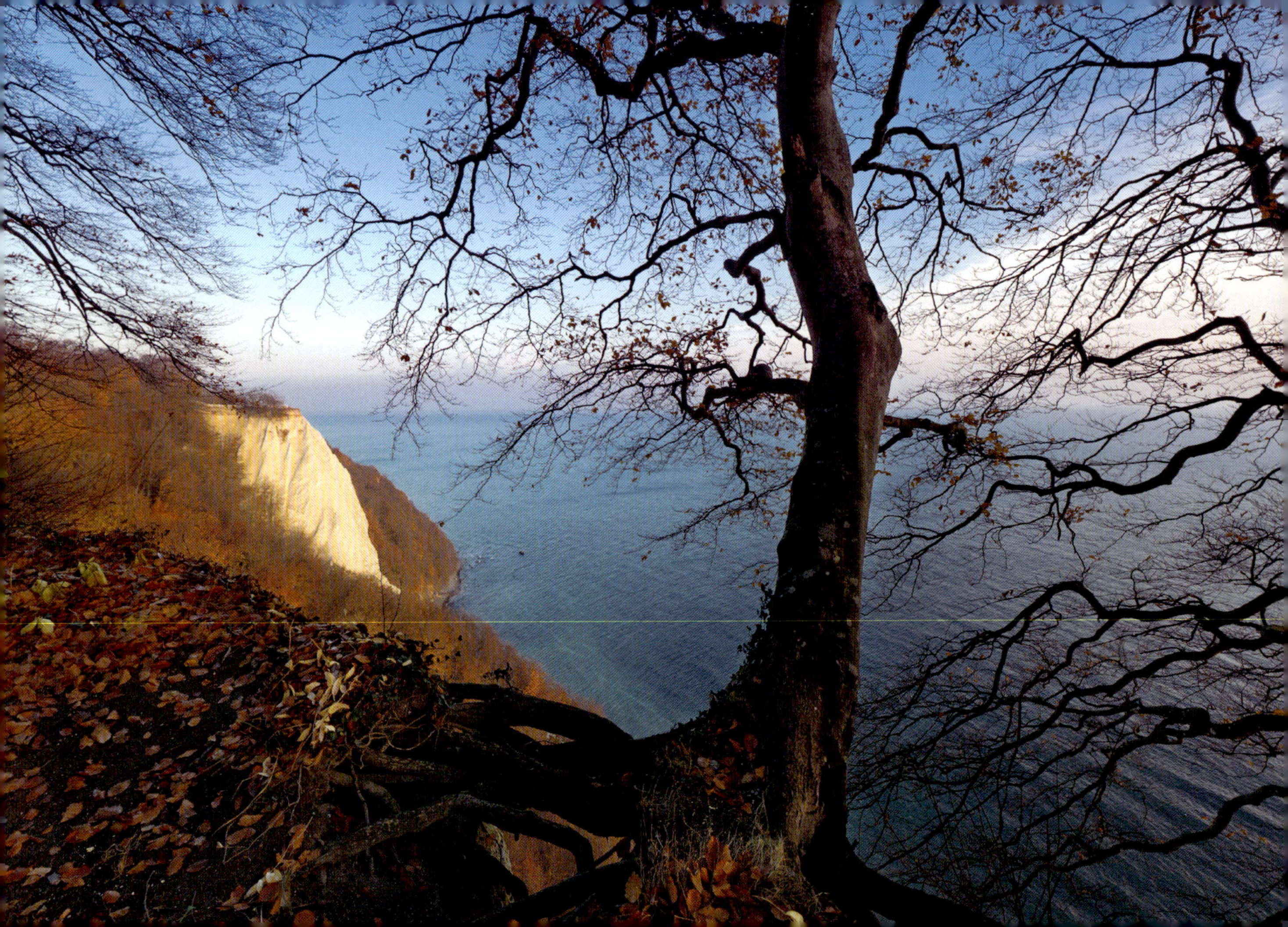

## 7 BLICK VON DER VIKTORIASICHT ZUM KÖNIGSSTUHL

**Koordinaten:** 54.570916 / 13.665270
**Beste Tageszeit:** Sonnenaufgang

Den schönsten Blick zum Königsstuhl hat man von der Viktoriasicht aus bzw. von einer kleinen Plattform wenige Meter davor. Vom Wendeplatz des Weges am Besucherzentrum führt eine Treppe erst ein Stück hinab ins Tal und dann wieder aufwärts. Ebenso gut kann man aber schon vorher rechts vom Weg abbiegen und am Restaurant »Am Königsstuhl« vorbei zur Viktoriasicht gelangen. Wie für eigentlich die gesamte Kreideküste sind wir hier idealerweise schon vor Sonnenaufgang vor Ort, um von der Dämmerung über die rötliche Färbung des Himmels bis zum Aufleuchten der Felsen im ersten Sonnenlicht alle Übergänge und Nuancen miterleben zu können. Die Entfernung zwischen Königsstuhl und Viktoriasicht ist relativ kurz, dennoch ist ein Pendeln nicht empfehlenswert, weil man unterwegs dann doch Gefahr läuft, den besten Moment zu verpassen. Besser mehr Zeit investieren, an einer Stelle bleiben und am nächsten Morgen noch einmal wiederkommen. Zwischen den Bäumen öffnet sich hier ein Durchblick, der von den Zweigen eingerahmt wird. Im kahlen Zustand im Herbst oder Winter lassen sich diese auch sehr schön mit in die Bildgestaltung einbeziehen. Vom starken Weitwinkel bis zum leichten Teleobjektiv, mit dem der Königsstuhl formatfüllend ins Bild gesetzt werden kann, ist hier also einiges an Bildvarianten möglich.

16 mm · Blende 11 · 1/20 s · ISO 100

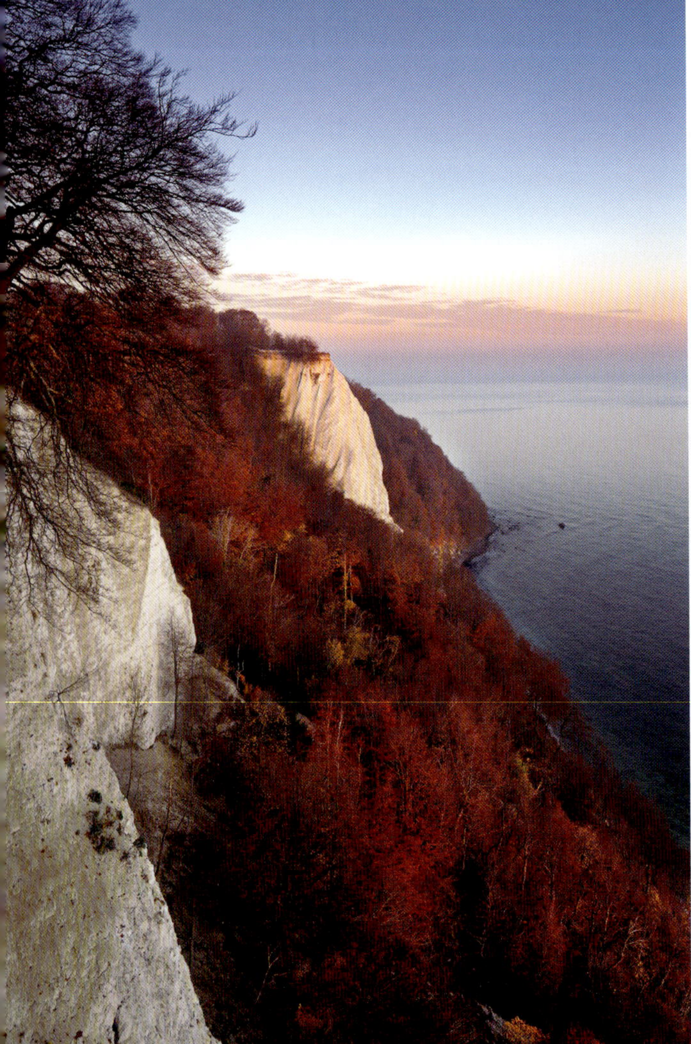

24 mm · Blende 11 · 1/10 s · ISO 100

Zur »richtigen« oder zur »falschen« Tageszeit unterwegs? Fast jede Landschaft hat ihre ideale Tageszeit, in der sie sich »im schönsten Licht« präsentiert. Auch für die sich nach Osten hin orientierenden Kreidefelsen Rügens scheint die Sache klar: Sie werden bevorzugt im Licht der aufgehenden Sonne fotografiert, während sie nachmittags schon im Schatten liegen. Früh am Morgen haben die Wolken am Horizont noch eine rosa Färbung, während der Königsstuhl schon vom ersten Licht der Sonne getroffen wird und der Wald in herbstlichen Rottönen erglüht.

24 mm · Blende 11 · 1/25 s · ISO 100

Es geht aber auch »andersherum«. Wald und Felsen liegen längst im Schatten und wir sind eigentlich zur »falschen Zeit« hier. Doch die im Sommer schräg hinter dem Königsstuhl untergehende Sonne erleuchtet die Wolken am Horizont und macht so aus dem falschen Zeitpunkt genau den richtigen. Zwei vom Licht her ganz unterschiedliche Bilder also, doch ich finde es schwierig zu entscheiden, welches das stimmungsvollere ist. Auf jeden Fall ein Beispiel dafür, dass es auch eine Herausforderung sein kann, zur »falschen Zeit« unterwegs zu sein, und zu sehen, was man trotzdem aus der Situation machen kann.

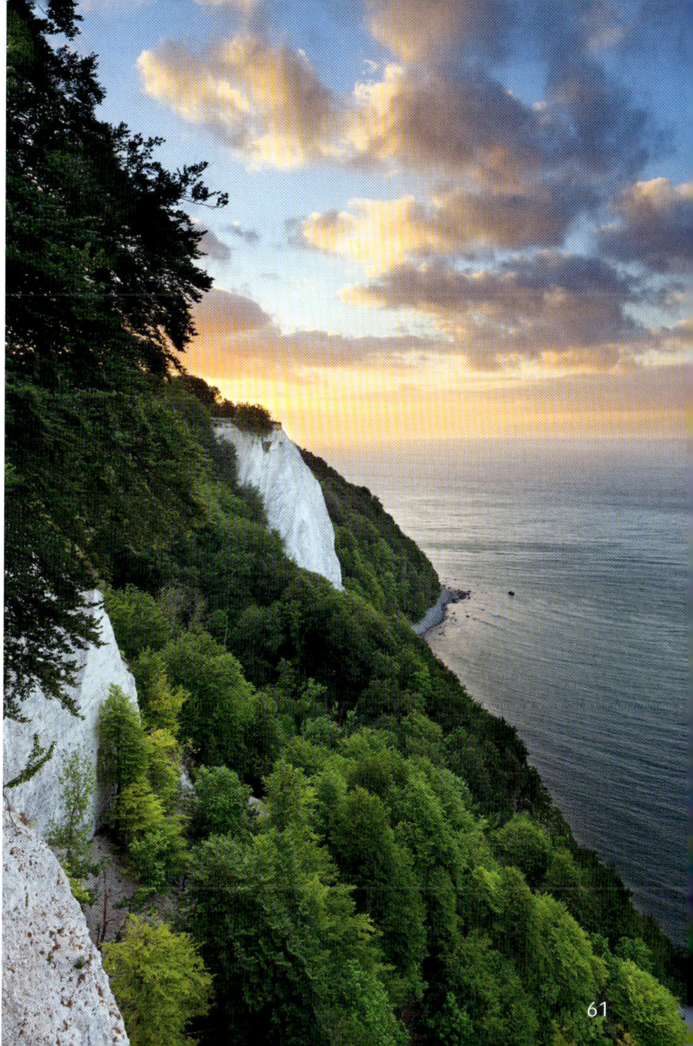

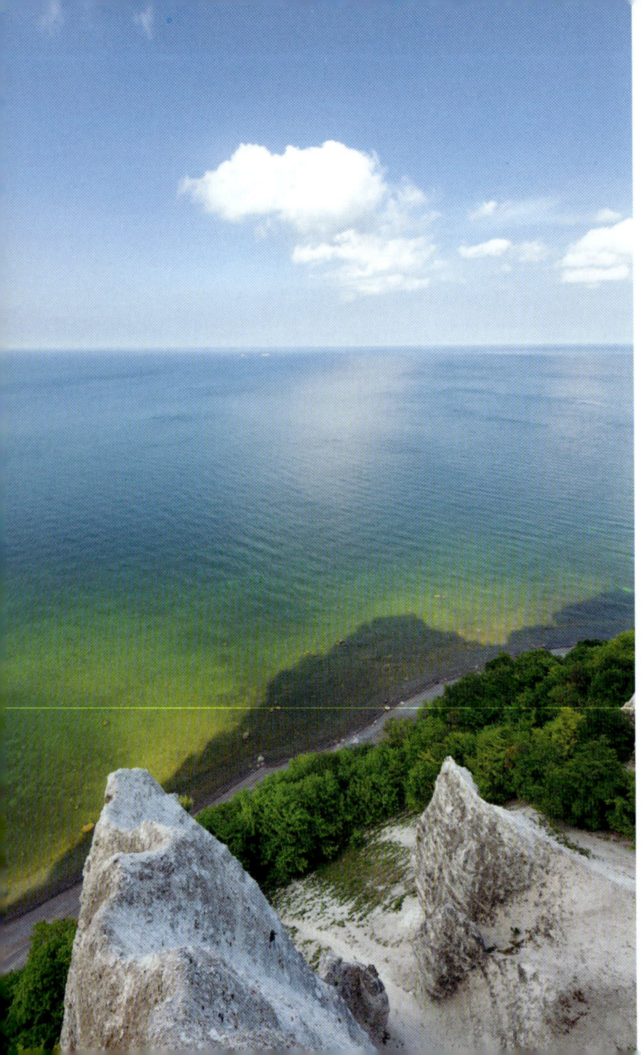

## 7 VIKTORIASICHT

**Koordinaten:** 54.570844 / 13.665570
**Beste Tageszeit:** Sonnenaufgang

Eine winzige Brücke ragt an der Viktoriasicht – benannt nach der Schwiegertochter des Preußenkönigs Wilhelm I. – ein kleines Stück über die Felskante hinaus, gerade einmal groß genug, um einer Person einen gefahrlosen Blick auf die unmittelbar darunterliegenden markanten Felsspitzen zu ermöglichen. Auch hier sind wir nachmittags eigentlich zur »falschen« Zeit vor Ort, doch die Sonne projiziert die Schatten der Felsen hinunter auf die Küstenlinie am Strand und lässt das Meer in schimmernden Grün- und Blautönen aufleuchten. Mit einem starken Weitwinkel lässt sich dies gut ins Bild setzen. Um Felsen, Meer und Himmel in einem Bildausschnitt unterzubringen, muss aber auch ein so notorischer Querformat-Fotograf wie ich einmal die Kamera ins Hochformat drehen.

16 mm · Blende 11 · 1/160 s · ISO 200

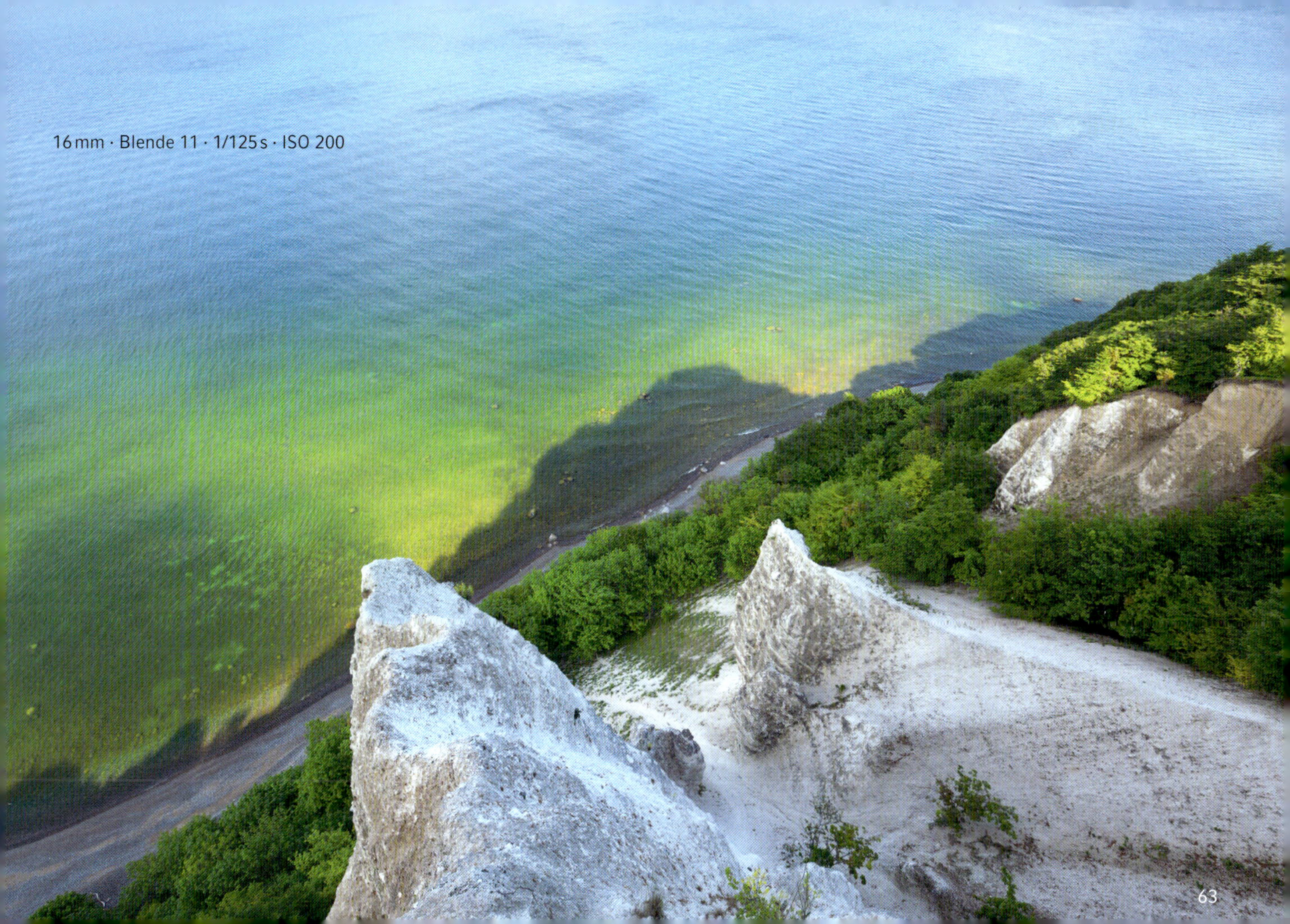
16 mm · Blende 11 · 1/125 s · ISO 200

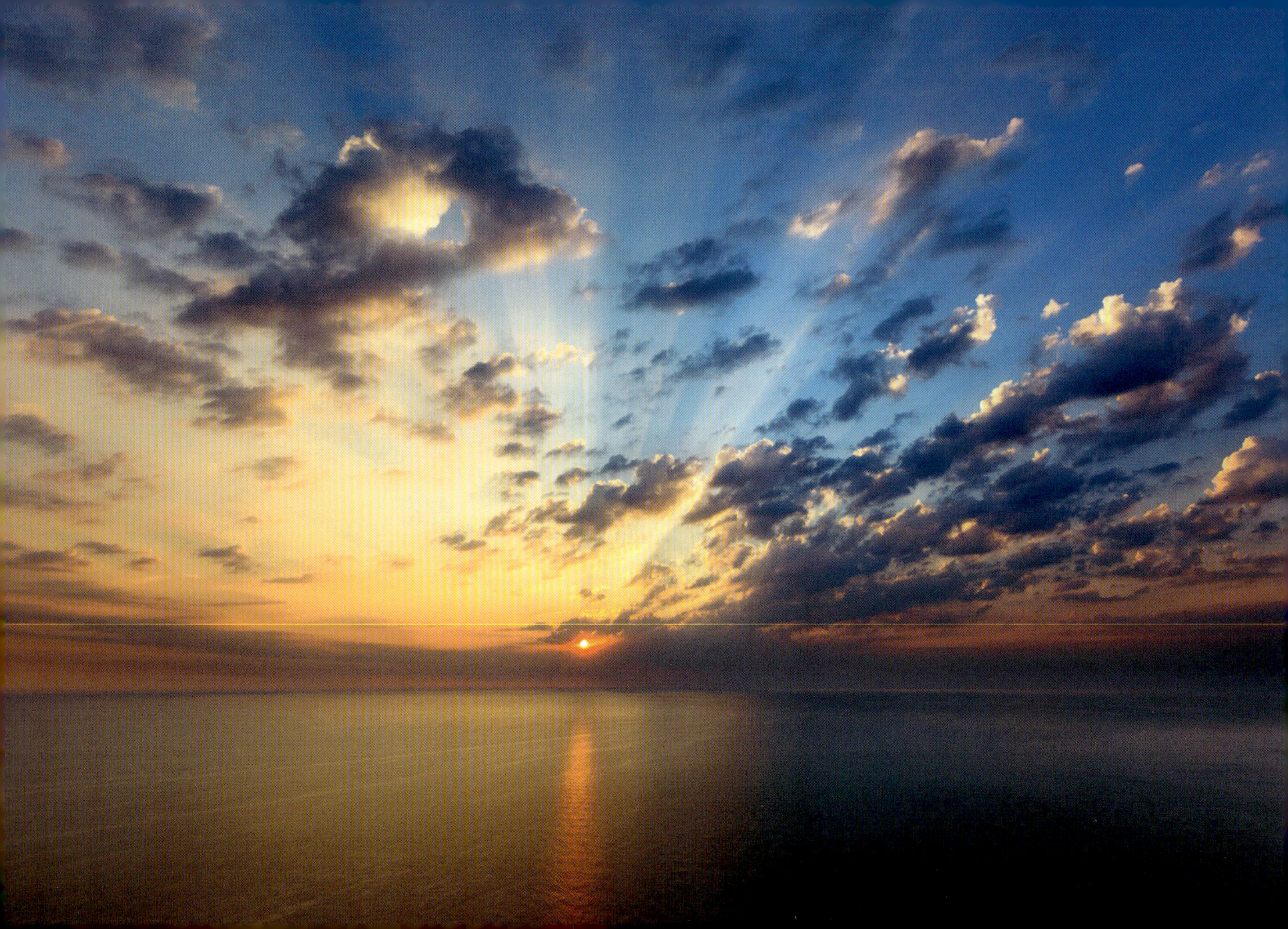

16 mm · Blende 11 · 1/160 s · ISO 200

Sind wir aber zur »richtigen« Zeit am frühen Morgen hier, können wir auch immer wieder neue und großartige Sonnenaufgänge bewundern, bei denen die Sonne ihr Spiegelbild als leuchtende Spur ins Meer zeichnet. Vor allem der Blick aus großer Höhe von den Felsen über das Meer macht dies zu einem ganz besonderen Erlebnis, wie es in Deutschland kaum an anderer Stelle zu haben ist. So lohnt es sich durchaus, mehrmals hierherzukommen und genügend Zeit mitzubringen, um nicht nur den Kreidefelsen, sondern auch dem simplen Blick übers Meer entsprechende Bilder abzugewinnen. Je nach Wolkenbildung am Himmel kann dabei vom starken Weitwinkel bis zum Teleobjektiv die ganze Palette an Brennweiten zum Einsatz kommen.

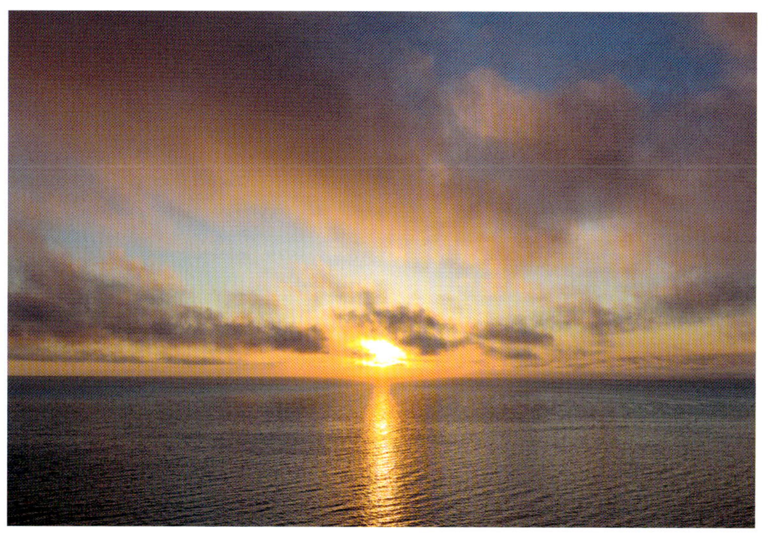

28 mm · Blende 11 · 1/160 s · ISO 200

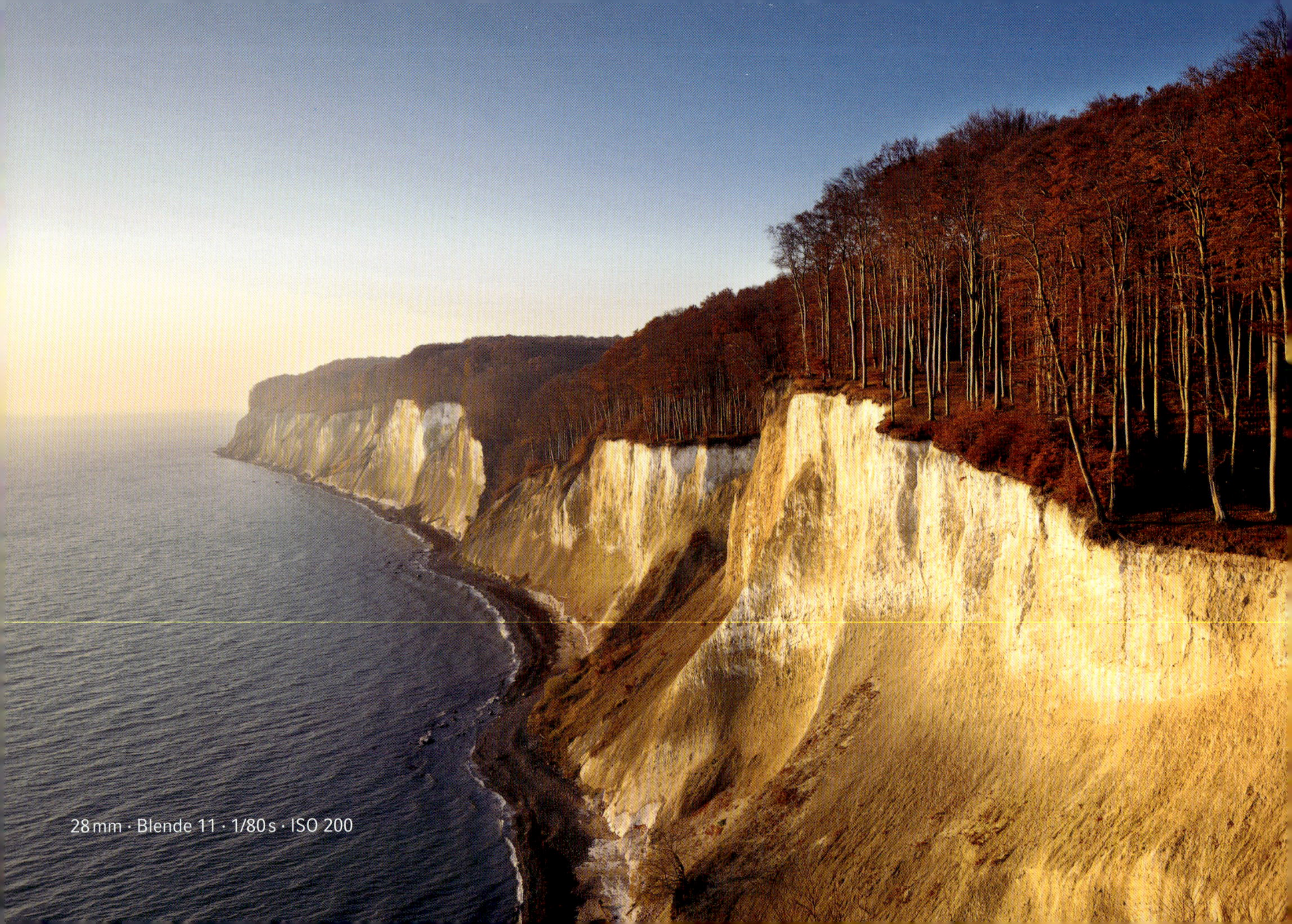

28 mm · Blende 11 · 1/80 s · ISO 200

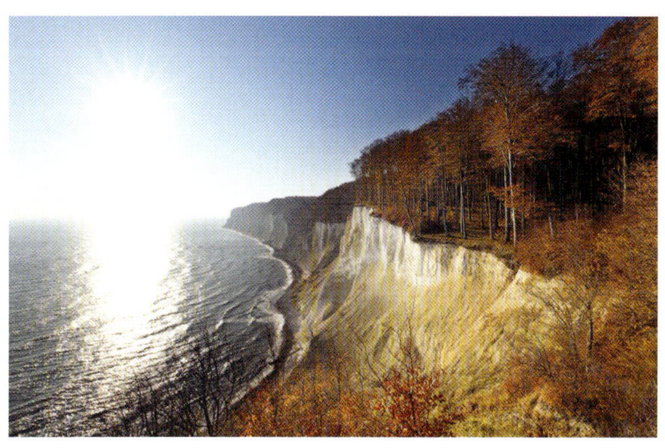

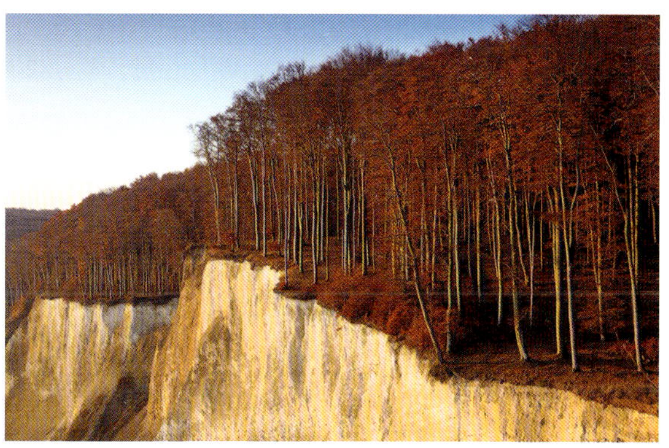

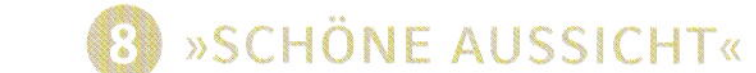

## 8 »SCHÖNE AUSSICHT«

**Koordinaten:** 54.556933 / 13.676380
**Beste Tageszeit:** Sonnenaufgang

Folgen wir dem Weg von der Viktoriasicht Richtung Süden, gelangen wir nach einigem Auf und Ab und der Überquerung des Kollicker Bachs zur sogenannten »Schönen Aussicht«. Dieser Aussichtspunkt trägt seinen Namen völlig zu Recht und ist meiner Meinung nach der attraktivste Foto-Spot am Hochuferweg. Deshalb möchte ich hier noch einmal meinen Rat wiederholen, sich lieber ganz ausgiebig diesem Punkt zu widmen, statt an anderen Stellen nach versteckten Ausblicken zu suchen und sich dabei in Gefahr zu bringen. Denn dieser Logenplatz für einen weiten Blick über die gestaffelten Formationen der Kreidefelsen bietet genug Möglichkeiten: bei Sonnenaufgang von der großen Totalen mit und ohne Sonne bis zur Tele-Ansicht der schlanken Buchenstämme über den Kreidefelsen.

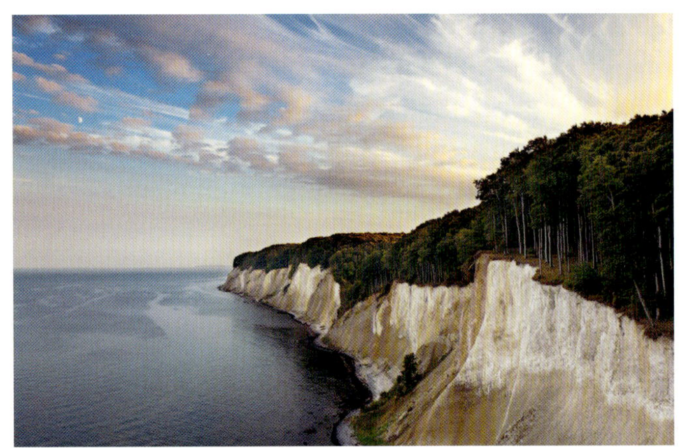

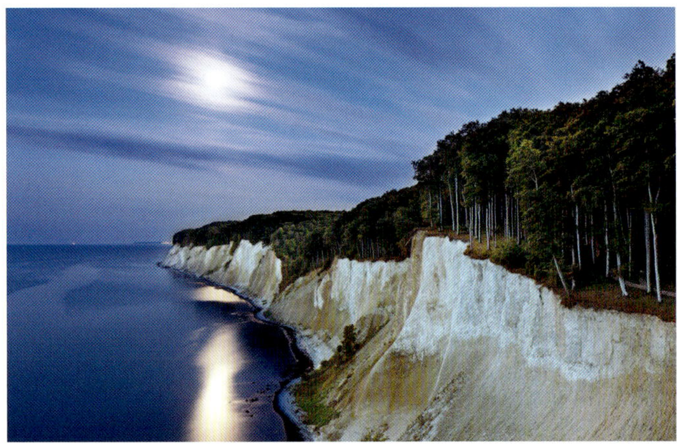

Ebenso lohnt es sich auch hier, einmal von den »richtigen« Tageszeiten abzuweichen und am Nachmittag herzukommen oder bis zum Abend zu warten. Die rosafarbenen Wolken der Abenddämmerung verleihen der Szenerie eine ganz andere Wirkung als das strahlende Licht der frühen Morgensonne, während das Mondlicht und die ziehenden Wolken einer Langzeitbelichtung die gleiche Ansicht in ein geradezu mystische Stimmung tauchen. So kann durch die Einstellung des immer gleichen Bildausschnitts eine spannende Bildserie entstehen.

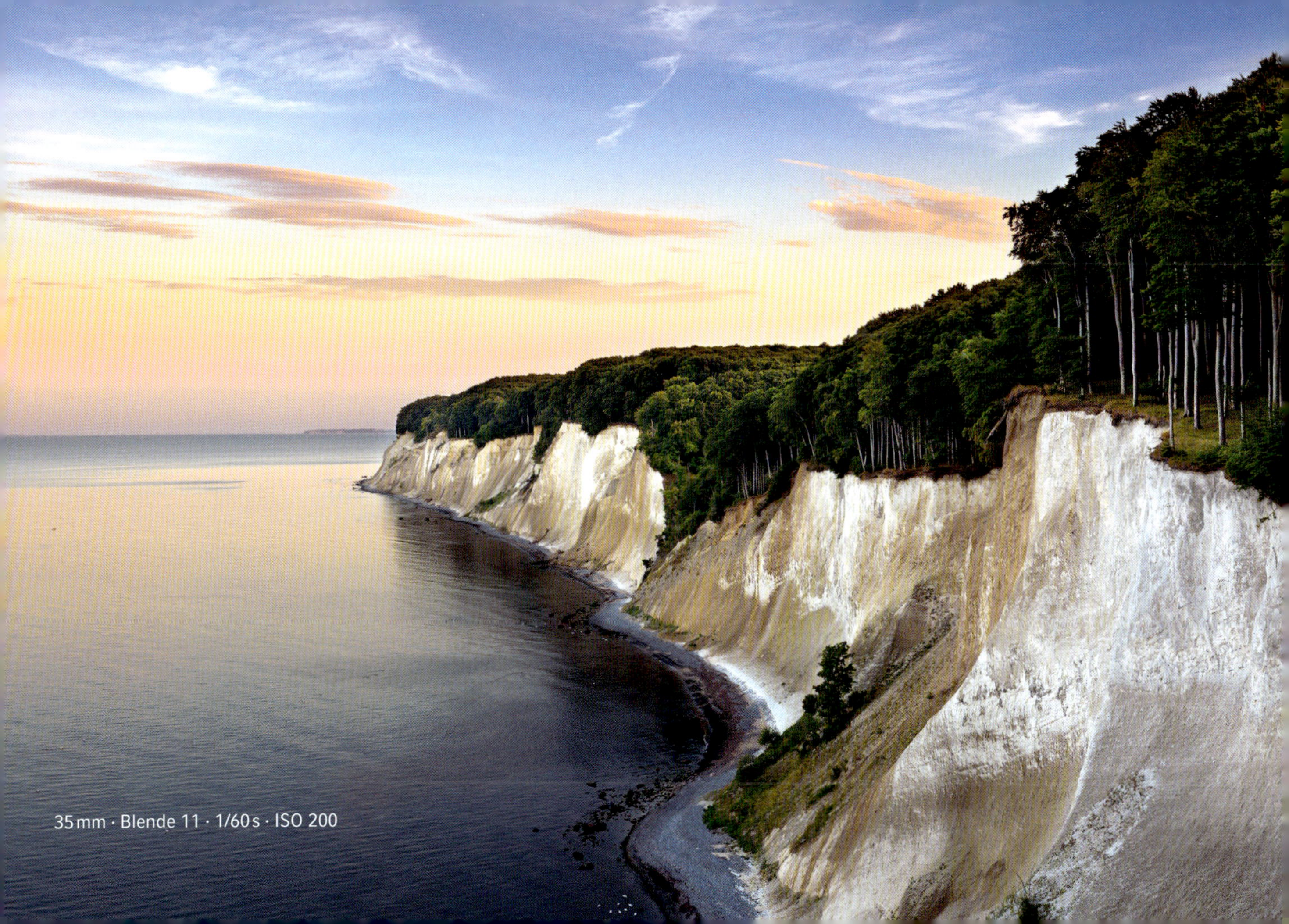

35 mm · Blende 11 · 1/60 s · ISO 200

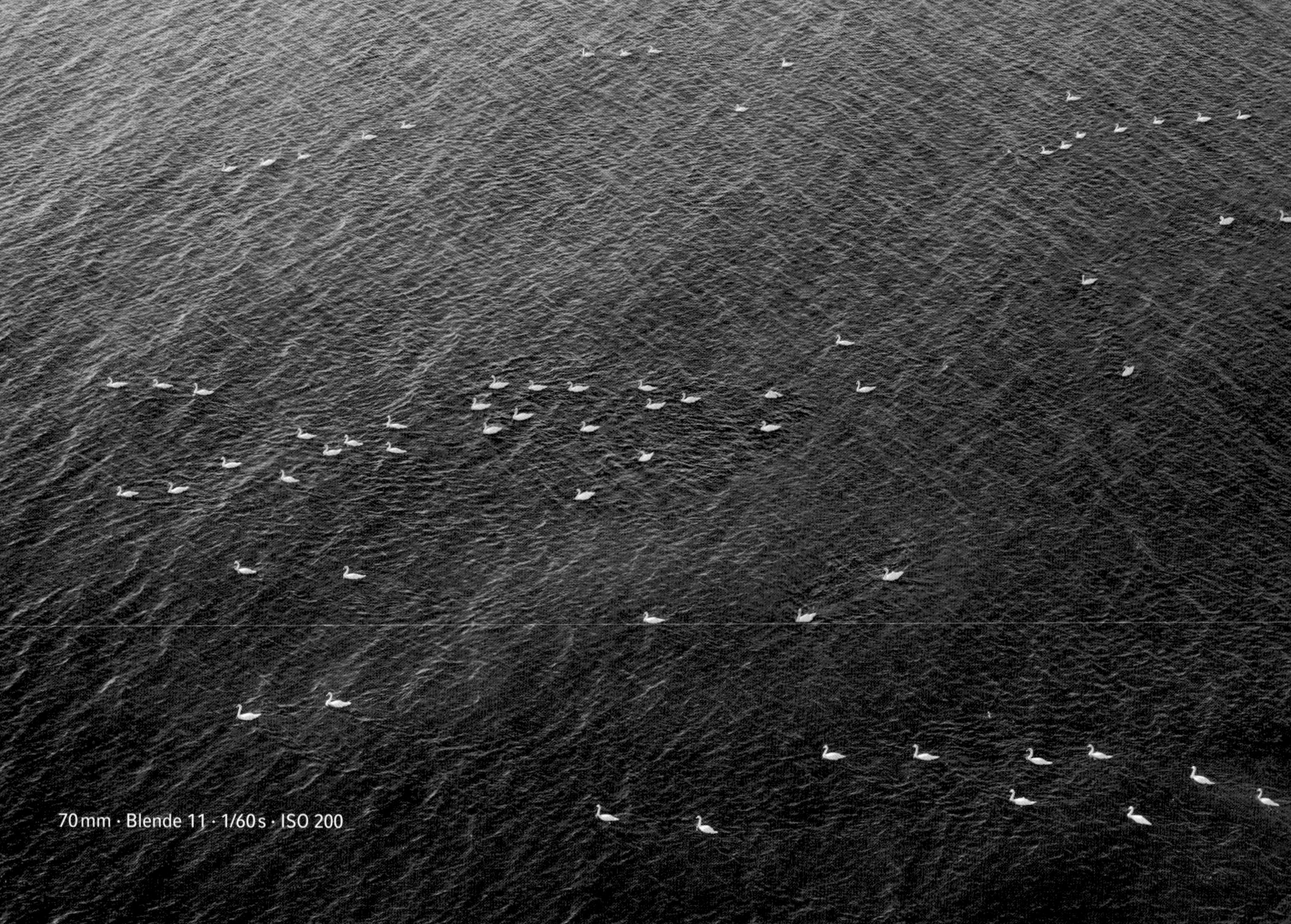

70 mm · Blende 11 · 1/60 s · ISO 200

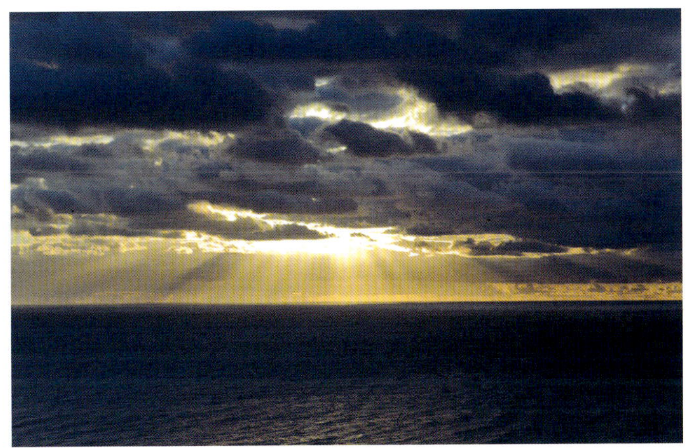

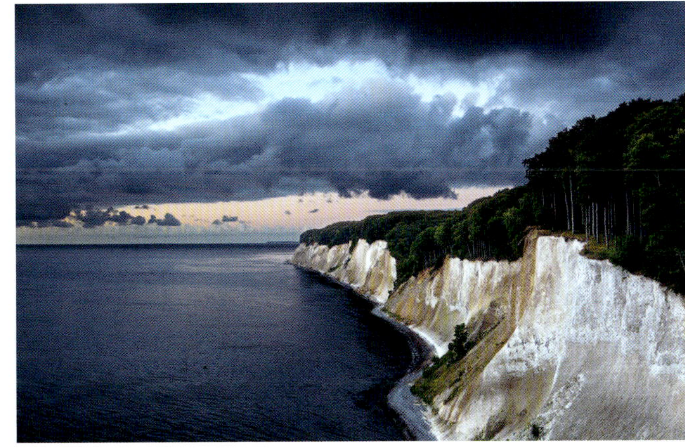

Nicht zuletzt bei dramatisch bewölktem Himmel stellen die Kreidefelsen ebenfalls eine starke Kulisse dar, und natürlich hat man von hier oben auch einen großartigen Blick über das Meer in Richtung Sonnenaufgang. Gar nicht so selten sieht man in Ufernähe auch Schwäne in Gruppen entlangziehen, doch eine solchen Flotte wie auf dem Bild links habe ich davor und danach nie wieder gesehen. Noch mehr als hier sind die großen Höckerschwäne in den flachen Boddengewässern zuhause, wo sie aufgrund des Pflanzenreichtums perfekte Lebensbedingungen vorfinden und oft in größeren Scharen auftreten. Doch auch mit dem Salzwasser der Ostsee haben sie kein Problem.

20 mm · Blende 11 · 1/50 s · ISO 100

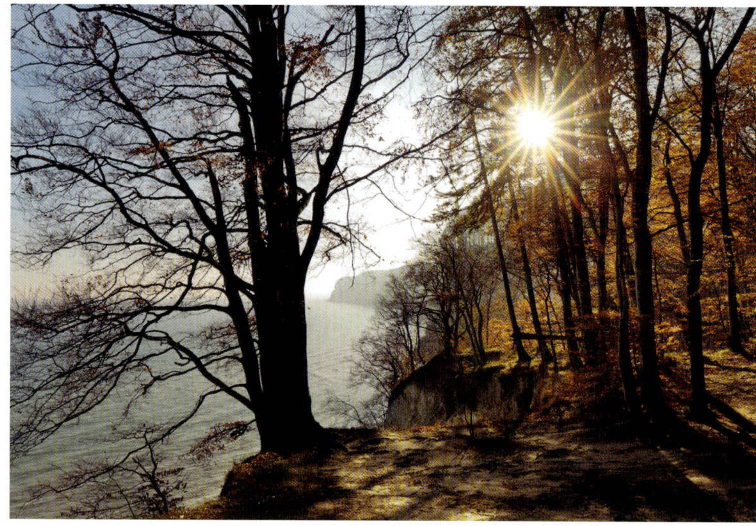

20 mm · Blende 16 · 1/100 s · ISO 200

Ganz vorne an der Abbruchkante kämpfen die Buchen ums Überleben. Mit ihren Wurzeln krallen sie sich weit nach hinten ins Erdreich hinein und festigen damit auch den Boden. Doch Unterspülungen und Erosion am Kreidefelsen lassen ihre Basis nach und nach bröckeln, bis sie irgendwann dem Ruf des Meeres nachgeben müssen und in die Tiefe stürzen. So verändert sich die Küstenlinie stetig, nicht nur unten am Strand, sondern auch hier oben am Hochufer. Manche Stellen lassen sich daher bei einem zweiten Besuch schon gar nicht mehr in der gleichen Form wiederfinden. Besonders reizvoll sind die Buchen am Hochufer im Herbst, wenn sie – nur noch spärlich belaubt – einen schönen Durchblick auf Meer und Himmel ermöglichen, über die sich dann der wilde Formenreichtum ihrer Silhouetten legt wie auf einer asiatischen Tuschezeichnung.

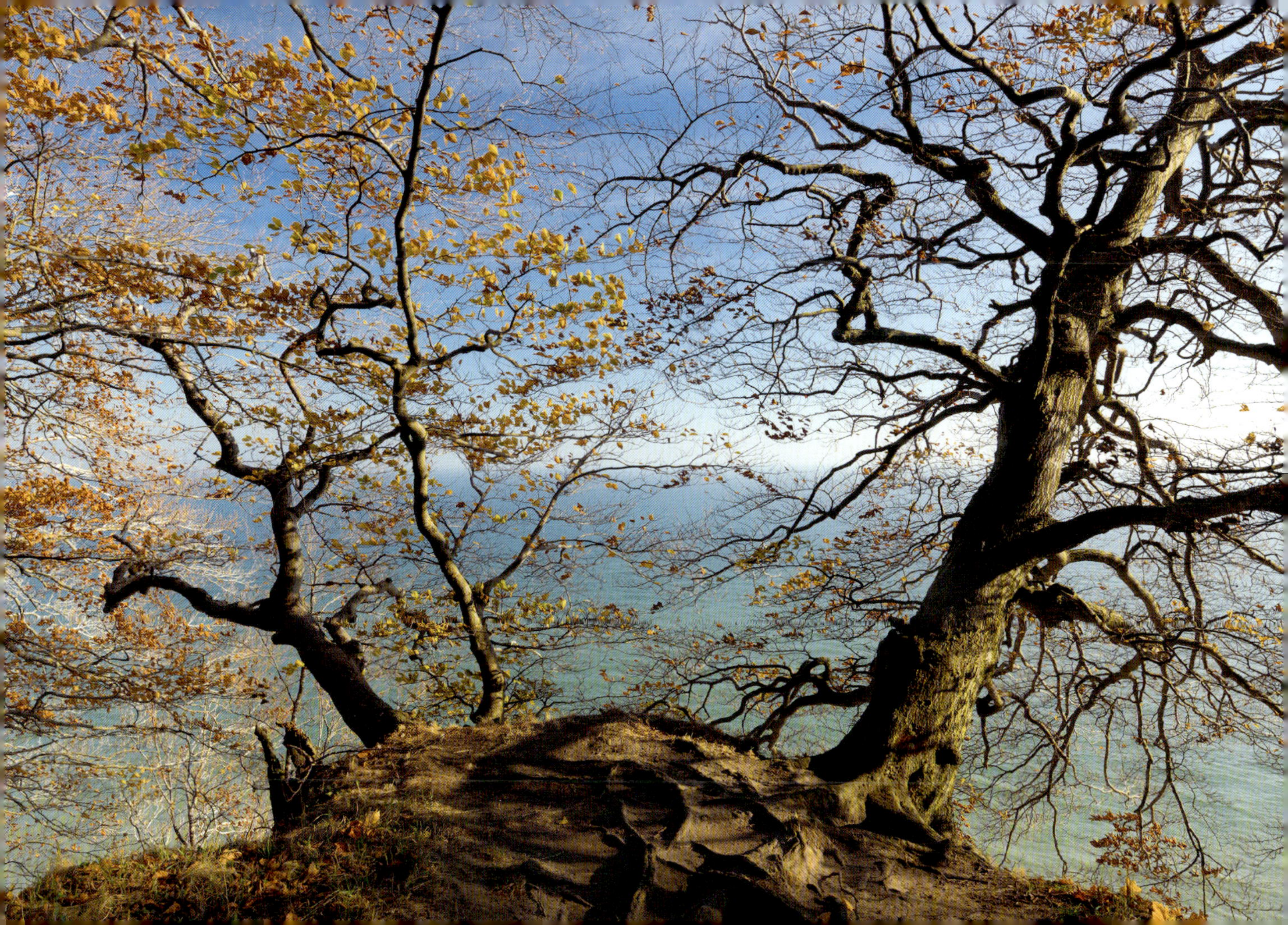

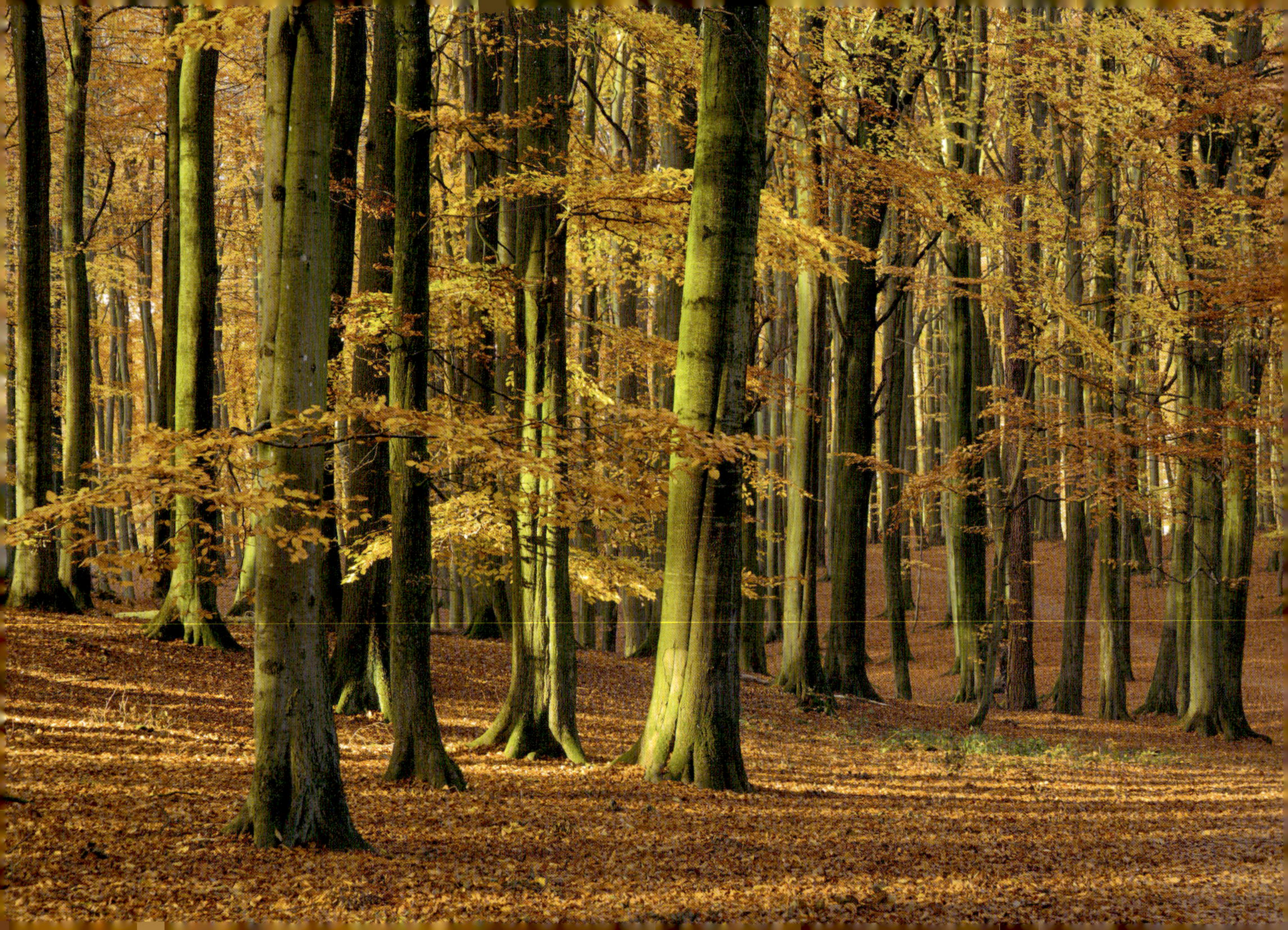

100 mm · Blende 11 · 1/5 s · ISO 200

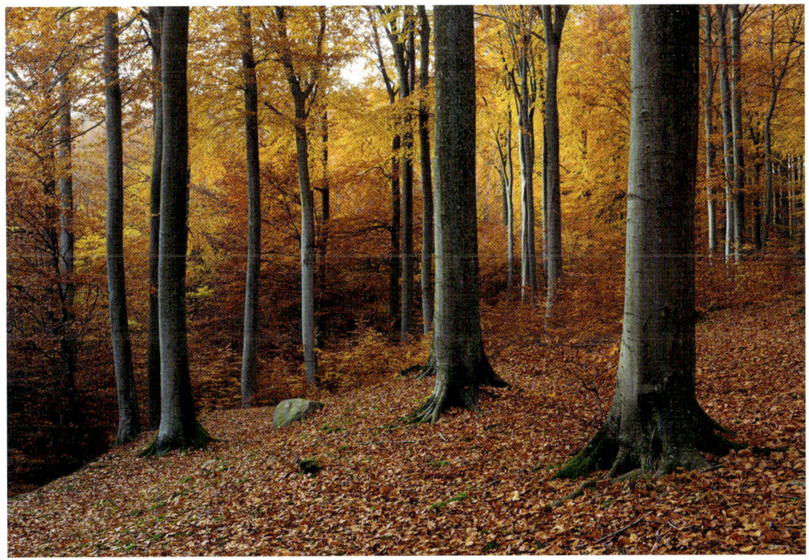

50 mm · Blende 11 · 1 s · ISO 200

Im wohlgeordneten Gegensatz dazu stehen die Buchen im Waldgebiet der Stubnitz im Kernbereich des Nationalparks, die mit ihren kerzengeraden Stämmen immer wieder neue Barcodes in den Wald zu schreiben scheinen. Frühmorgendliches oder spätabendliches Streiflicht lässt die Stämme plastisch hervortreten, aber auch das diffuse Licht eines bedeckten Himmels ist ganz wunderbar geeignet, um Wald und Bäume zu fotografieren. Auf dem Weg zurück zum Parkplatz Hagen bieten sich sehr viele Gelegenheiten dazu, im bunten Farbenkleid des Herbstes ebenso wie im frischen Grün des Frühlings.

## 9 HERTHASEE

**Koordinaten:** 54.568642 / 13.647946
**Beste Tageszeit:** nachmittags

Von der »Schönen Aussicht« sind wir ein Stück zurückgegangen, hinab zum Kollicker Bach. Dort können wir links abbiegen und dem Bachlauf für den Rückweg folgen. Empfehlenswert ist aber durchaus auch, die Strecke des Hinwegs auch wieder zurückzuwandern. Zum einen, weil sich allein schon durch die veränderte Perspektive neue Bildmöglichkeiten ergeben mögen, zum anderen aber, um auf diesem Rückweg auch noch dem Herthasee Gerechtigkeit widerfahren zu lassen. Auch wenn er direkt am Wanderweg zum Königsstuhl liegt, sind wir in der Dunkelheit des frühen Morgens wahrscheinlich einfach an ihm vorbeimarschiert, im Kopf schon das geplante Bild vom Königsstuhl bei Sonnenaufgang. Jetzt, im späten Licht des Nachmittags, umgibt den nahezu kreisrunden See eine ganz verwunschene und verzauberte Stimmung; in seiner glatten Wasseroberfläche spiegeln sich Wald und Himmel wider – ein stiller Meditationsort, der Sage nach verbunden mit der germanischen Göttin Hertha. Als dunkler Moorsee hieß er früher auch Schwarzer See oder Burgsee, denn gleich nebenan im Wald liegt die Herthaburg, der Überrest einer slawischen Wallanlage.

24 mm · Blende 11 · 1/80 s · ISO 200

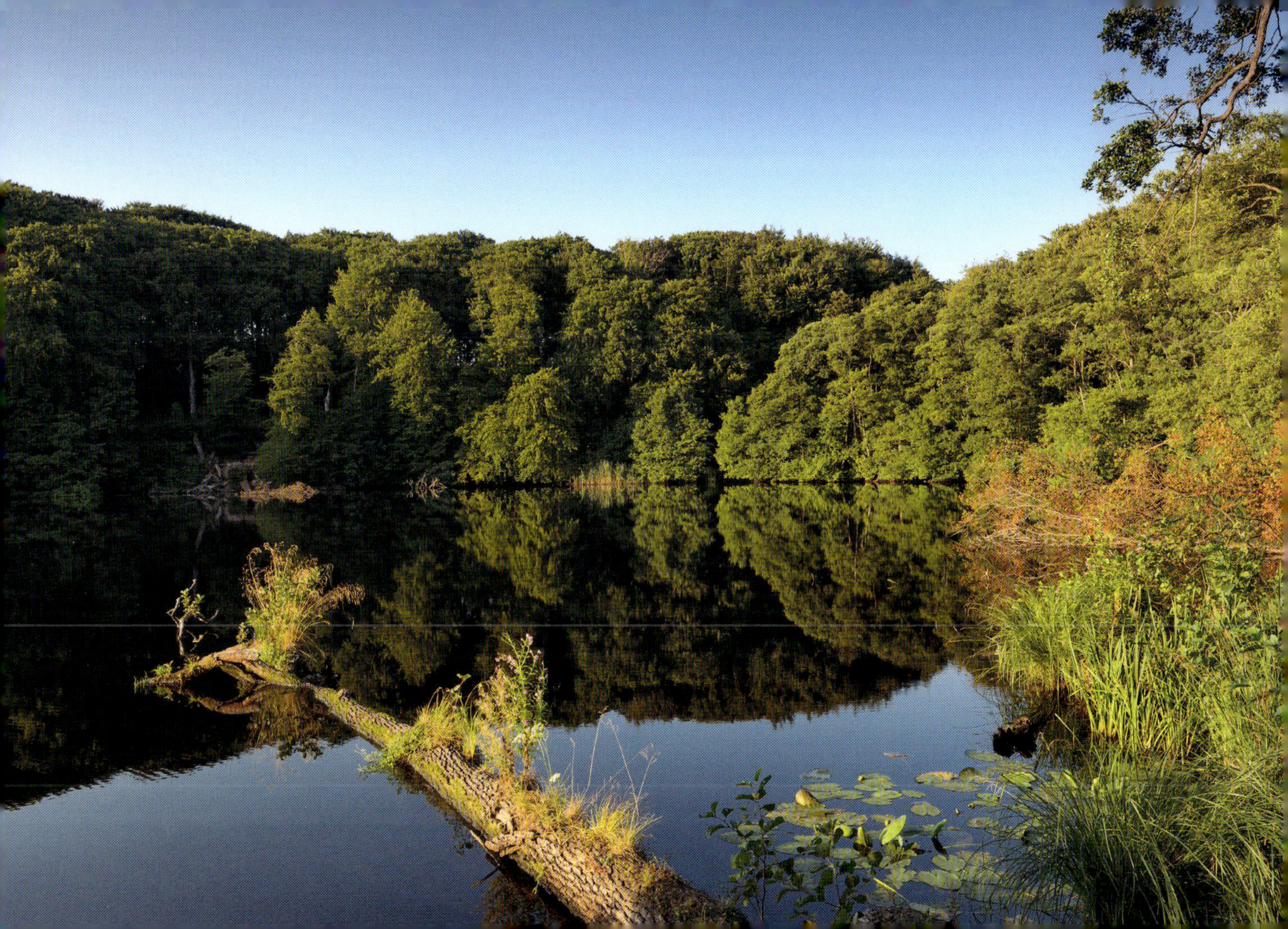

## 10 AUSFLUG MIT DEM SCHIFF

**Koordinaten Hafen Sassnitz:** 54.515034 / 13.650890

Eine gute Möglichkeit, die Kreideküste aus einer anderen Perspektive zu erleben, nämlich vom Meer aus, ist ein Ausflug mit dem Schiff zum Königsstuhl. Am Hafen in Sassnitz werden diese Touren angeboten, es starten aber auch Fahrten in Göhren, Sellin und Binz, die dann einen größeren Abschnitt der Küste in den Blick nehmen. Wer nur die Kreideküste sehen will, sollte am besten gleich mit dem ersten Schiff ab Sassnitz starten, um noch das Vormittagslicht ausnutzen zu können.

24 mm · Blende 11 · 1/32 s · ISO 100

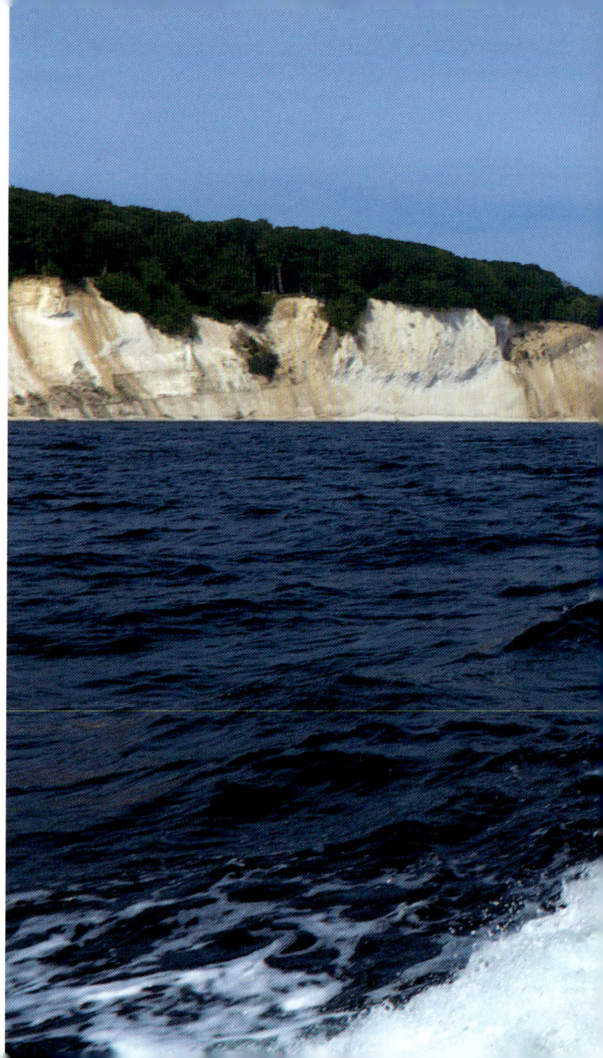

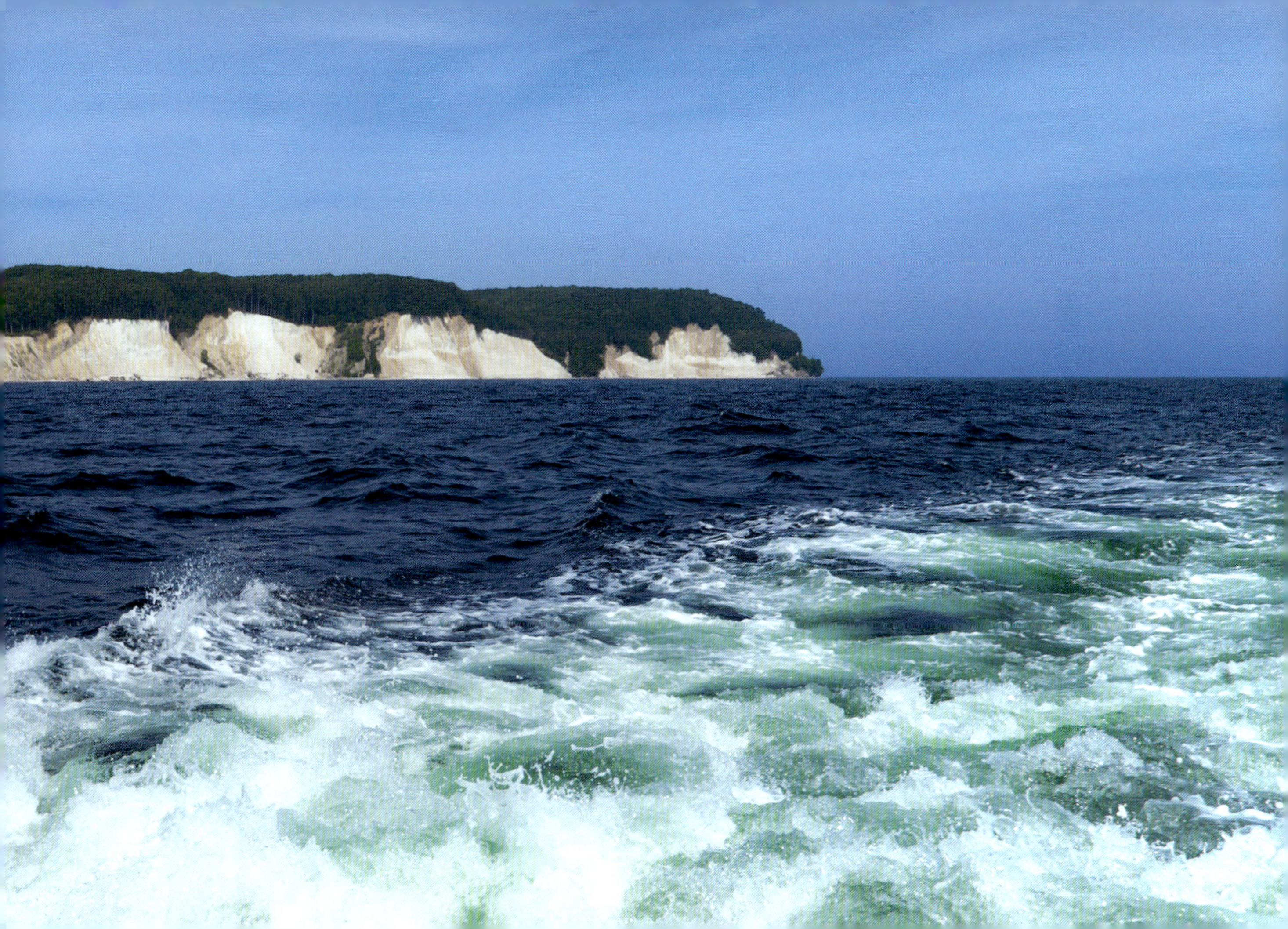

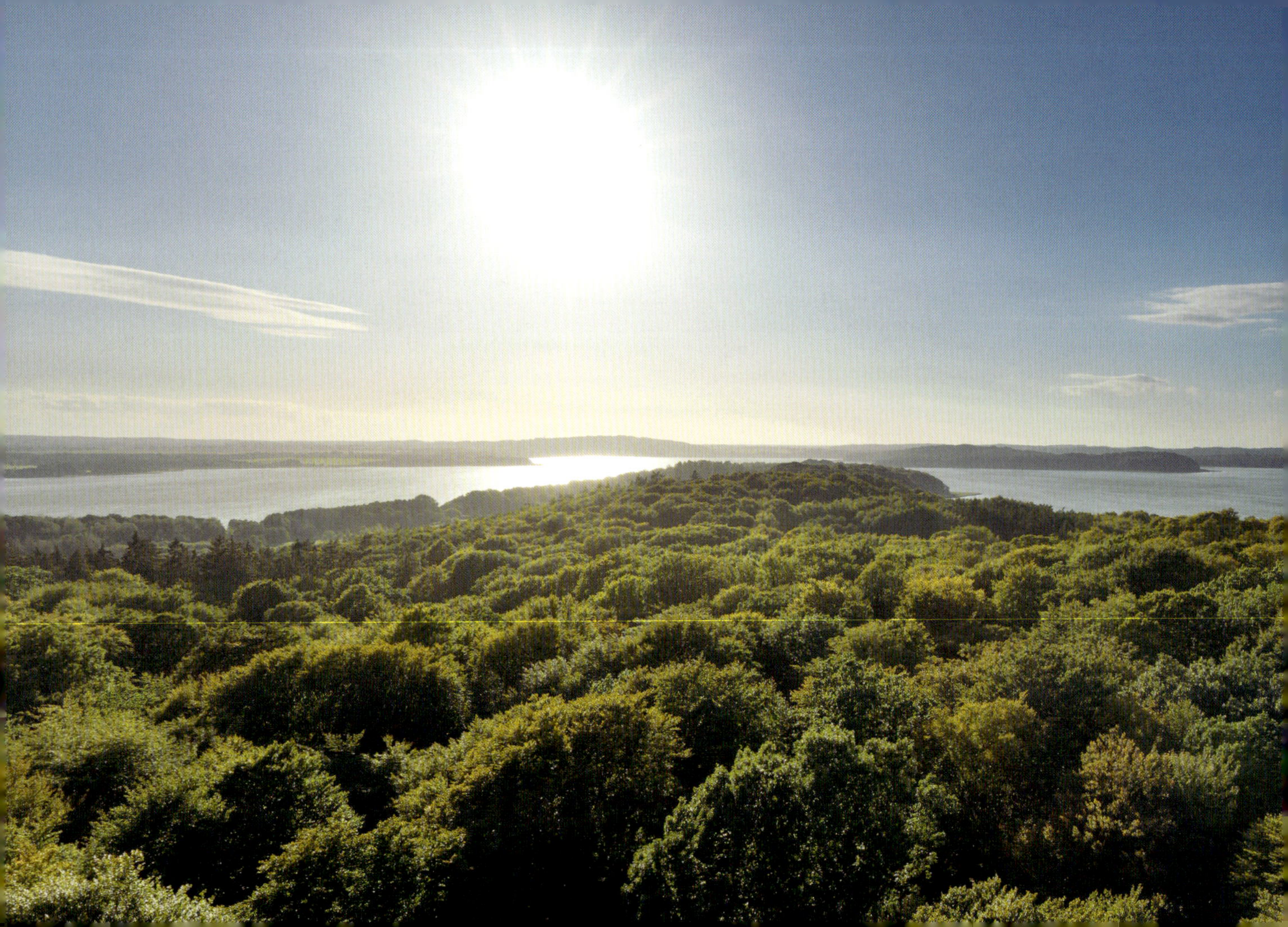

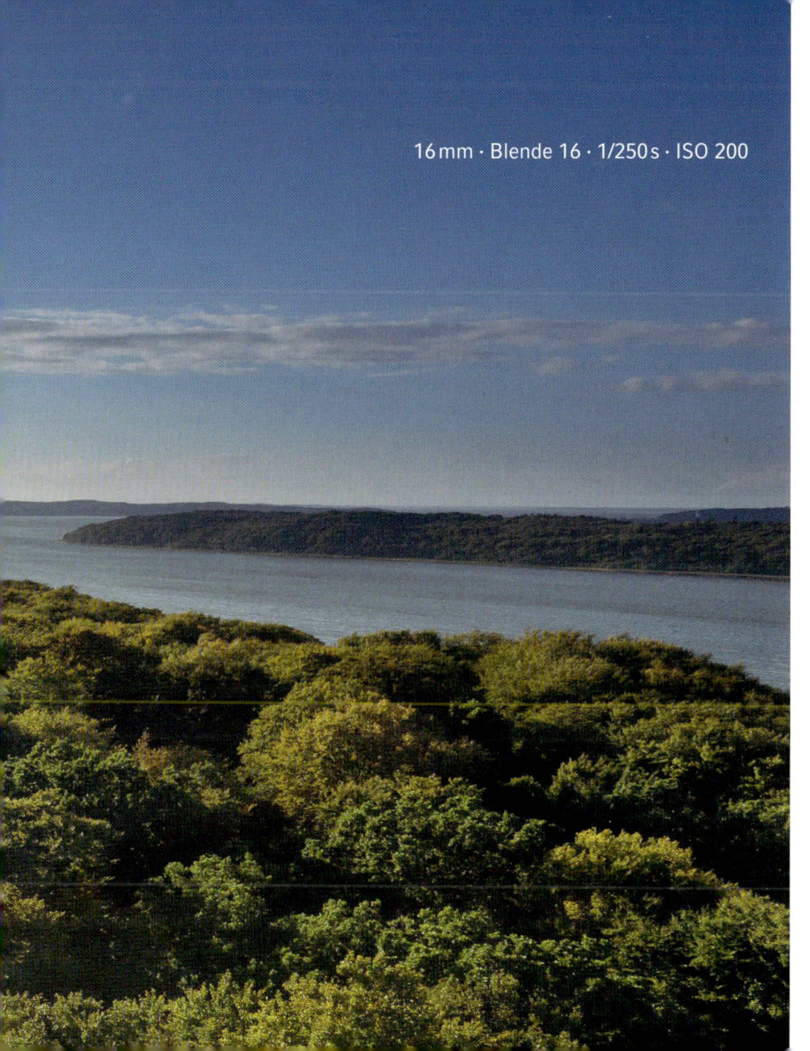
16 mm · Blende 16 · 1/250 s · ISO 200

# VOM JASMUNDER BODDEN NACH BINZ

## TOUR 3

Auf der Landkarte erscheint die Halbinsel Jasmund im Nordosten Rügens fast wie ein Oktopus, nur drei lange Tentakeln umgreifen den Großen und Kleinen Jasmunder Bodden und stellen so die Verbindung her. Schöne Blicke über die Boddenlandschaft haben wir bei Lietzow und aus großer Höhe über Bodden und Meer vom Baumwipfelpfad im Naturerbe Zentrum Rügen. Dazwischen liegt die Schmale Heide mit ihren Feuersteinfeldern.

# VOM JASMUNDER BODDEN NACH BINZ

TOUR 3

1. LIETZOW
2. FEUERSTEINFELDER
3. BAUMWIPFELPFAD
4. SCHMACHTER SEE

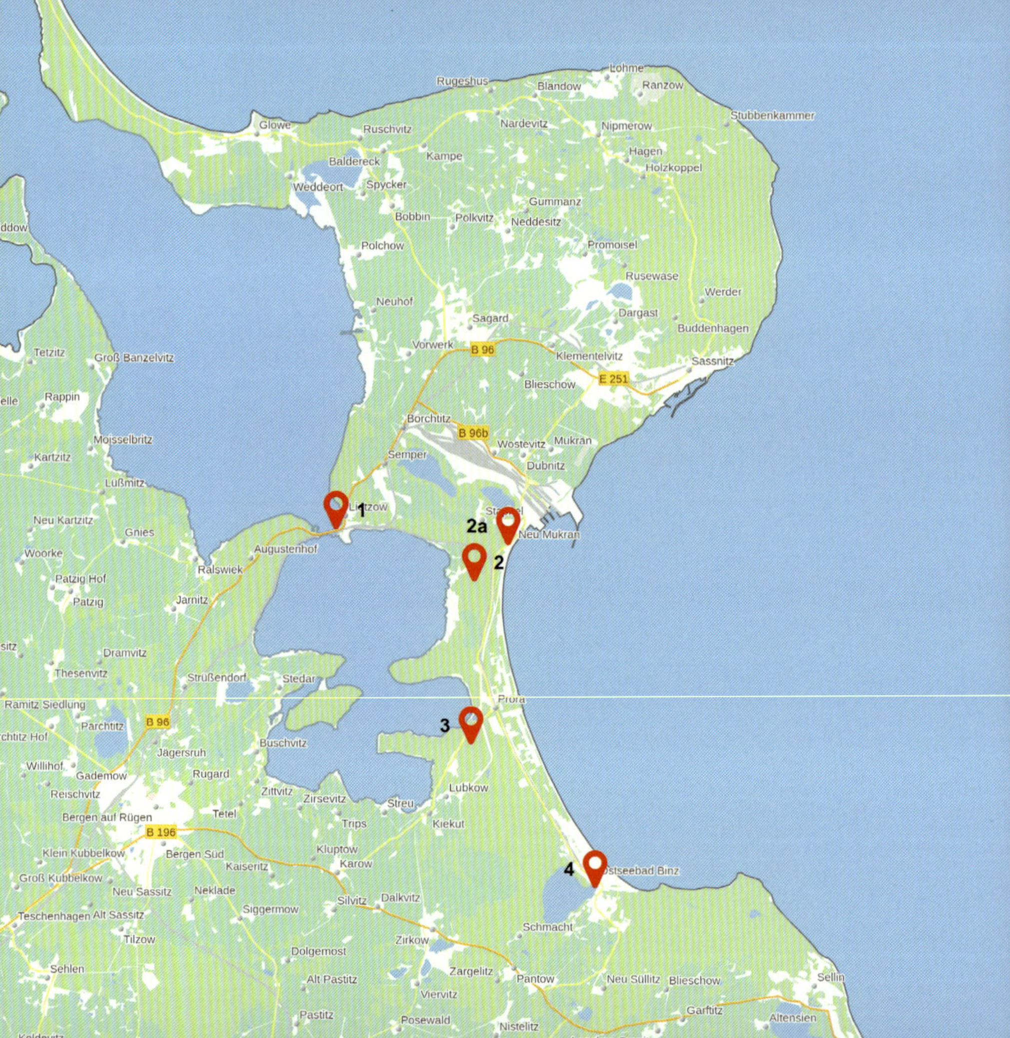

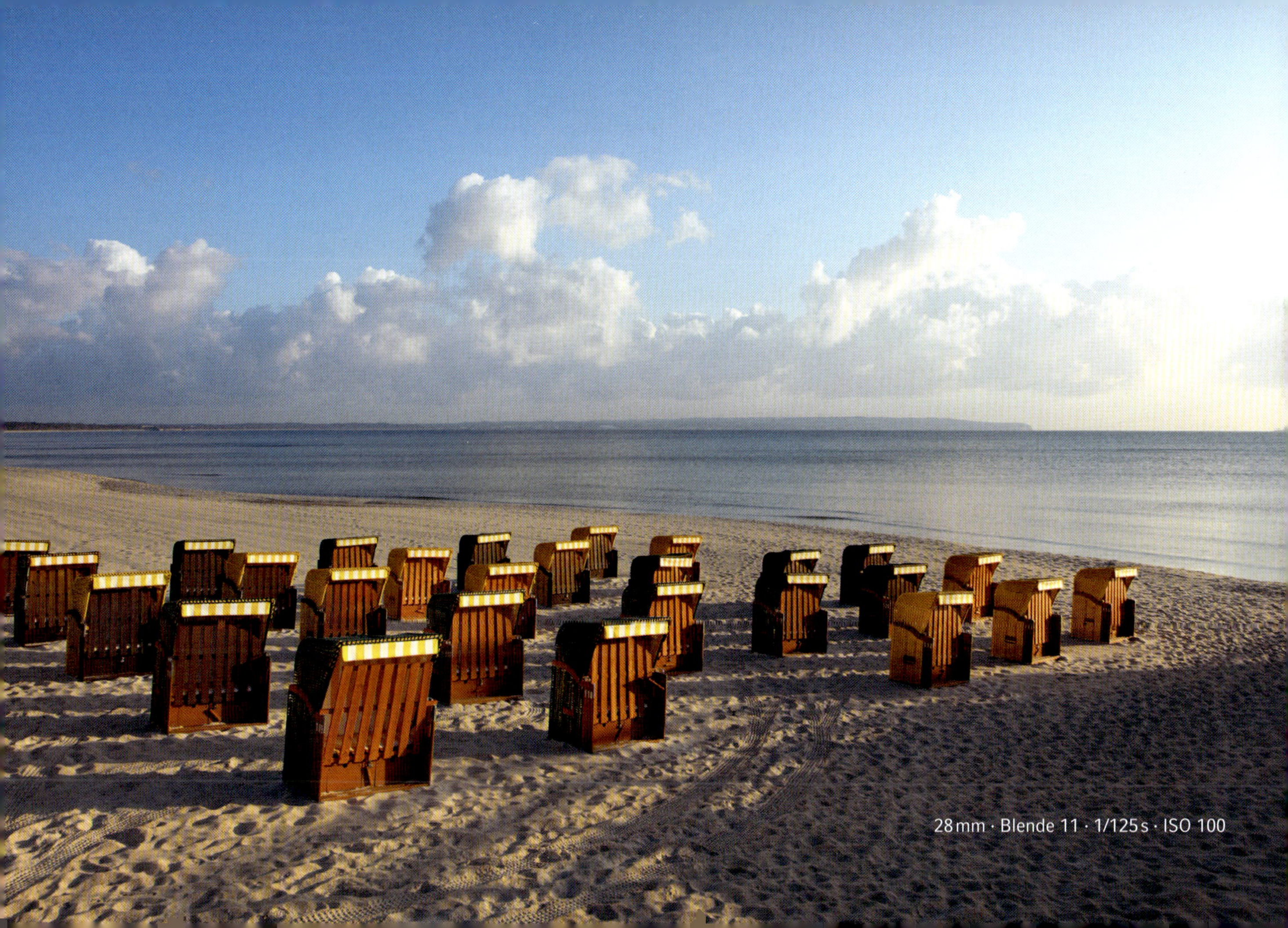

28 mm · Blende 11 · 1/125 s · ISO 100

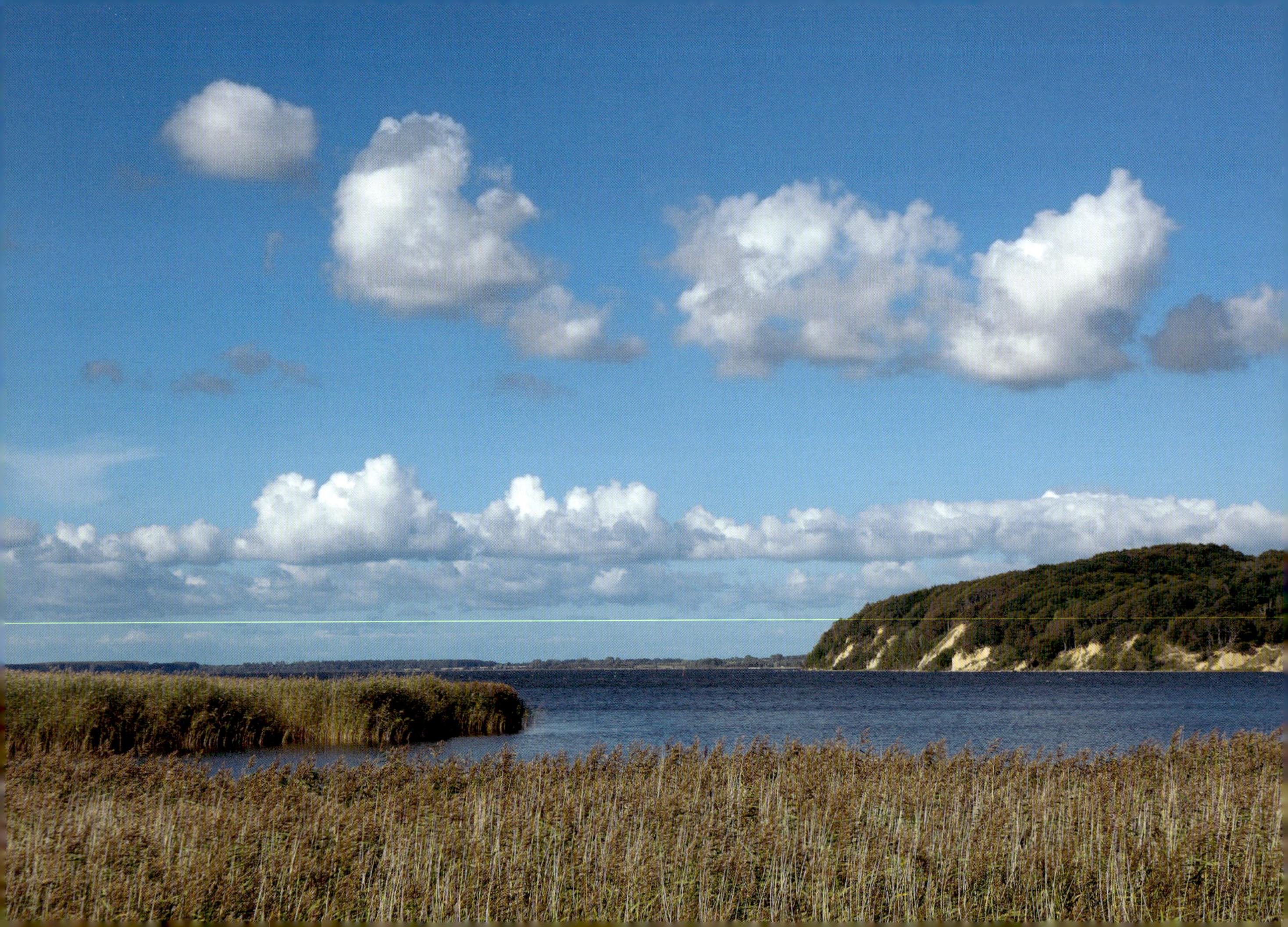

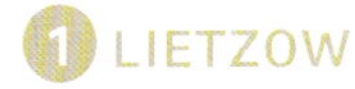


**Koordinaten:** 54.480519 / 13.502813
**Beste Tageszeit:** nachmittags

Die schmale Landzunge beim Örtchen Lietzow trennt den Großen Jasmunder Bodden im Norden von seinem kleinen Bruder im Süden; von der B 96 aus hat man beide gleichzeitig im Blick. Ganz besonders ins Auge fällt aber das strahlend weiße Schlösschen »Klein Lichtenstein« oberhalb des Ortes. Der schlanke Turm und der Stufengiebel weisen unübersehbar auf das bekannte Schloss Lichtenstein auf der Schwäbischen Alb als architektonischen Paten hin. Von der Schleuse Lietzow aus gesehen, die den Großen und Kleinen Bodden miteinander verbindet, thront das Schlösschen im Nachmittagslicht markant über der Boddenlandschaft.

Unmittelbar nördlich von Lietzow verstecken sich im Schlosspark Semper zwei wahre Kleinode: eine Rhododendronallee und ein Hainbuchenhain. Dazu bitte auch das Kapitel »Bäume und Alleen« beachten.

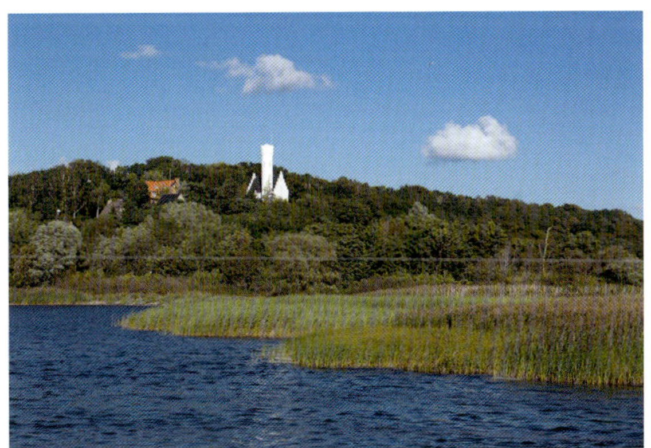

70mm · Blende 11 · 1/200s · ISO 100

50mm · Blende 11 · 1/200s · ISO 100

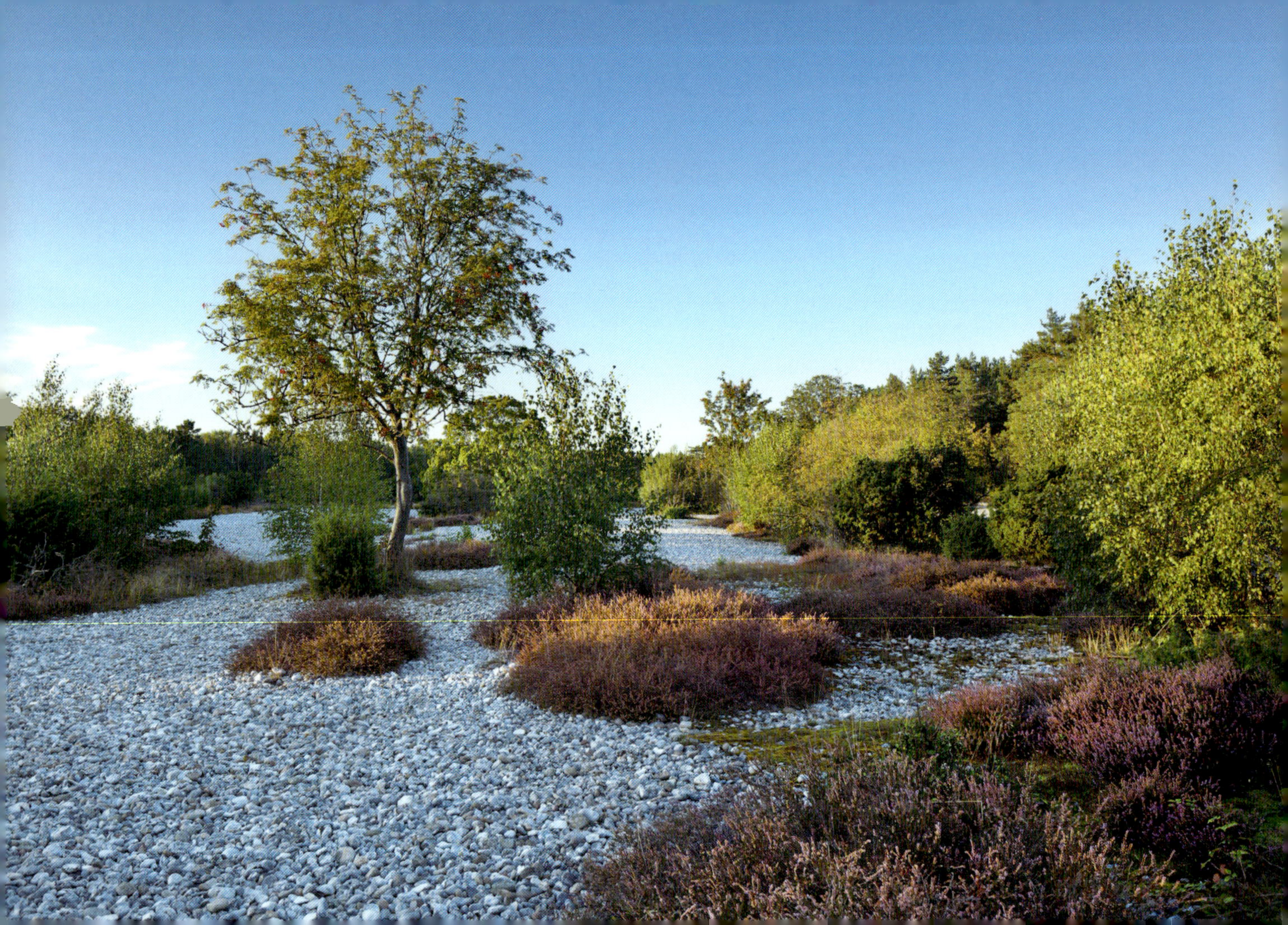

## 2 FEUERSTEINFELDER

**Koordinaten:** 54.468797 / 13. 558236
**Koordinaten Parkplatz:** 54.477007 / 13.571546
**Wegstrecke ab Parkplatz:** ca. 2 Kilometer
**Beste Tageszeit:** vormittags / nachmittags
**Beste Jahreszeit:** zur Heideblüte im August / September

Etwas versteckt und von Wald umgeben, wartet in der »Schmalen Heide« eine geologische Besonderheit auf uns: die Feuersteinfelder. Wie erklärt sich ihre überraschende Lage mitten im Wald? Die Steine gleichen denen an der nördlich von hier gelegenen Kreideküste, und von dort sollen sie auch stammen, ausgewaschen und herangespült von starken Sturmfluten vor etwa 3000 bis 4000 Jahren. Der Meeresspiegel lag damals einen Meter höher, der Kleine Jasmunder Bodden war eine Meeresbucht und die Schmale Heide sozusagen ein Küstenstreifen.

24 mm · Blende 11 · 1/50 s · ISO 100

20 mm · Blende 11 · 13 s · ISO 100

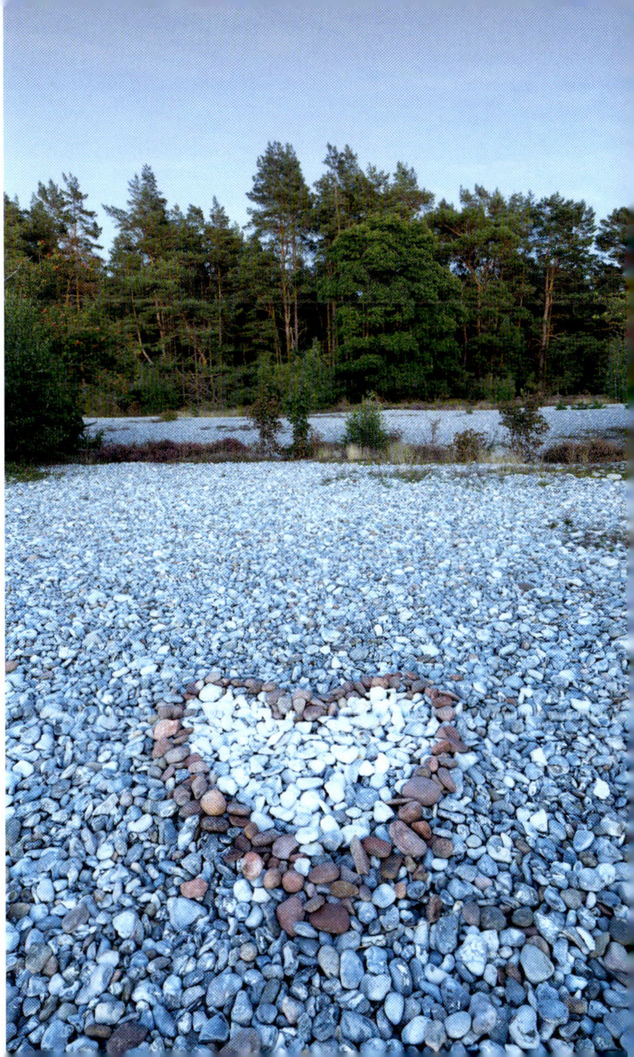

Wald gab es hier keinen, erst vor knapp 200 Jahren wurden zum Küstenschutz Kiefern angepflanzt, in der Folge drohten auch die Feuersteinfelder von Sträuchern und Büschen überwachsen zu werden. 1935 wurden die Feuersteinfelder als Naturschutzgebiet ausgewiesen, das Gebiet wird nun von unerwünschter Vegetation freigehalten. Nur vereinzelte Bäume, Wacholderbüsche und das im August und September blühende Heidekraut halten sich zwischen den Steinfeldern. Fotografisch lohnt der Besuch auch ganz besonders in dieser Zeit, die purpurfarbenen Inseln der Heideblüte inmitten der Steinfelder sorgen für starke Farbakzente und -kontraste zu den Grüntönen der übrigen Vegetation und zum Grau der Steine.

Doch wer genau hinschaut, sieht auch die Feuersteine in unterschiedlichen Farbtönen, von Weiß über Blaugrau bis Rotbraun. Im späten Nachmittagslicht warten wir hier gerne auf den Sonnenuntergang, der mit Glück und attraktiven Wolken am Himmel nochmals weitere Farbigkeit ins Bild bringt. In der Dunkelheit ist es dann nicht ganz leicht, den Rückweg von den Feuersteinfeldern durch den Wald bis zum Wanderweg zu finden, der uns wieder zurück zum Parkplatz führt. Im Zweifel dann einfach bis zum südlichen Ende der Felder gehen, dort links halten, bis man nach ca. 50 Metern im Wald wieder auf den nach links in nördlicher Richtung abzweigenden Wanderweg trifft.

21 mm · Blende 11 · 1/15 s · ISO 100

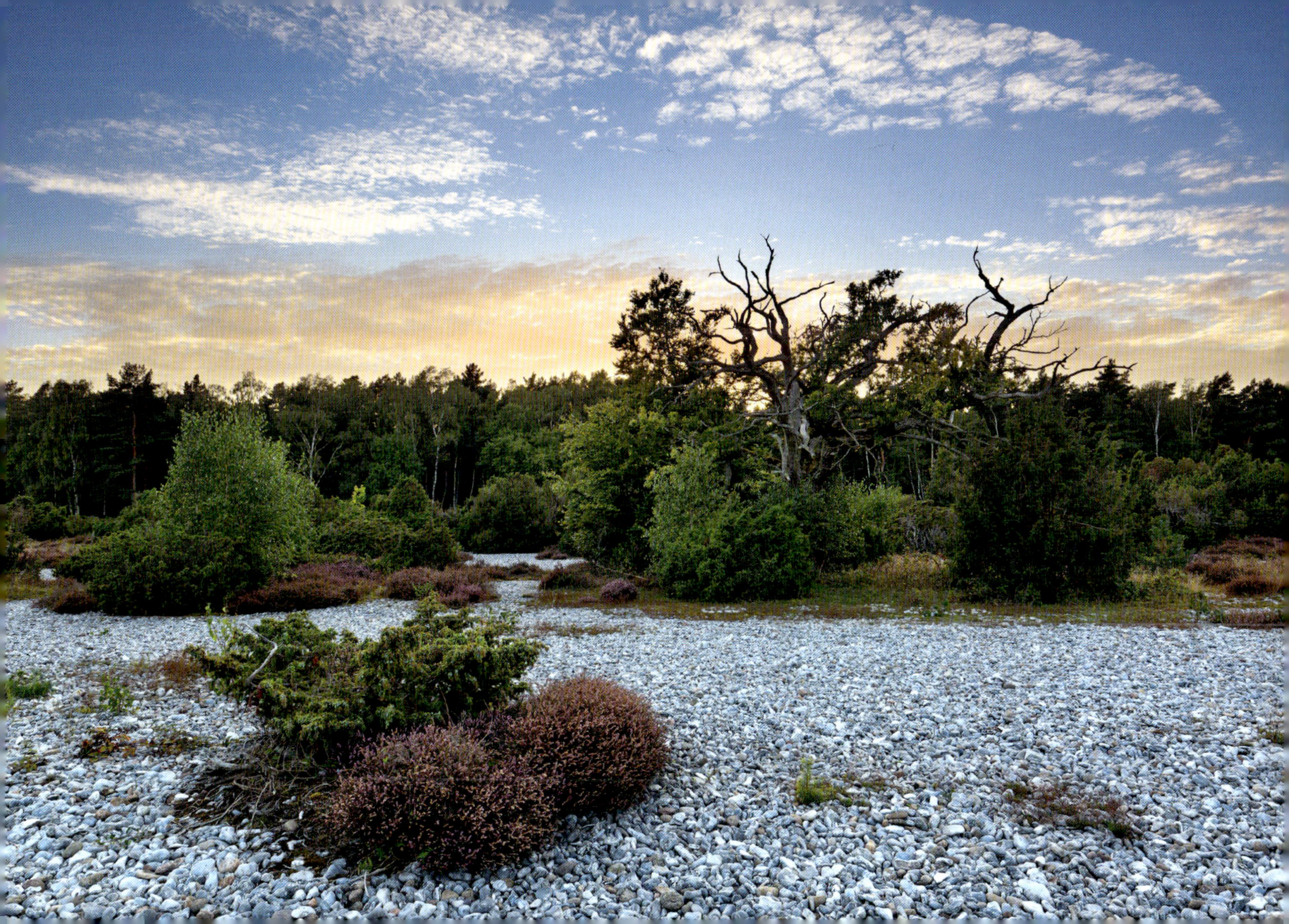

## 3 BAUMWIPFELPFAD

**Koordinaten:** 54.431787 / 13.557115
**Beste Tageszeit:** ganztägig

Die Begegnung mit Wald und Bäumen »auf Augenhöhe« verspricht ein Besuch des Baumwipfelpfades im Naturerbe Zentrum Rügen. In luftiger Höhe führt der leicht ansteigende Pfad durch den Wald, bevor es am »Adlerhorst«, dem 40 Meter hohen Aussichtsturm, in weit geschwungenen Spiralen bis über die Baumkronen hinaus nach oben geht. Das Besondere dabei: Der Turm umschließt mit seiner luftigen und offenen Konstruktion eine 30 Meter hohe Buche, ohne ihr Wachstum zu beeinträchtigen. Oben angekommen, öffnet sich ein großartiger Rundumblick über die Waldlandschaft, den Kleinen Jasmunder Bodden auf der Land- und die Ostsee auf der Meerseite.

Die normalen Öffnungszeiten lassen es leider nicht zu, bis zum Sonnenuntergang hier oben zu bleiben. Doch im Sommer gibt es an bestimmten Tagen verlängerte Sonderöffnungszeiten, die auch das Erlebnis des Sonnenuntergangs ermöglichen sollen.

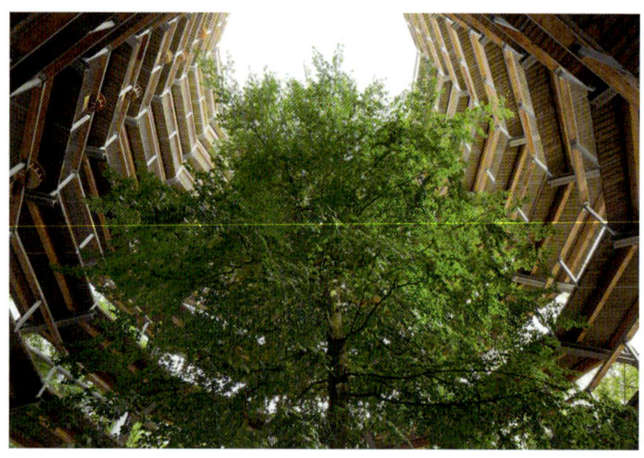

24 mm · Blende 8 · 1/50 s · ISO 400

50 mm · Blende 11 · 1/250 s · ISO 100

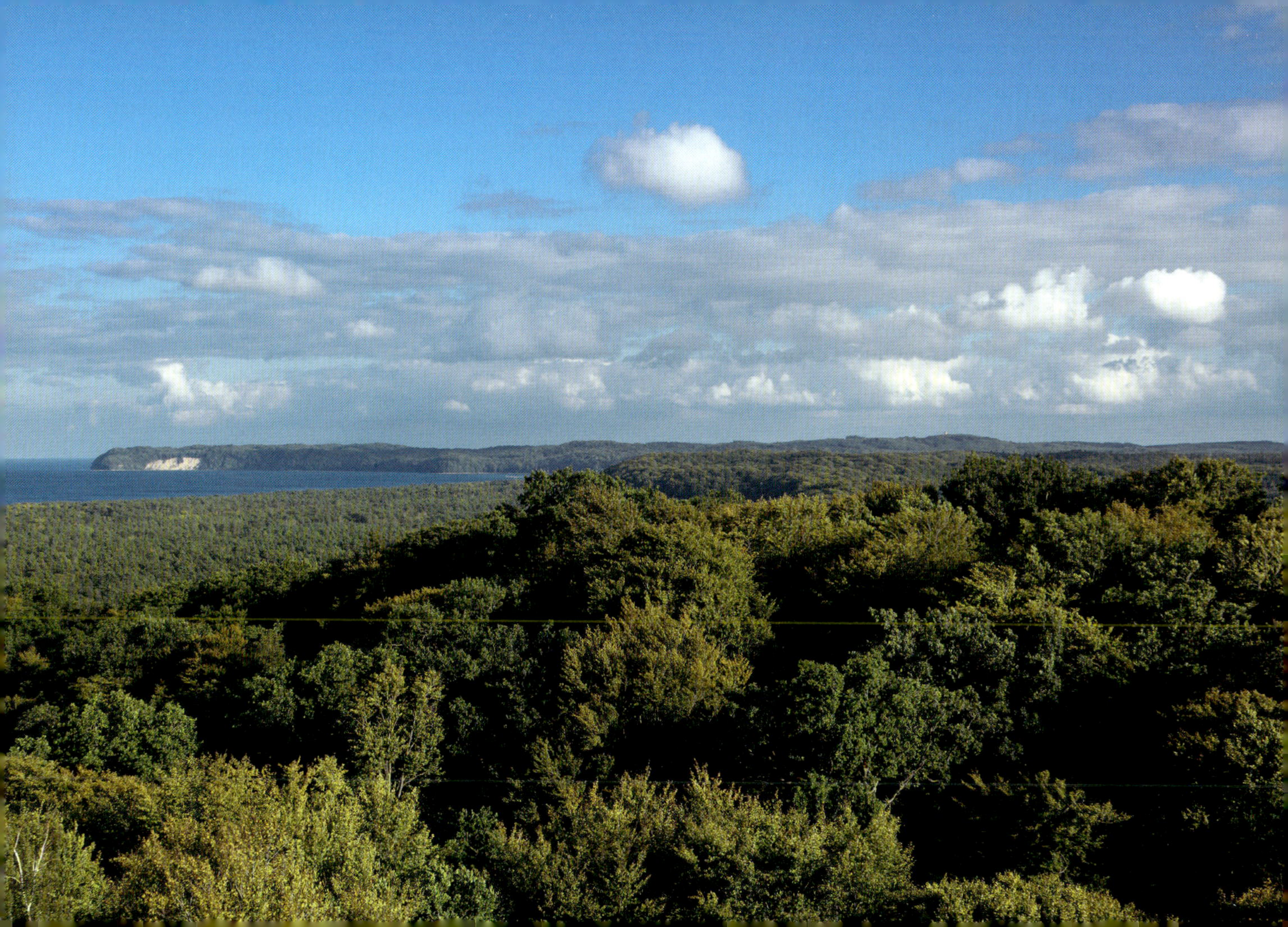

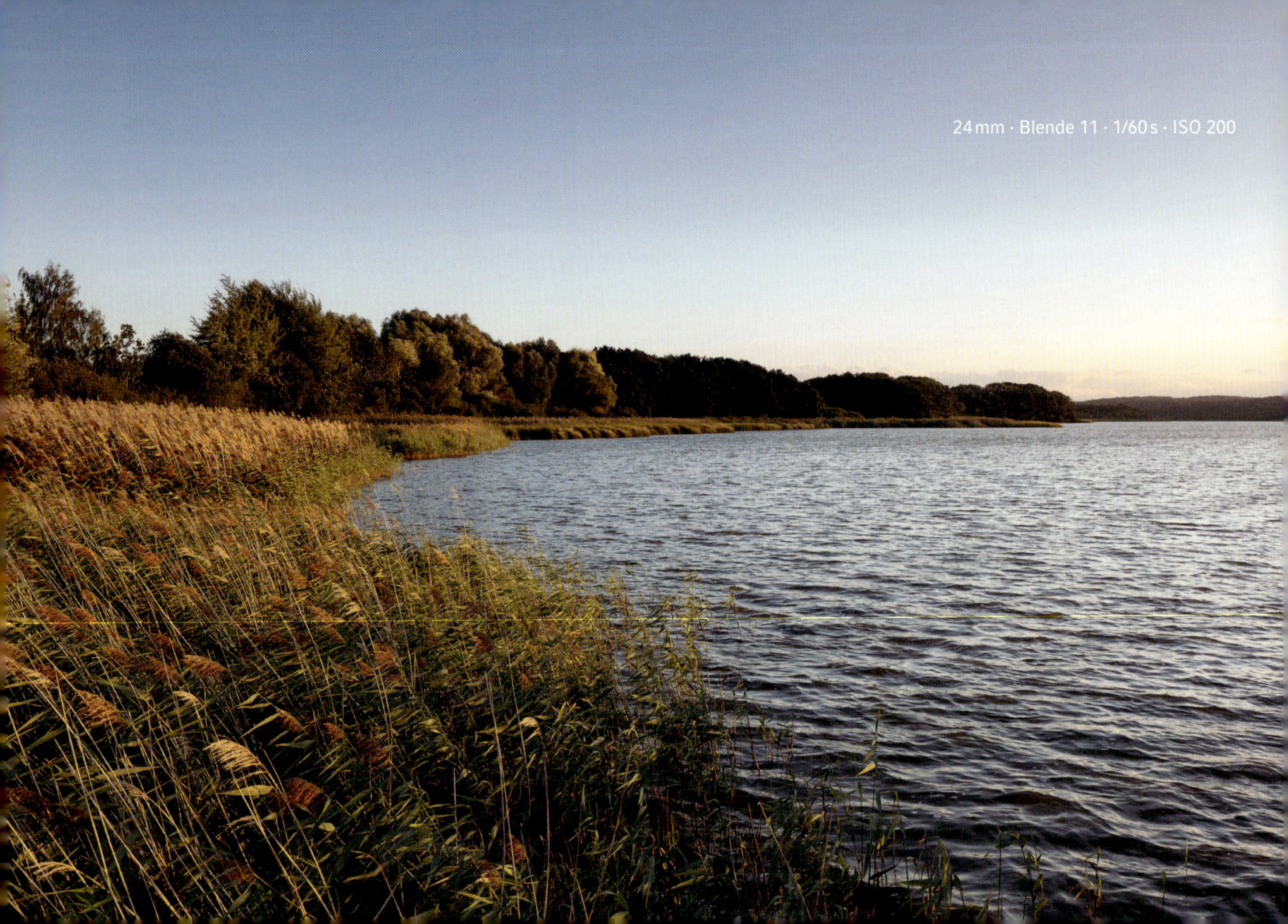

24 mm · Blende 11 · 1/60 s · ISO 200

## 4 SCHMACHTER SEE

**Koordinaten:** 54.399197 / 13.606974
**Koordinaten Parkplatz:** 54.400535 / 13.606749
**Beste Tageszeit:** Sonnenuntergang

Ein ausgesprochen beliebtes, weil schnell und leicht erreichbares Ziel für einen Abendspaziergang in Binz ist der Schmachter See. Komplementär zur Ostsee und zum Strand liegt er sozusagen direkt an der »Rückseite« des Ortes. Man kann ihn auf einer längeren Wanderung umrunden, einen schönen Blick in den Sonnenuntergang ermöglicht aber schon der Steg am schilfbewachsenen Seeufer.

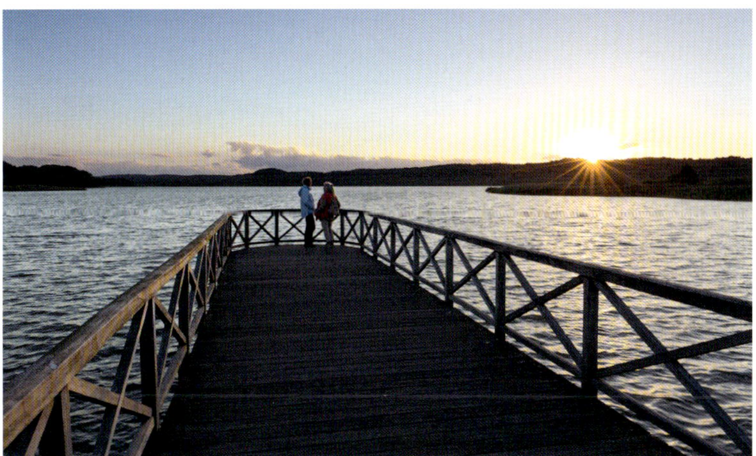

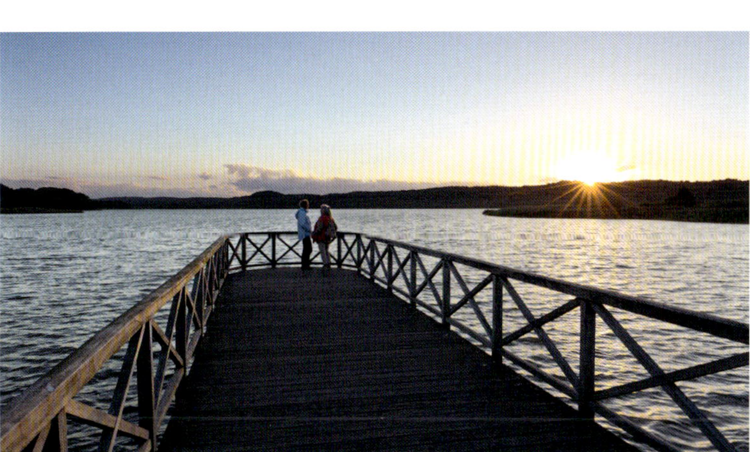

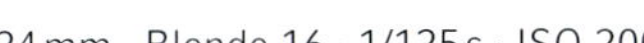

24 mm · Blende 16 · 1/125 s · ISO 200

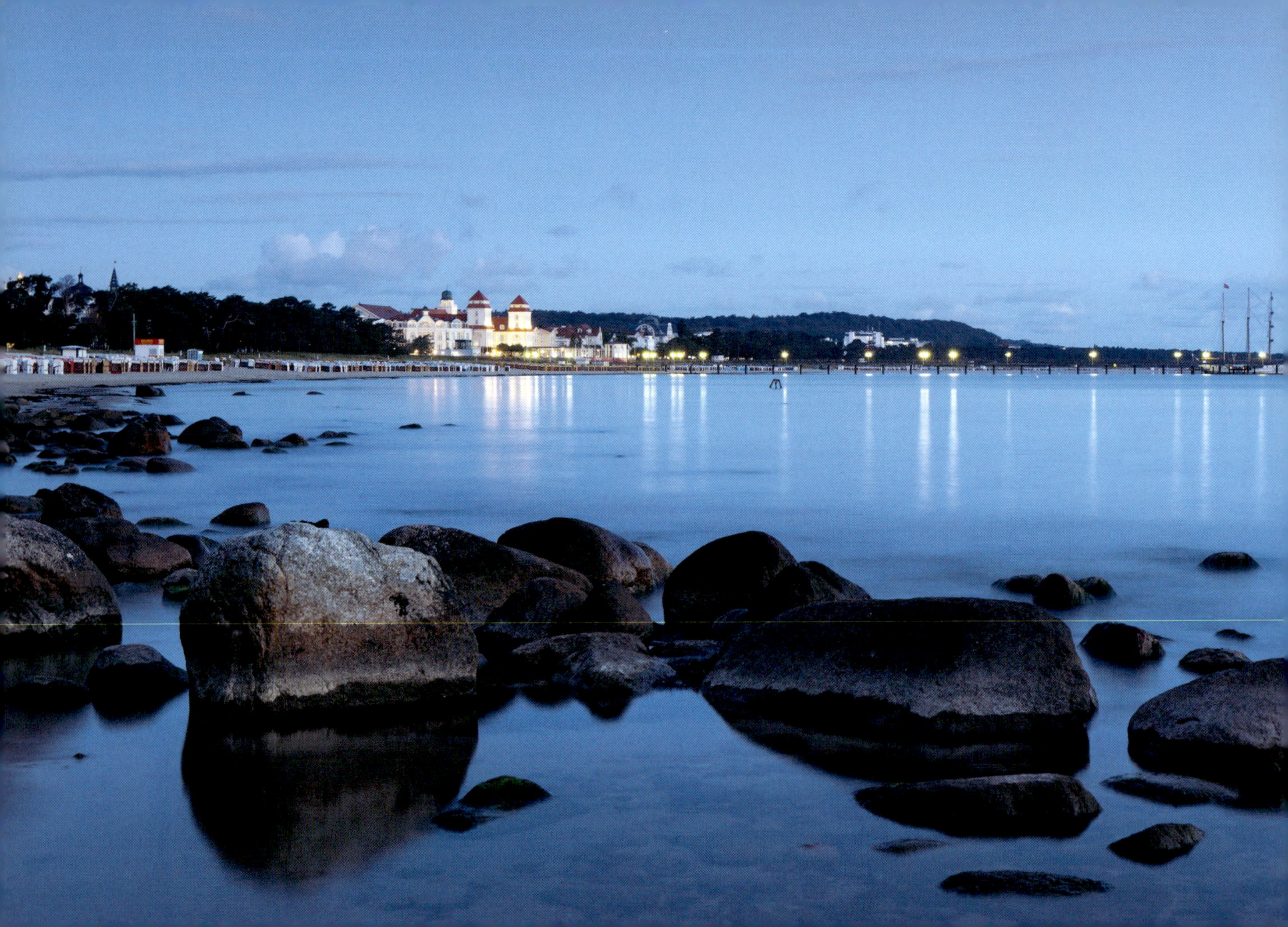

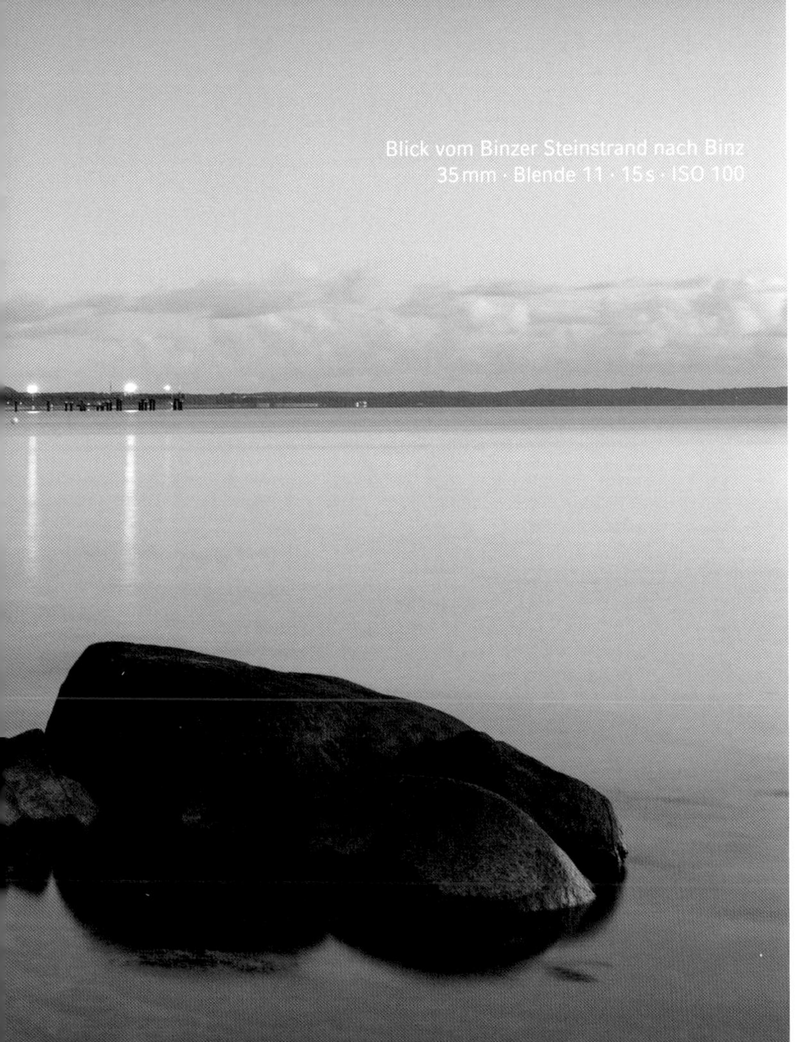
Blick vom Binzer Steinstrand nach Binz
35 mm · Blende 11 · 15 s · ISO 100

# VON BINZ NACH SELLIN
## TOUR 4

Der Hochuferweg zwischen Binz und Sellin verbindet »von Seebrücke zu Seebrücke« die beiden wichtigsten und bekanntesten Strandorte Rügens. Vom Kurhaus in Binz geht es am Strand entlang bis zur Teufelsschlucht, die hinauf zum Hochufer und in den Wald hinein führt. Unterwegs öffnen sich schöne Ausblicke aufs Meer, etwa am Granitzer Ort. Empfehlenswert ist ein Abstecher zum Schwarzen See, bis wir nach etwa 6–7 Kilometern schließlich an der berühmten Selliner Seebrücke ankommen.

## VON BINZ NACH SELLIN

TOUR 4

1. BINZ, KURHAUS UND STRAND
2. SILVITZER ORT
3. TEUFELSSCHLUCHT
4. SCHWARZER SEE
5. HOCHUFERWEG
6. SELLIN, SEEBRÜCKE
7. SKULPTUR AM STRAND
8. SELLINER SEE

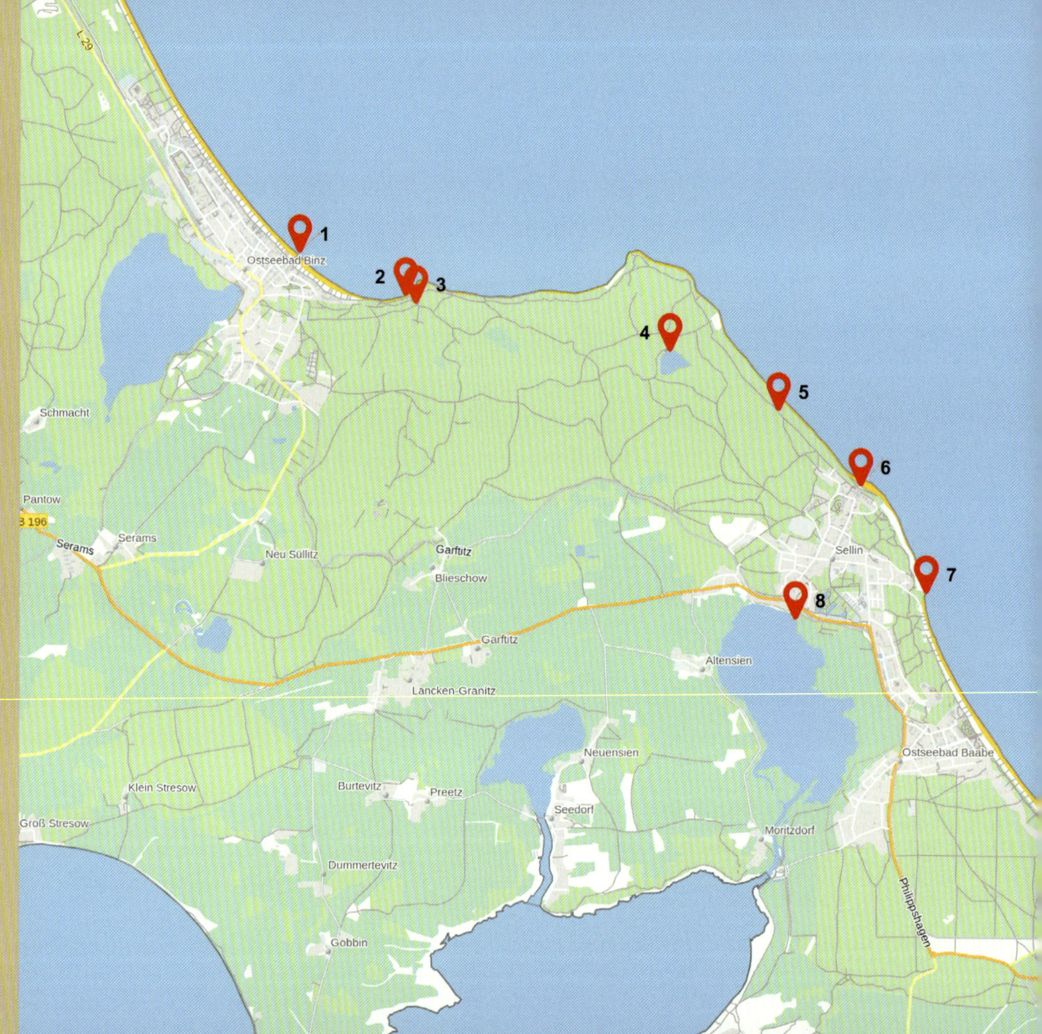

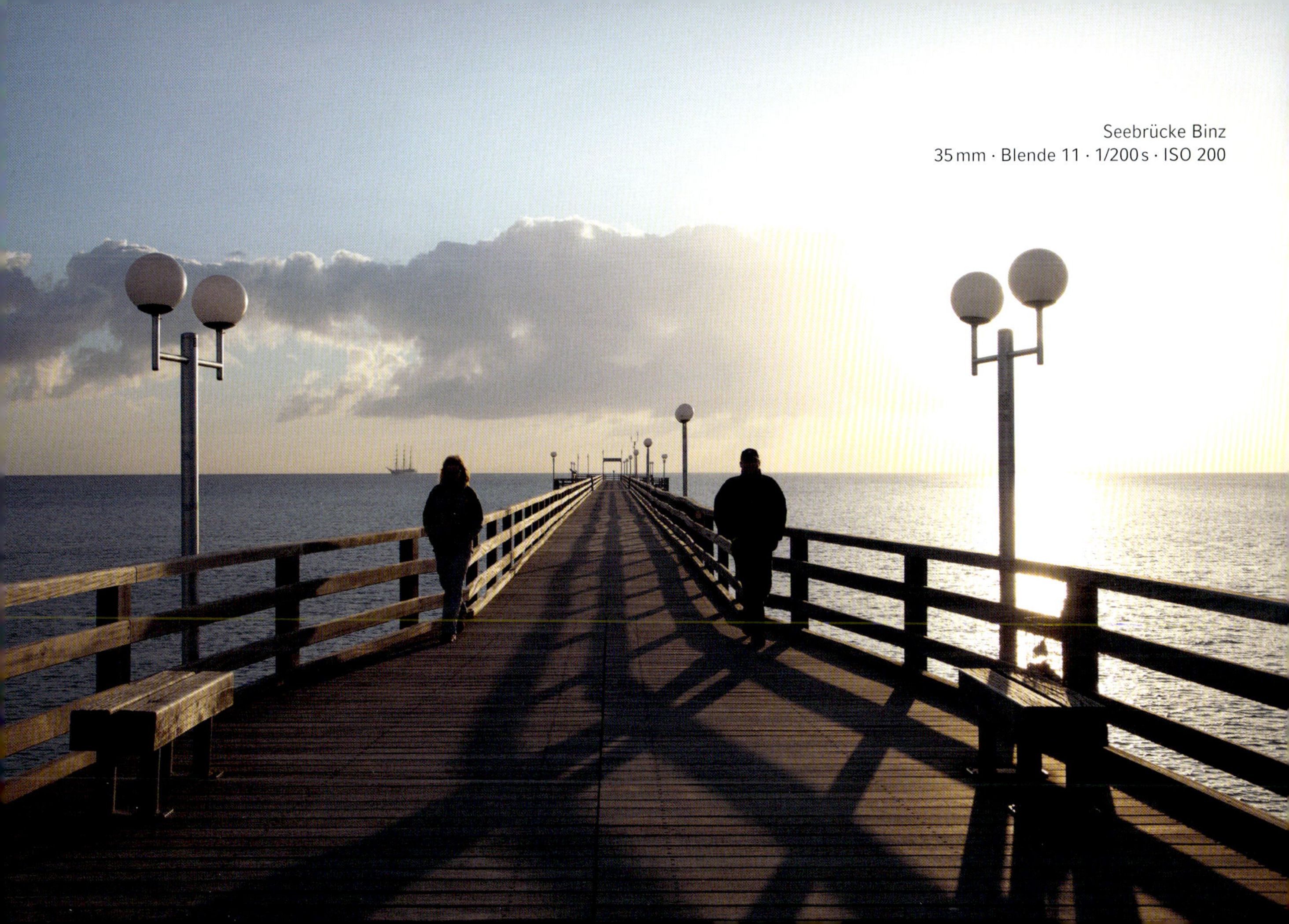

Seebrücke Binz
35 mm · Blende 11 · 1/200 s · ISO 200

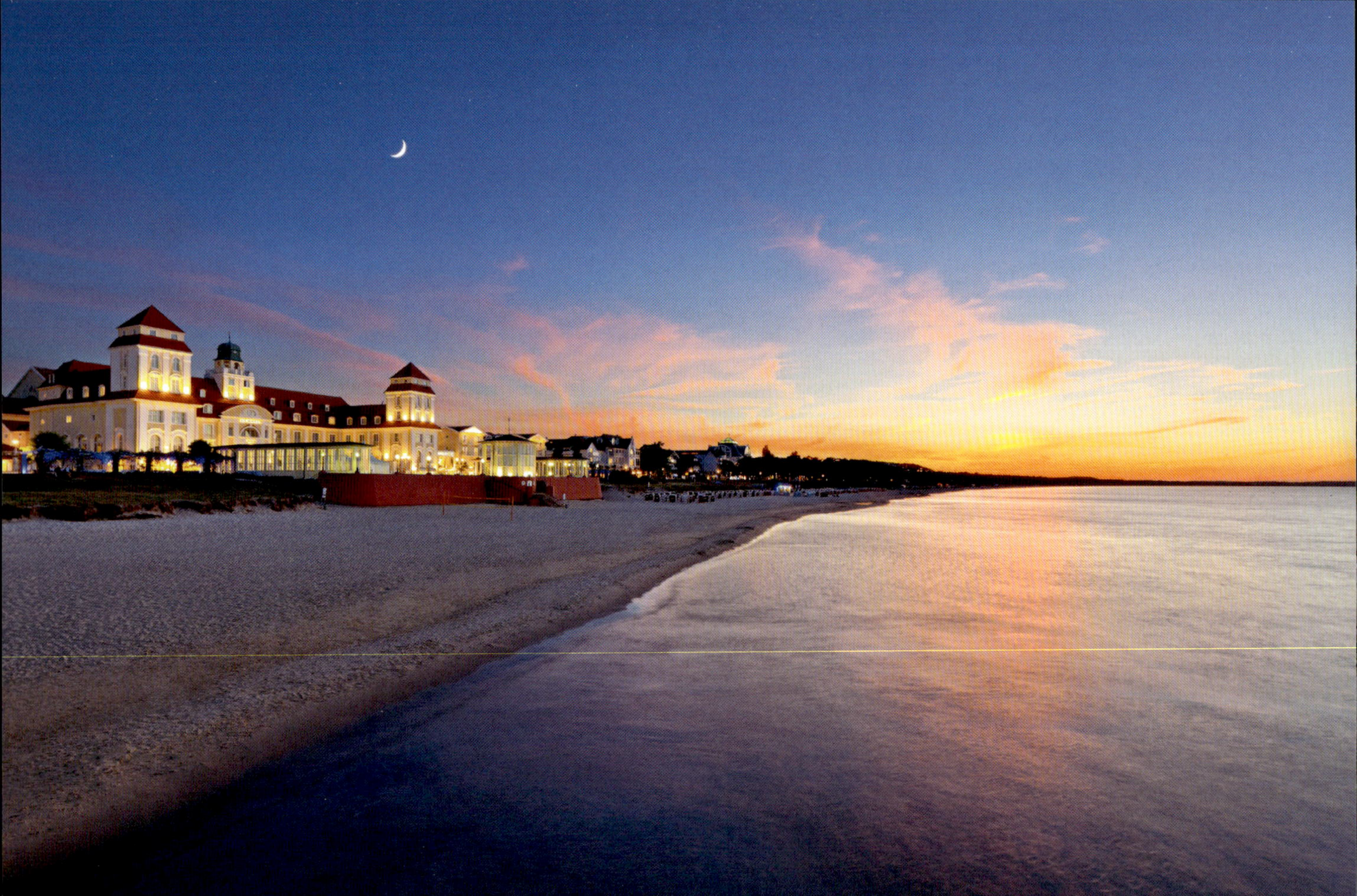

## 1 BINZ, KURHAUS UND STRAND

**Koordinaten:** 54.402428 / 13.615943

**Beste Tageszeit:** Sonnenaufgang / Sonnenuntergang

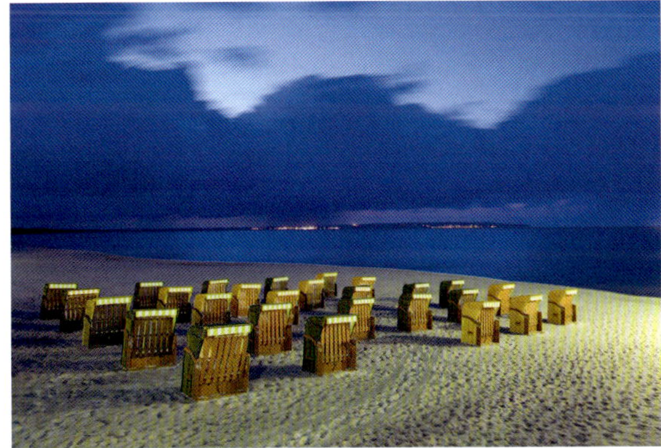

24 mm · Blende 8 · 30 s · ISO 400

Das direkt am Strand und an der Seebrücke gelegene Kurhaus in Binz hat eine wildbewegte Geschichte hinter sich, in welcher der ehemalige Besitzer gleich zwei Mal zwangsenteignet worden ist. Der 1890 eröffnete Fachwerkbau brannte ab, das wieder aufgebaute Haus ist nach verschiedenen Nutzungen als Flüchtlingsunterkunft nach dem Krieg und Erholungsheim für die Soldaten der NVA jetzt ein Luxushotel.

Mit seiner hell strahlenden Architektur ist es immer ein Blickfang am Strand, zur Blauen Stunde nach Sonnenuntergang wird dies durch die festliche Außenbeleuchtung nochmals verstärkt. Von der Seebrücke aus ergibt sich eine schöne Perspektive mit Blick über den Strand und die Ostsee.

Strand und Kurhaus Binz
16 mm · Blende 16 · 2 s · ISO 100

## 2 SILVITZER ORT

**Koordinaten:** 54.398903 / 13.631530
**Beste Tageszeit:** Sonnenaufgang / Sonnenuntergang

An den Binzer Sandstrand schließt sich im Südwesten der Steinstrand an. Von den Wellen der Ostsee umspült, bieten sich hier große Findlingssteine zur Vordergrundgestaltung an, beim Blick über das Meer in Richtung der Landzunge Silvitzer Ort oder auch in die Gegenrichtung auf Binz und das Kurhaus (siehe Seite 94/95). Mit stimmungsvollen Wolken ist die Zeit des Sonnenaufgangs ein guter Moment, mit Grau- bzw. Neutraldichtefiltern verschiedener Stärke zu experimentieren, um das richtige Maß für eine Langzeitbelichtung und die dadurch hervorgerufene Glättung der Wellen herauszufinden. Von der Spitze des Silvitzer Orts haben wir eine ähnliche Sicht über die Meeresbucht bis zur Landzunge Granitzer Ort.

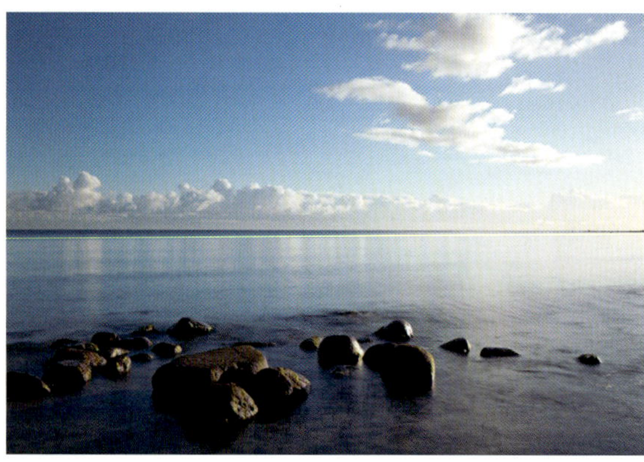

28 mm · Blende 16 · 1 s · ISO 100 · IND-64-Filter

28 mm · Blende 11 · 1 s · ISO 100 · IND-8-Filter

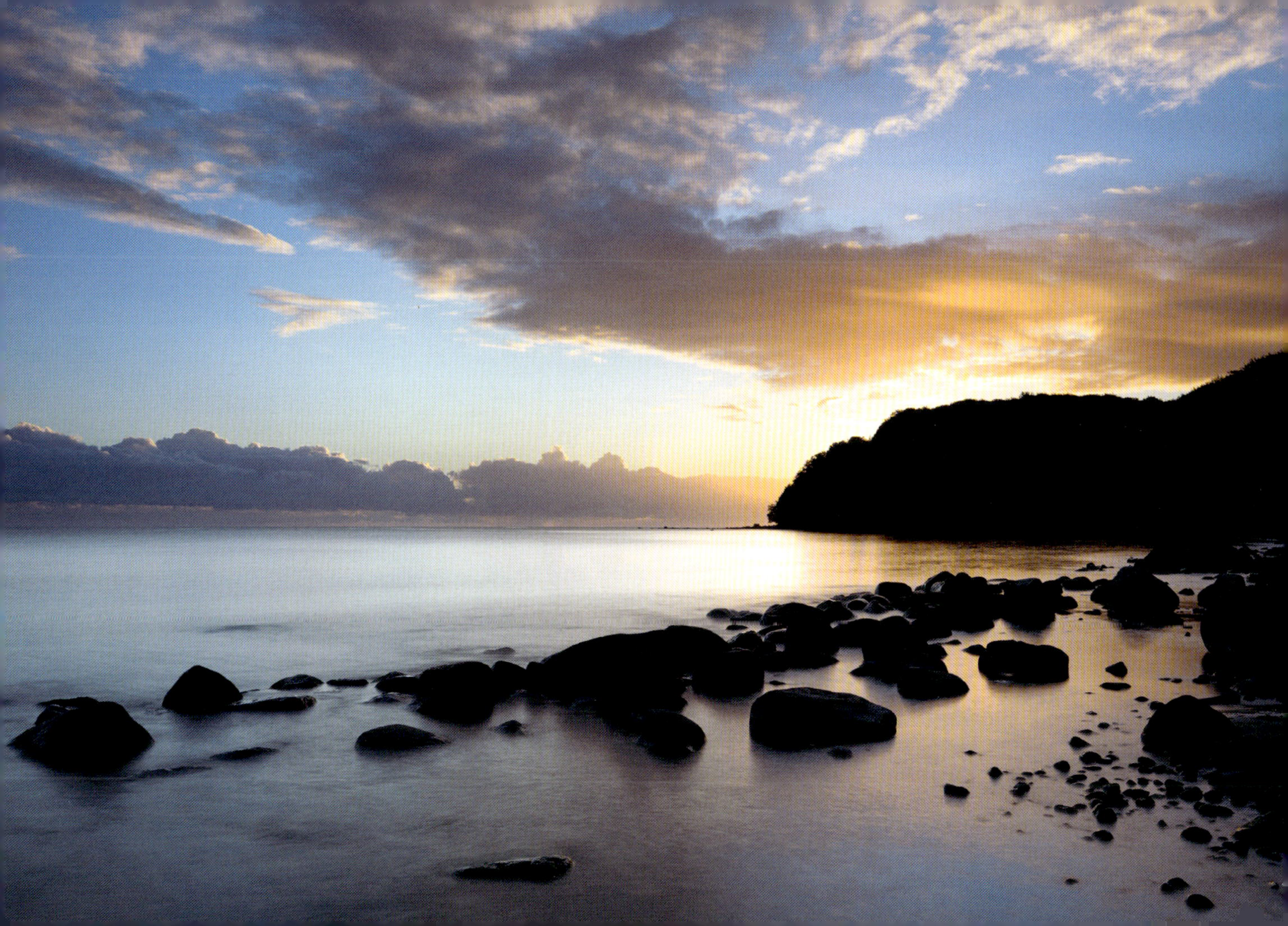

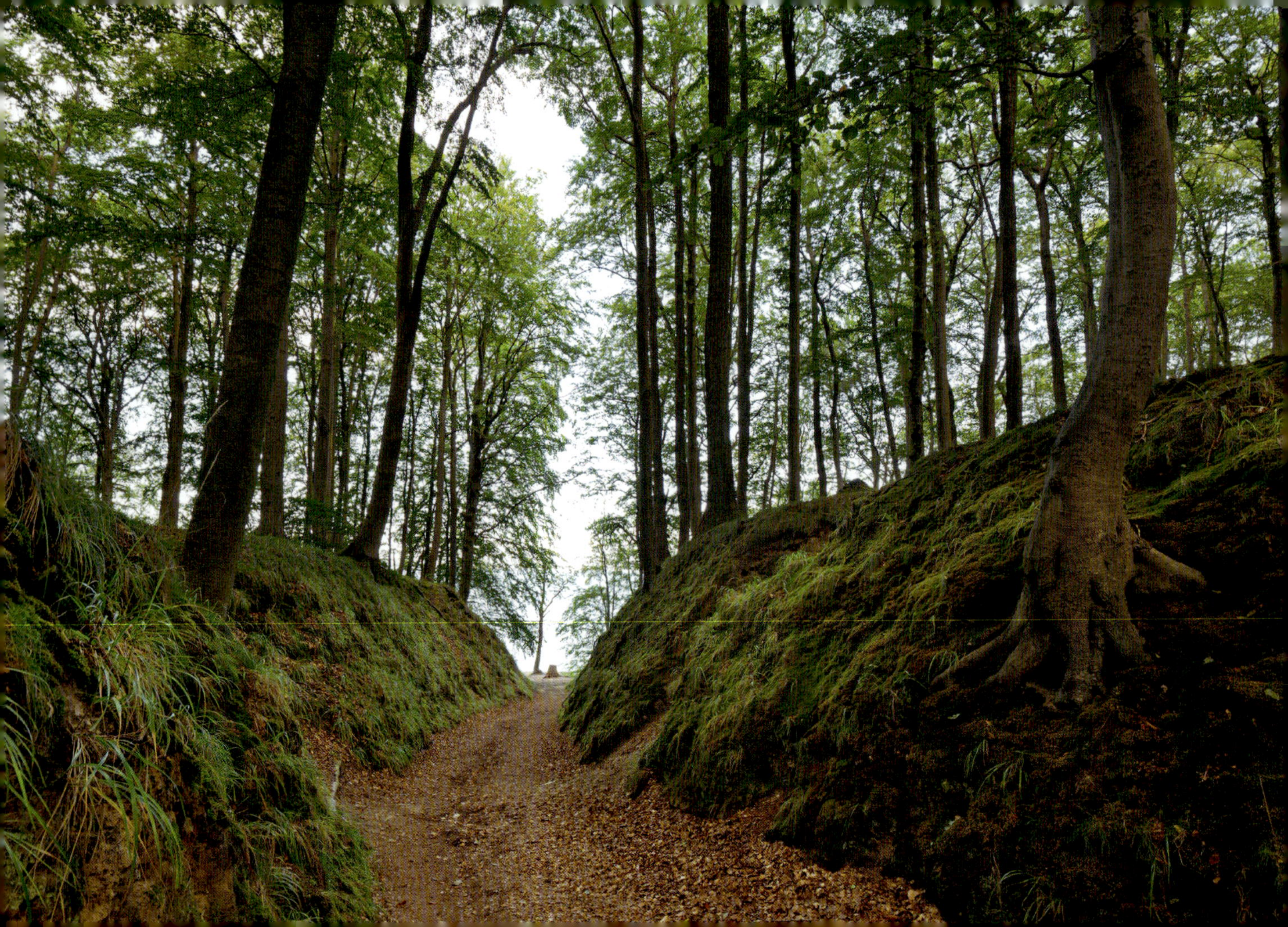

## 3 TEUFELSSCHLUCHT

**Koordinaten:** 54.398253 / 13.633075

**Beste Tageszeit:** bei bedecktem Himmel ganztägig

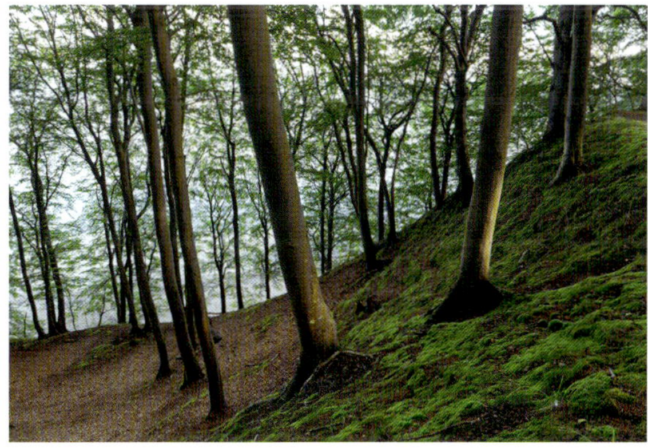

20 mm · Blende 11 · 1/5 s · ISO 100

Grundsätzlich möglich ist das Weiterwandern am Strand Richtung Sellin schon, aber wegen der groben Steine und vom Hochufer herabgestürzter Bäume nicht unbedingt empfehlenswert. Schöner ist die Wanderung über den Hochuferweg. Vom Steinstrand führt uns die Teufelsschlucht hinauf, eine tief in den Hang hineingeschnittene Einkerbung. Ihren stärksten Eindruck offenbart sie in der Rückschau zum Meer hinunter. Unweigerlich kommt uns hier der berühmte Satz aus Schillers »Wilhelm Tell« in den Sinn: »Durch diese hohle Gasse muss er kommen.«

20 mm · Blende 11 · 1/5 s · ISO 100

## 4 SCHWARZER SEE

**Koordinaten:** 54.394334 / 13.670287
**Beste Tageszeit:** vormittags / nachmittags
**Wegstrecke ab Binz:** ca. 4 Kilometer
**Wegstrecke ab Sellin:** ca. 3 Kilometer

Über einen kleinen Abstecher vom Hochuferweg erreichen wir den sagenumwobenen Schwarzen See. Tief unten am Grund soll ein versunkenes Schloss auf seine Auferstehung warten, das einst einem Prinzen gehörte, der hier nach der Rückkehr von einem Jagdausflug statt des Schlosses den dunklen See vorfand. Seinen mystischen Zauber entfaltet der See vor allem bei Windstille, wenn sich in der glatten Wasseroberfläche Wald und Himmel spiegeln. Zugang zum See gewährt nur ein kleiner Steg. Der See hat keine direkten Zu- oder Abflüsse, er speist sich nur aus Regen- und Grundwasser. Im Uferbereich haben sich Moorflächen ausgebildet, die nicht betreten werden dürfen, dazu schwimmende Inseln mit Wollgras und Birken.

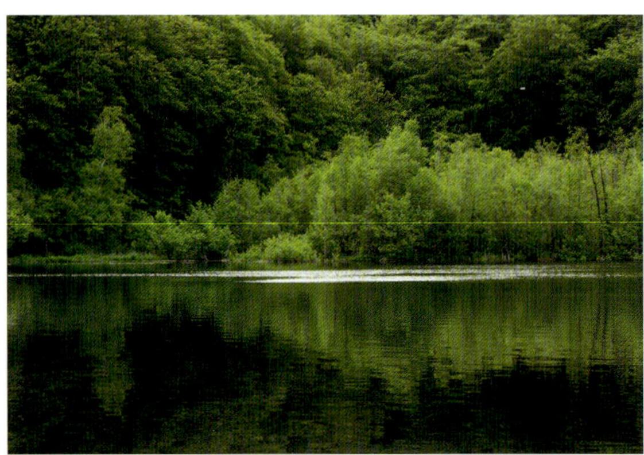

100 mm · Blende 11 · 1/60 s · ISO 200

16 mm · Blende 11 · 1/100 s · ISO 100

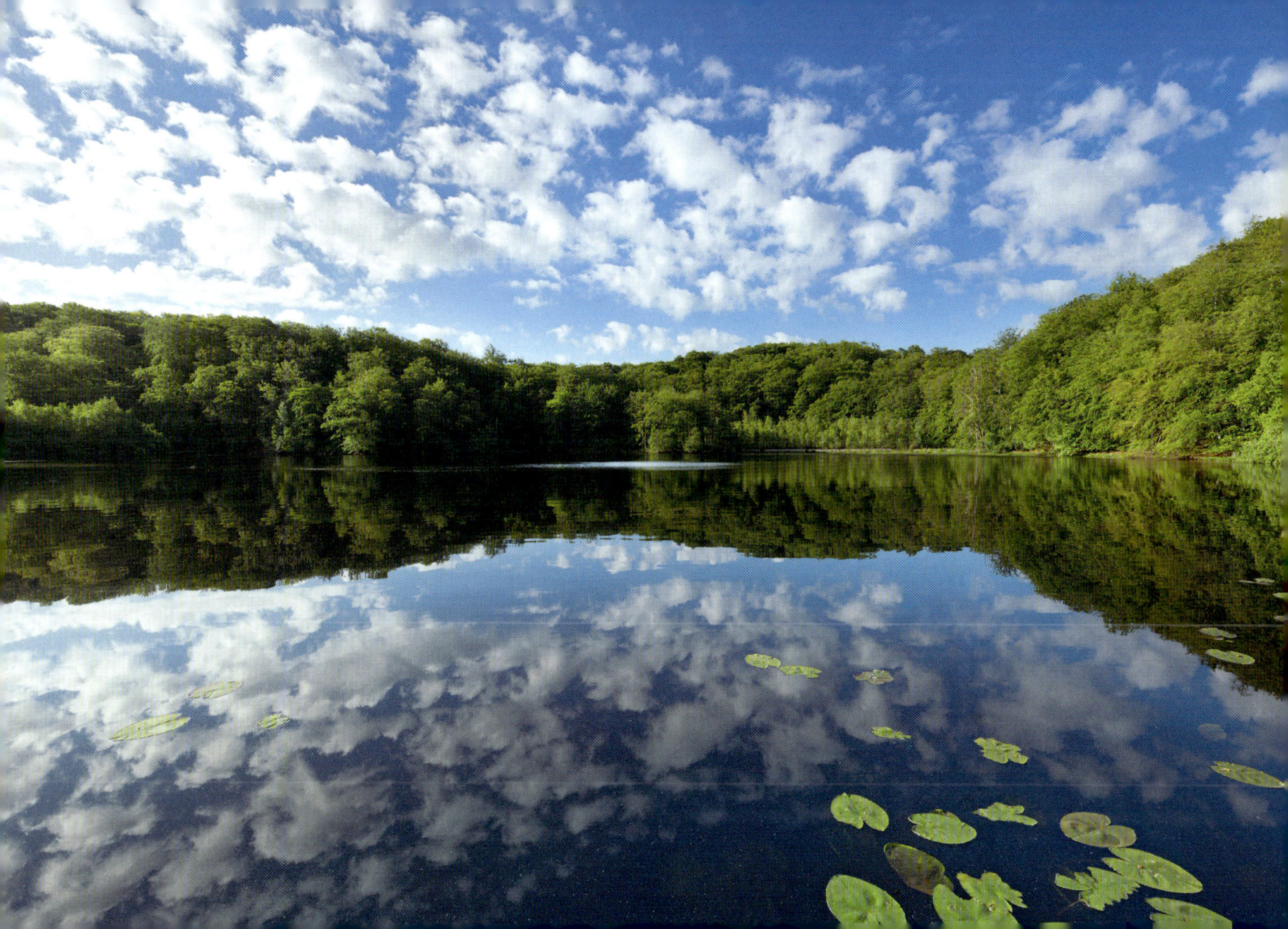

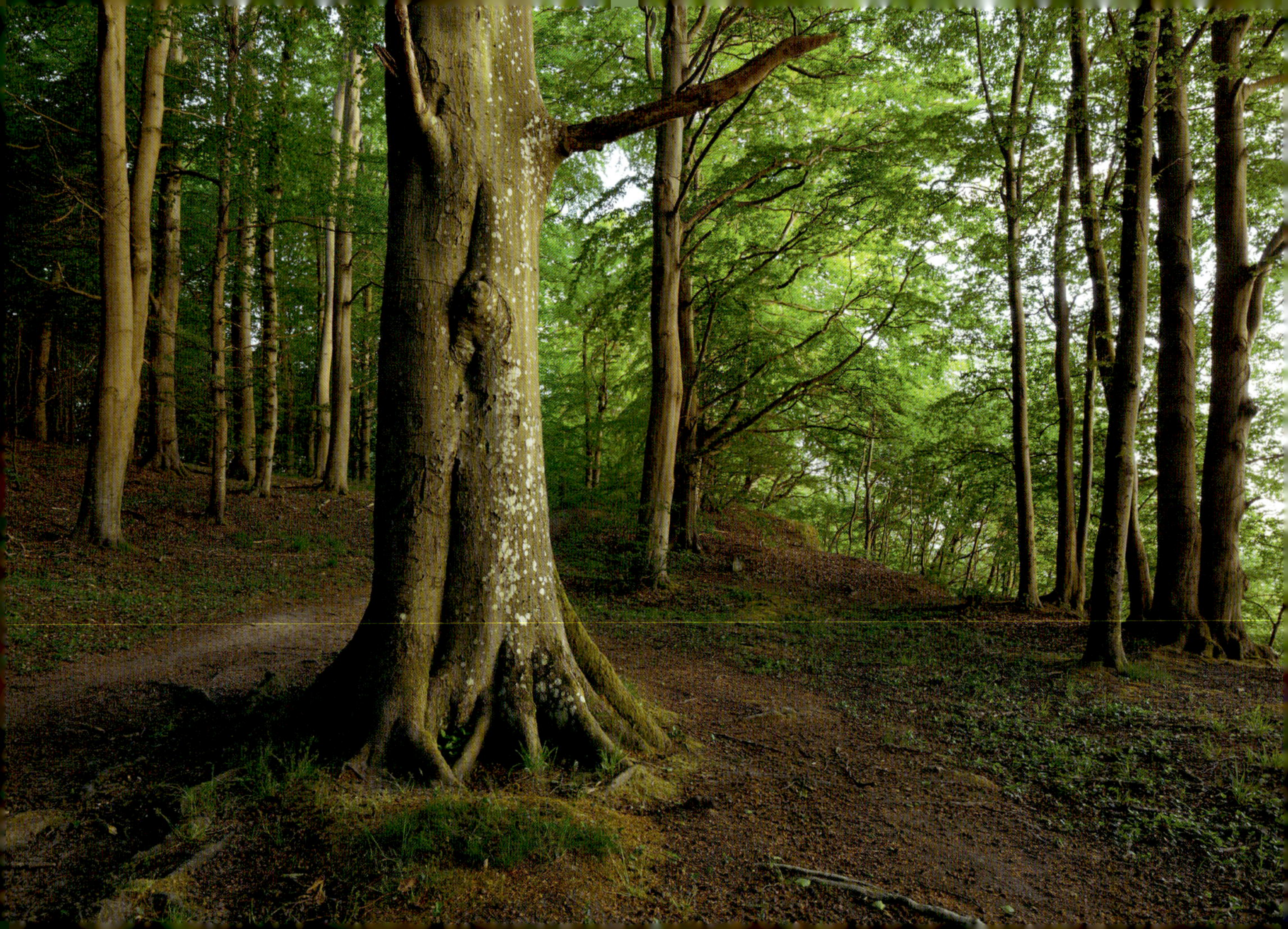

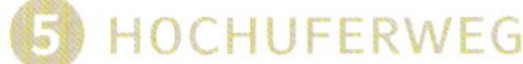

## 5 HOCHUFERWEG

**Koordinaten:** 54.389449 / 13.686343
**Beste Tageszeit:** bei bedecktem Himmel ganztägig

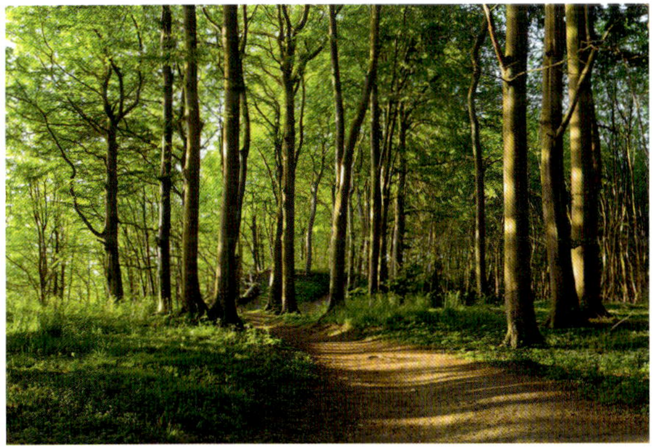

35 mm · Blende 11 · 1/4 s · ISO 100

Eine Wanderung über den Hochuferweg in der Granitz bietet uns ein schönes Walderlebnis mit vielen Blicken aufs Meer. Überhaupt ist das zweitgrößte Waldgebiet Rügens von einem groß angelegten Wegenetz durchzogen, was es zu allen Jahreszeiten zu einem beliebten Wandergebiet gemacht hat. Bei genügend Schnee werden hier im Winter sogar Langlaufloipen angelegt. Meistbesuchtes Ausflugsziel ist das Jagdschloss Granitz auf dem Tempelberg. Wie die Stubnitz im Nationalpark Jasmund ist auch das Waldgebiet der Granitz geprägt von den hohen Stämmen der Buchen. Frühmorgens, wenn vom Meer her das Licht der aufgehenden Sonne seitlich hereinscheint, aber auch bei bedecktem Himmel oder gar bei Regen oder Nebel finden wir hier gute fotografische Bedingungen vor.

24 mm · Blende 11 · 1/4 s · ISO 100

## 6 SELLIN, SEEBRÜCKE

**Koordinaten:** 54.383164 / 13.698464
**Beste Tageszeit:** Sonnenaufgang / Sonnenuntergang

Sind die Kreidefelsen und besonders der Königsstuhl das landschaftliche Wahrzeichen Rügens, so ist die berühmte Seebrücke von Sellin sicherlich zum architektonischen Pendant geworden. Kein touristischer Beitrag in einem Magazin, Buch oder Fernsehfilm kommt ohne ein Bild von ihr aus. In der ursprünglichen Form erbaut im Jahr 1906, wurde die damals 500 Meter weit in die Ostsee führende Brücke mehrfach durch Brände und Packeis so stark zerstört, dass nur noch das Brückenhaus übrig blieb. Doch auch dieses musste schließlich abgerissen werden. Erst in den neunziger Jahren erfolgte ein Wiederaufbau der Brücke, architektonisch weitgehend angelehnt an das Original. Treppe und Fahrstuhl führen vom Hochufer zur Brücke hinunter, an deren Ende eine Tauchgondel zu einer Fahrt zum Meeresboden einlädt.

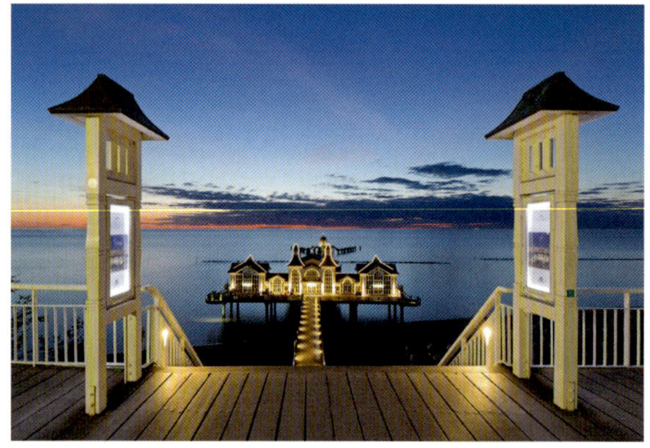

21 mm · Blende 11 · 30 s · ISO 100

35 mm · Blende 11 · 1 s · ISO 100

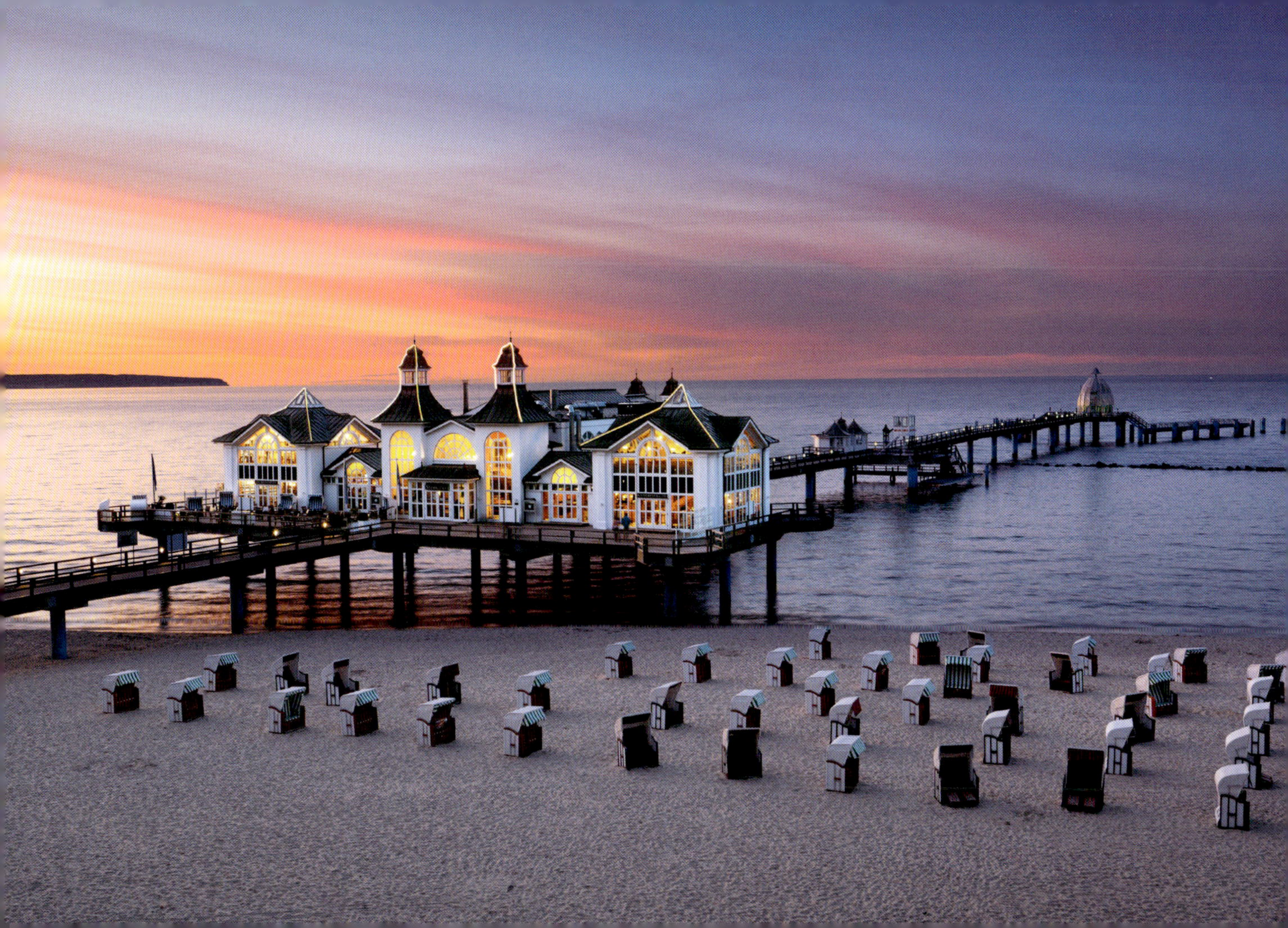

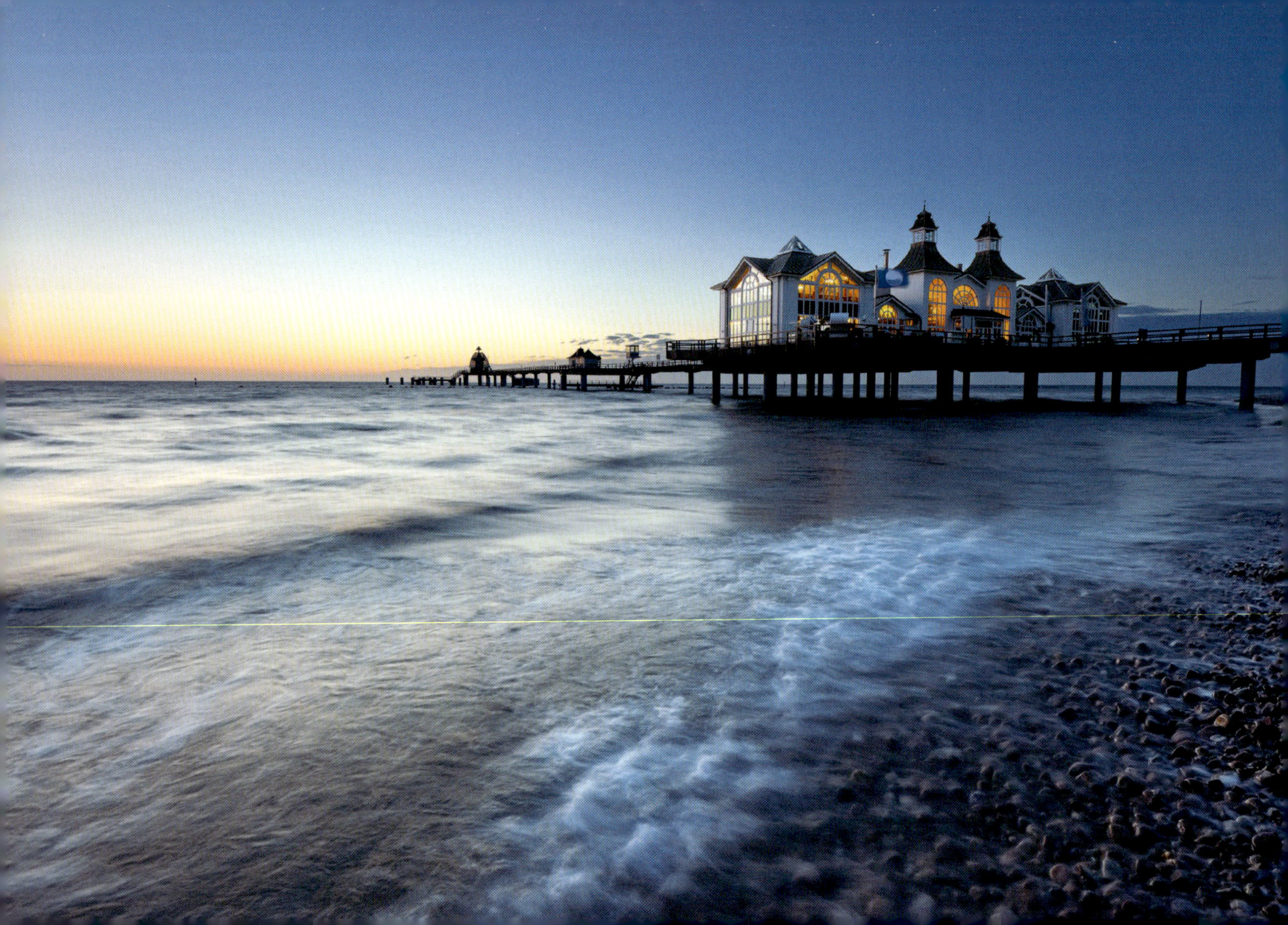

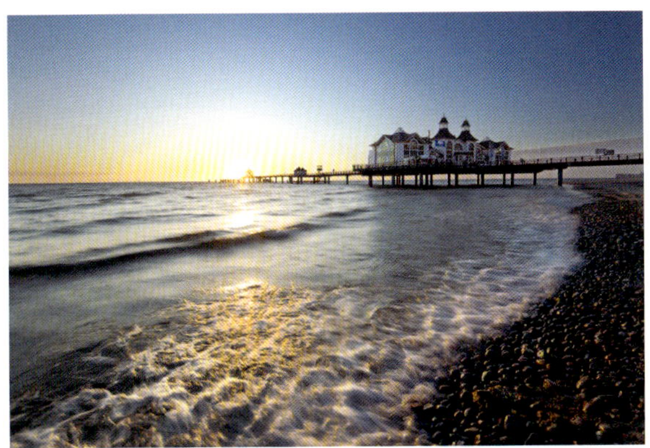

35 mm · Blende 11 · 1/2 s · ISO 100 · ND-64-Filter

Vom Hochufer aus haben wir verschiedene Gestaltungsmöglichkeiten. Buchstäblich am augenfälligsten ist der von zwei Torpfosten flankierte zentrale Blick die Treppe hinunter. Abhängig von Sonnenaufgang oder -untergang entscheiden wir uns dann noch für eine Ansicht von der linken oder rechten Seite. Ebenso bieten sich Ansichten aus halber Höhe von der Treppe aus an.

Es lohnt sich aber durchaus auch, bis zum Strand und ans Wasser hinunter zu gehen. In einer Langzeitbelichtung können dann die an den Strand anbrandenden Wellen einen guten Vordergrund abgeben. Jetzt heißt es nur noch auf die »perfekte Welle« zu warten und zu schauen, wie sich die Stimmung von der Dämmerung bis zum Sonnenaufgang entwickelt.

16 mm · Blende 11 · 1 s · ISO 100

## 7 SKULPTUR AM STRAND

**Koordinaten:** 54.374233 / 13.708080
**Beste Tageszeit:** Sonnenaufgang

Weit weniger bekannt, befindet sich ein anderes und ebenfalls lohnendes Motiv nur einen guten Kilometer südöstlich von hier am Strand. Auf einem großen Findlingsstein steht hier die Bronzeskulptur eines Mädchens. Besonders zum Sonnenaufgang lässt sie sich als Silhouette wunderbar vor Himmel und Meer ins Bild setzen. Ein schönes Beispiel auch für meine Standardbehauptung, dass es sich zum Fotografieren fast immer lohnt, früh aufzustehen. Der Himmel war beim Blick aus dem Fenster dicht und grau bewölkt, erst auf dem Weg zum Strand hinunter zeigte sich ein winziger »Silberstreif am Horizont«. Doch gerade eine solche Bewölkung, die der Sonne noch eine kleine Chance gibt, kann für ganz herrliche und unwiederbringliche Lichtstimmungen sorgen, bevor sich dann nach kurzer Zeit der Wolkenvorhang wieder zuzieht.

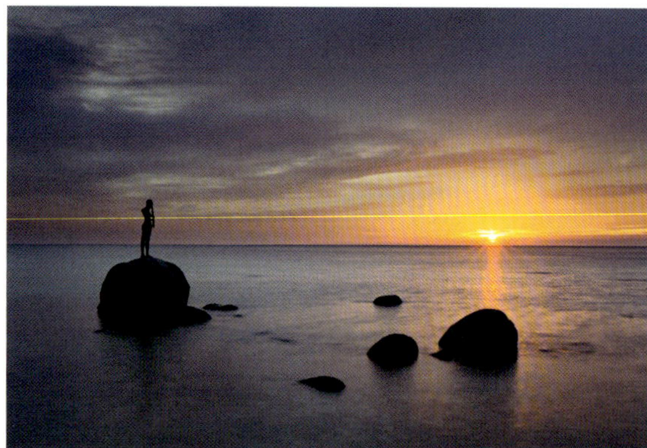

35 mm · Blende 16 · 1 s · ISO 100 · ND-64-Filter

35 mm · Blende 11 · 1,5 s · ISO 100 · ND-8-Filter

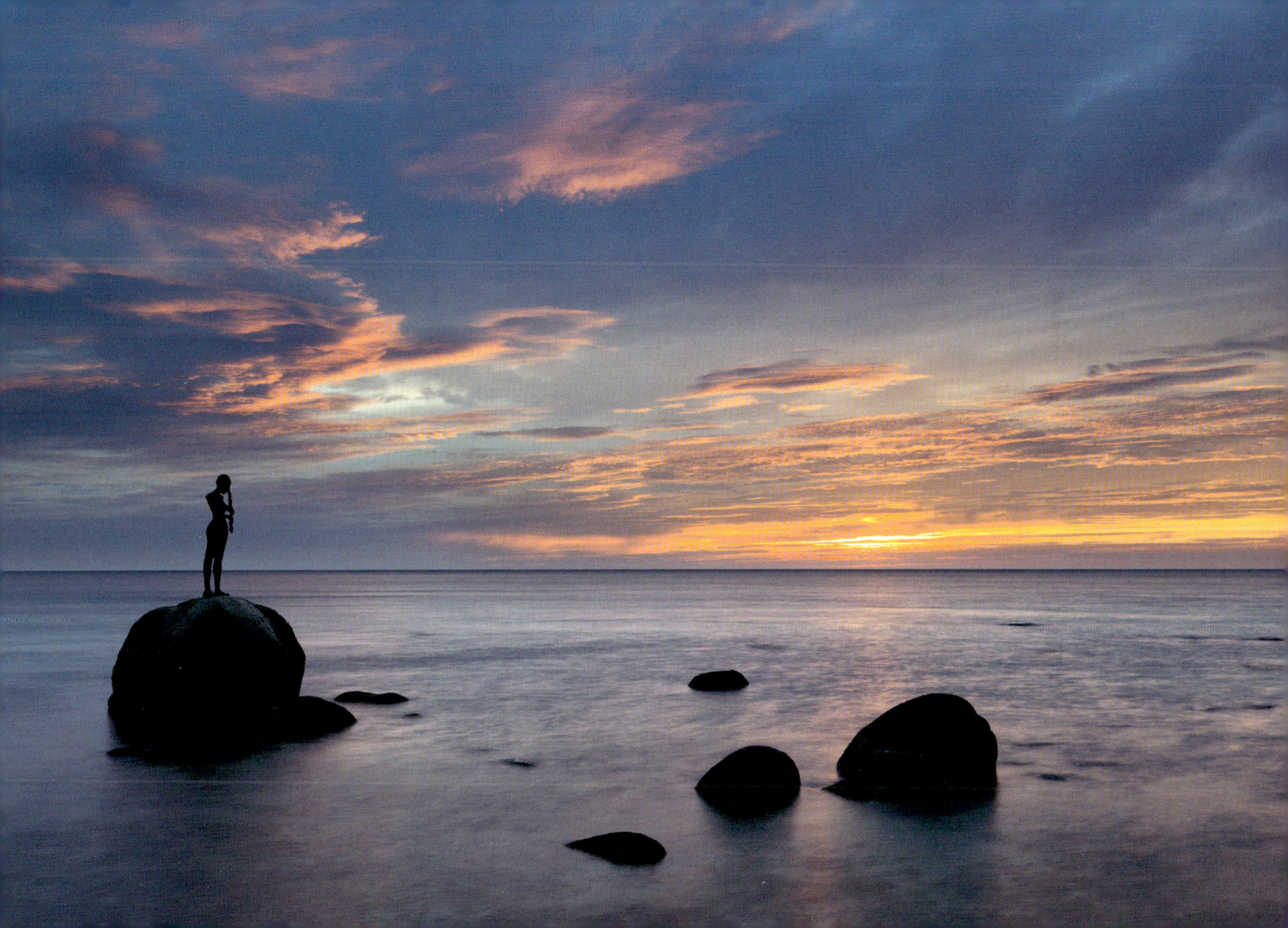

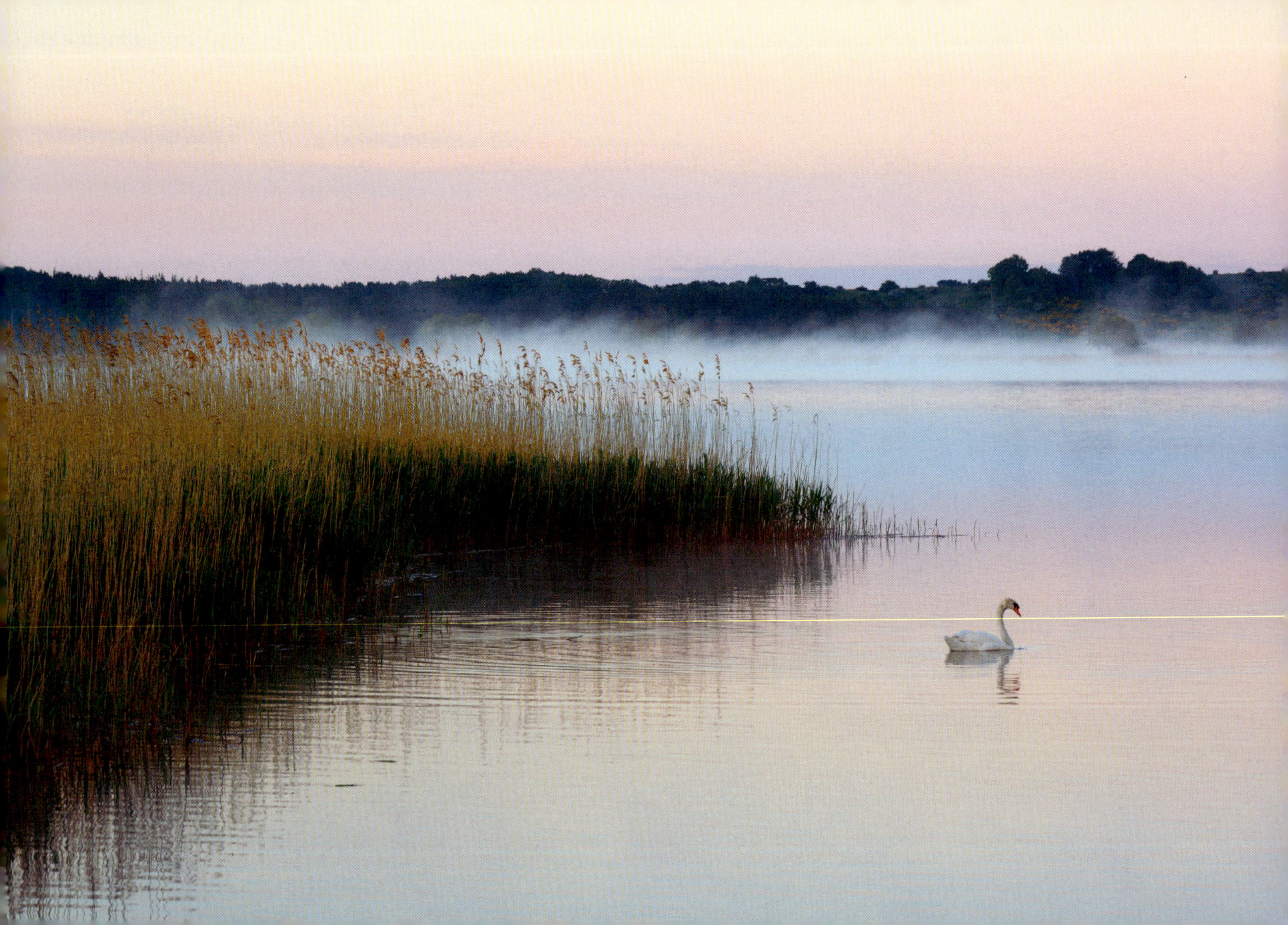

## 8 SELLINER SEE

**Koordinaten:** 54.372008 / 13.688956

**Beste Tageszeit:** vormittags / nachmittags

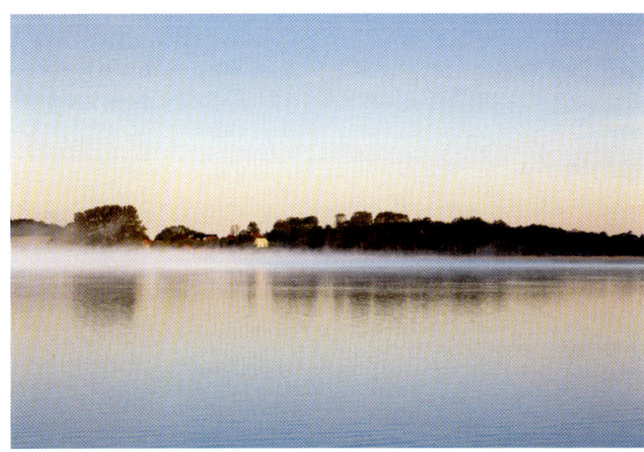

70 mm · Blende 11 · 1/50 s · ISO 100

Die Fokussierung auf die eindrucksvollen Strandansichten lässt uns fast übersehen, dass es auch noch andere Motivwelten gibt. Und sind die Sonnenauf- und -untergangsbilder am Strand erst einmal »abgefeiert«, schenkt uns beispielsweise der Selliner See im Süden des Städtchens viel stillere und doch nicht weniger reizvolle Bilder. Auch hier sind die Morgenstunden eine gute Zeit zum Fotografieren und Erleben, wenn noch ein bisschen Nebel über dem Wasser liegt, der erste Schwan seine Bahn zieht und das gegenüberliegende Ufer schon die Strahlen der Sonne reflektiert. Über die Wasserrinne der Baaber Bek an der Südseite ist der See mit der Meeresbucht Having und der Ostsee verbunden.

180 mm · Blende 11 · 1/40 s · ISO 200

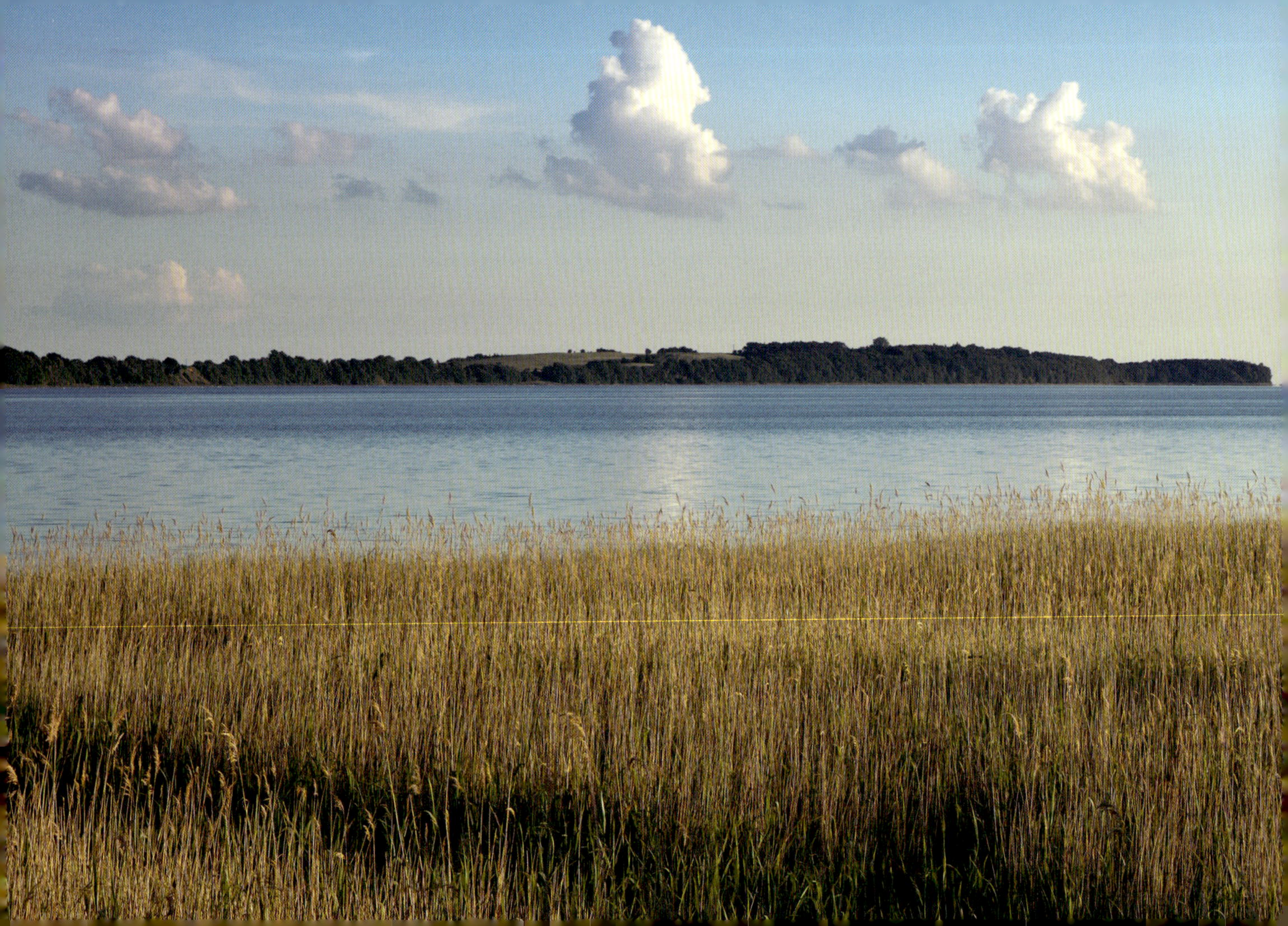

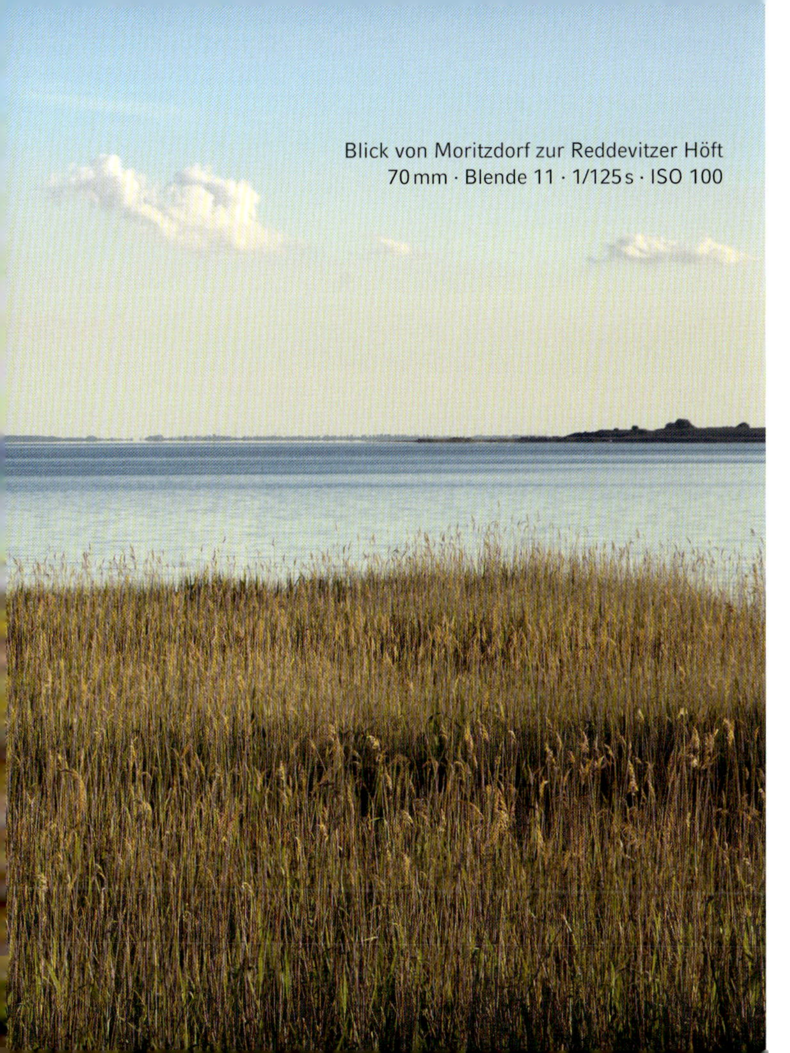
Blick von Moritzdorf zur Reddevitzer Höft
70 mm · Blende 11 · 1/125 s · ISO 100

# VON SELLIN ZUR HALBINSEL MÖNCHGUT

## TOUR 5

Abseits der Strandorte ist die Halbinsel Mönchgut eine stille und zurückhaltende Landschaft, wunderbar geeignet für Fahrradtouren und Wanderungen beispielsweise über den schmalen Zeigefinger der Reddevitzer Höft oder das Naturschutzgebiet der Zickerschen Berge. Keine spektakulären Felsen erwarten uns hier, sondern sanft geschwungene Hügel mit Blumenwiesen, Besenginster und Kiefern.

# VON SELLIN ZUR HALBINSEL MÖNCHGUT

TOUR 5

1. BLICK VON MORITZDORF ZUR REDDEVITZER HÖFT
2. BLICK ZUM JAGDSCHLOSS GRANITZ
3. BLICK ÜBER DIE HAGENSCHE WIEK
4. BESENGINSTERBLÜTE BEI ALT REDDEVITZ
5. PFARRWITWENHAUS IN GROSS ZICKER
6. NATURSCHUTZGEBIET ZICKERSCHE BERGE

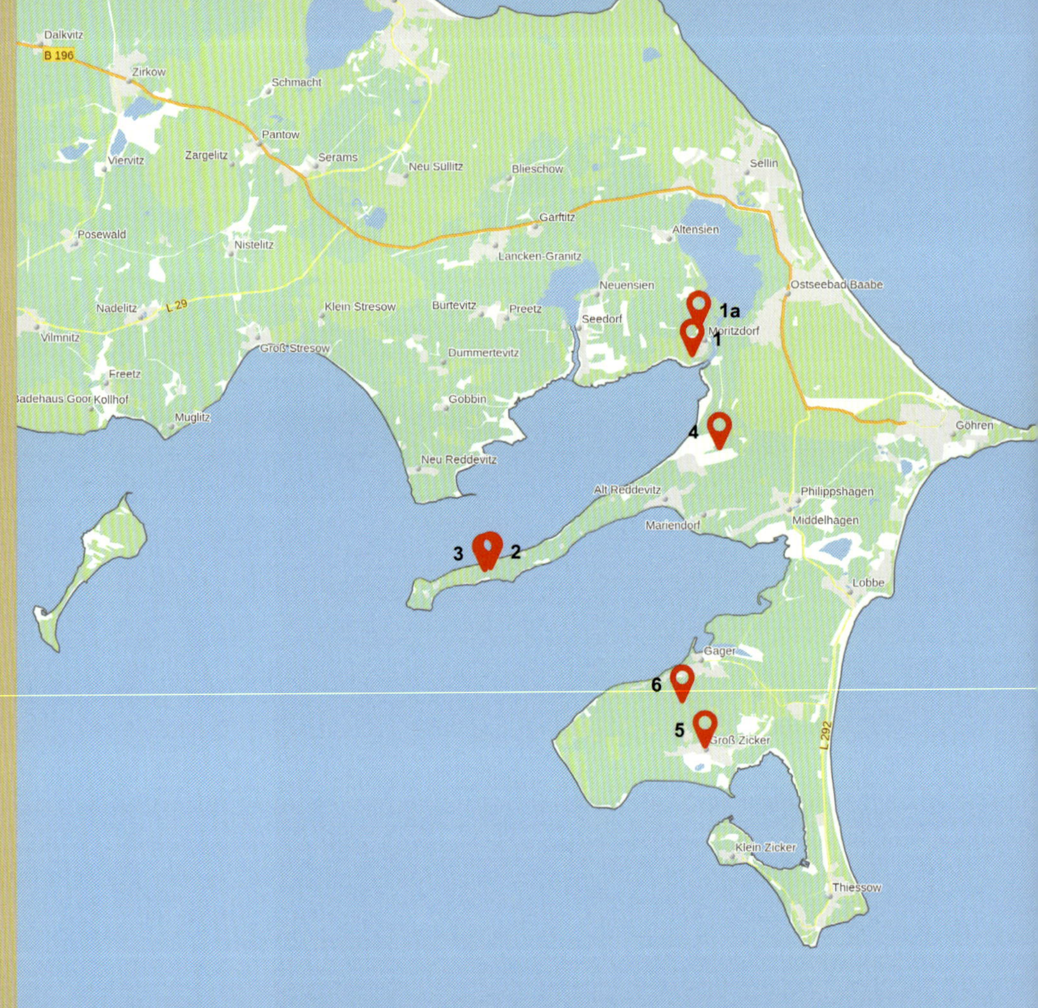

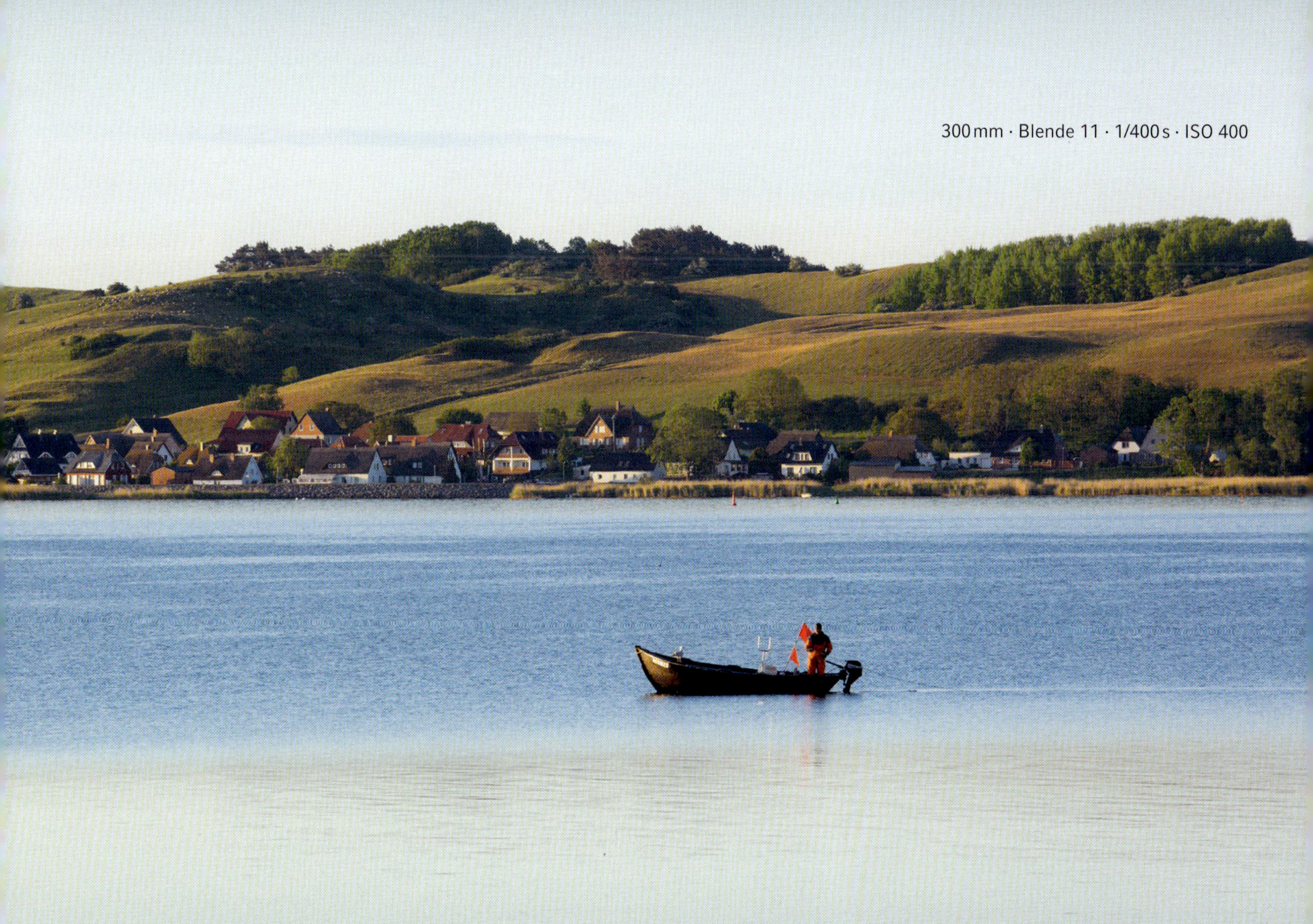

300 mm · Blende 11 · 1/400 s · ISO 400

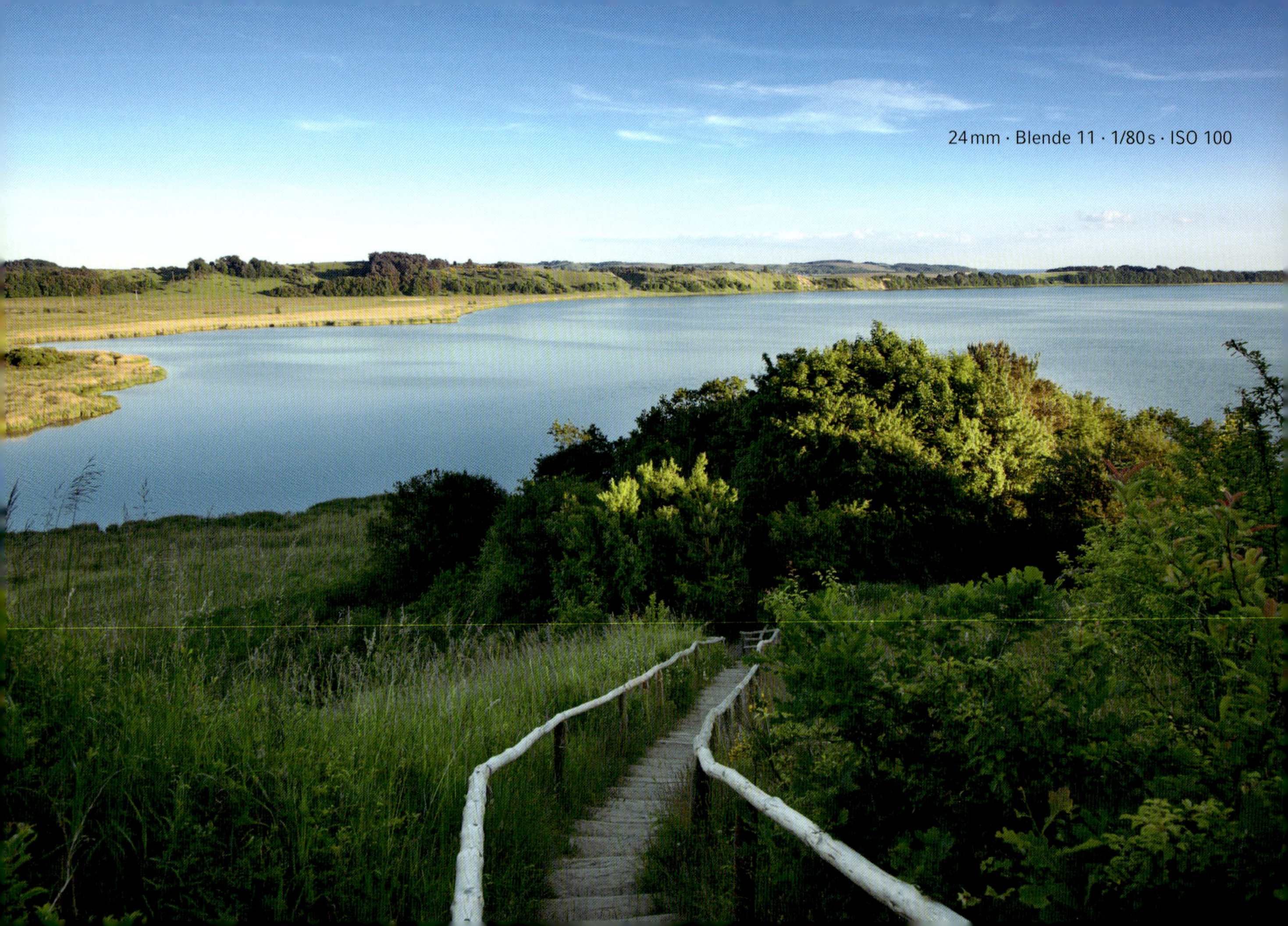

24 mm · Blende 11 · 1/80 s · ISO 100

## 1 BLICK VON MORITZDORF ZUR REDDEVITZER HÖFT

**Koordinaten:** 54.351204 / 13.680744
**Koordinaten Parkplatz:** 54.355142 / 13.682624
**Wegstrecke ab Parkplatz:** ca. 1 Kilometer
**Beste Tageszeit:** vormittags / nachmittags

Ein kurzer Spaziergang bringt uns vom Parkplatz am Ortseingang von Moritzdorf zur Moritzburg, einem Ausflugslokal, von dessen Terrasse sich ein schöner Blick über die Baaber Bek und zur Reddevitzer Höft öffnet. Eine Treppe führt hinunter ans Ufer, wo wir mehrere Möglichkeiten haben: weiterwandern nach rechts am schilfbewachsenen Ufer entlang in Richtung Seedorf mit Rückweg durchs Dorf zum Parkplatz oder ein kurzer Abstecher ans andere Ufer mit der Fähre. Mit 38 Metern Strecke ist dies nicht nur die kürzeste Fährverbindung Rügens, sondern ganz Norddeutschlands, und die Fähre ist ein Ruderboot, das vom Fährmann tatsächlich mit der Kraft seiner Arme bewegt wird. Schnell ist man dann von hier aus im Strandort Baabe oder unternimmt eine Rundwanderung um den Selliner See.

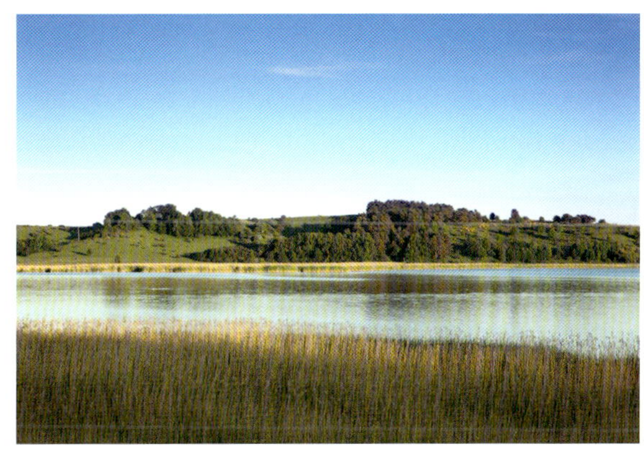

85 mm · Blende 11 · 1/80 s · ISO 100

## 2 BLICK ZUM JAGDSCHLOSS GRANITZ

**Koordinaten:** 54.321481 / 13.631250
**Beste Tageszeit:** vormittags / nachmittags

Die schmale Landzunge der Reddvitzer Höft ist eine versteckte ländliche Welt für sich. Abseits der touristischen Highlights gelegen, herrscht hier kaum Autoverkehr, häufiger sind Radfahrer und Wanderer unterwegs. Links und rechts des kleinen Sträßchens von Alt Reddevitz bis zur Westspitze der Halbinsel breiten sich Wiesen und Felder aus. Im Norden wie im Süden ist die etwa 4 Kilometer lange und an manchen Stellen nur 200 Meter breite Halbinsel von Meeresarmen umgeben. Am höchsten Punkt können wir beide gleichermaßen in den Blick nehmen. Über die Having hinweg geht die Sicht nach Norden zu den bewaldeten Hügeln der Granitz, gekrönt vom Jagdschloss Granitz auf dem Tempelberg. Ein ruhiger Sommermorgen ist vielleicht die beste Zeit, diesen idyllischen Anblick zu genießen. Kein Laut stört die Stille, ein Segelboot zieht vorüber, doch nicht einmal der leise tuckernde Außenbordmotor dringt wirklich zu uns durch.

70 mm · Blende 11 · 1/80 s · ISO 100

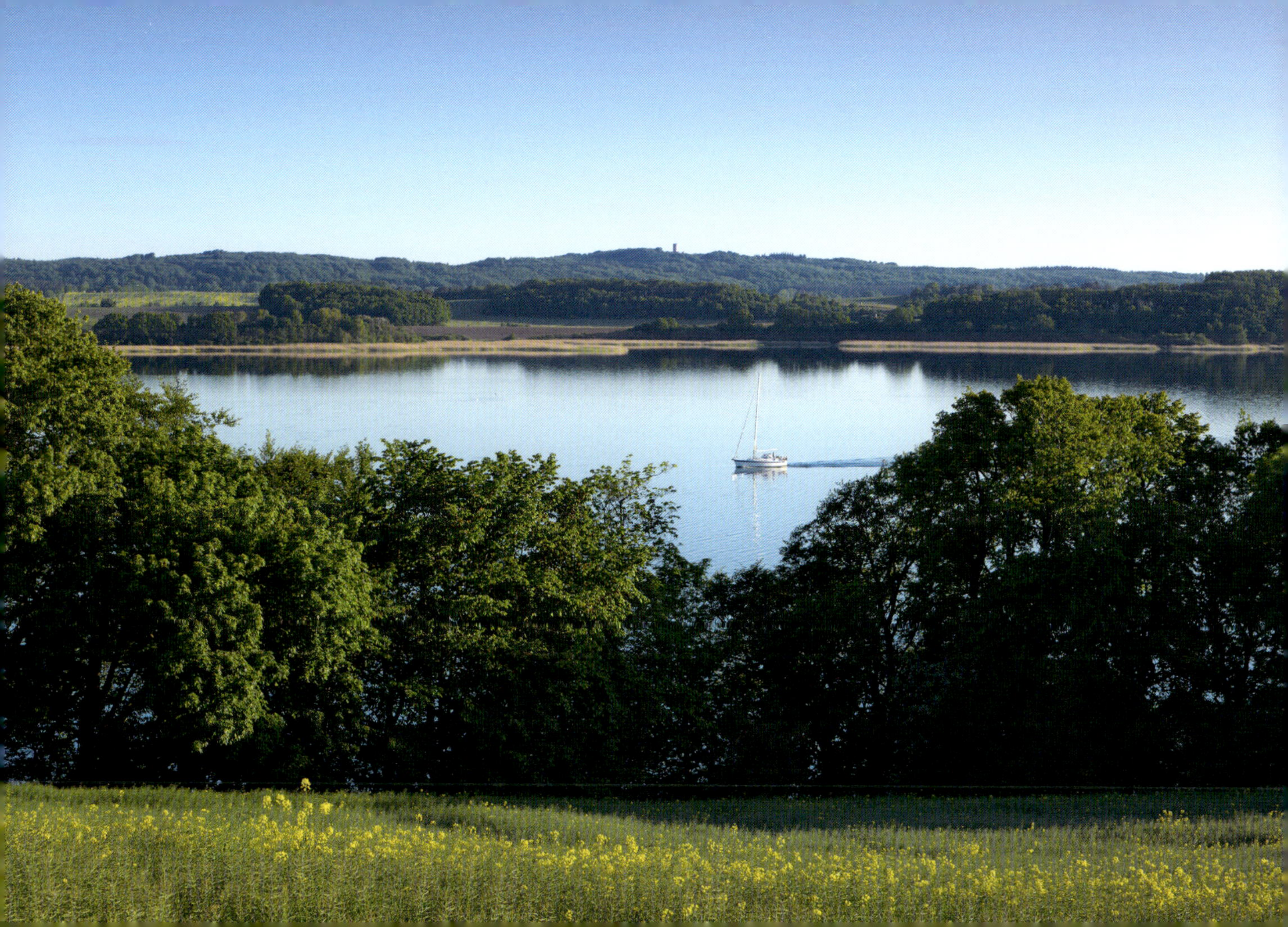

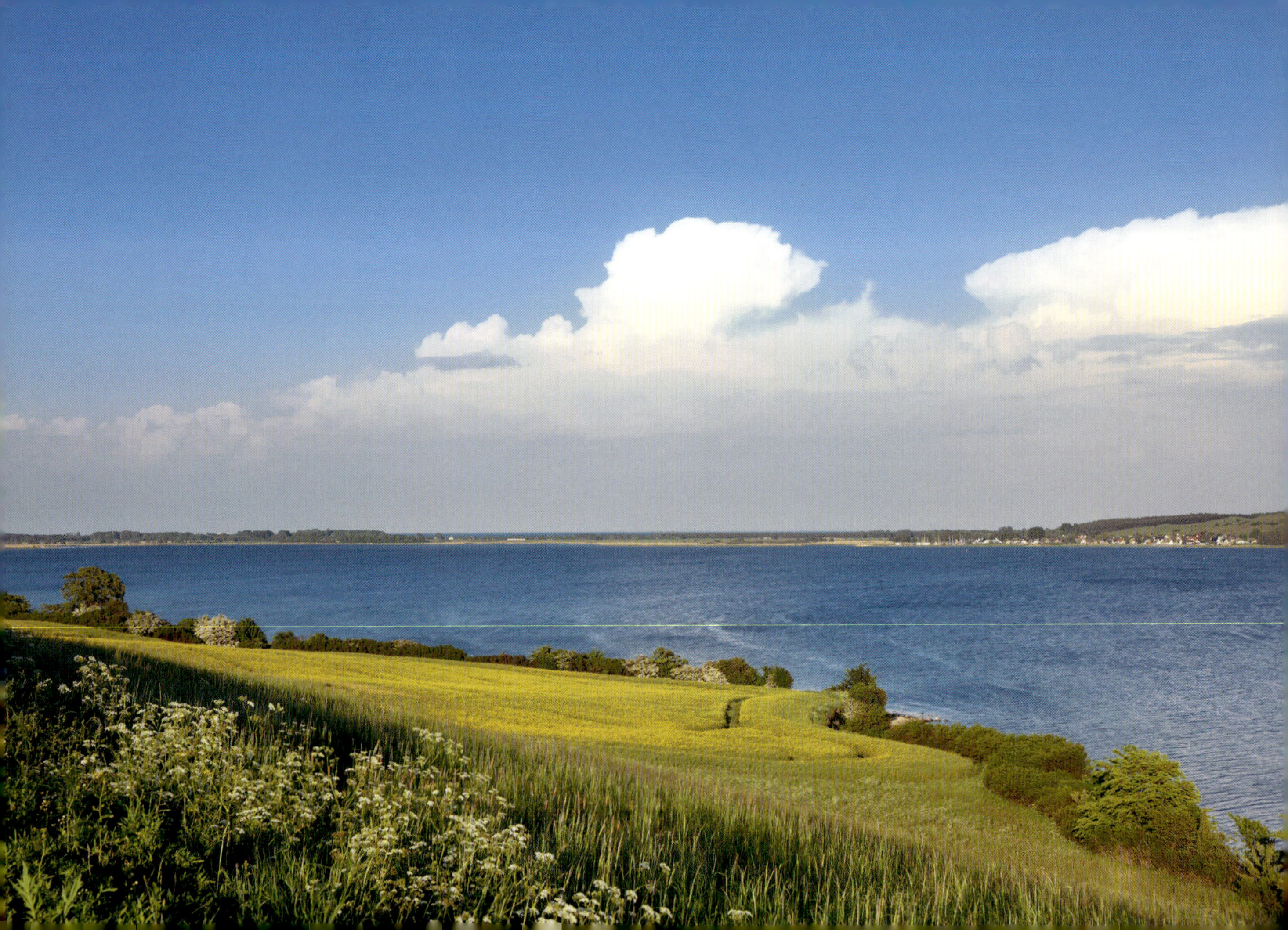

## ③ BLICK ÜBER DIE HAGENSCHE WIEK

**Koordinaten:** 54.321203 / 13.629873
**Beste Tageszeit:** vormittags / nachmittags

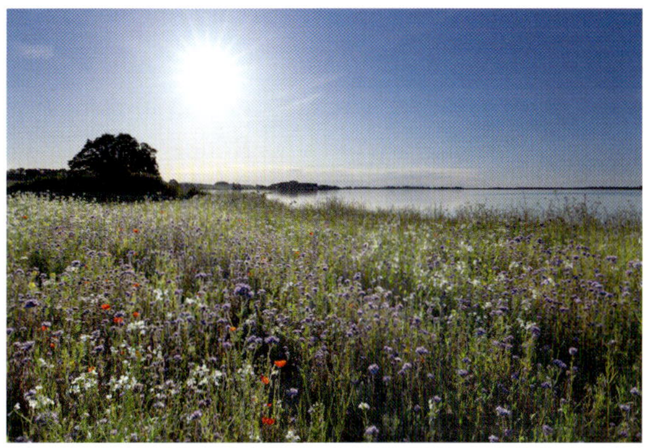

24 mm · Blende 11 · 1/160 s · ISO 100

In umgekehrter Richtung blicken wir nach Süden über die Hagensche Wiek, eine 5 Kilometer lange Meeresbucht. Weit hinten am Horizont das flache Land zwischen Middelhagen und Lobbe, bevor dann über dem kleinen Hafenort Gager die Hügel wieder sanft ansteigen zu den Zickerschen Bergen im Naturschutzgebiet Mönchgut. Der Frühsommer ist eine gute Jahreszeit für einen Besuch, wenn auf den Wiesen alles in voller Blüte steht. Der Blick von oben zeigt die weite Übersicht über die Landschaft, in Strandnähe lässt sich die bunte Vielfalt der Blüten am Wegesrand bewundern.

50 mm · Blende 11 · 1/125 s · ISO 100

## 4 BESENGINSTERBLÜTE BEI ALT REDDEVITZ

**Koordinaten:** 54.338212 / 13.687734
**Beste Tageszeit:** vormittags / nachmittags
**Beste Jahreszeit:** zur Ginsterblüte im Mai / Juni

Nicht nur die Blumenwiesen, auch die Besenginsterblüte streut herrliche Farbakzente in die Landschaft. Meist gegen Ende Mai/Anfang Juni ist die Blütezeit des Besenginsters, der sich in der Hügellandschaft der Halbinsel Mönchgut vielerorts ausgebreitet hat. So wie hier auf einem Hügel bei Alt Reddevitz, wo der leuchtend gelb blühende Besenginster weite Flächen des von Kiefern bestandenen Hügels für sich erobert hat. Dekorativ lässt er sich als Bildvordergrund nutzen, sei es vor den dunklen Silhouetten der Kiefern oben auf der Kuppe oder beim Blick über die Meeresbucht der Hagenschen Wiek hinüber zum Naturschutzgebiet der Zickerschen Berge.

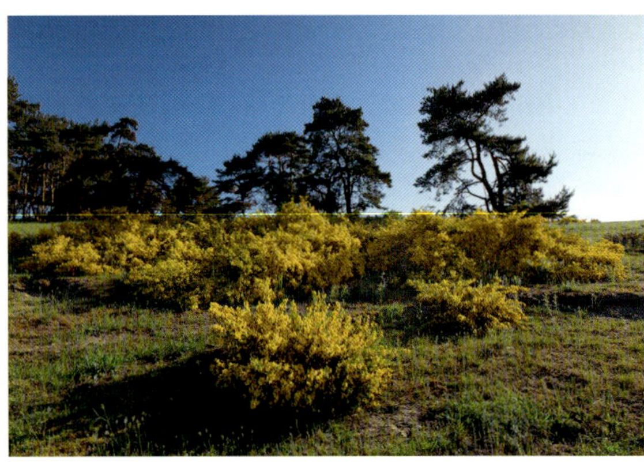

20 mm · Blende 11 · 1/125 s · ISO 100

85 mm · Blende 11 · 1/200 s · ISO 100

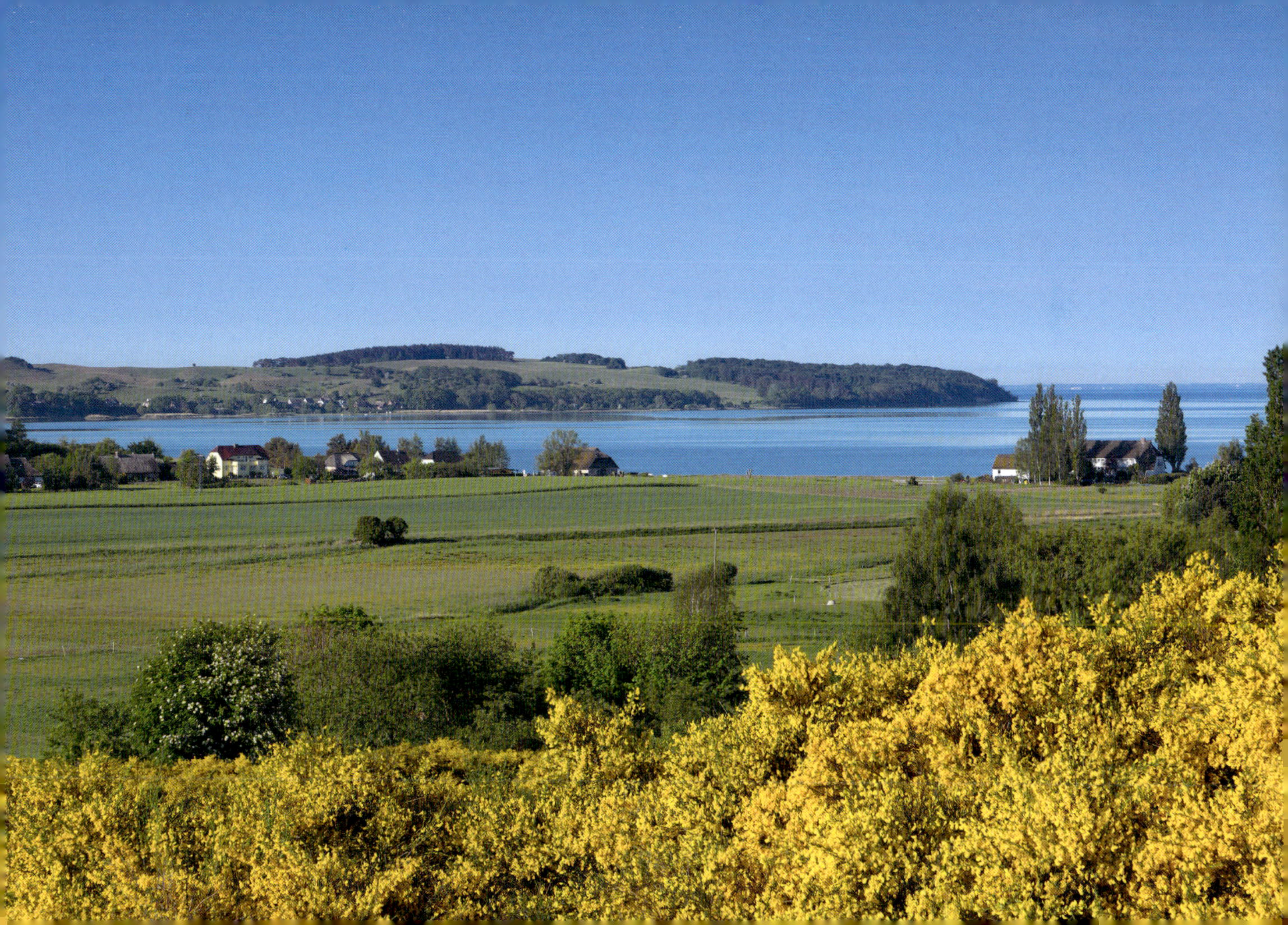

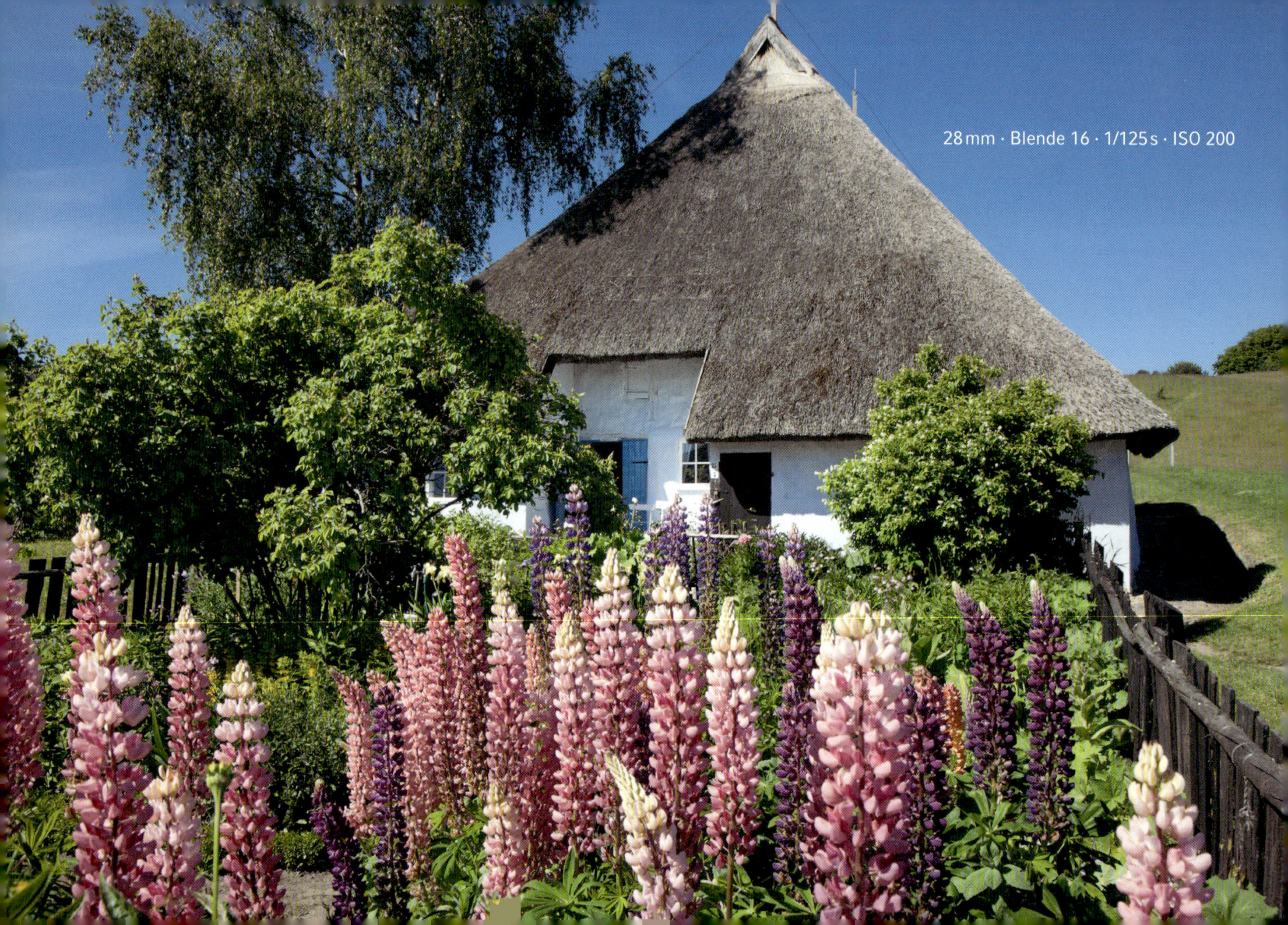

28 mm · Blende 16 · 1/125 s · ISO 200

## 5 PFARRWITWENHAUS IN GROSS ZICKER

**Koordinaten:** 54.296561 / 13.684291
**Beste Tageszeit:** ganztägig
**Beste Jahreszeit:** Sommer

Viel besucht und fotografiert, ist das Pfarrwitwenhaus in Groß Zicker eine der touristischen Attraktionen der Halbinsel Mönchgut und gilt als eines der ältesten Häuser Rügens. Da die Witwe eines Pfarrers kein eigenes Einkommen hatte, war früher die sogenannte »Witwenkonservierung« eine gängige Praxis: Um die Pfarrstelle zu bekommen, musste der Amtsnachfolger des Pfarrers dessen Witwe oder deren Tochter heiraten. So konnte Erstere dort bleiben und weiter den Haushalt führen. War der neue Pfarrer schon verheiratet, musste die Witwe das Pfarrhaus räumen. Um ihr, die über kein eigenes Einkommen verfügte, weiter ein bescheidenes Leben zu ermöglichen, wurden die Pfarrwitwenhäuser gebaut, deren bekanntestes in Groß Zicker zu besichtigen ist. Heute dient es als Museum, fotografisch attraktiv ist besonders der Bauerngarten vor dem Haus.

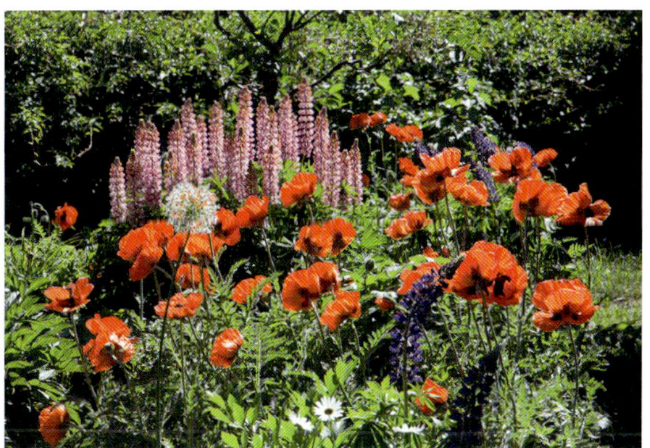

100 mm · Blende 16 · 1/125 s · ISO 200

## 6 NATURSCHUTZGEBIET ZICKERSCHE BERGE

**Koordinaten:** 54.302932 / 13.678618
**Beste Tageszeit:** vormittags / nachmittags

Ein Wandergebiet ganz eigener Art ist das Naturschutzgebiet der Zickerschen Berge. Zu erreichen sind sie bequem von den Orten Groß Zicker im Süden oder Gager im Norden. Die leicht gewellte offene Hügellandschaft mit dem Bakenberg als höchster Erhebung eröffnet Rundumblicke über die Hagensche Wiek zur Reddevitzer Höft oder über die Ostsee bis nach Usedom am Horizont. Durchzogen ist sie von einem Netz von Wanderwegen. Einzelne Bäume oder Baumgruppen akzentuieren das Bild, erst ganz im Westen zur Küste hin finden sich kleine Waldgebiete, etwa das dunkle Tal des »Nonnenlochs«, um das sich natürlich ebenso dunkle Geschichten ranken. Eine Treppe führt zum Strand hinunter, an einem großen tonnenschweren Findlingsstein vorbei. Die Steilküste ein Stück weit nördlich davon ist ein guter Platz für den Sonnenuntergang.

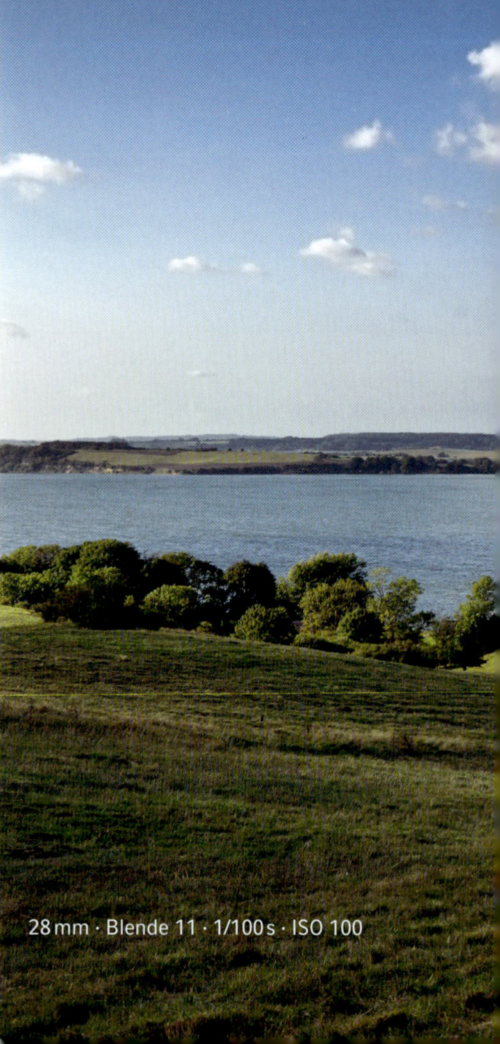

28 mm · Blende 11 · 1/100 s · ISO 100

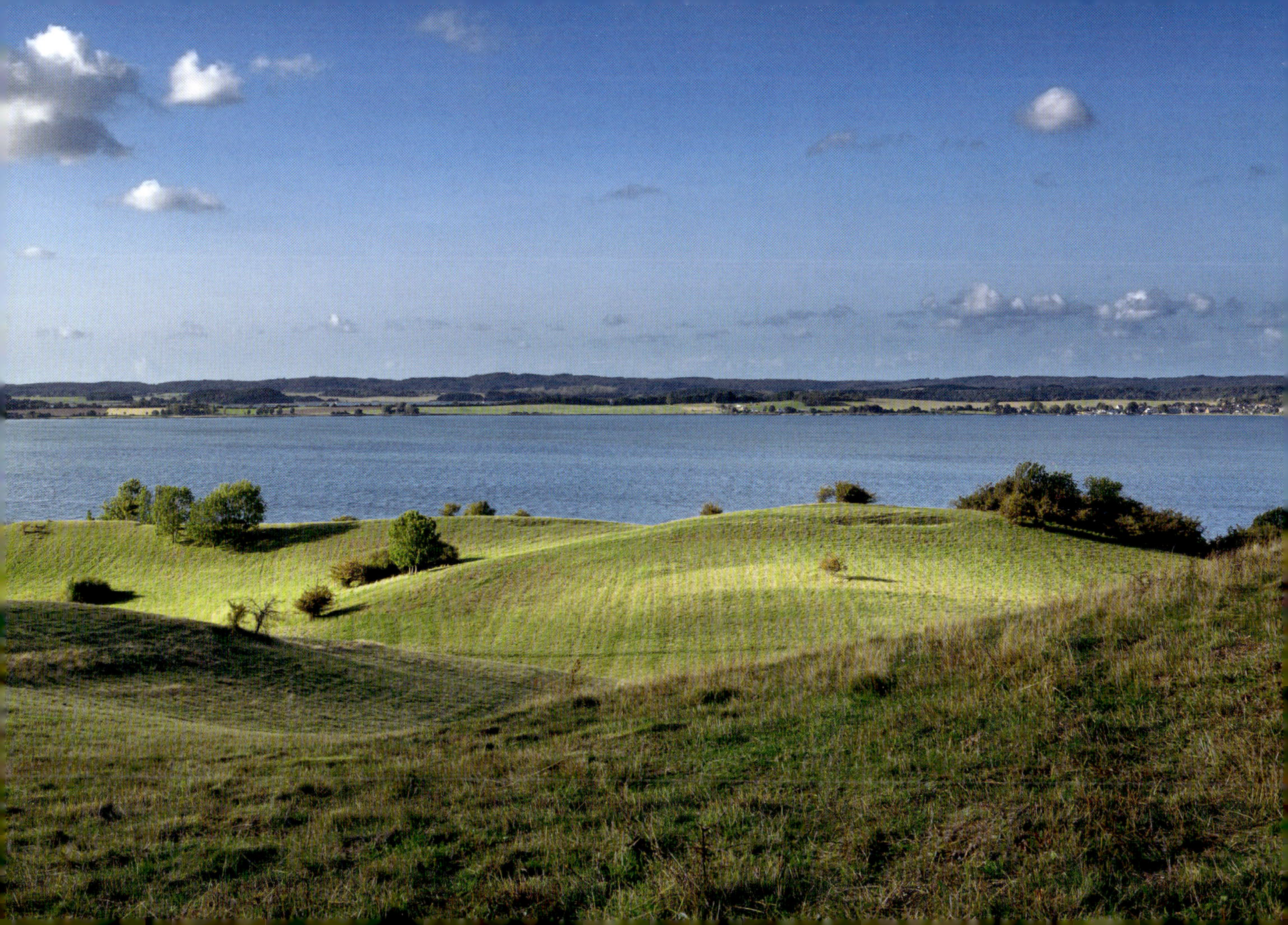

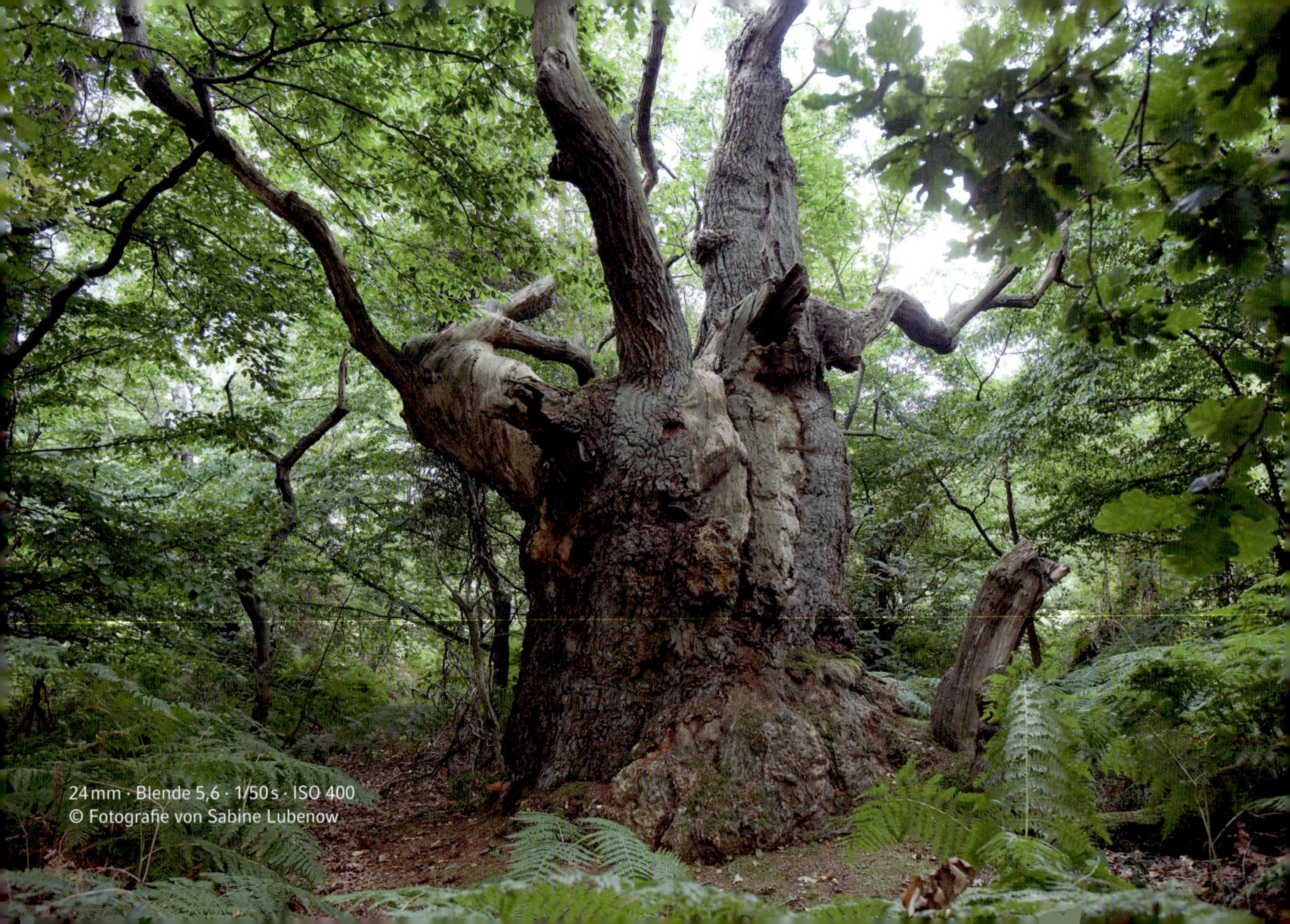
24 mm · Blende 5,6 · 1/50 s · ISO 400

# DIE INSEL VILM

**Koordinaten:** 54.326222 /13.530487
**Koordinaten Hafen Lauterbach:** 54.342830 / 13.501165
**Beste Tageszeit:** bei bedecktem Himmel ganztägig

Bei keinem meiner Aufenthalte auf Rügen ist es mir gelungen, mich rechtzeitig für eine Fahrt zur Insel Vilm anzumelden. Immer waren die Exkursionen schon ausgebucht. Doch meine leider viel zu jung verstorbene Kollegin Sabine Lubenow hat die Insel besucht. Mit ihrem Foto einer alten Eiche möchte ich ihr deshalb diesen Beitrag widmen.

Die unter Naturschutz stehende Insel Vilm gehört zum Biosphärenreservat Südost Rügen und darf nur im Rahmen einer geführten Exkursion betreten werden. Vom kleinen Hafen in Lauterbach südlich von Putbus bringt ein- bis zweimal täglich ein Ausflugsschiff eine begrenzte Anzahl von Besuchern für eine naturkundliche Wanderung hinüber nach Vilm. Die Insel ist geprägt von einem ganz ursprünglichen Buchenwald, aus dem einzelne Baumveteranen besonders hervorstechen. Auch alte Eichen sind hier zu bewundern, die aus einer Zeit stammen, als diese noch als Hutebäume in der offenen Landschaft standen. Sie haben viele Maler wie Caspar David Friedrich oder seinen Freund und Kollegen Carl Gustav Carus angezogen und sind natürlich auch für uns reizvoll und fotogen. Da die Ausflugsschiffe meist am späten Vormittag oder um die Mittagszeit starten, würde ich zum Fotografieren einen Tag mit bedecktem Himmel empfehlen, um eventuell störende Licht- und Schattenspiele zu vermeiden.

# DER BLICK ZUM FESTLAND

## BLICK VON ALTEFÄHR NACH STRALSUND

**Koordinaten:** 54.329768 / 13.121229
**Beste Tageszeit:** morgens / abends

Morgens sollte man hier sein, wenn das erste Sonnenlicht das Ozeaneum, die Hafengebäude und die Kirchtürme trifft. Oder man kommt zum Ende des Tages hierher und setzt die Skyline von Stralsund als schöne Silhouette vor dem Sonnenuntergang ins Bild. Später dann leuchten die angestrahlten Gebäude vor dem Nachthimmel. Das Bild kann man als allererstes fotografieren, sobald man die Rügenbrücke überquert hat, oder man macht hier nach dem Aufenthalt auf Rügen sein »Abschiedsfoto«. Jedenfalls sollte man nicht auf den kleinen Abstecher ins Örtchen Altefähr verzichten, von dessen Hafenmole aus sich dieser Blick über den Strelasund hinüber nach Stralsund bietet. Schon ein mittleres Teleobjektiv ist dafür ausreichend.

135 mm · Blende 11 · 1/800 s · ISO 200

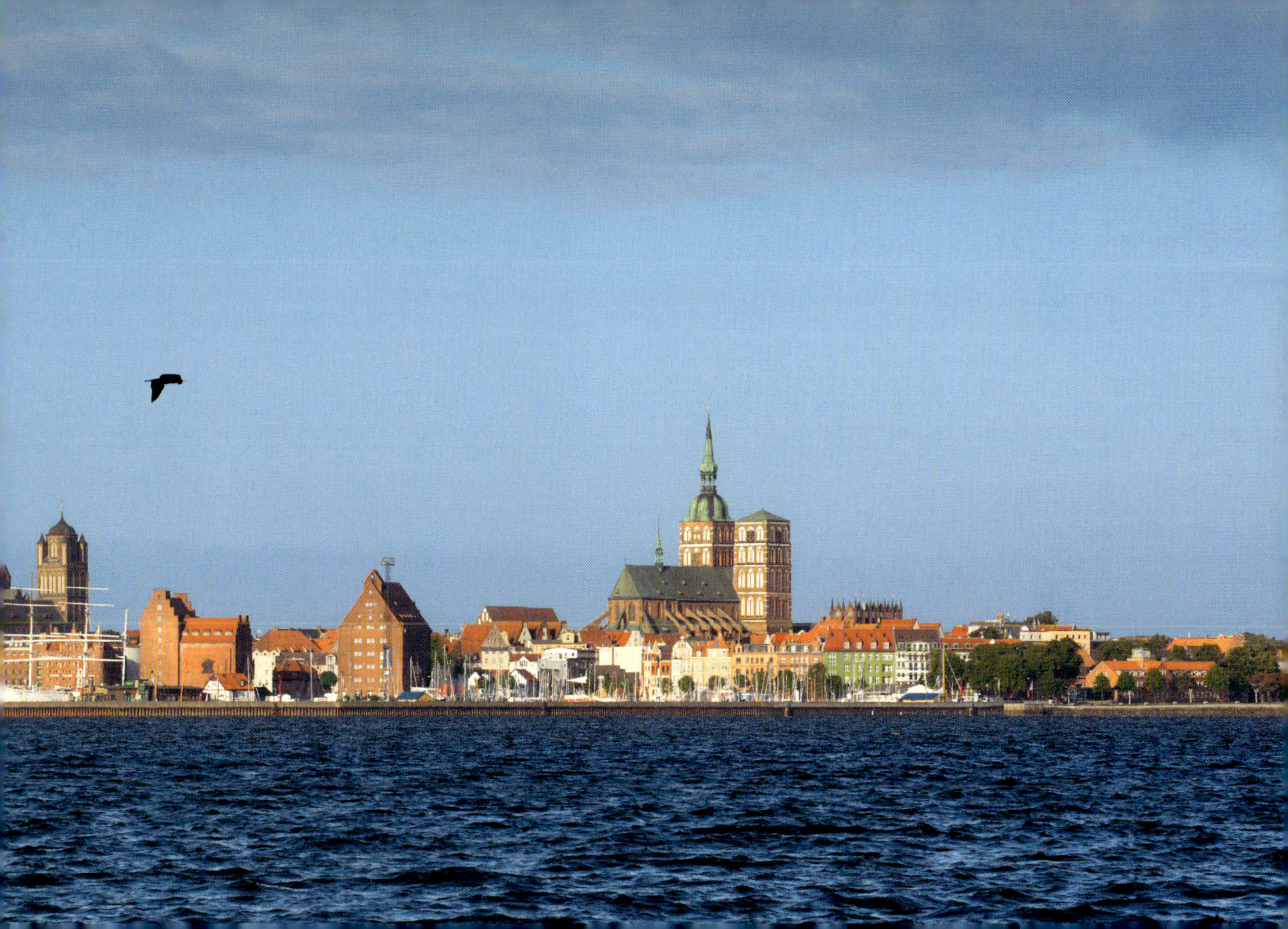

# RÜGEN BÄUME UND ALLEEN

Mecklenburg-Vorpommern ist ein Land der Alleen, und nicht ohne Grund beginnt auf der Insel Rügen die Deutsche Alleenstraße. So können wir außer den schönen Buchenwäldern hier auch ganz großartige Alleen bewundern, darunter eher seltene Hainbuchenalleen, die Kopfweidenallee in Neuendorf oder echte Besonderheiten wie die Rhododendronallee im Waldpark Semper. Darüber hinaus wartet der Schlosspark Putbus mit einer ganzen Reihe von markanten alten Baumriesen und exotischen Baumarten auf.

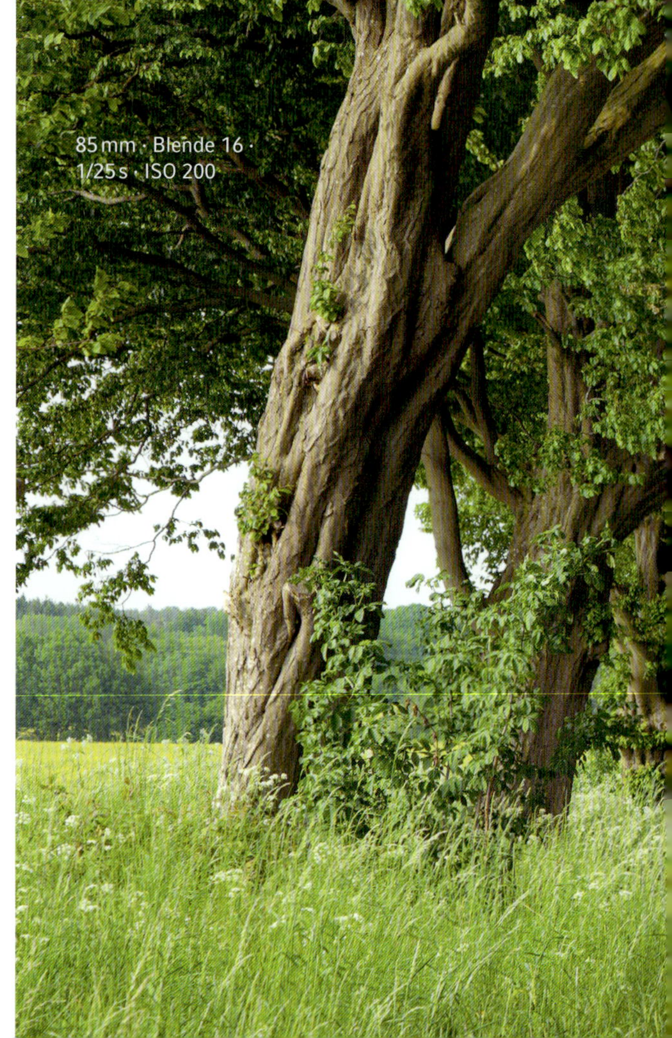
85 mm · Blende 16 · 1/25 s · ISO 200

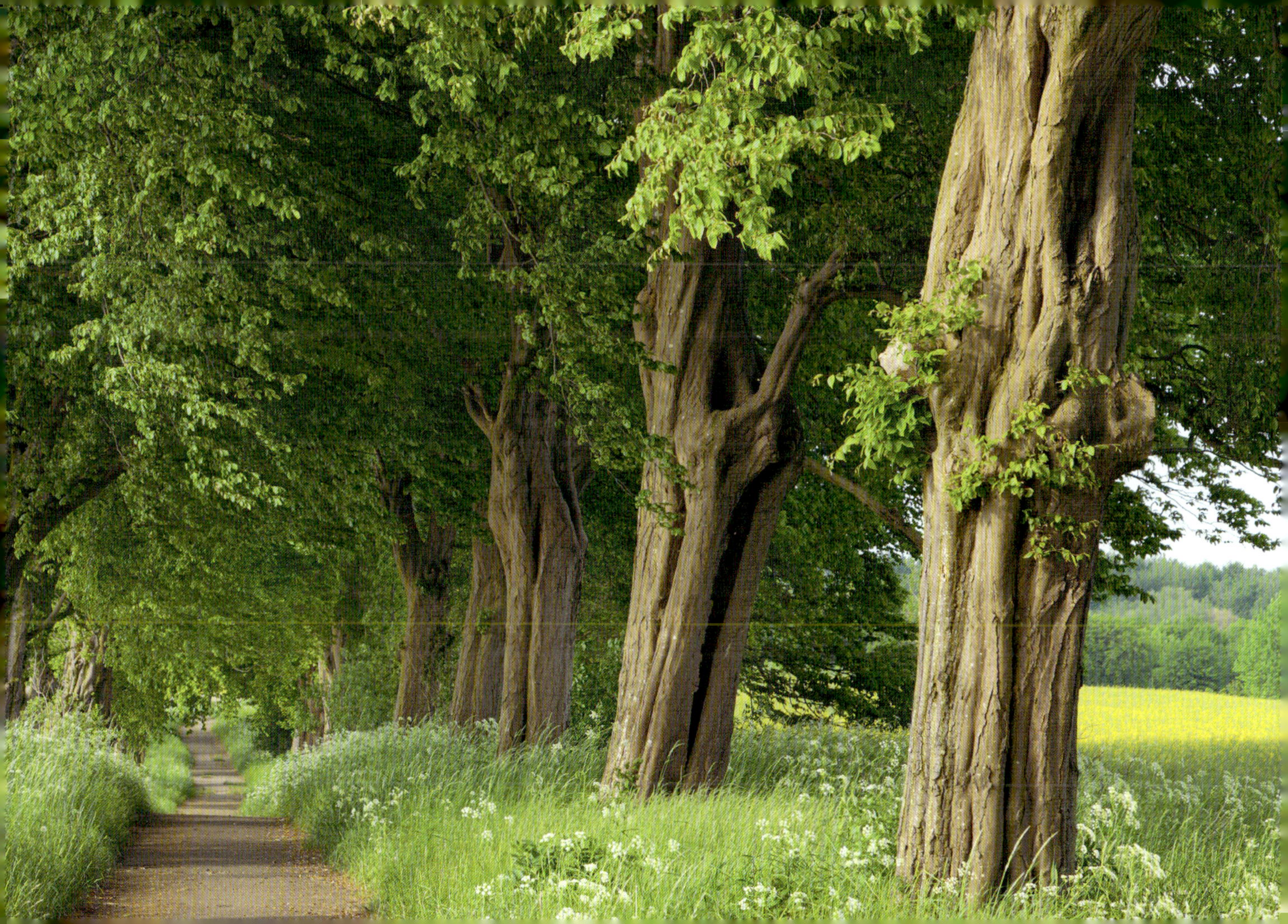

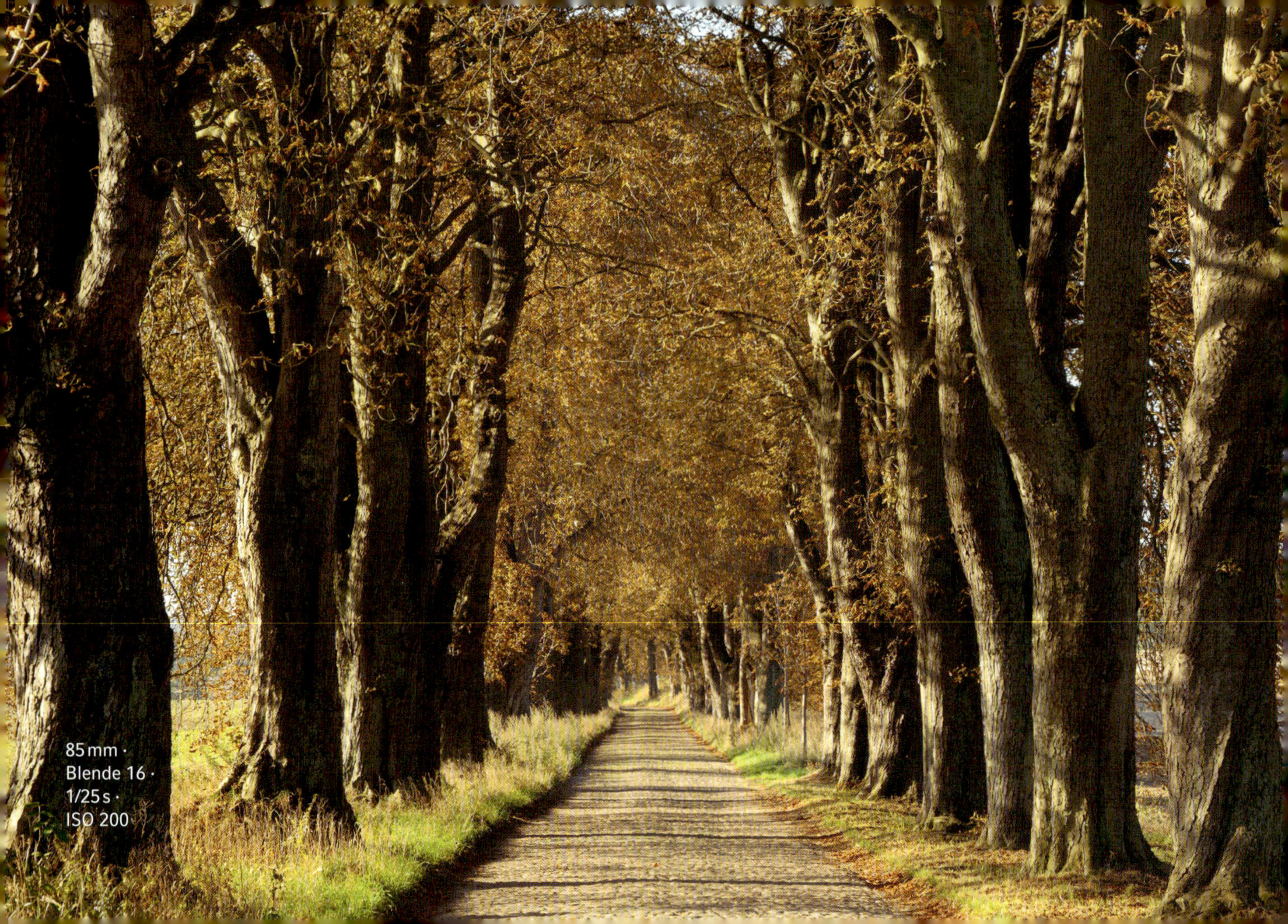

85 mm ·
Blende 16 ·
1/25 s ·
ISO 200

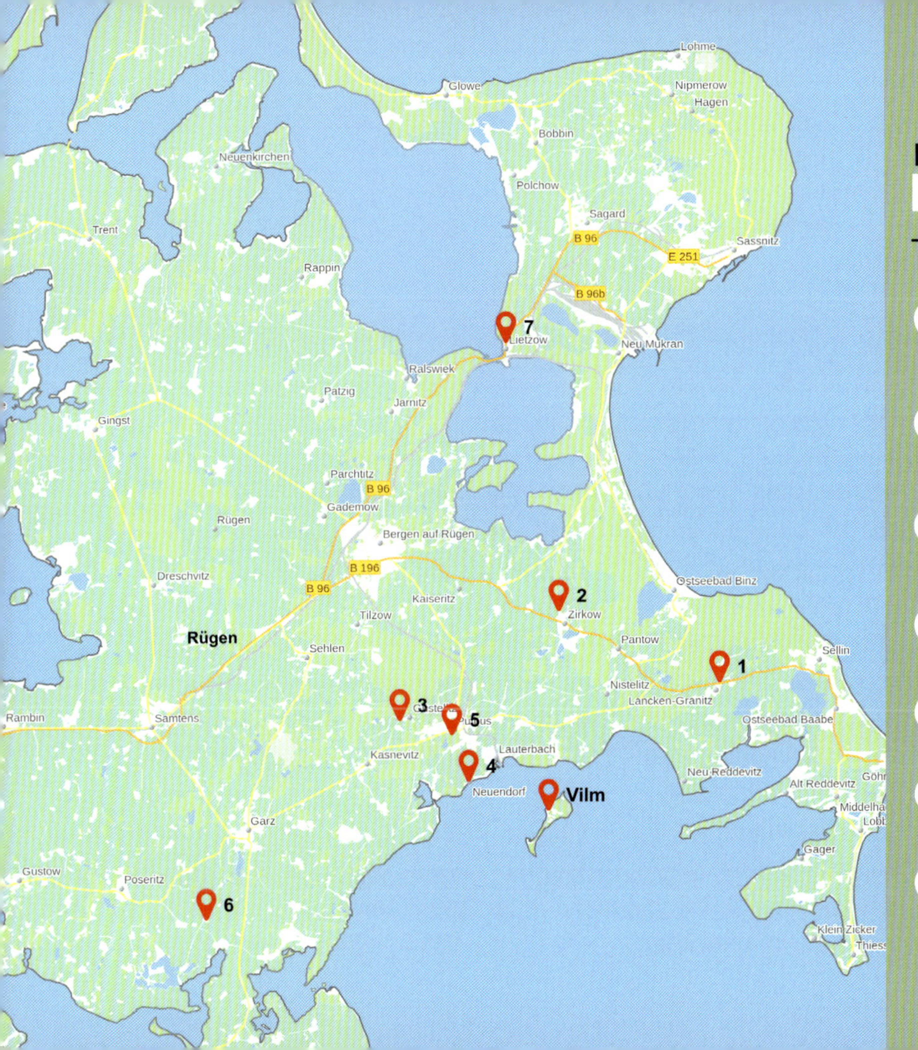


## RÜGEN – BÄUME UND ALLEEN

TOUR 6

1. KASTANIENALLEE BEI LANCKEN-GRANITZ
2. MUSTITZER ALLEE, BUCHENALLEE VON ZIRKOW NACH KIEKUT
3. HAINBUCHENALLEE BEI GÜSTELITZ
4. KOPFWEIDENALLEE IN NEUENDORF
5. SCHLOSSPARK PUTBUS
6. EIBEN IM PFARRGARTEN SWANTOW
7. WALDPARK SEMPER BEI LIETZOW

## ① KASTANIENALLEE BEI LANCKEN-GRANITZ

**Koordinaten:** 54.369440 / 13.634723
**Beste Tageszeit:** vormittags / nachmittags, bei bedecktem Himmel ganztägig

Viele Straßen auf Rügen sind von Alleen gesäumt, doch ausgewählt habe ich vor allem »autofreie« Alleen entlang kleinerer Wege. Sie sind nicht nur fotogener, sondern auch sicherer, wenn wir mit der Kamera auf dem Stativ in der Mitte des Weges stehen.

Doch beginnen wir gleich mit einer Ausnahme: Über das Kopfsteinpflaster der Kastanienallee bei Lancken-Granitz rumpelt zwar nur gelegentlich ein Fahrzeug, dennoch sollte man beim Fotografieren stets darauf achten. Die Allee ist die wohl bekannteste und am häufigsten fotografierte auf Rügen. Auf der B 196 von Bergen nach Sellin unterwegs, hält man sich an der Ortseinfahrt Lancken-Granitz tunlichst an die Geschwindigkeitsbeschränkung und biegt unmittelbar nach der Ampel rechts auf einen Parkplatz ab. Die Allee beginnt gleich auf der gegenüberliegenden nördlichen Seite der Straße. Die prachtvollen Kastanien säumen etwa einen Kilometer des schnurgeraden Weges, dessen altes Kopfsteinpflaster für zusätzliche romantische Stimmung sorgt. Die beste Zeit für einen Besuch ist sicherlich zur Kastanienblüte im Mai. Die Herbstlaubfärbung beginnt hier wie bei vielen Kastanien recht früh, denn leider ist auch diese Allee von der Kastanienminiermotte befallen, wodurch die Blätter schon frühzeitig vertrocknen.

70 mm · Blende 16 · 1/2 s · ISO 100

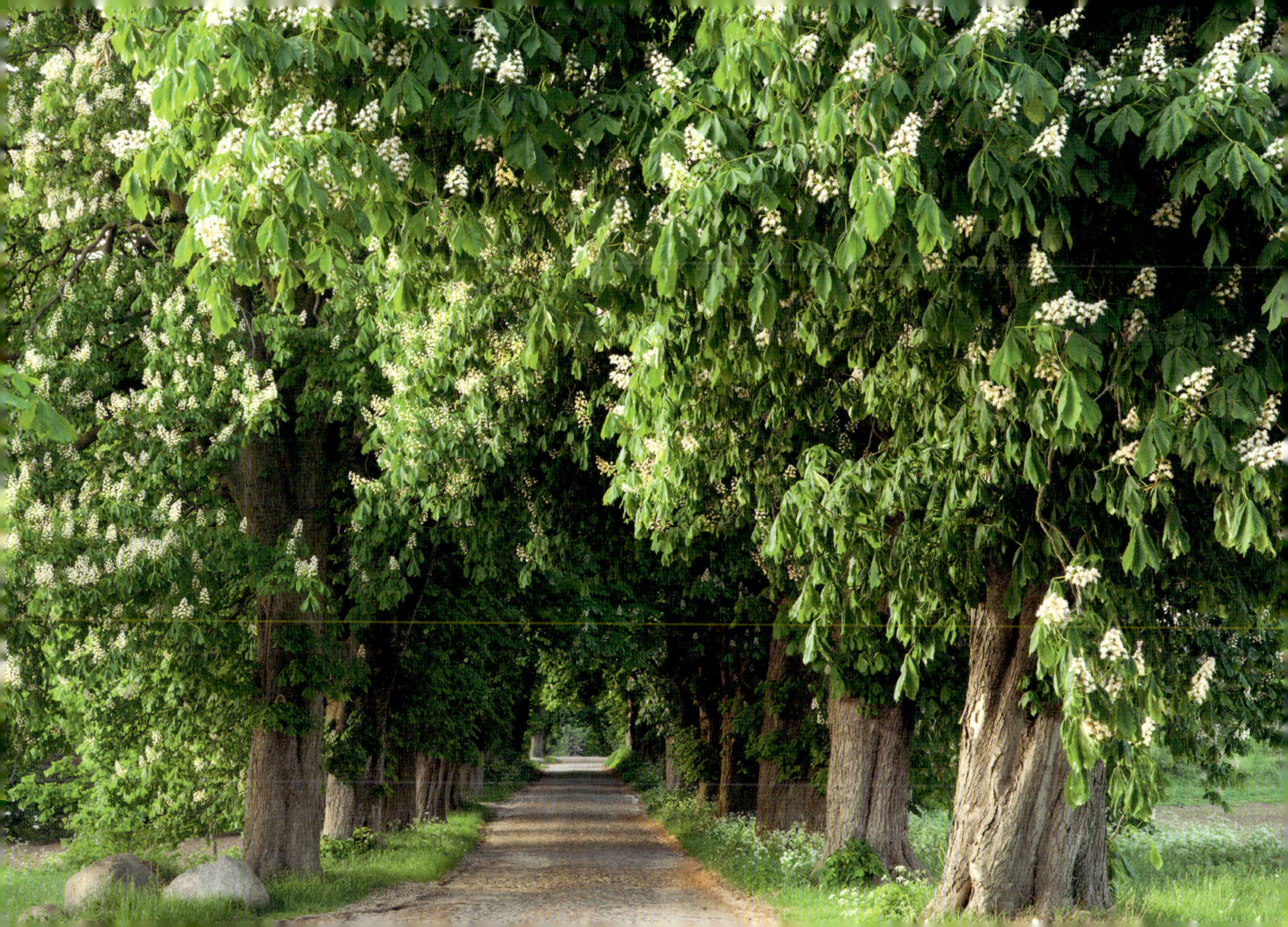

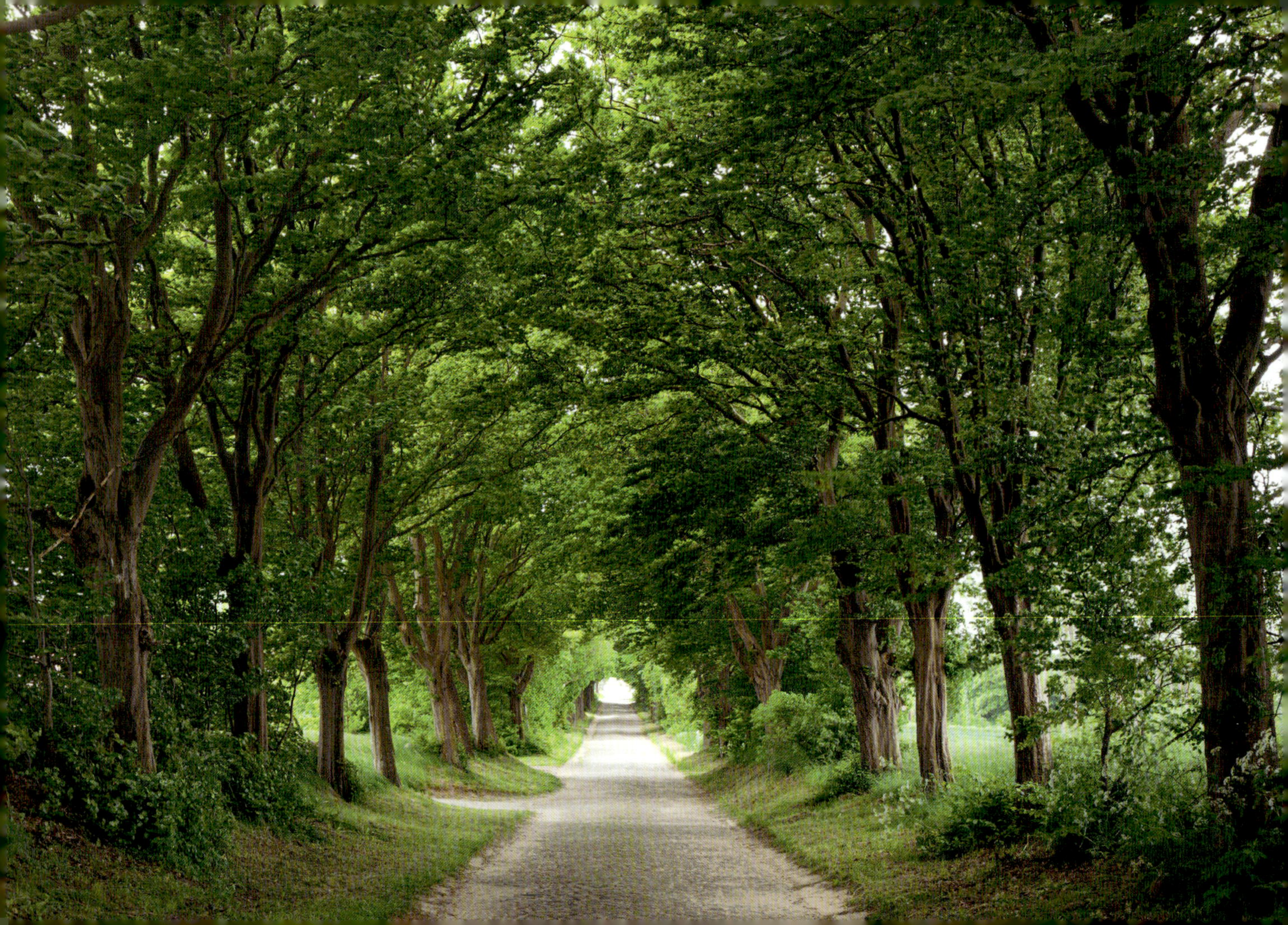

## 2 MUSTITZER ALLEE, BUCHENALLEE VON ZIRKOW NACH KIEKUT

**Koordinaten:** 54.393872 / 13.538524

**Beste Tageszeit:** bei bedecktem Himmel ganztägig

Die Mustitzer Allee gehört zu den ältesten auf Rügen. Von der B 196 zweigt in Zirkow der Darzer Weg nach Norden ab, der im weiteren Verlauf geradeaus zur Jasmunder Straße wird, an deren Ende die Allee beginnt. Auch hier ist noch das originale Kopfsteinpflaster erhalten geblieben, sodass nur wenig Fantasie nötig ist, sich die Pferdefuhrwerke vorzustellen, die einst hier entlangfuhren. Geprägt wir der Hauptteil der etwa 2 Kilometer langen Allee von 200 Jahre alten knorrigen Rotbuchen, von denen inzwischen aber leider schon einige das Zeitliche gesegnet haben, sodass es größere Lücken zwischen den Bäumen gibt. Fast noch mehr können daher die Hainbuchen im vorderen Teil der Allee beeindrucken. Ihr Erscheinungsbild ist das ganz klassische einer gleichmäßig symmetrisch angelegten Allee.

50 mm · Blende 11 · 1/20 s · ISO 200

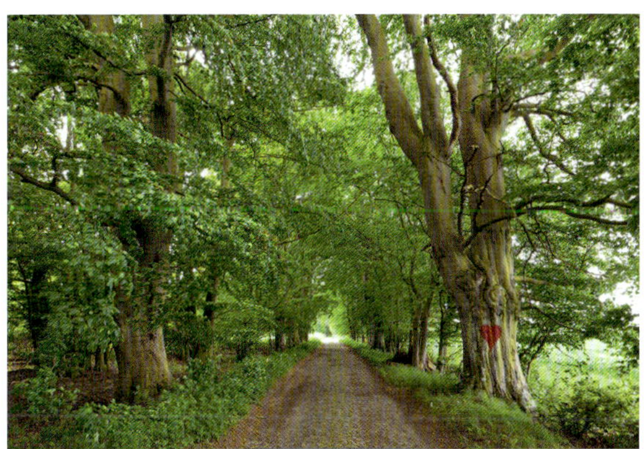

24 mm · Blende 11 · 1/8 s · ISO 200

## ③ HAINBUCHENALLEE BEI GÜSTELITZ

**Koordinaten:** 54.356651 /13.442259
**Beste Tageszeit:** bei bedecktem Himmel ganztägig

Hainbuchenalleen sind eher selten, und so ist auch die versteckte Allee bei Güstelitz westlich von Putbus eine Besonderheit. An einer Rechtskurve am Ortsausgang beginnt die Allee, ein Fußweg in direkter Verlängerung der Straße, der in einem weiten Bogen gen Südwesten nach etwa einem Kilometer wieder zurück zur Hauptstraße führt. Doch zwischen Anfang und Endpunkt hat auch diese Allee die Kraft, uns in eine abgeschiedene Welt von stiller Schönheit zu entführen.

Wichtig beim Fotografieren der Alleen: Um eine durchgehende Schärfentiefe möglichst vom ersten Baum bis zum Hintergrund zu erreichen, ist eine stark geschlossene Blende von 11 oder 16 empfehlenswert. Die relative Dunkelheit im »Baumtunnel« der Allee kann dabei schnell zu längeren Belichtungszeiten führen, die den Einsatz eines Stativs erforderlich machen können.

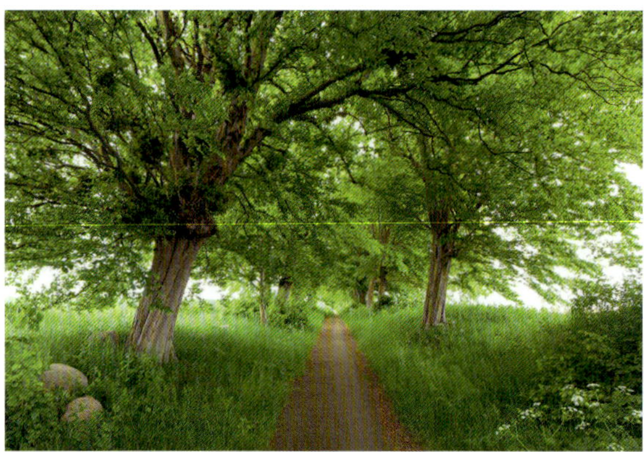

18 mm · Blende 11 · 1/8 s · ISO 200

28 mm · Blende 11 · 1/8 s · ISO 200

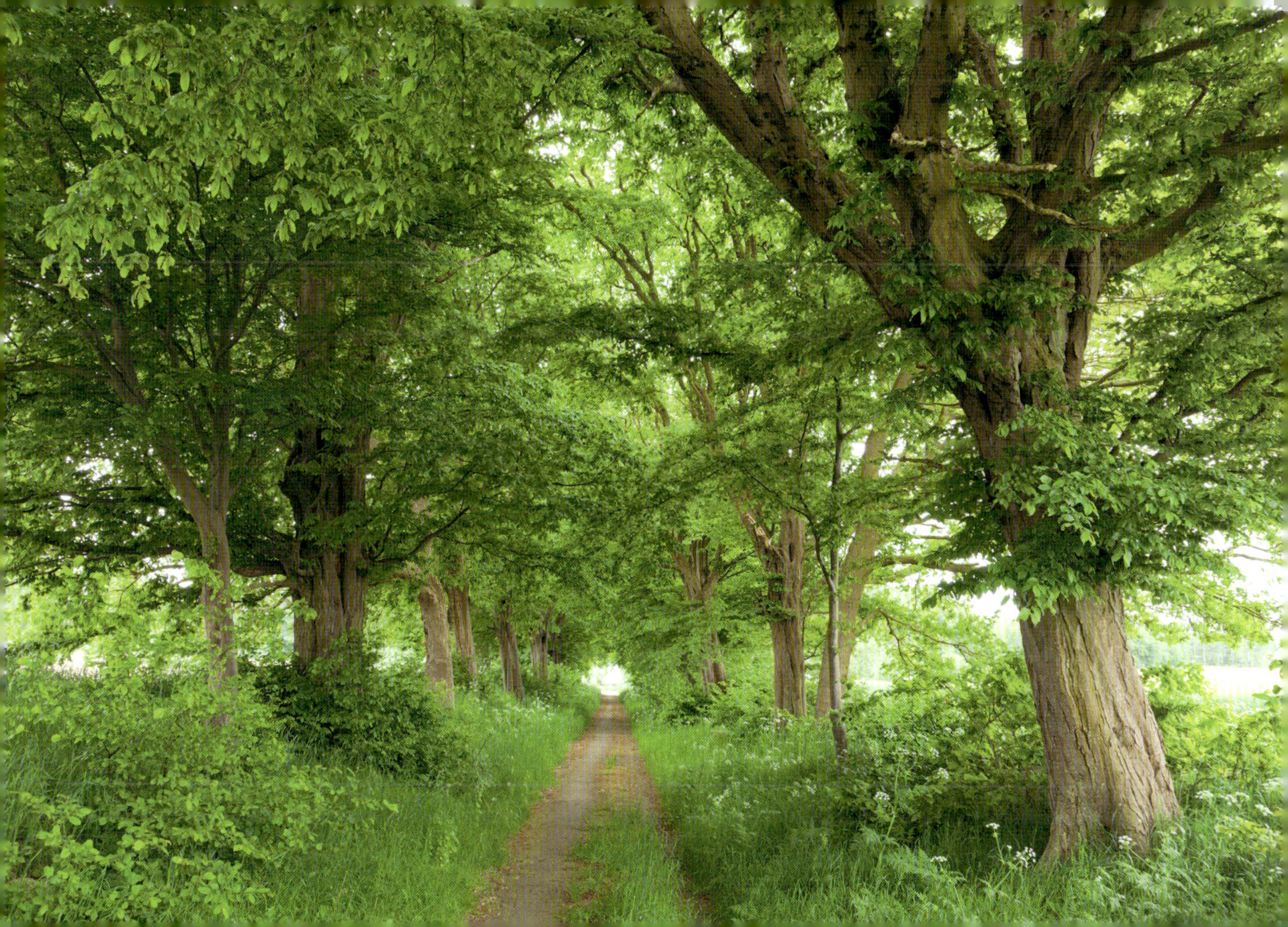

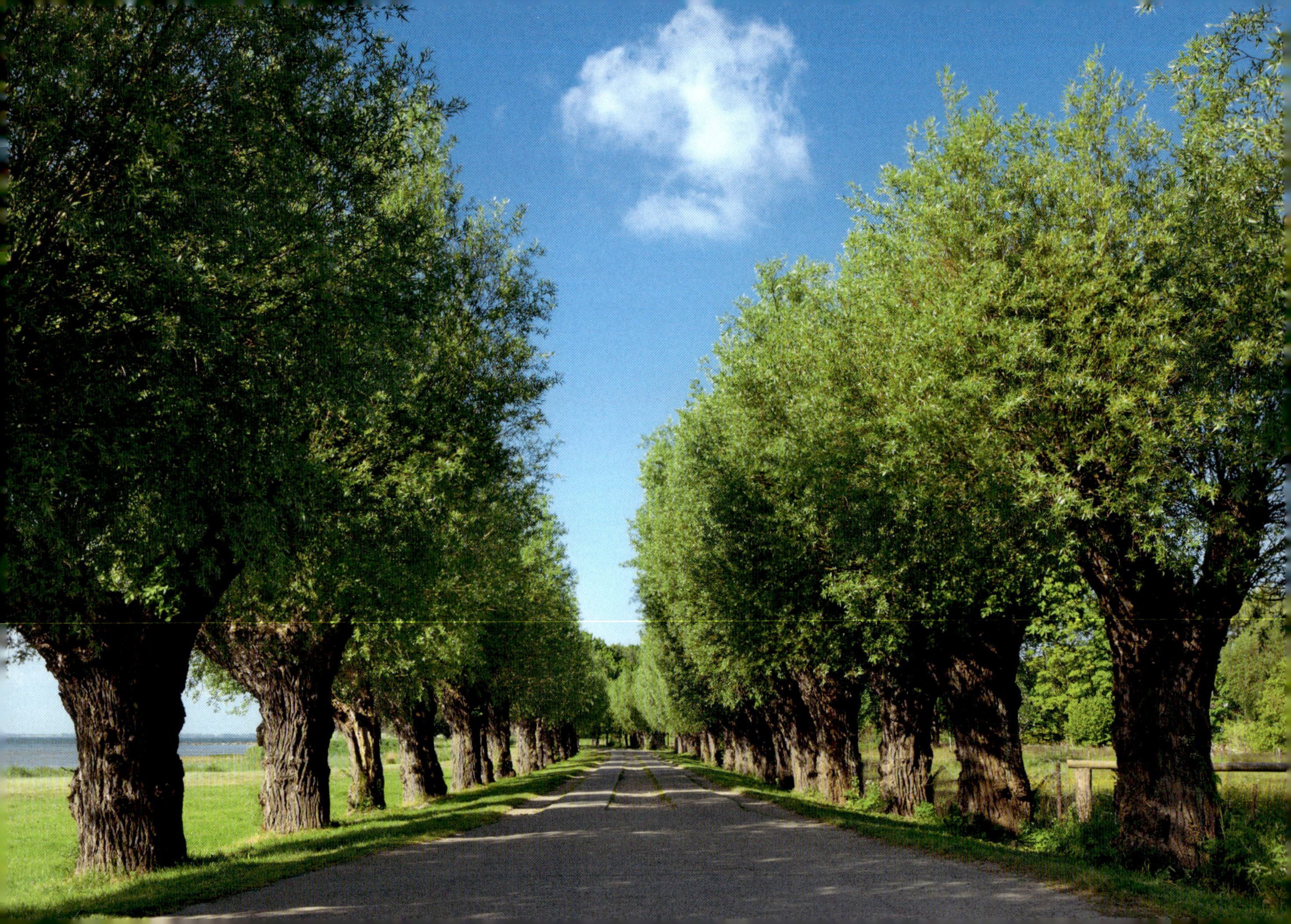

## ④ KOPFWEIDENALLEE IN NEUENDORF

**Koordinaten:** 54.335708 / 13.483714

**Beste Tageszeit:** morgens

Noch eine Besonderheit: die Kopfweidenallee in Neuendorf. Waren Alleen mit dieser Baumart in früheren Zeiten ein ganz alltäglicher Anblick in ländlichen Gegenden, so sind sie heute kaum noch zu sehen. Weiden werden nicht alt, und so mögen die Kopfweidenalleen nach und nach einfach verloren gegangen sein, wenn sie nach dem Absterben der Bäume nicht wieder neu angelegt worden sind. Die Neuendorfer Allee ist nicht ganz einfach zu fotografieren: Nicht nur wegen des dann schön seitlich von der Ostsee her einfallenden Lichts ist der frühe Morgen die beste Zeit, sondern auch wegen der tagsüber häufig entlang der Allee geparkten Fahrzeuge der Strandbesucher.

35 mm · Blende 16 · 1/100 s · ISO 200

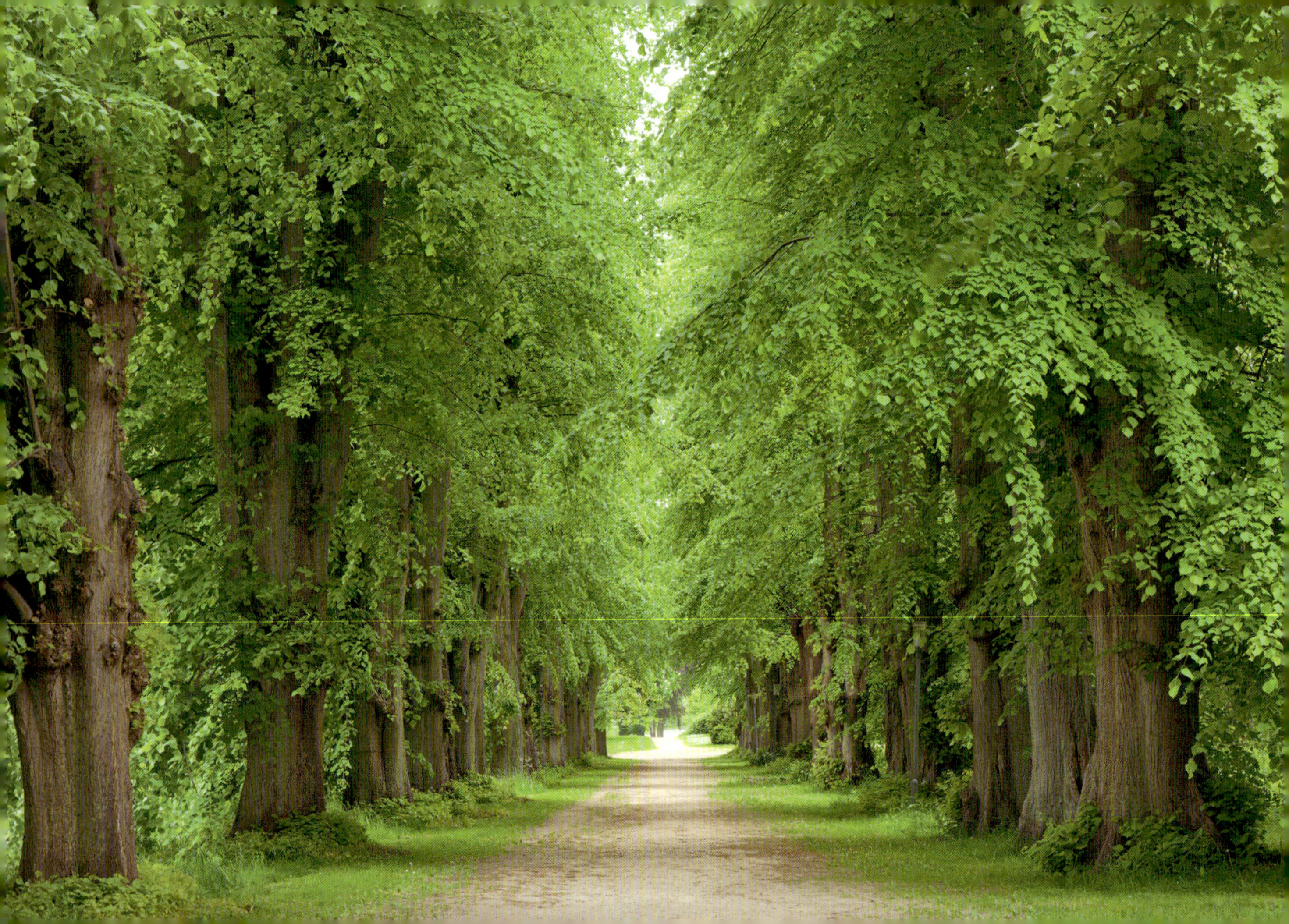

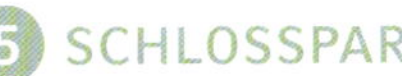

## 5 SCHLOSSPARK PUTBUS

**Koordinaten Kastanienallee (rechts):** 54.351616 / 13.473578
**Koordinaten Lindenallee (links):** 54.352307 / 13.468570

Bäume und Alleen – beides aufs Schönste vereint finden wir im Schlosspark Putbus. Vor etwa 300 Jahren als barocker französischer Lustgarten angelegt, ließ Fürst Wilhelm Malte zu Putbus ihn ein Jahrhundert später zum englischen Landschaftspark umgestalten und dabei um die 60 Baumarten aus aller Welt anpflanzen. Kaukasische Flügelnuss, Kanadische Hemlocktanne, Englische Ulme, Edelkastanie, Mammutbaum, Sumpfzypresse, aber auch einheimische Arten wie Stieleiche, Buche und Linde sind heute zu großartigen Solitären herangewachsen und machen den Park zu einer Attraktion für alle Baumfreunde. Zwei Alleen runden das Bild ergänzend ab: die Kastanienallee vom Marstall zum Rosengarten und die zur Schlosskirche führende Lindenallee.

70 mm · Blende 11 · 1/20 s · ISO 200

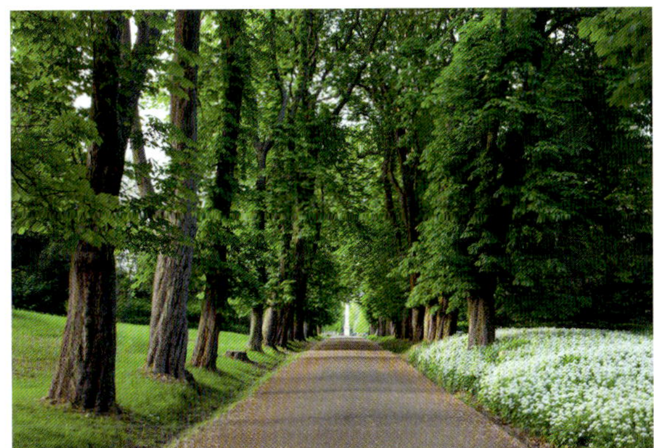

50 mm · Blende 16 · 1/4 s · ISO 200

**Koordinaten Eichenpaar:** 54.351591 / 13.470278

Schon gleich in der Nähe des Parkeingangs, in Sichtweite der Orangerie, fällt ein Stieleichenpaar ganz besonders ins Auge. Beide Bäume haben einen Umfang von jeweils knapp 7 Metern. Zwillingsgeschwister oder altes Ehepaar – die Assoziationen beim Anblick der beiden sind vielfältig, und so unterschiedlich lassen sie sich auch inszenieren: vom Hang oberhalb im Gegenlicht eines Herbstnachmittags gesehen als nebeneinanderstehende gleichaltrige Geschwister oder direkt vom Parkweg aus als eher ungleiches Ehepaar, wobei dann die stärker in den Vordergrund gerückte Eiche mit ihrem markanten Hohlraum den dominanteren Eindruck macht. Auf der steinernen Bank in der Mitte zwischen den beiden Eichen sitzend, können wir darüber nachsinnen, welche Interpretation uns angemessener erscheint.

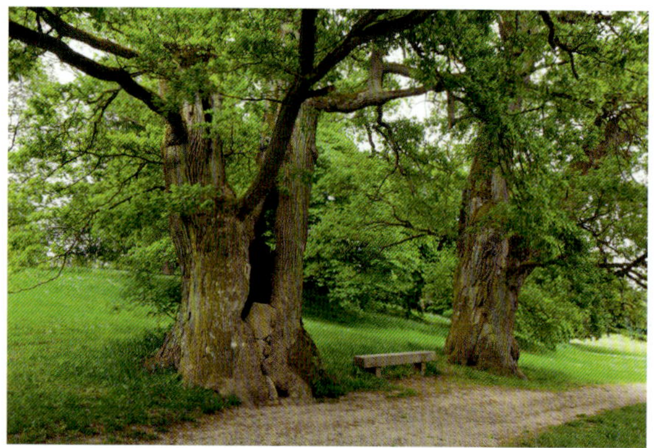

24 mm · Blende 11 · 1/10 s · ISO 100

50 mm · Blende 11 · 1/8 s · ISO 100

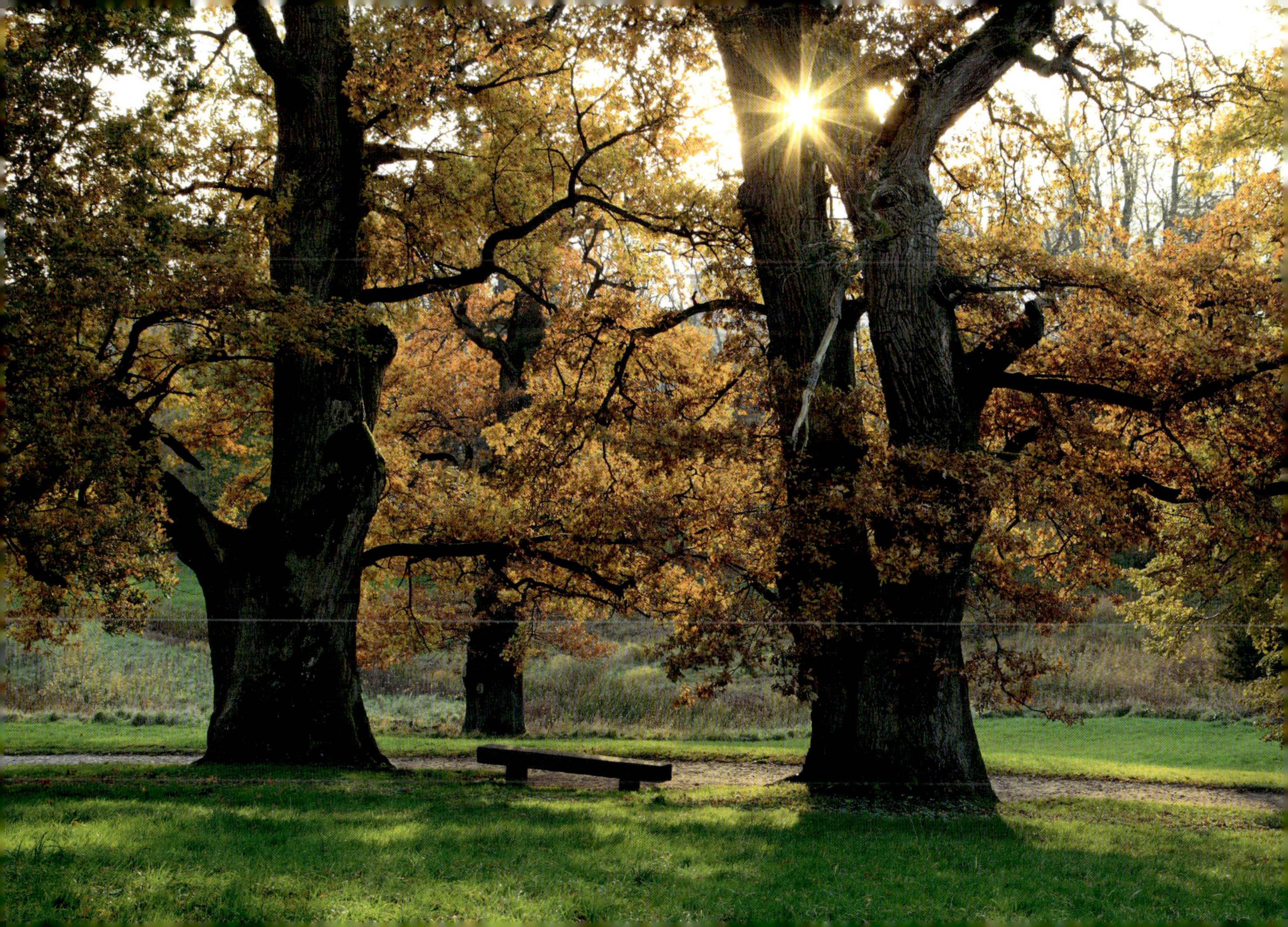

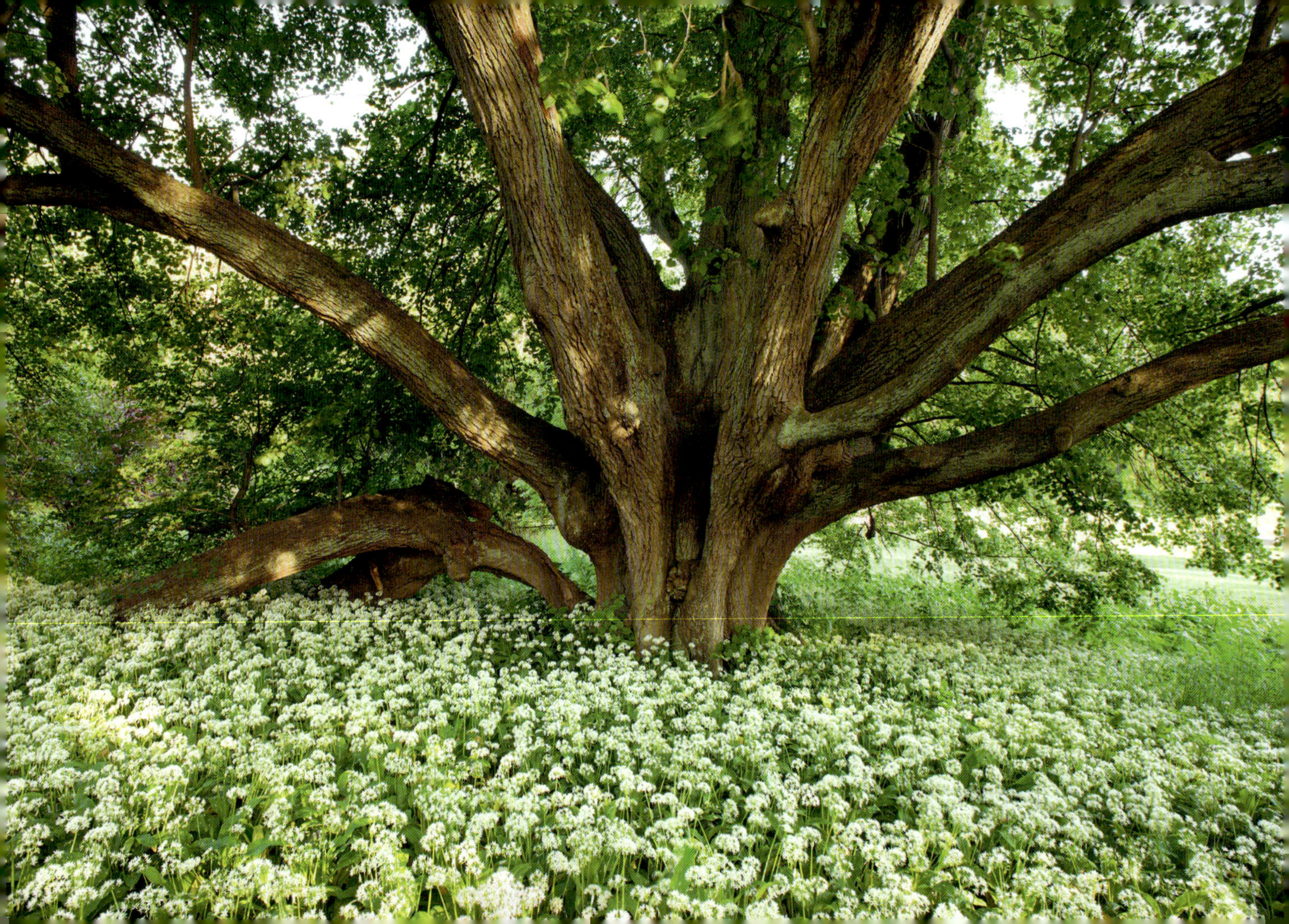

**Koordinaten Platane:** 54.351358 / 13.472187

Als wollte sie gar nicht gefunden werden, um ihr Dasein still und unentdeckt genießen zu können: Umgeben von jüngerem Gehölz versteckt sich die alte Linde im dichten Grün einer Baumgruppe unterhalb der Orangerie, etwa auf halbem Weg hinunter zum Standbild des Fürsten Wilhelm Malte zu Putbus.

Kandelaber-Linde wird sie wegen ihrer strahlenförmig weit ausladenden Äste auch genannt. Ob sie wohl von den Landschaftsgärtnern ganz bewusst in diese besondere Form gezogen worden ist? Die fast schon waagerecht zur Seite strebenden Äste müssen ganz enorme Belastungen tragen; einer ist inzwischen auch schon weggebrochen. Wie um ihr nicht zu nahe zu kommen, ist sie von einem Teppich aus Bärlauch umgeben, der den Wurzelbereich der Linde beschützt und uns Betrachter auffordert, den gebührenden Abstand zu wahren.

18 mm · Blende 11 · 1/2 s · ISO 100

**Koordinaten Eichenpaar:** 54.350266 / 13.469664

Einer meiner liebsten Bäume im Park steht leider nicht mehr: die Trauerbuche am Schwanenteich. Unter ihre Krone konnte man eintreten wie in eine Kapelle. Nur ein mächtiger Baumstumpf ist von ihr geblieben. Dennoch soll ihr hier ein fotografisches Andenken bewahrt werden.

Am gegenüberliegenden Ufer des Schwanenteichs steht eine Platane und streckt ihre Arme weit aus über den See. Trotz dieser einseitigen Orientierung und ihrer dramatischen Schieflage hat sie sich an diesem Platz halten können. Auch hier wird wieder deutlich, dass der Herbst mit seiner bunten Farbpalette die beste Zeit für die Baumfotografie ist.

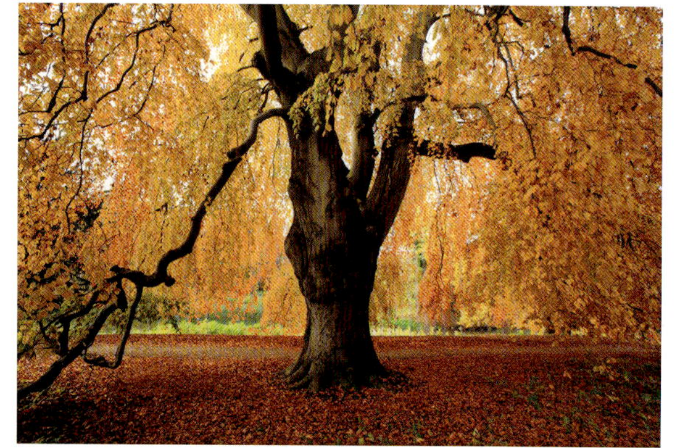

18 mm · Blende 11 · 1/15 s · ISO 100

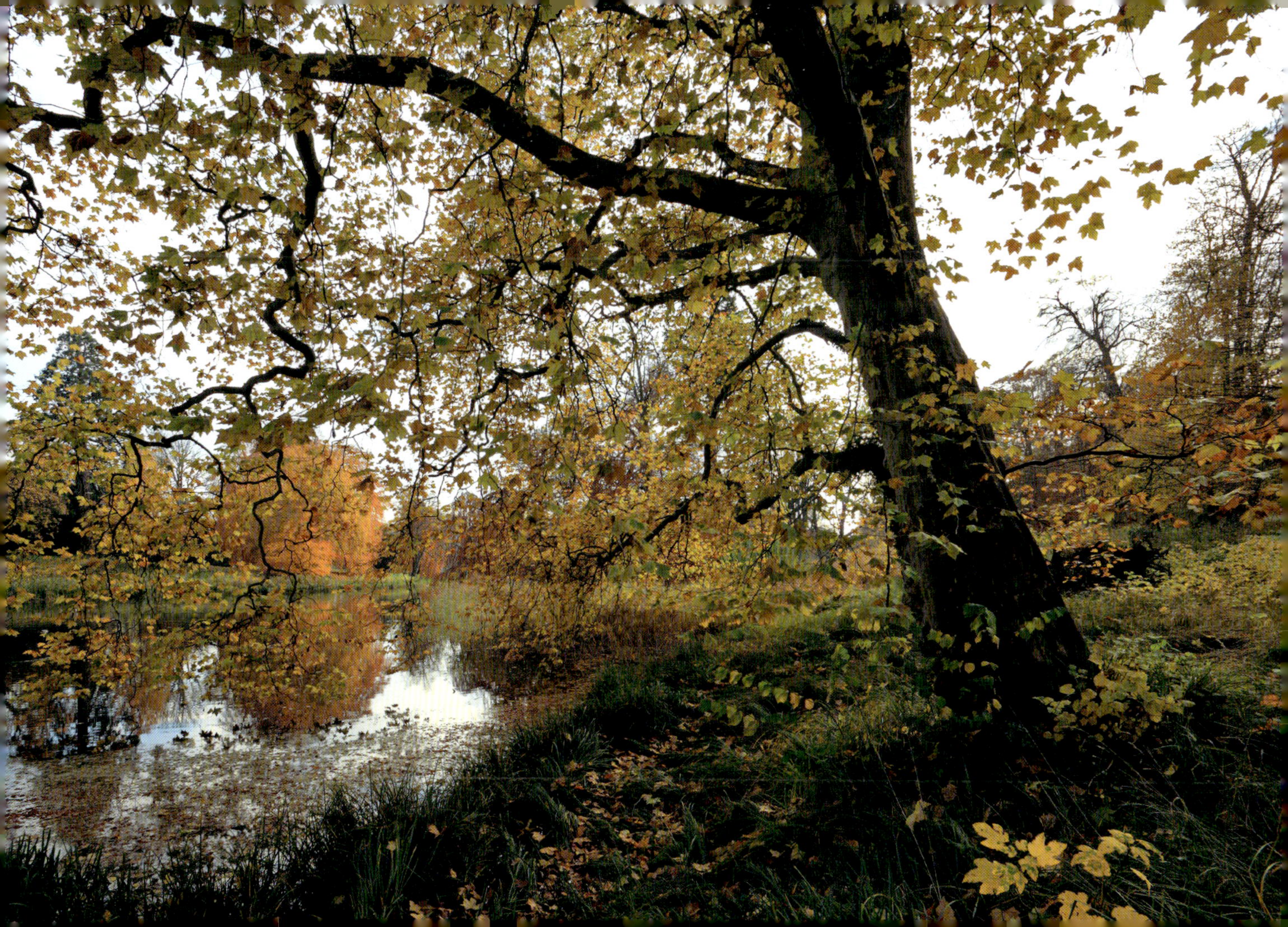

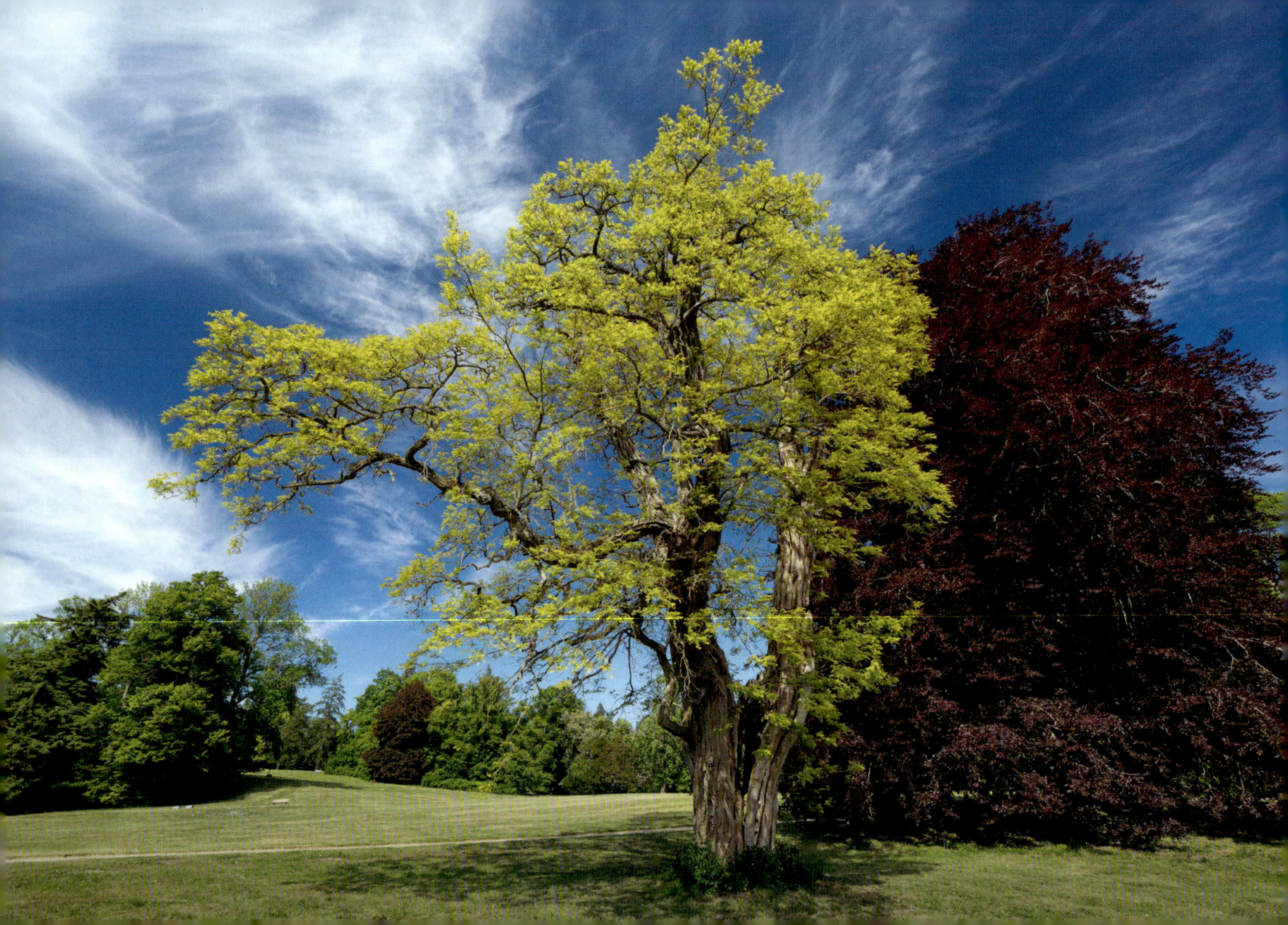

**Koordinaten Robinie:** 554.349909 / 13.470879

Die eindrucksvolle Robinie mit ihrem zerfurchten, zweigeteilten und hohlen Stamm steht recht genau in der Mitte zwischen Marstall und Schlossterrasse. Vor dem Hintergrund der nicht minder beeindruckenden Blutbuche ist sie besonders im frischen Grün des Frühjahrskleides ein echter Eyecatcher. So selten ein Polarisationsfilter sonst bei mir zum Einsatz kommt, schien die Verwendung hier doch ganz angebracht, um nicht nur das helle Grün vor dem Dunkelblau des Himmels noch stärker leuchten zu lassen, sondern auch den Kontrast zwischen Himmel und Wolken zu verstärken.

16 mm · Blende 11 · 1/50 s · ISO 200 · Polarisationsfilter

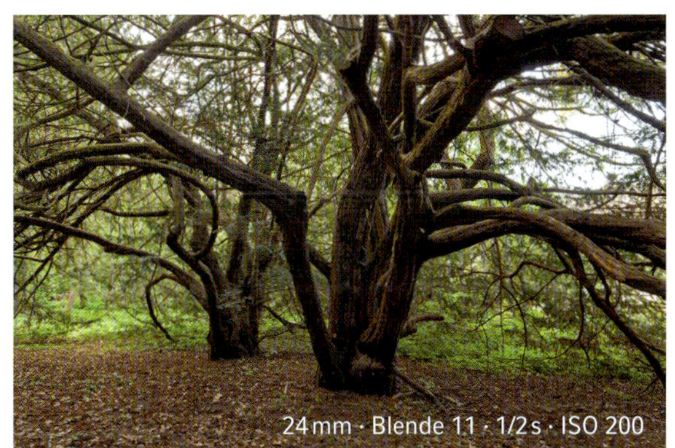

24 mm · Blende 11 · 1/2 s · ISO 200

Robinie

## 6 EIBEN IM PFARRGARTEN SWANTOW

**Koordinaten Eiben:** 54.288633 / 13.325875

Ein verstecktes Kleinod im unberührten »Hinterland« Rügens: Zweihundert Jahre alt sollen sie sein, die Eiben im Pfarrgarten von Swantow. Mehrere Generationen von Pfarrern mögen unter den ausladenden Kronen ihren Nachmittagstee getrunken haben. Heute finden hier gelegentlich Musikaufführungen statt, sogenannte »Baumkonzerte« als Teil der Swantower Sommerkonzerte.

Eiben im Pfarrgarten Swantow

## 7 WALDPARK SEMPER BEI LIETZOW

**Koordinaten:** 54.480536 / 13.505765
**Entfernung ab Parkplatz:** ca. 1,5 Kilometer

Vom Parkplatz am Ortseingang Lietzow die B 96 an der Ampel überqueren und dem Weg am Strand entlang Richtung Sagard folgen. Am Ende des Strands rechts in den Wald, bis zum historischen Wohnhaus, dort links abbiegen zur Rhododendronallee.

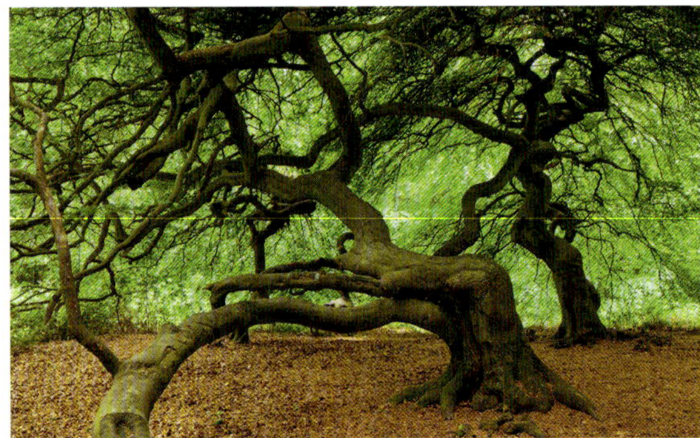

**Koordinaten Hexenbuchen:** 54.492047 / 13.507471
28 mm · Blende 11 · 1/2 s · ISO 200

Gleich zwei spektakuläre Highlights hat der Waldpark Semper zu bieten: eine wunderbare Rhododendronallee und die sogenannten »Hexenbuchen«, eine Gruppe von Süntelbuchen, die mit ihren ineinandergreifenden Kronen eine große grüne Kuppel bilden, unter die wir eintreten können, um den Anblick der bizarr verwachsenen Buchen zu bestaunen. Doch keine Hexe hat sie in diese Wuchsform verzaubert. Als eine Mutation der Rotbuche sind die Süntelbuchen nach ihrem ursprünglichen Vorkommen auf dem Süntel benannt, einem Höhenzug des Weserberglandes. Allein durch ihre Form beeindrucken die Bäume im Sommer ebenso wie im bunten Herbstkleid, und sicher auch kahl im Winter. Die Rhododendronallee lohnt einen Besuch natürlich am meisten zur Blütezeit im Mai und Juni.

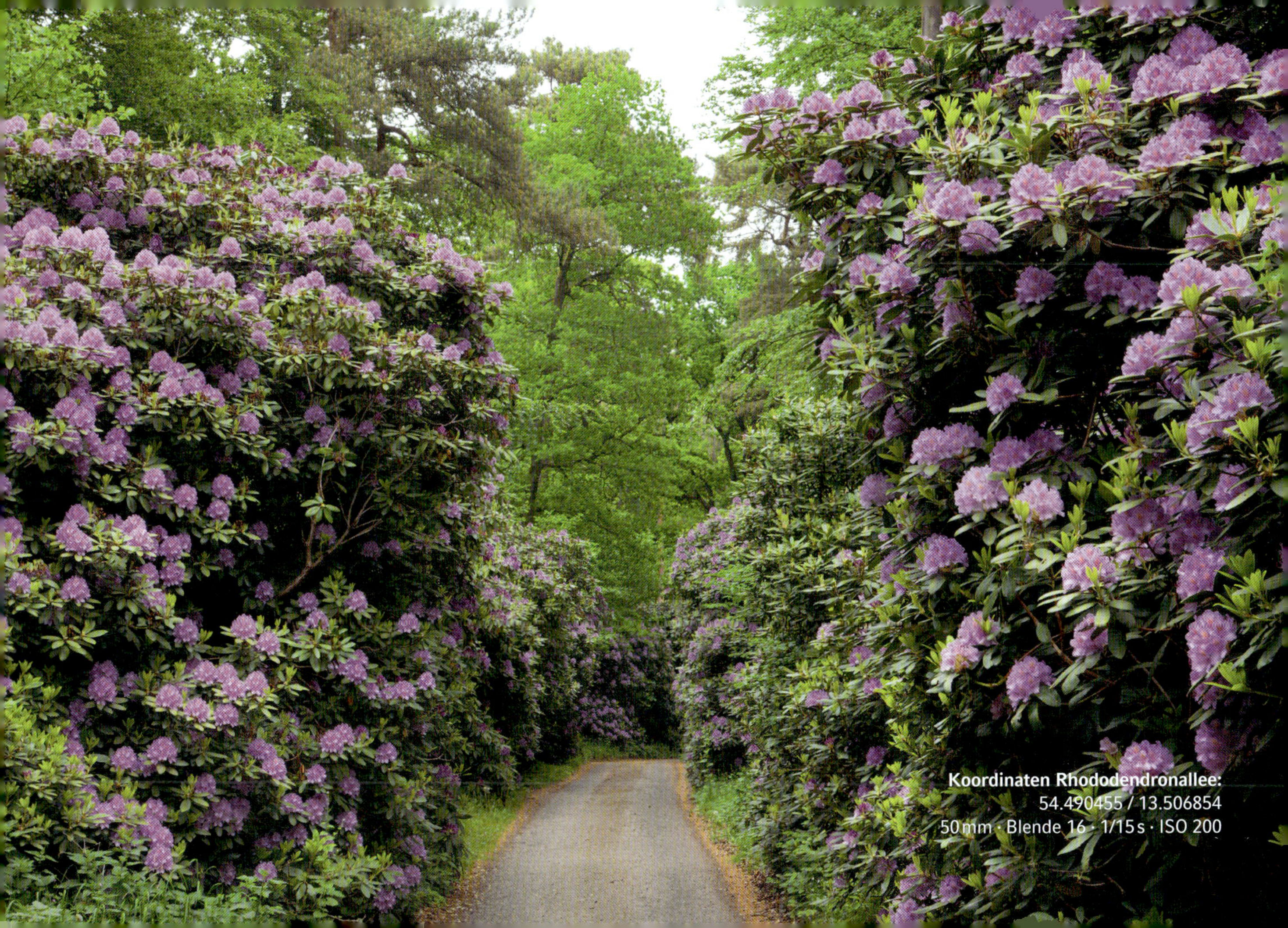

**Koordinaten Rhododendronallee:**
54.490455 / 13.506854
50 mm · Blende 16 · 1/15 s · ISO 200

# HIDDENSEE
## TOUR 7

Das beschauliche Inselleben auf Hiddensee hat schon immer auch viele Künstler angezogen und galt mit seinen verträumten Örtchen lange als eine Art Antithese zu den prächtig herausgeputzten Seebädern auf der großen Nachbarinsel Rügen oder auch Usedom. Auch wenn es hier heute nicht mehr so still ist wie zu Gerhart Hauptmanns Zeiten, so ist die immer noch autofreie Insel ein außergewöhnliches landschaftliches Kleinod in der Ostsee, das sich ganz wunderbar mit dem Fahrrad erkunden lässt.

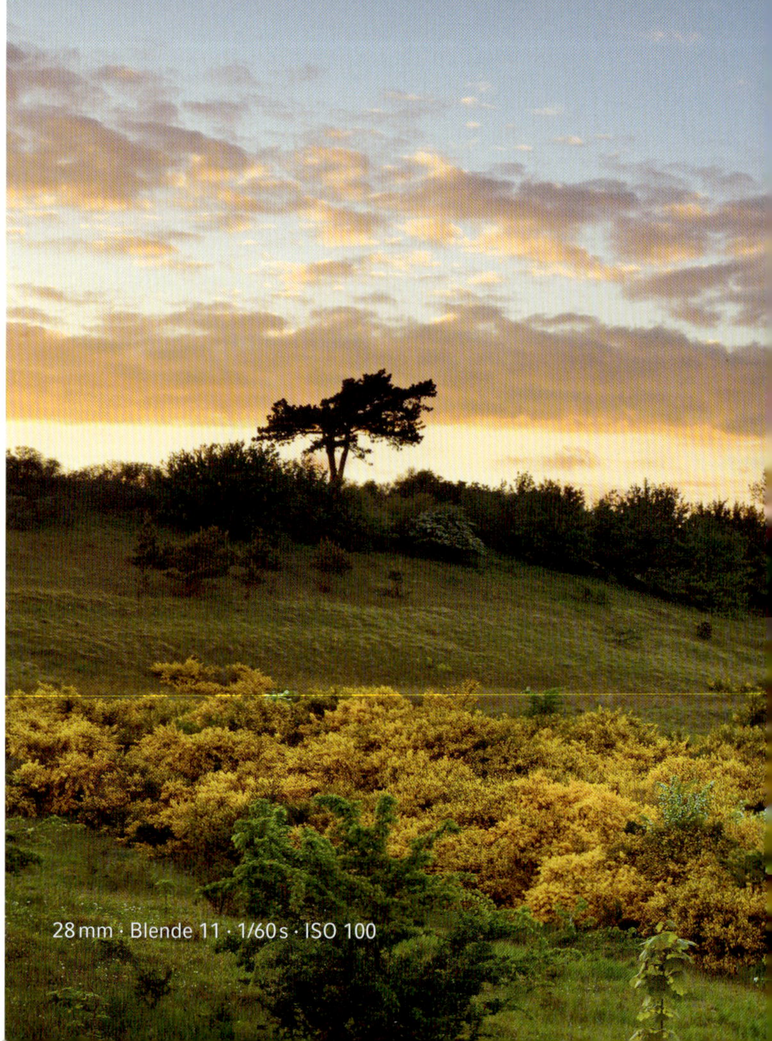
28 mm · Blende 11 · 1/60 s · ISO 100

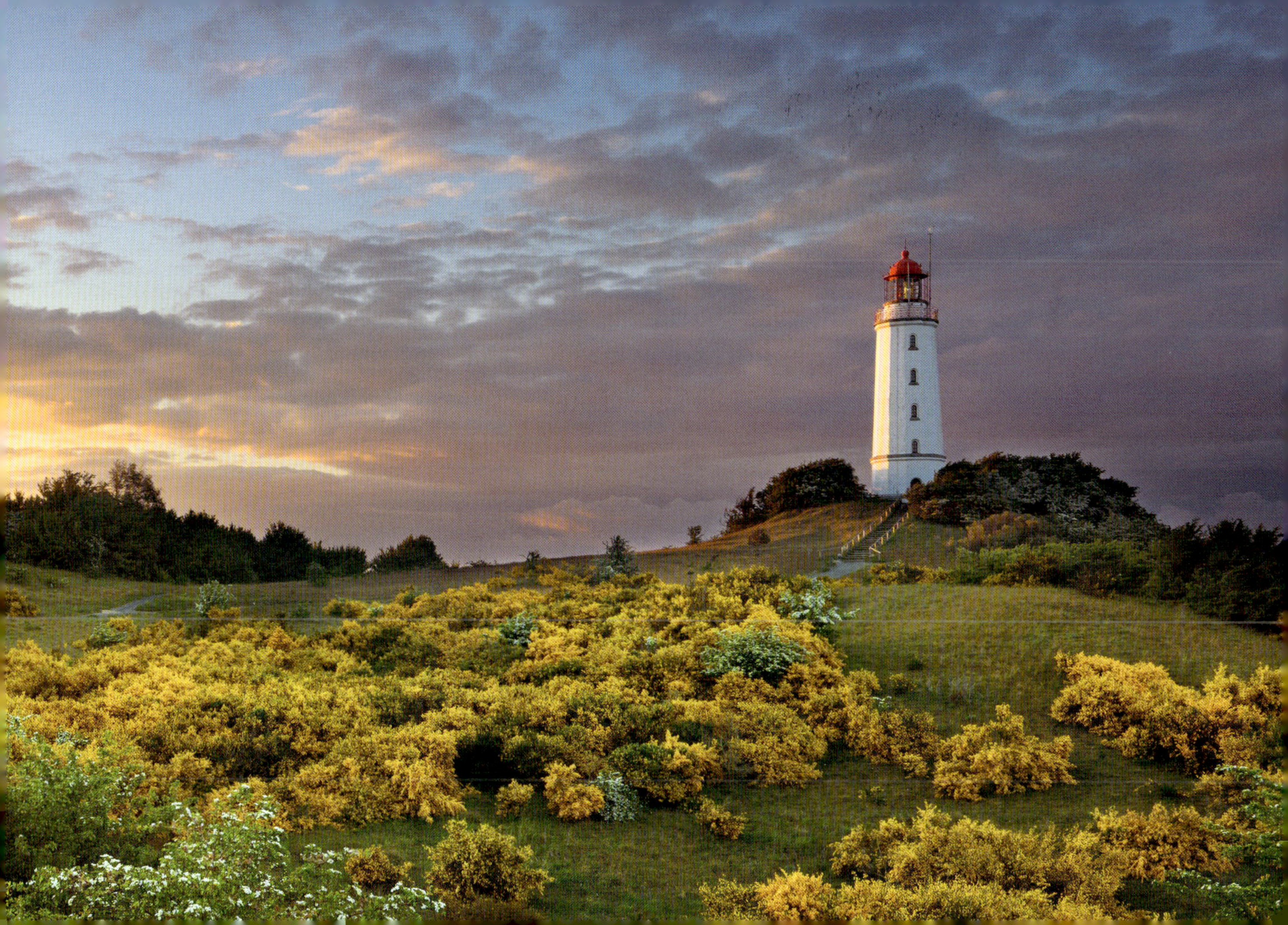

## HIDDENSEE

TOUR 7

1. AUSSICHT VOM DORNBUSCH
2. LEUCHTTURM AUF DEM DORNBUSCH
3. KLAUSNER
4. STEILKÜSTE
5. AUSBLICK VOM BAKENBERG
6. ALTER WEISSDORN
7. BAKENBERG, FLIEDERBERG, SVANTIBERG
8. UNTERWEGS ZUM ENDDORN
9. STEILKÜSTE DORNBUSCHKLIFF
10. UNTERWEGS ZUM GELLEN
11. LEUCHTFEUER GELLEN
12. HAFEN NEUENDORF, REETDACHHÄUSER
13. INSELKIRCHE IN KLOSTER
14. GERHART-HAUPTMANN-HAUS IN KLOSTER

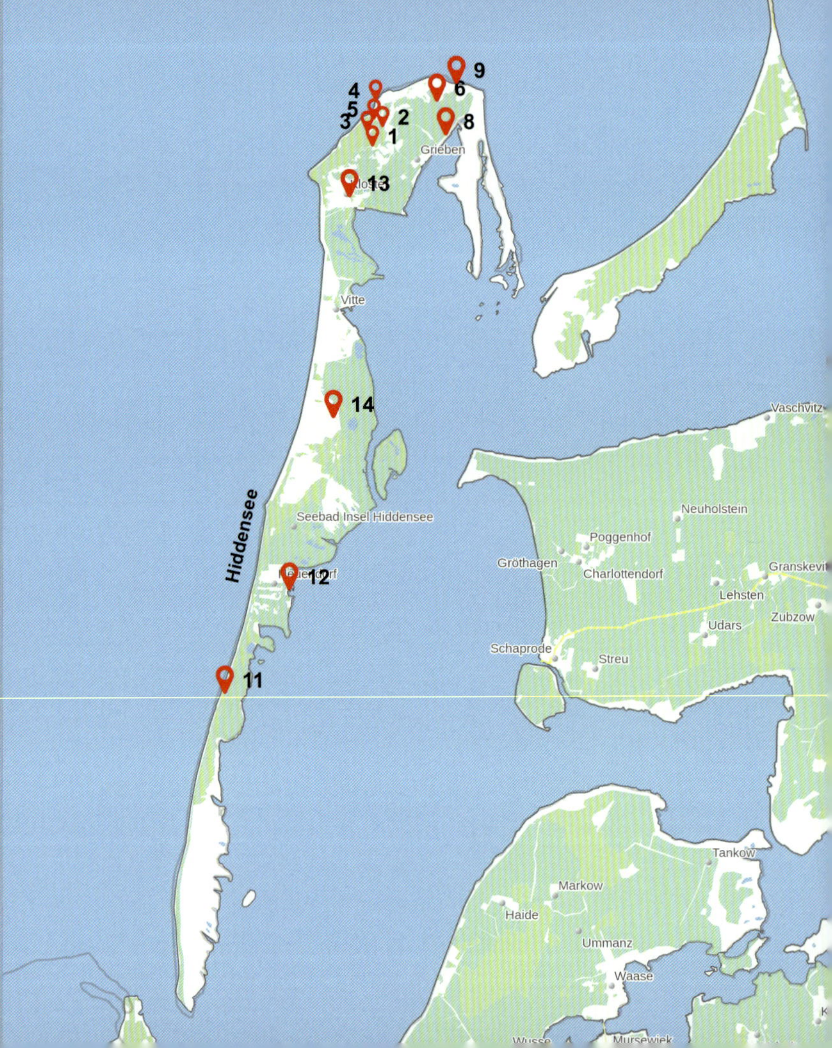

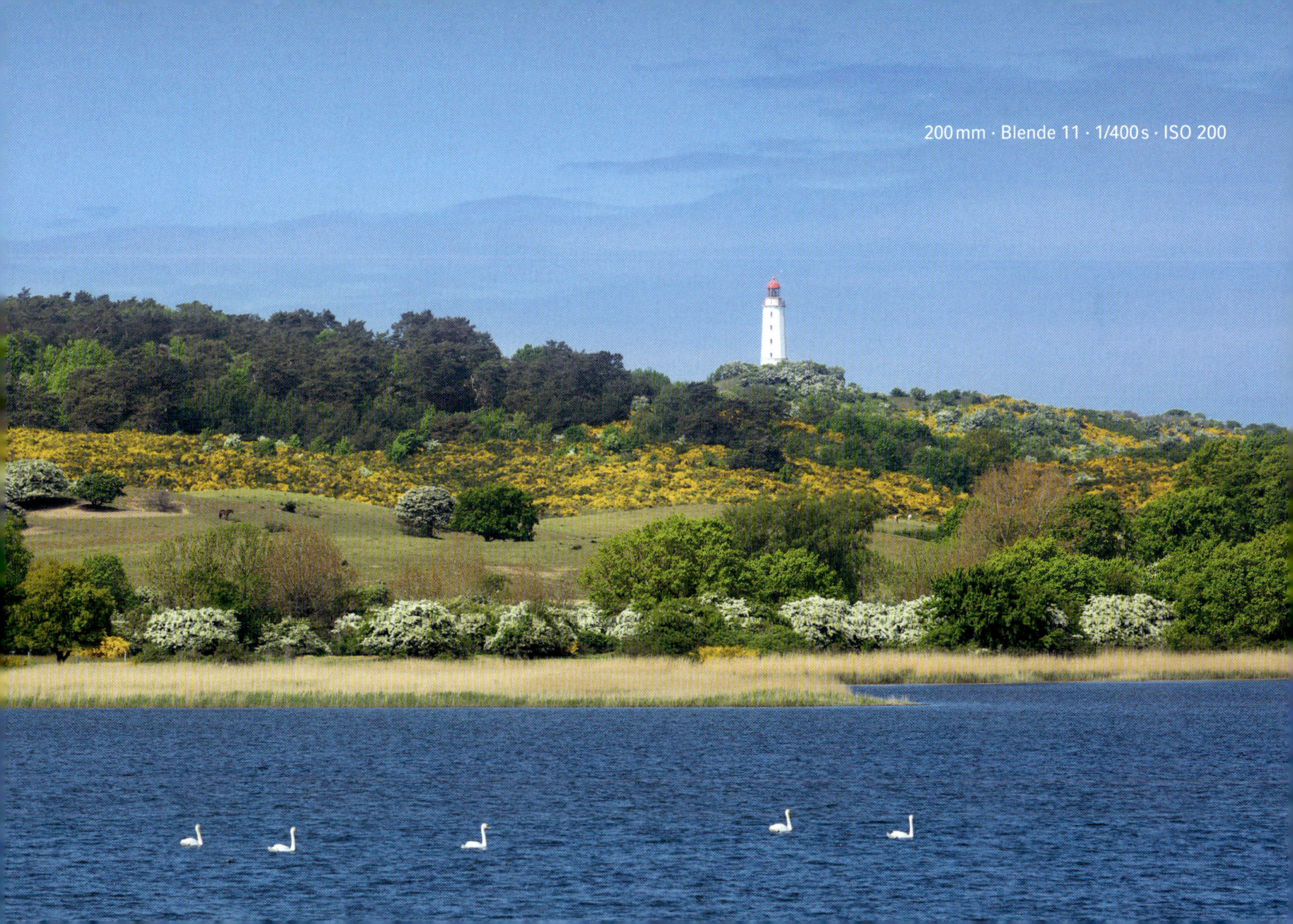
200 mm · Blende 11 · 1/400 s · ISO 200

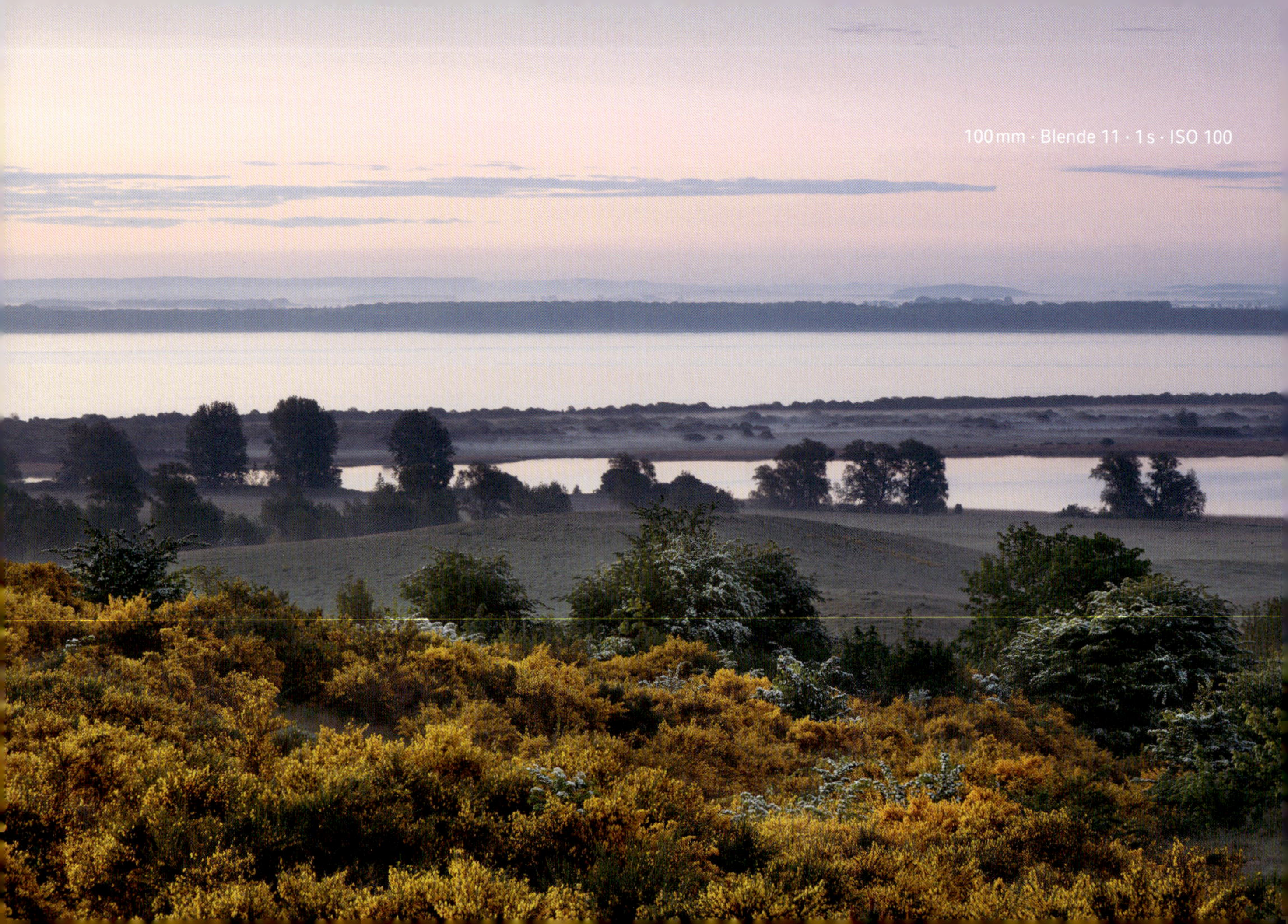
100 mm · Blende 11 · 1 s · ISO 100

## 1 AUSSICHT VOM DORNBUSCH

**Koordinaten:** 54.594564 / 13.115607
**Beste Tageszeit:** Sonnenaufgang, vormittags, nachmittags
**Beste Jahreszeit:** zur Besenginsterblüte im Mai / Juni

So flach wie die ganze Insel eigentlich ist, fühlen sich die gut 70 Höhenmeter bis auf den Dornbusch schon fast wie eine Bergbesteigung an. Und wie es sich für einen Berg gehört, findet man hier oben grandiose Aussichtspunkte in alle Richtungen. Bevor wir den Leuchtturm erreichen, öffnet sich am »Inselblick« die Aussicht nach Süden über die Insel mit den Orten Kloster und Vitte, nach Osten über den Bodden bis nach Rügen. Der Ausschnitt des leichten Teleobjektivs verdichtet die Perspektive und lässt die Insel Rügen am Horizont schon ganz nah erscheinen. Besonders schön ist es hier im Mai und Juni, wenn der ganze Rücken des Dornbuschs großflächig von blühendem Besenginster überzogen ist.

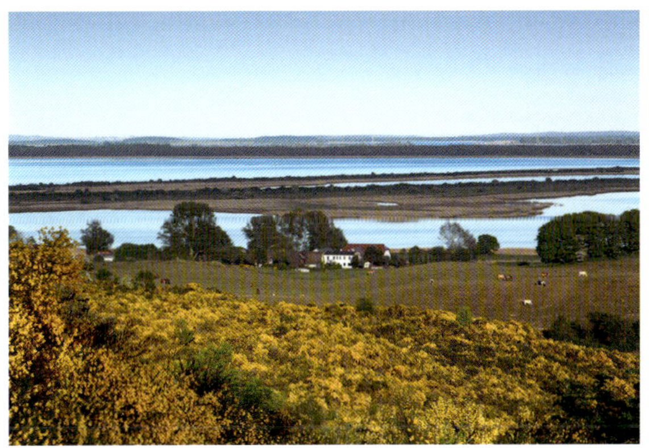

100 mm · Blende 16 · 1/60 s · ISO 100

## 2 LEUCHTTURM AUF DEM DORNBUSCH

**Koordinaten:** 54.597605 / 13.118431
**Beste Tageszeit:** Sonnenaufgang / Sonnenuntergang
**Beste Jahreszeit:** zur Besenginsterblüte im Mai / Juni

Unser eigentliches Ziel hier oben auf dem Dornbusch ist aber natürlich der Leuchtturm. Bei der Anreise mit der Fähre ist er schon von Weitem in seiner dominanten Position auf der Insel zu sehen, und es lohnt sich auch, ihn bereits vom Schiff aus in den Fokus zu nehmen. Doch »von Angesicht zu Angesicht« haben wir mehr gestalterische Möglichkeiten. Der Leuchtturmweg führt vom Hafenort Kloster herauf, nach dem »Inselblick« geht es weiter durch ein kleines Waldstück, dann zeigt sich der Leuchtturm auch schon gleich von seiner besten Seite. Der erste Besuch wird uns wahrscheinlich in den Nachmittagsstunden zum Sonnenuntergang hierher führen, doch ebenso lohnend ist es, schon vor Sonnenaufgang vor Ort zu sein. Vom Bakenberg aus können wir dann nicht nur den Leuchtturm, sondern auch die Ostsee mit dem Bodden bis nach Rügen in den Blick nehmen.

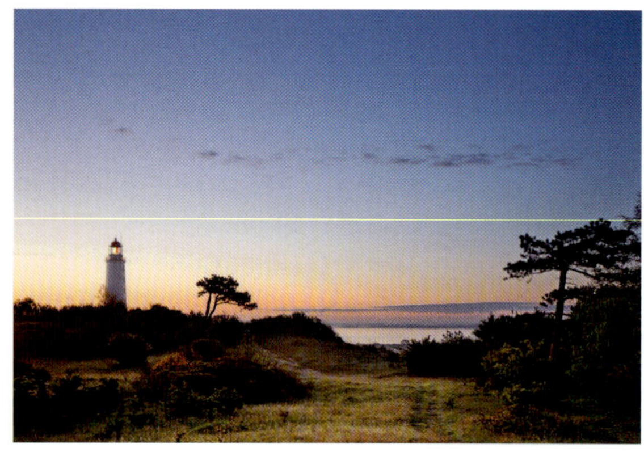

35 mm · Blende 11 · 1 s · ISO 100

50 mm · Blende 11 · 1 s · ISO 100

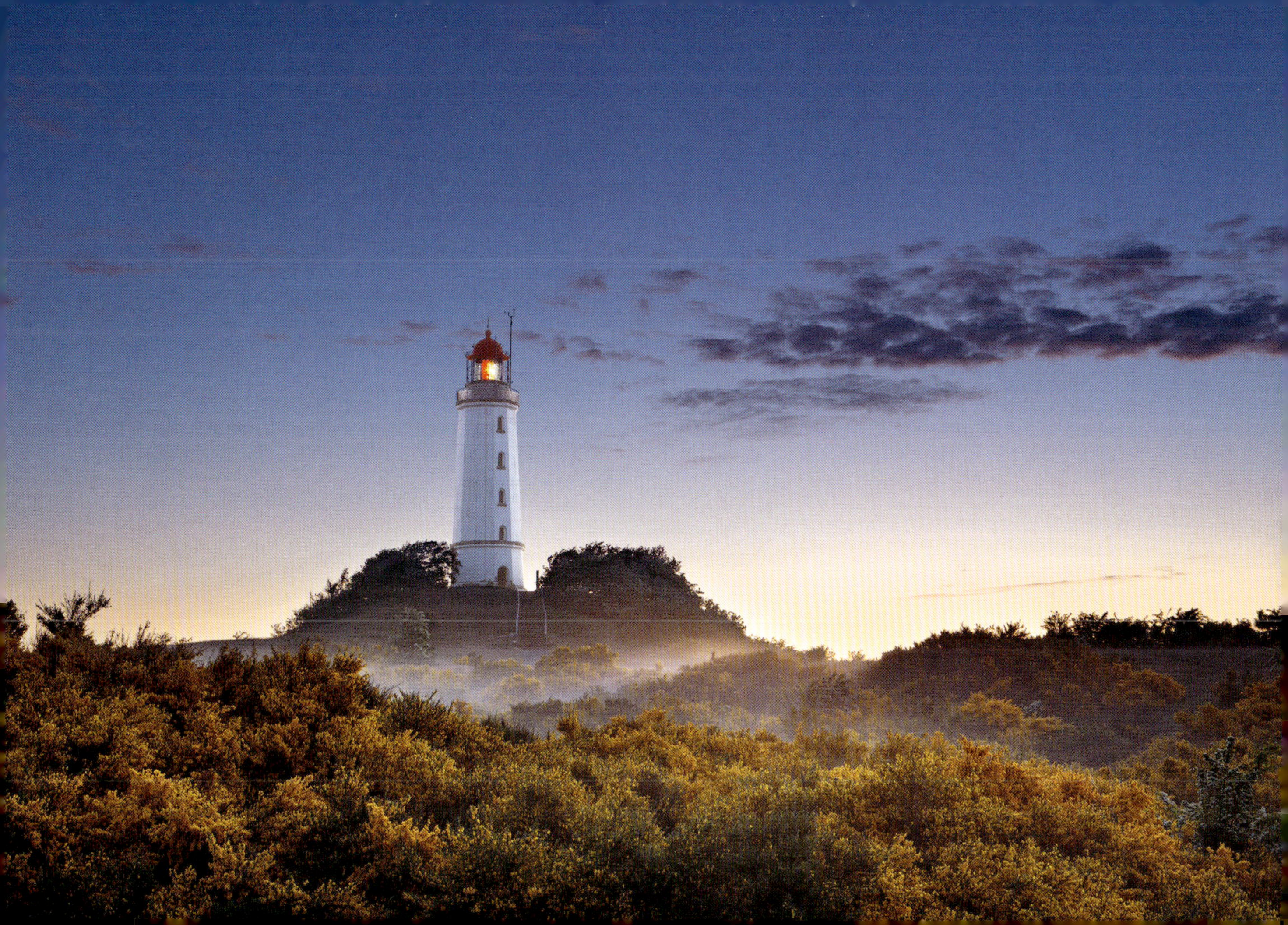

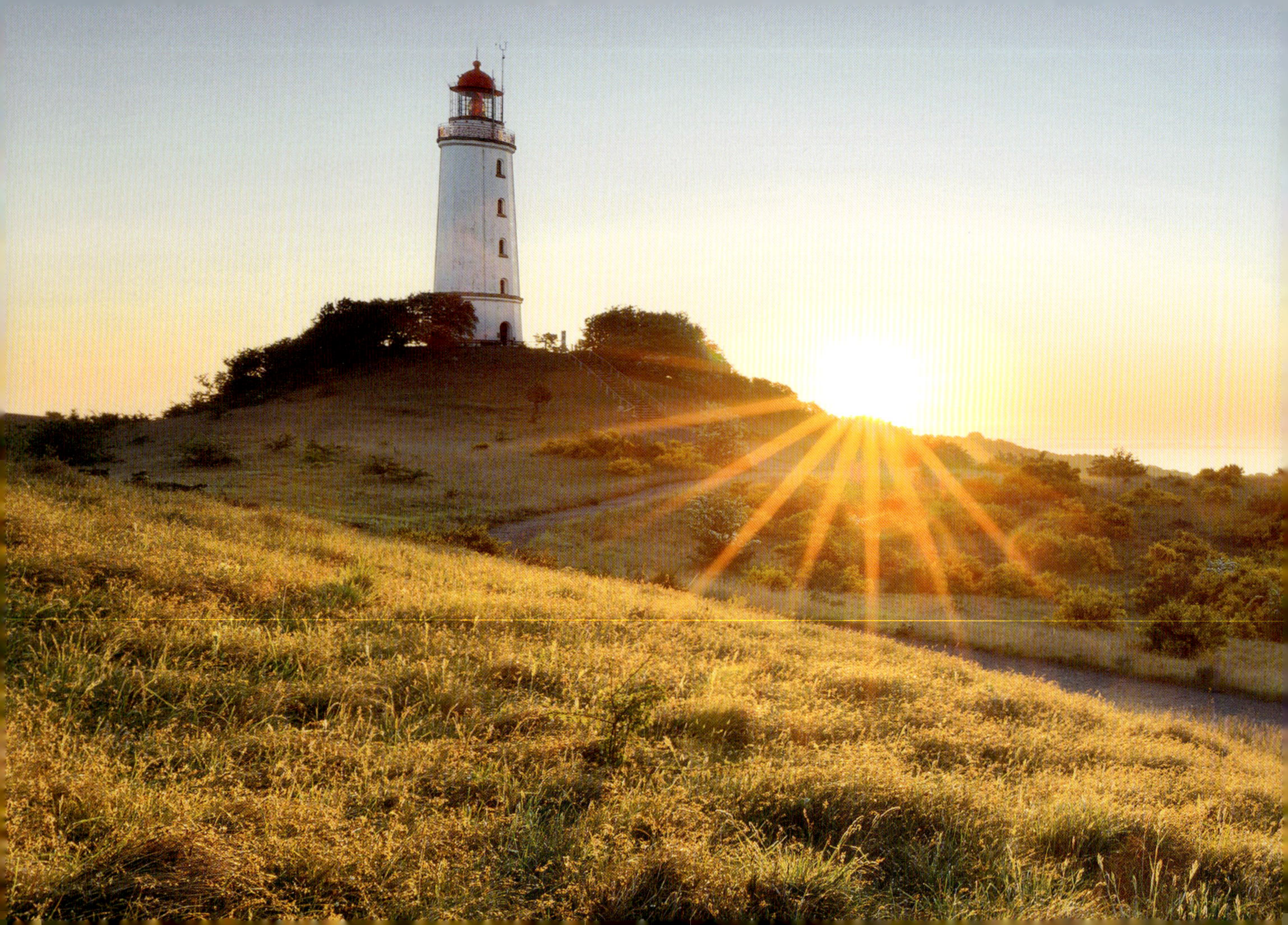

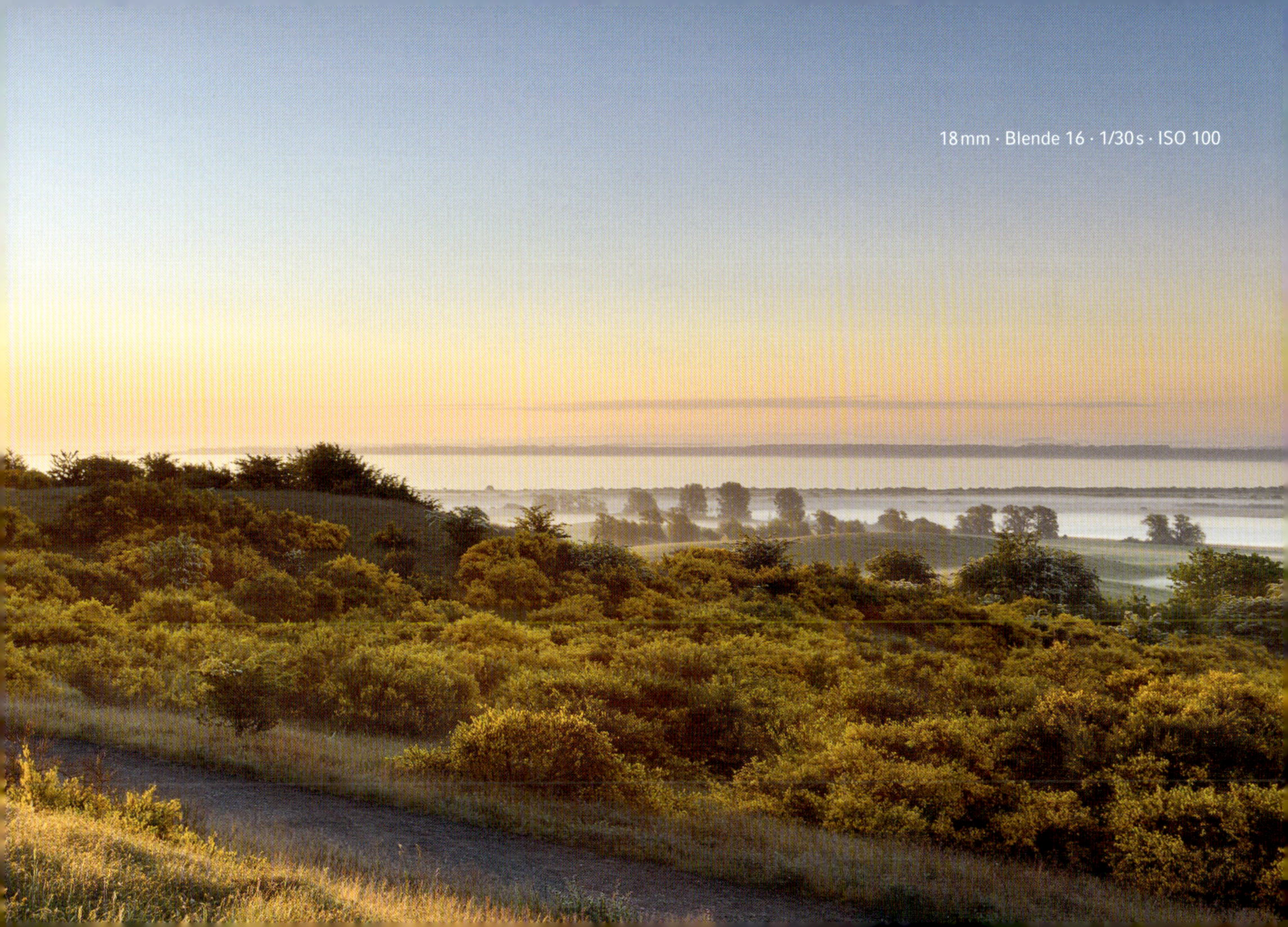

18 mm · Blende 16 · 1/30 s · ISO 100

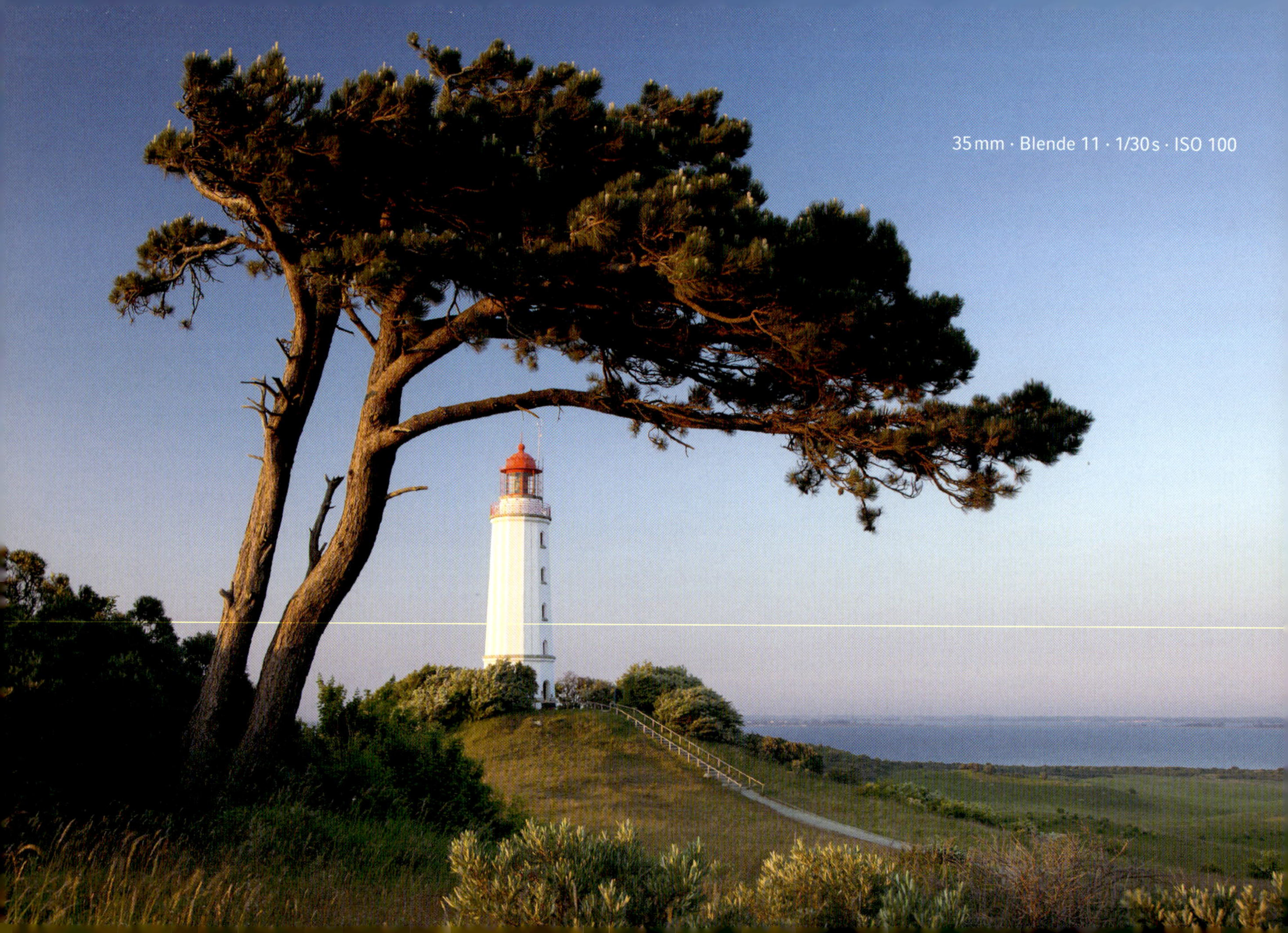

35 mm · Blende 11 · 1/30 s · ISO 100

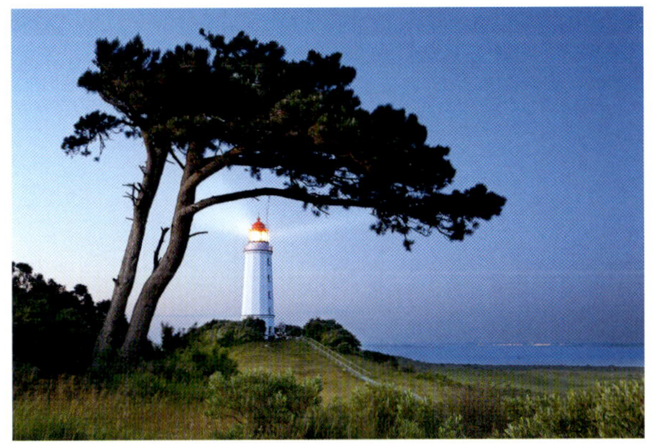

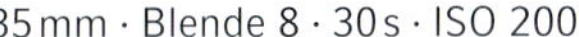

35 mm · Blende 8 · 30 s · ISO 200

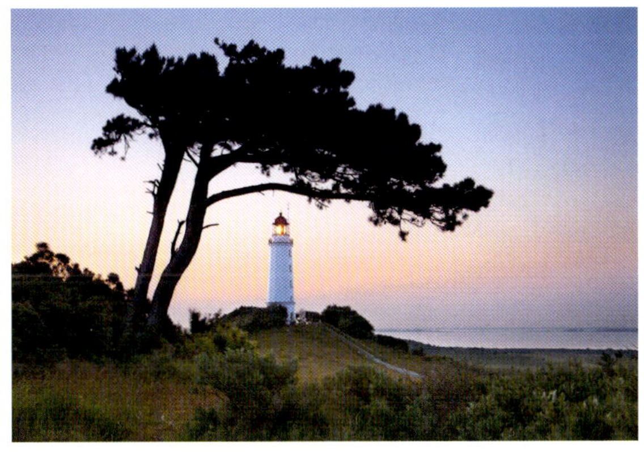

35 mm · Blende 11 · 3 s · ISO 200

Oft gesehen und doch immer wieder von Neuem beeindruckend: das klassische Bild vom Leuchtturm und der markanten Doppelkiefer. Und ein ganz wunderbar geeignetes Motiv für das Thema »Bildserie«. Eine ganz einfache Grundidee für eine Bildserie kann es beispielsweise sein, ein bestimmtes Objekt in zeitlichen Abständen immer wieder zu fotografieren und so Veränderungen zu dokumentieren. Ihren Reiz bekommt eine solche Serie durch die Reihung und Vergleichbarkeit der Bilder, die schon kleine Unterschiede ins Auge fallen lässt. Perfekt für diese Vergleichbarkeit ist dabei, jedes Bild ganz konsequent von demselben Aufnahmestandpunkt aus mit stets derselben Brennweite und dem immer gleichen Bildausschnitt zu fotografieren, so wie hier den Leuchtturm in unterschiedlichen Lichtsituationen und Tageszeiten, vom späten Sonnenuntergangslicht über die »Blaue Stunde« des Abendhimmels bis zum Morgenrot des nächsten Tages.

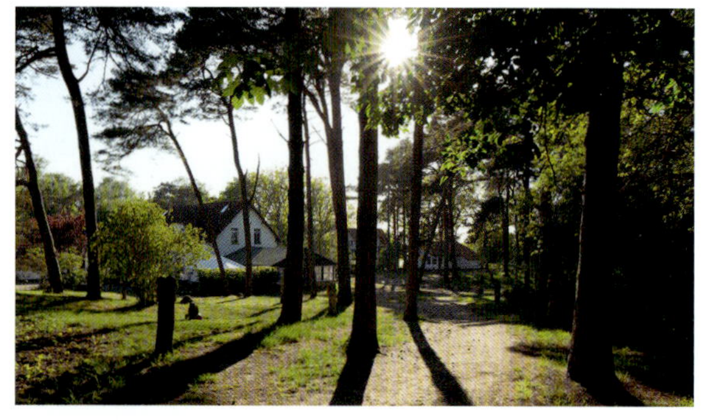

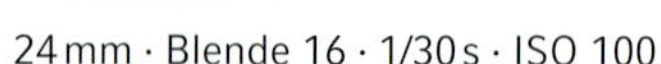

24 mm · Blende 16 · 1/30 s · ISO 100

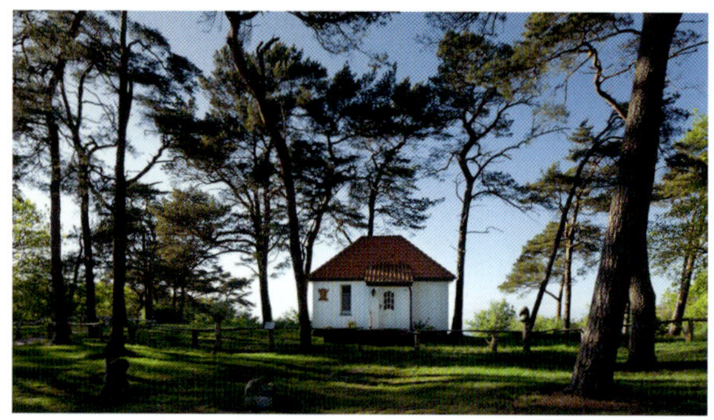

21 mm · Blende 11 · 1/50 s · ISO 100

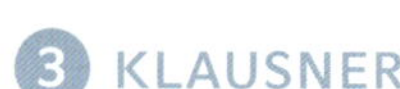

## 3 KLAUSNER

**Koordinaten:** 54.597254 / 13.115669
**Beste Tageszeit:** nachmittags

Literaturfreunde können auf Hiddensee nicht nur auf den Spuren von Gerhart Hauptmann wandeln. Zu zeitgenössischen Ehren ist das Gasthaus »Zum Klausner« gekommen, als Schauplatz des 2014 erschienen Romans »Kruso« von Lutz Seiler. Der Schriftsteller, der als junger Mann selbst hier gearbeitet hat, beschreibt den Klausner als einen Zufluchtsort jugendlicher Aussteiger in den letzten Jahren der DDR. Die ganz versteckt und verwunschen im Wald des Dornbusch gelegene Gaststätte existiert noch heute, erweitert um eine kleine Anzahl von Ferienhäusern. Hier beginnt auch die »Klausner Treppe«, der Abstieg vom Hochufer hinunter zum Strand. Von der oberen Etage haben wir einen schönen Blick über die Ostsee und hinüber zum Leuchtturm, der so noch einmal aus einer anderen Perspektive zu erleben ist.

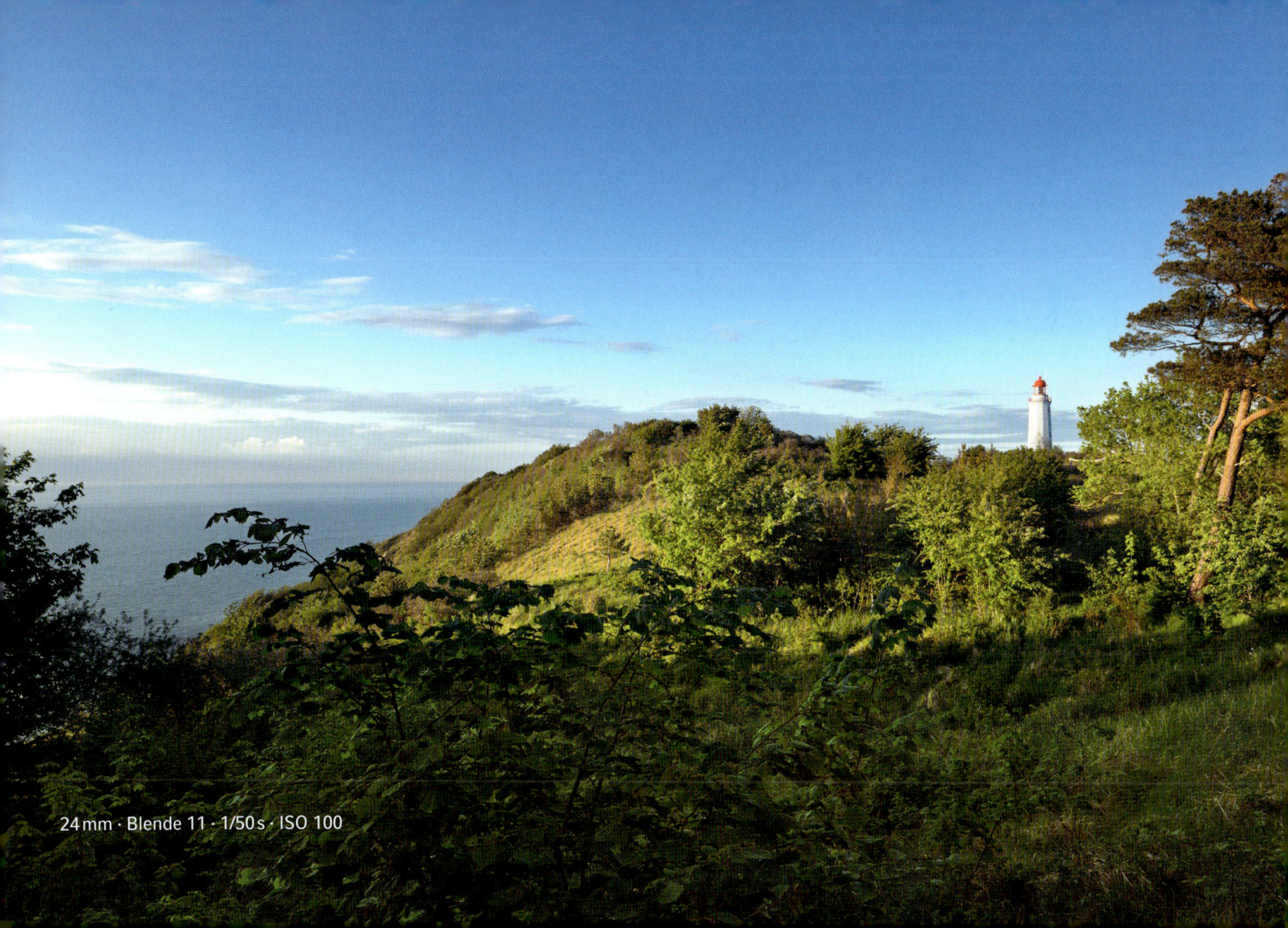

24 mm · Blende 11 · 1/50 s · ISO 100

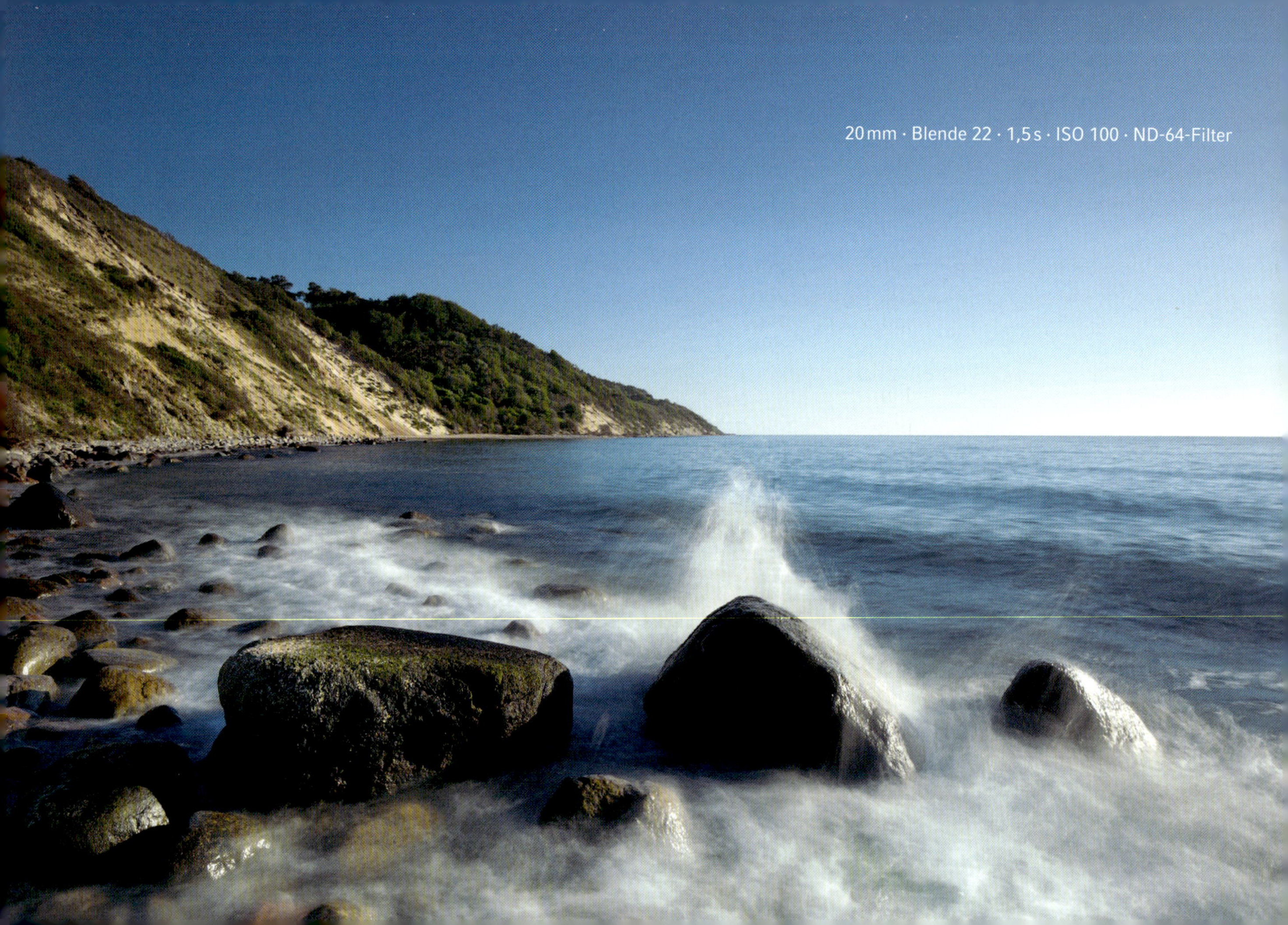

20 mm · Blende 22 · 1,5 s · ISO 100 · ND-64-Filter

## 4 STEILKÜSTE

**Koordinaten:** 54.601748 / 13.116715

**Beste Tageszeit:** nachmittags / abends

Die Steilküste am Nordwestufer unterhalb des Dornbuschs ist ein ganz wunderbarer Platz, um auf den Sonnenuntergang zu warten. Währenddessen kann man Vögel beobachten und nach »Hühnergöttern« suchen – das sind Kiesel mit einem Loch in der Mitte, denen sagenhafte Eigenschaften nachgesagt werden und die hier genau wie an der Kreideküste Rügens immer zu finden sind. Die großen Steinblöcke am Strand eignen sich bei genügend Wellenbewegung ganz gut für das Spiel mit den Neutraldichtefiltern. Erst recht wenn der Himmel unbewölkt und fast schon eintönig blau ist, lässt sich so wenigstens ein bisschen Dramatik ins Bild zaubern. Irgendwann steht für den Sonnenuntergang dann aber die Entscheidung Strand oder Hochufer an, denn trotz der relativen Nähe ist er nicht an beiden Stellen gleichzeitig zu haben. Ich muss zugeben, dass bei mir immer das Hochufer gewonnen hat, denn der Blick von der Höhe ist einfach zu verführerisch.

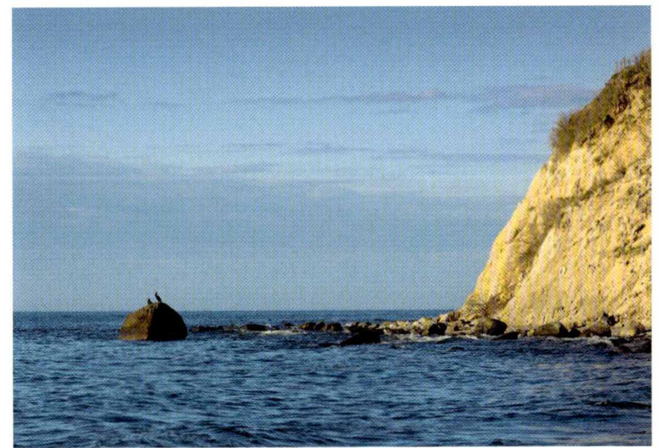

150 mm · Blende 11 · 1/200 s · ISO 100

## 5 AUSBLICK VOM BAKENBERG

**Koordinaten:** 54.598811 / 13.116245
**Beste Tageszeit:** Sonnenuntergang

Ein perfekter Platz für den Sonnenuntergang: Ganz am Ende des Weges auf dem Bakenberg ist eine kleine Aussichtsterrasse eingerichtet, unmittelbar über dem Steilufer. Es gibt in Deutschland wohl nur wenige vergleichbare Plätze, an denen ein Sonnenuntergang am Meer aus dieser Höhe erlebt werden kann. So ist man hier auch eher selten ganz allein, aber das beeinträchtigt weder das Erleben noch das Fotografieren. Ein starkes Weitwinkelobjektiv ist hilfreich, um den Vordergrund noch mit ins Bild zu integrieren und so ein Gefühl für die Weite des Blicks zu vermitteln, aber natürlich können wir mit einem Teleobjektiv auch nur die Sonne selbst anvisieren. Die Nähe zum Leuchtturm erlaubt hier zudem ein ganz schnelles Pendeln zwischen den beiden Foto-Spots, sodass sowohl die Aussicht als auch der Leuchtturm im Sonnenuntergangslicht fotografiert werden können.

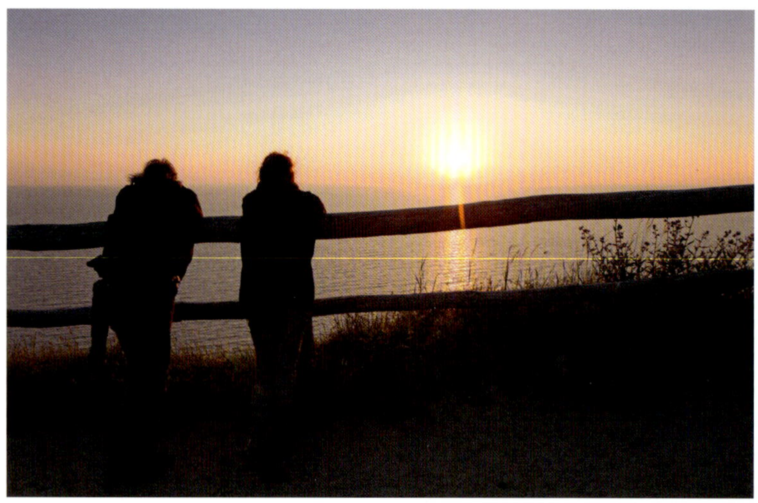

28 mm · Blende 11 · 1/100 s · ISO 100

16 mm · Blende 16 · 1/15 s · ISO 100

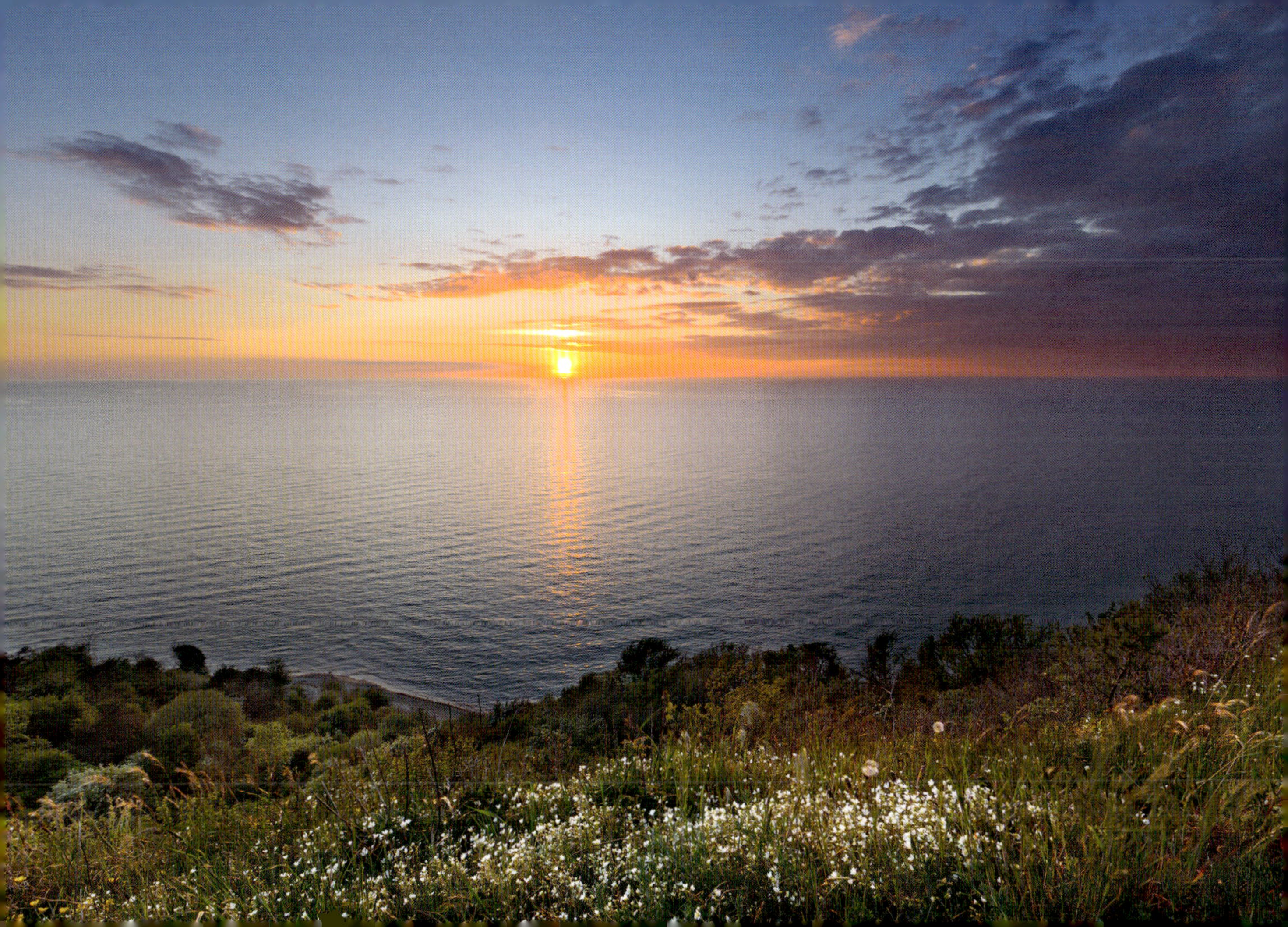

## 6 ALTER WEISSDORN

**Koordinaten:** 54.601619 / 13.133854
**Beste Jahreszeit:** zur Blütezeit im Mai / Juni
**Wegbeschreibung:** Von Kloster aus der Dorfstraße nach Grieben in Richtung Enddorn folgen. Etwa 200 Meter nach der Abzweigung zum Naturschutzgebiet Bessin nach links abbiegen zum Swantiberg hinauf, dem Weg etwa 400 Meter folgen.

Eine Seltenheit für alle Baumfreunde: ein alter Weißdorn, der seit gut 200 bis 250 Jahren auf dem kargen Boden des Dornbuschs sein Auskommen findet, wo sonst nur noch Ginster und Sanddorn wachsen und Schafe das spärliche Gras knabbern. Seine wunderbar weit ausladende Krone bildet der Weißdorn aus einem dreitriebigen Stamm von über 2 Metern Umfang. Üblicherweise kennt man Weißdorne als Strauch oder Heckengewächs, doch das Hiddenseer Exemplar ist zu einem wahren Bild von Baum herangewachsen. Und er mag noch viel vor sich haben: Weißdorne können angeblich ein Alter von 500 Jahren erreichen. Fotografisch besonders lohnend ist ein Besuch zur Zeit der Blüte im Mai/Juni.

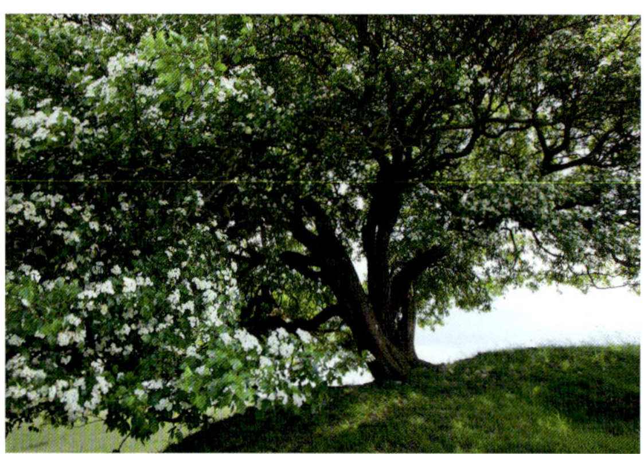

24 mm · Blende 11 · 1/80 s · ISO 200

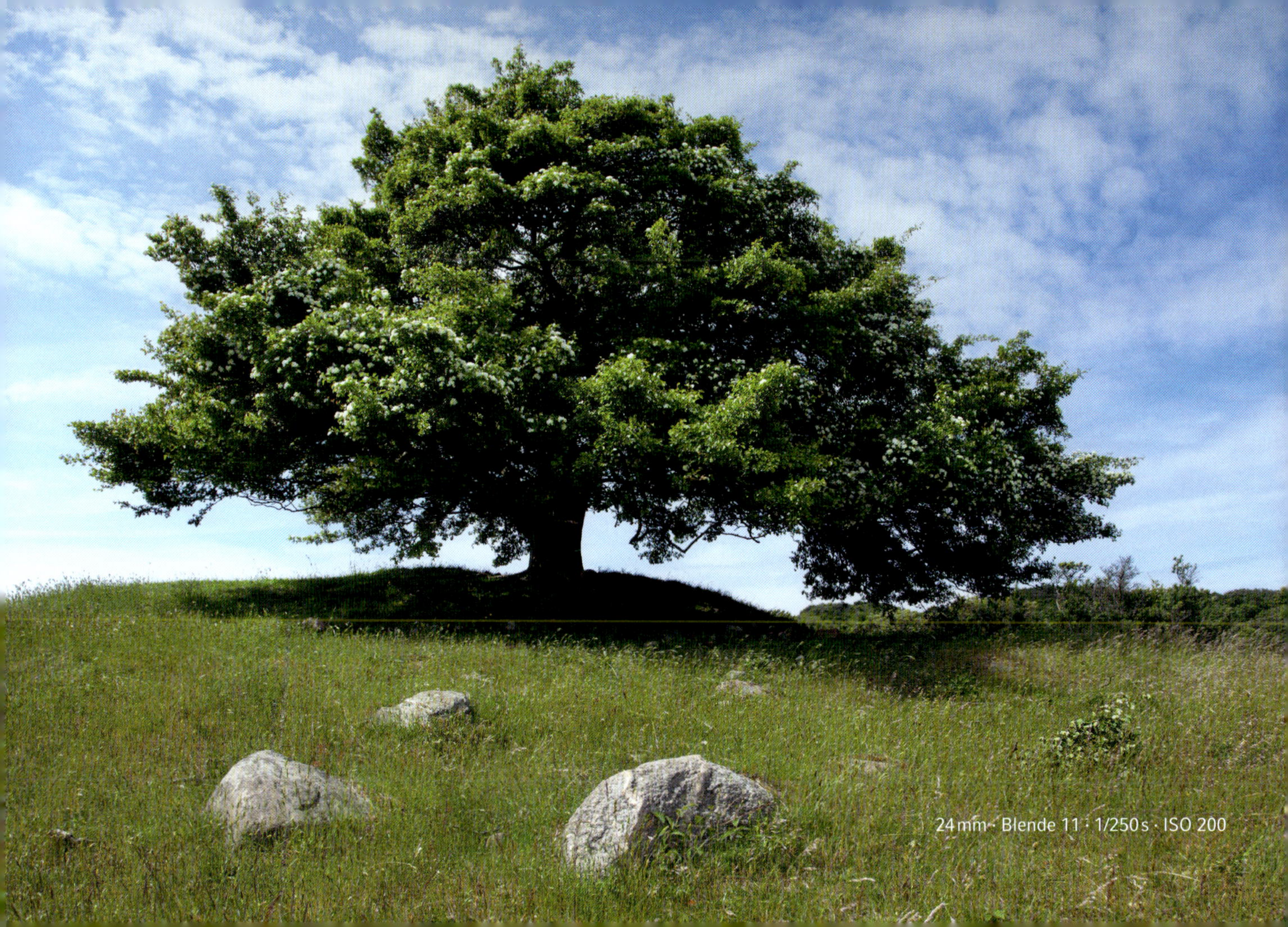

24 mm · Blende 11 · 1/250 s · ISO 200

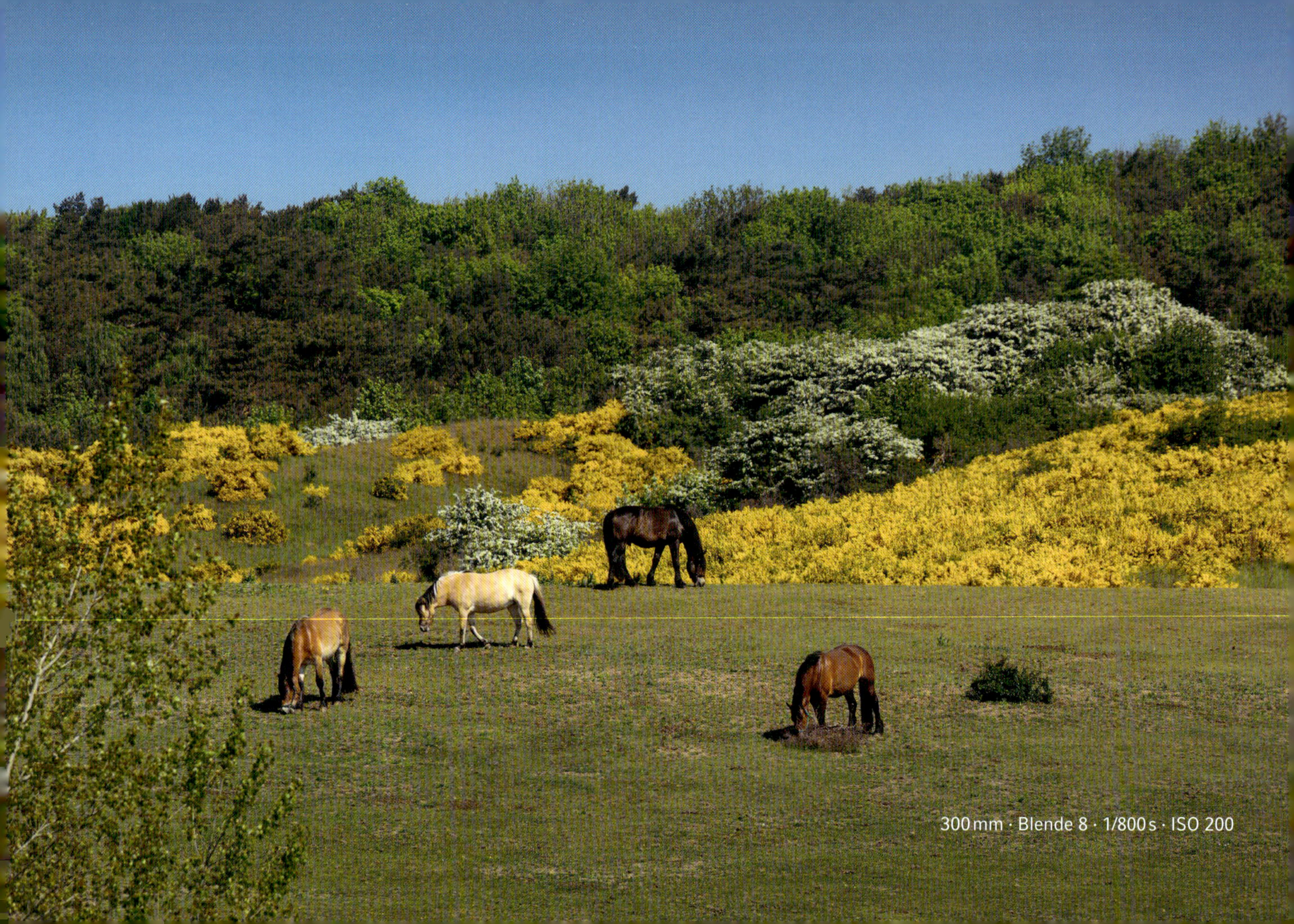

300 mm · Blende 8 · 1/800 s · ISO 200

## 7 BAKENBERG, FLIEDERBERG, SVANTIBERG

**Beste Jahreszeit:** zur Blüte im Mai / Juni

Der magere Boden des Dornbuschs ist nicht die ideale Basis für ein üppiges Pflanzenwachstum. Denn neben den Schafen halten auch Pferde das Wiesengras kurz. Dafür hat sich hier der eher trockenheitsliebende Besenginster angesiedelt, der wie der Weißdorn sonnige Standorte bevorzugt. Auf dem Dornbusch tut er das allerdings in wahrhaft verschwenderischer Fülle, wie man sie andernorts selten zu sehen bekommt. Eine Einladung zum Durchstreifen der Wanderwege, die die einzelnen Hügel des Dornbuschs überziehen – Bakenberg, Fliederberg oder Svantiberg. Unterwegs können wir die gelbe Blütenpracht in immer wieder anderen Konstellationen ins Bild zu rücken, von Weitem oder aus nächster Nähe.

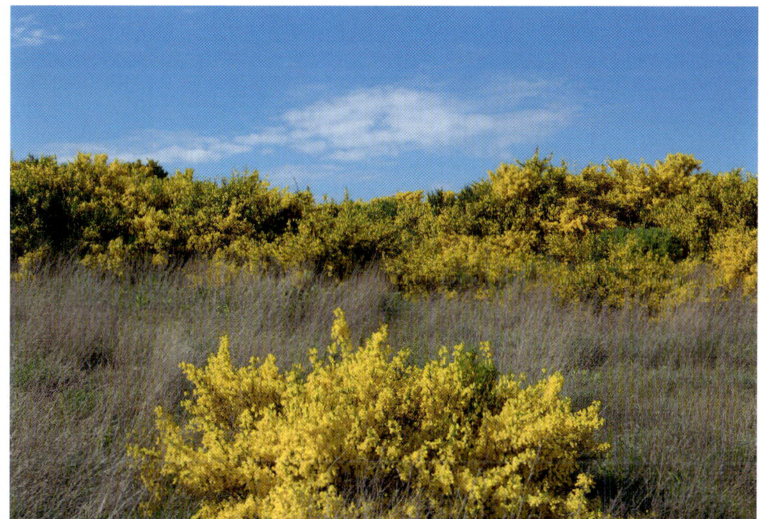

50 mm · Blende 11 · 1/125 s · ISO 100

## 8 UNTERWEGS ZUM ENDDORN

**Koordinaten:** 54.596321 / 13.136357

Zum Enddorn, der nordöstlichen Spitze Hiddensees, führt ein langer Weg aus Betonplatten. Ein Überbleibsel aus der Zeit, als auf Hiddensee noch nach Öl gebohrt wurde und der heutige Segelhafen die Verladestation für russische Tankschiffe war. Hinter dem Örtchen Grieben wird es ruhig, Bäume säumen den Weg und geben zwischendurch den Blick über Schilf und Bodden zum Alten Bessin frei. Dieser lange Nehrungshaken ist über Jahrhunderte aus den von der Steilküste des Dornbuschs abgetragenen Sedimenten gewachsen, die hier angeschwemmt worden sind. Das Naturschutzgebiet Alter Bessin ist für die sonst gerne als Fortbewegungsmittel genutzten Fahrräder gesperrt. Wanderer können hier viele Vogelarten beobachten. An der Südspitze der Halbinsel wurde dafür eigens ein Beobachtungsturm errichtet.

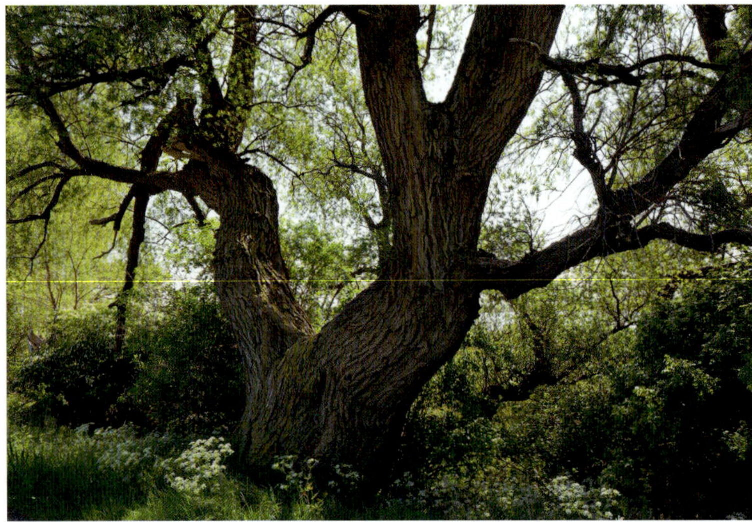

24 mm · Blende 11 · 1/80 s · ISO 100

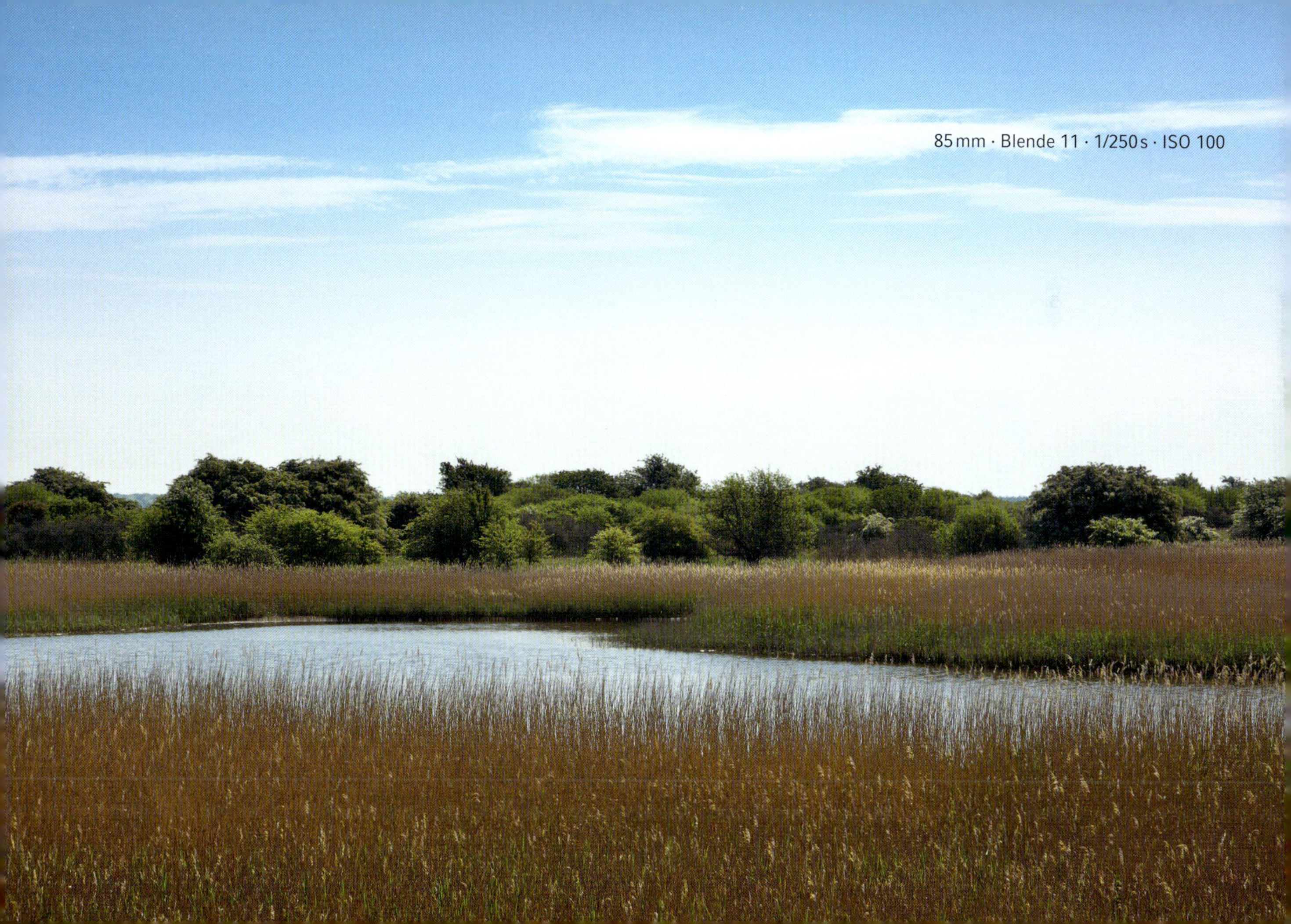
85 mm · Blende 11 · 1/250 s · ISO 100

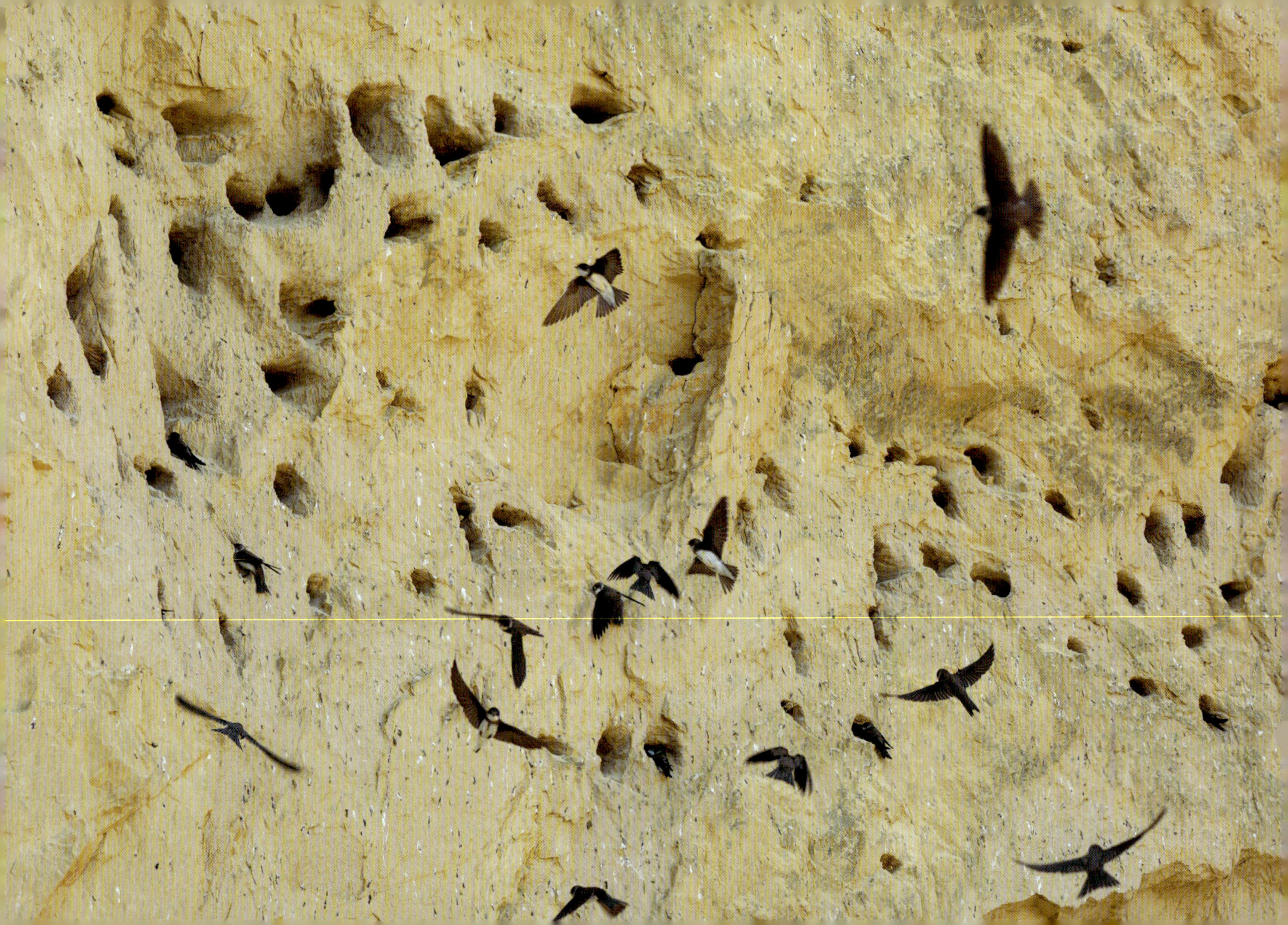

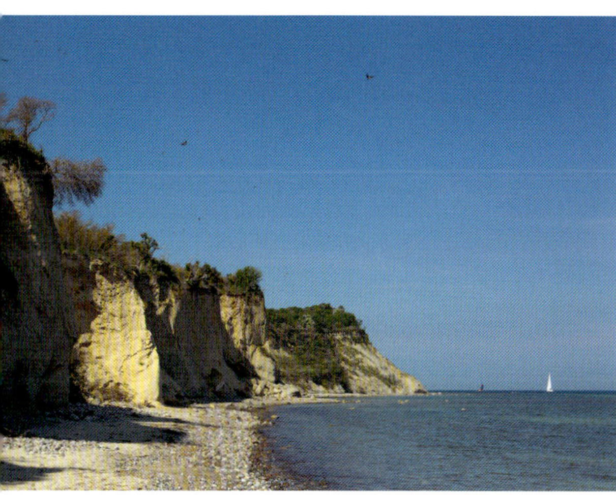

50 mm · Blende 11 · 1/250 s · ISO 100

150 mm · Blende 11 · 1/640 s · ISO 800

## 9 STEILKÜSTE DORNBUSCHKLIFF

**Koordinaten:** 54.604415 / 13.139298

**Beste Tageszeit:** vormittags

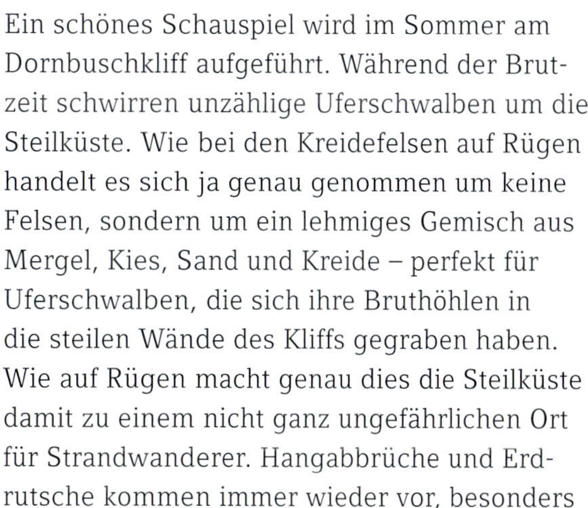

Ein schönes Schauspiel wird im Sommer am Dornbuschkliff aufgeführt. Während der Brutzeit schwirren unzählige Uferschwalben um die Steilküste. Wie bei den Kreidefelsen auf Rügen handelt es sich ja genau genommen um keine Felsen, sondern um ein lehmiges Gemisch aus Mergel, Kies, Sand und Kreide – perfekt für Uferschwalben, die sich ihre Bruthöhlen in die steilen Wände des Kliffs gegraben haben. Wie auf Rügen macht genau dies die Steilküste damit zu einem nicht ganz ungefährlichen Ort für Strandwanderer. Hangabbrüche und Erdrutsche kommen immer wieder vor, besonders nach längerem Regen. Die Küste ist der Erosion unterworfen und »Natur in Bewegung«. Den gesamten Dornbusch unten am Strand umrunden zu wollen, ist zwar eine verführerische Idee, aber keine gute.

## 10 UNTERWEGS ZUM GELLEN

Auf der Landkarte hat die lang gestreckte Silhouette von Hiddensee für mich ein wenig die Anmutung eines Seepferdchens oder eines knorrigen Spazierstocks mit einem dicken Knauf als Griff am oberen Ende und einer schlanken Spitze am Fußende. Dramaturgisch wünschenswert wäre da jetzt der große Sprung vom Nordzipfel bis zum Gegenstück nach Süden. Doch bis ganz ans südliche Ende lässt man uns nicht, das ist als Teil des Nationalparks Vorpommersche Boddenlandschaft als Natur- und Vogelschutzgebiet ausgewiesen. Maximal 500 Meter ist die Insel hier breit, an der schmalsten Stelle sogar nur halb so viel. Auf dem sandigen Boden gedeiht nicht viel mehr als eine von Kiefern bestandene Wiesen- und Heidelandschaft, die von Schafen kurz gehalten wird. Eine schöne Tour mit dem Fahrrad führt uns bis zum Leuchtfeuer.

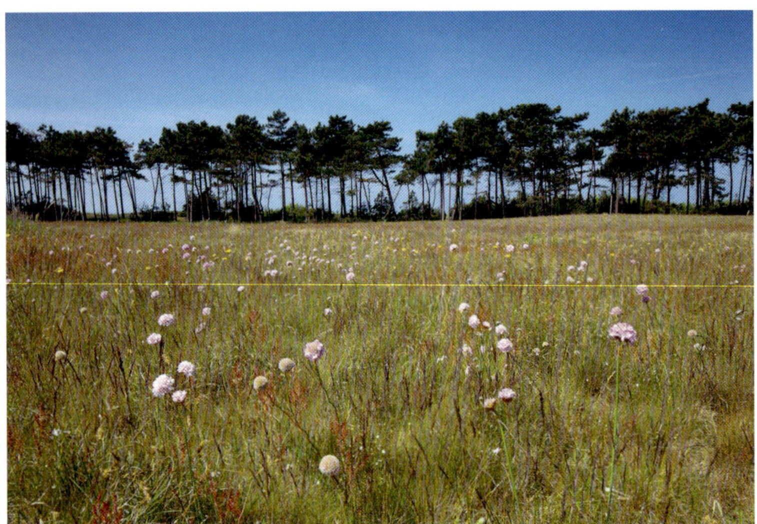

28 mm · Blende 16 · 1/100 s · ISO 100

100 mm · Blende 11 · 1/100 s · ISO 100

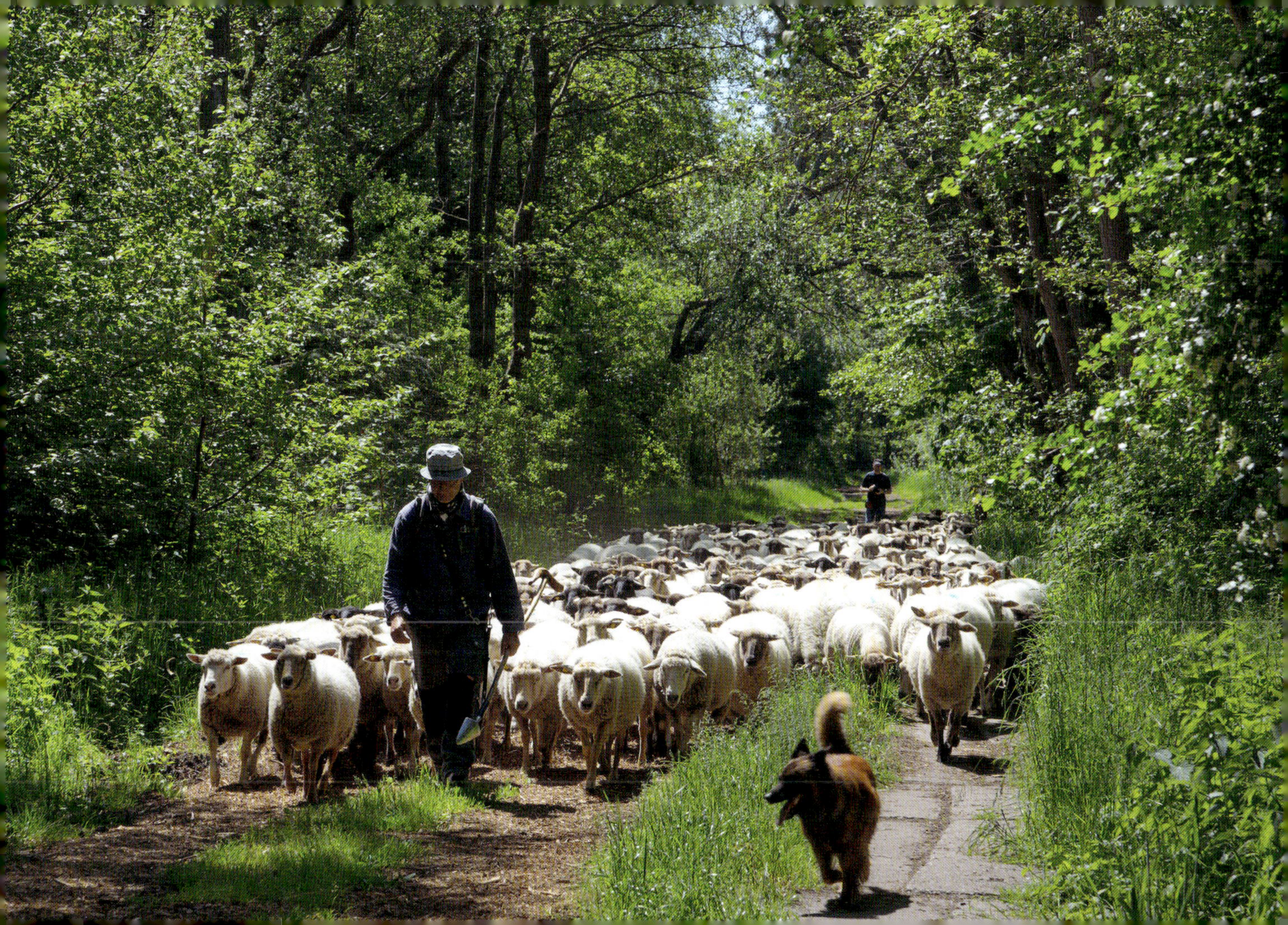

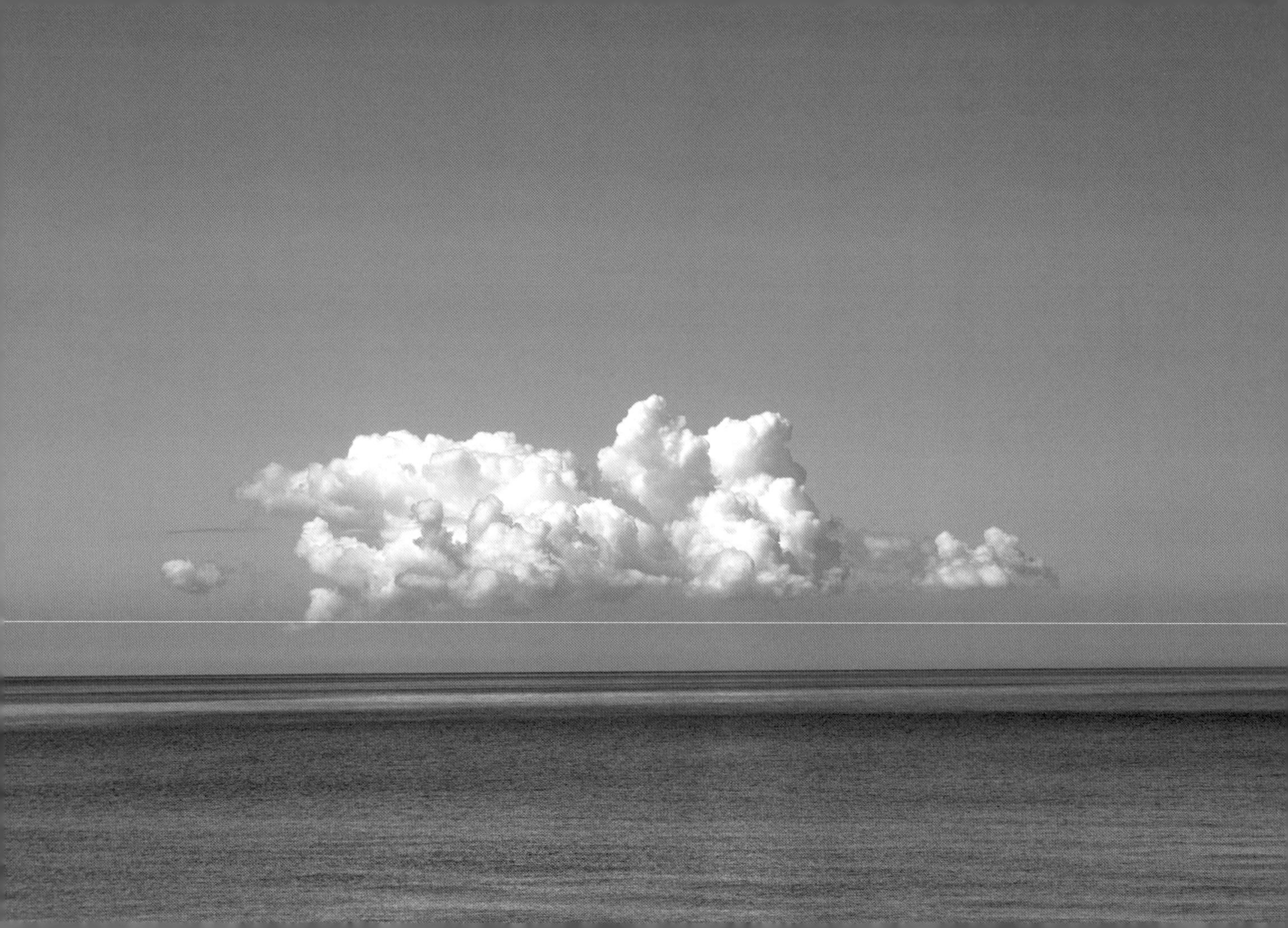

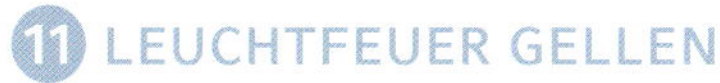

## 11 LEUCHTFEUER GELLEN

**Koordinaten:** 54.508096 / 13.074698

**Beste Tageszeit:** vormittags / nachmittags / Sonnenuntergang

Das Leuchtfeuer Gellen ist sozusagen das südliche Gegenstück oder der »kleine Bruder« des großen Leuchtturms auf dem Dornbusch im Inselnorden. Ein prima Ziel für eine Tour mit dem Fahrrad, welches ja überhaupt das perfekte und allgegenwärtige Fortbewegungsmittel auf Hiddensee ist. Das Leuchtfeuer steht etwa 1,5 Kilometer südlich von Neuendorf direkt am Strand auf der Düne; von Vitte aus sind es etwa 7 Kilometer. Unterwegs lohnt sich ein Abstecher in die Dünenheide, zur Blütezeit im August und September ein lila Blütenmeer.

Auch Übergänge zum kilometerlangen Sandstrand sind jederzeit möglich. Je nach Licht hat das Wasser der Ostsee dann manchmal eine fast schon karibische Färbung, wunderbar geeignet für ganz minimalistische Bilder von Himmel und Meer.

100 mm · Blende 11 · 1/400 s · ISO 100

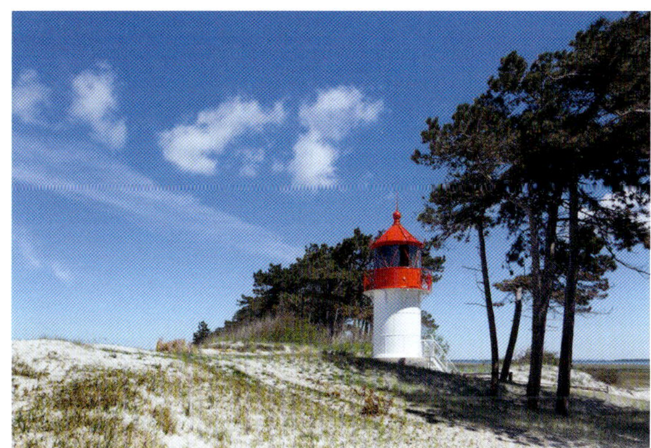

28 mm · Blende 11 · 1/200 s · ISO 100

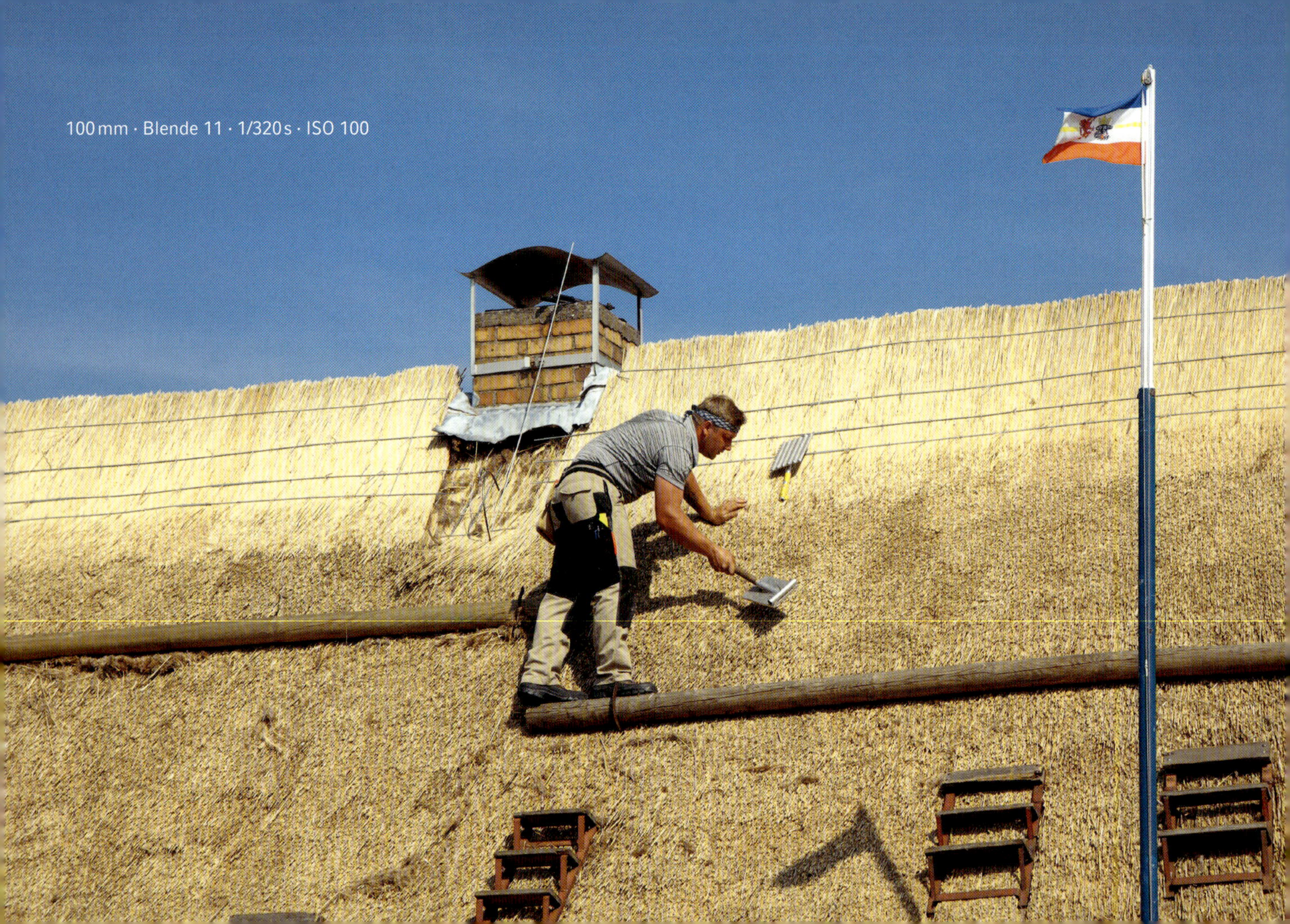

100 mm · Blende 11 · 1/320 s · ISO 100

## 12 HAFEN NEUENDORF, REETDACHHÄUSER

**Koordinaten:** 54.524438 / 13.092593

Reetdachhäuser verbinden wir ganz intuitiv mit Küste und Meer, sie sind ein architektonisches Zeichen, dass wir uns in einer Küstenregion befinden. So wie hier am idyllischen kleinen Hafen von Neuendorf sind viele Häuser auf Hiddensee noch traditionell mit Reet gedeckt. Dieses spezielle Verfahren, ein Dach mit dem ursprünglich in großer Fülle vorhandenen natürlichen Material des Schilfrohrs einzudecken, gehört zu den ältesten Menschheitstechniken, sich »ein Dach über dem Kopf« zu schaffen. Dabei ist es eine ungemein anspruchsvolle handwerkliche Tätigkeit, die viel Kenntnis und Sorgfalt voraussetzt, und so ist es ein Glücksfall und zugleich faszinierend, wenn man den Dachdeckern bei ihrer kunstvollen Arbeit zuschauen darf, bei der sie Schilfbündel auf dem Dach festklopfen und -nähen.

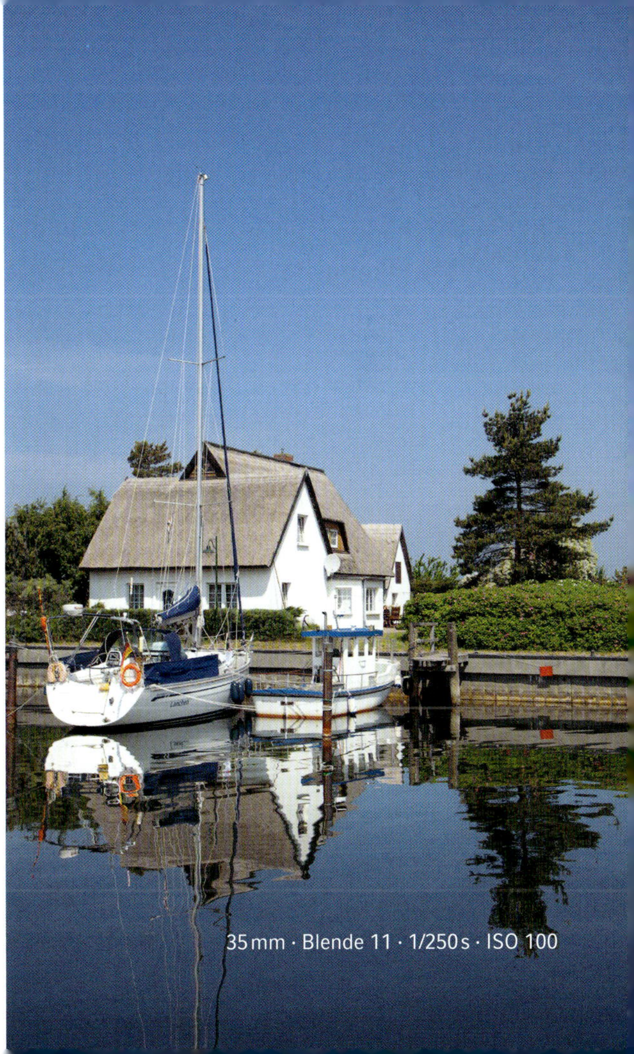

35 mm · Blende 11 · 1/250 s · ISO 100

## 13 INSELKIRCHE KLOSTER

**Koordinaten:** 54.586498 / 13.109383

## 14 GERHART-HAUPTMANN-HAUS IN KLOSTER

**Koordinaten:** 54.585064 / 13.104117

Wir sind zurück im Inselort Kloster für einen Abschiedsbesuch. In der Inselkirche, die auf den Grundmauern der alten Klosterkirche errichtet wurde, machen zwei Votivschiffe deutlich, dass dies immer eine Seemannskirche gewesen ist. Besonders fotogen ist hier der »Hiddenseer Rosenhimmel«, das mit gemalten Rosen verzierte Tonnengewölbe der Kirche, unter dem ein hölzerner Taufengel schwebt. Mit der Jakobsmuschel als Taufbecken in der rechten Hand konnte er früher bei der Taufe tatsächlich »vom Himmel herabgelassen« werden.

Der kleine Friedhof beherbergt auch Gräber mit den klangvollen Namen berühmter Besucher und Bewohner der Insel, allen voran Gerhart Hauptmann, dem wir natürlich auch in seinem zum Museum umgewidmeten Sommerhaus die Ehre erweisen können.

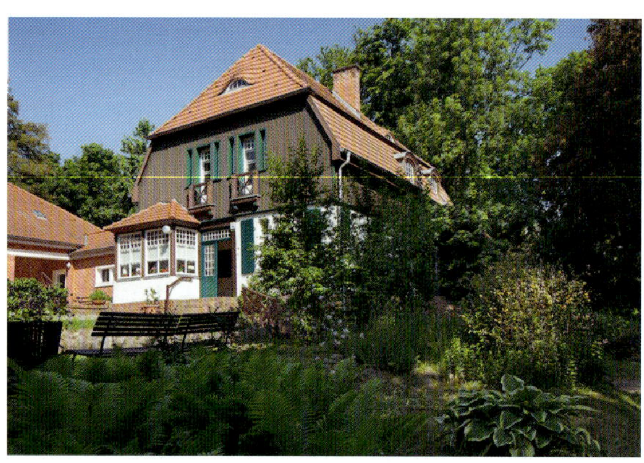

28 mm · Blende 11 · 1/100 s · ISO 200

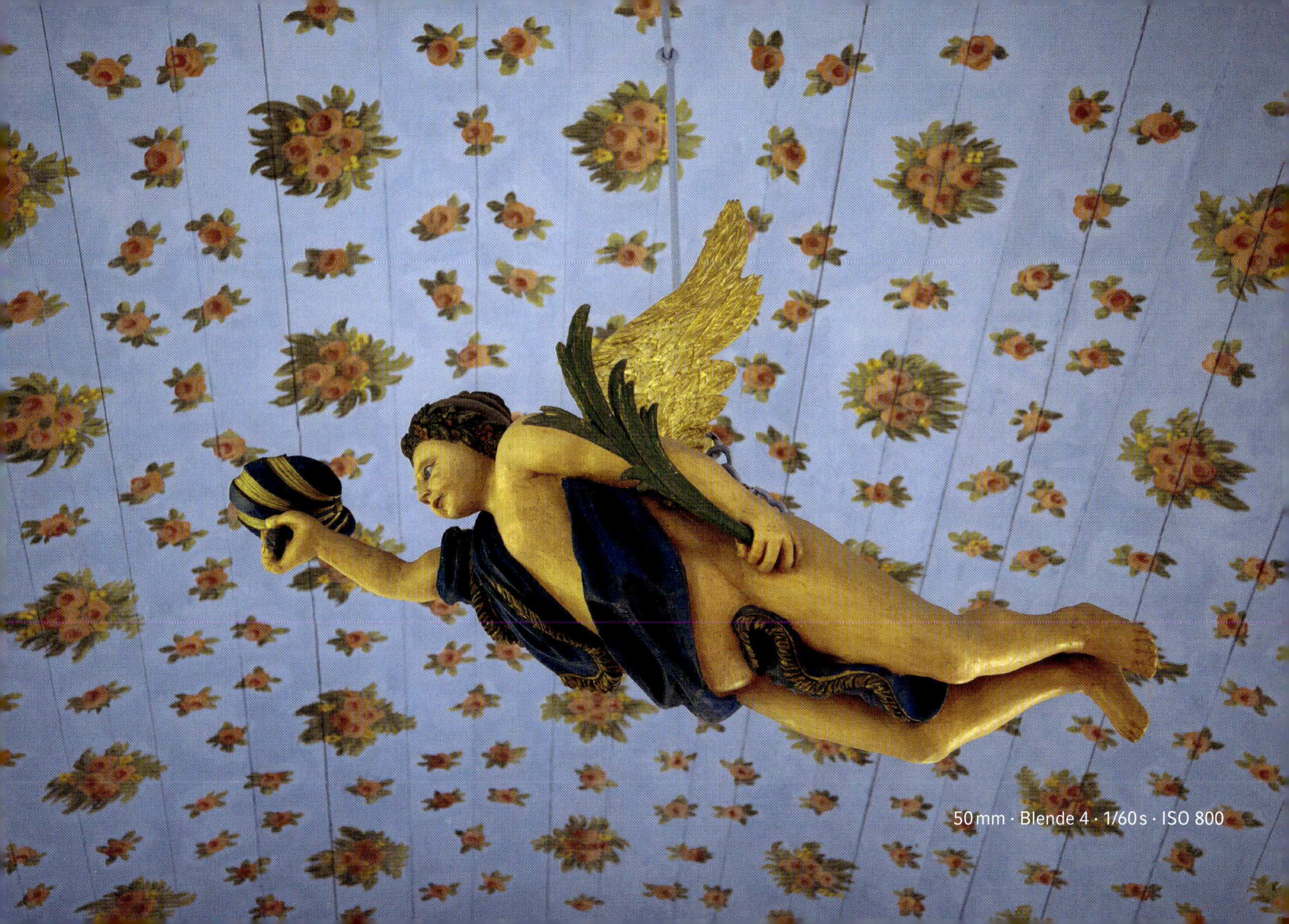
50 mm · Blende 4 · 1/60 s · ISO 800

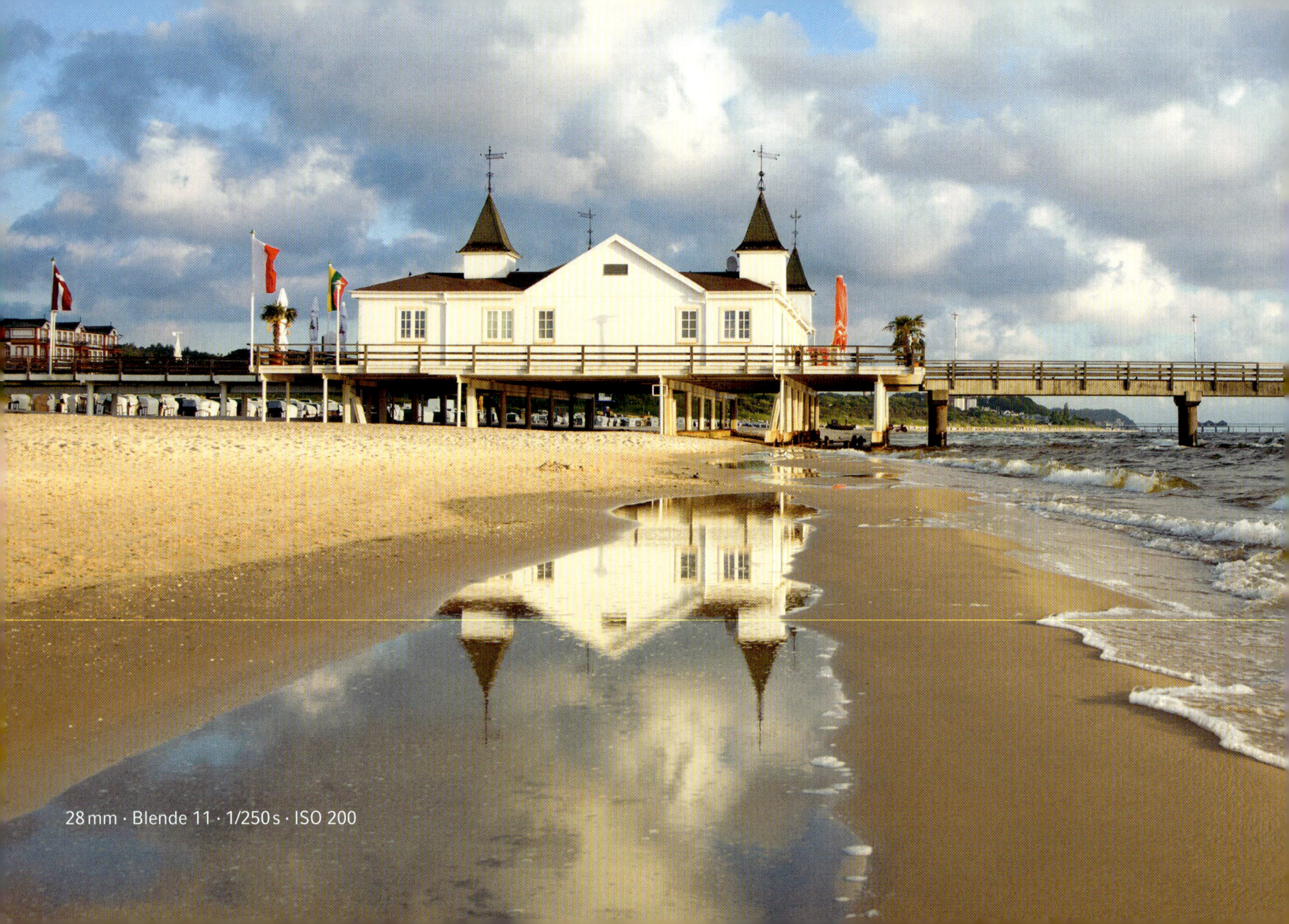
28 mm · Blende 11 · 1/250 s · ISO 200

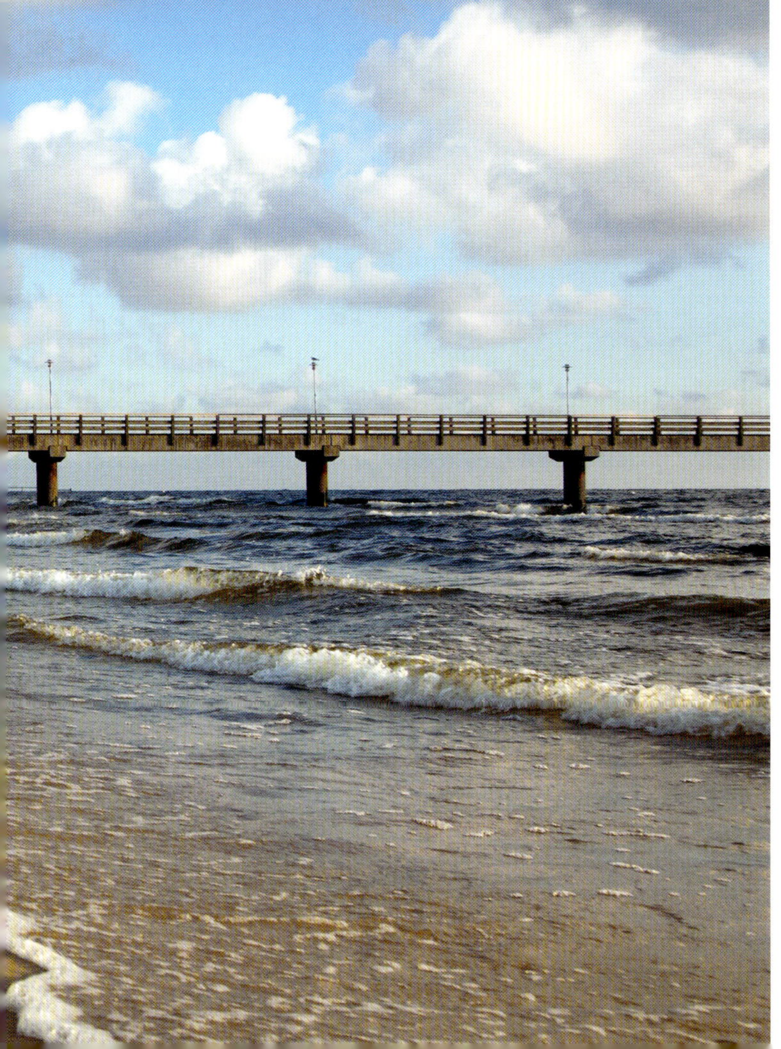

# USEDOM

## TOUR 8

Die sonnenreichste Region Deutschlands, gesegnet mit über 40 Kilometern feinstem Sandstrand und gleich fünf Seebrücken, dazu die einzigartige und faszinierende Villenarchitektur der drei mondänen »Kaiserbäder« Bansin, Heringsdorf und Ahlbeck – dafür steht die Insel Usedom. Aber sie hat auch ein beschauliches und verträumtes »Achterland« mit reetgedeckten Fischer- und Bauernhäusern in idyllischen Dörfern, mit Windmühlen, kleinen Seen und schönen Wäldern.

## USEDOM
## TOUR 8

1. AHLBECK, SEEBRÜCKE
2. AHLBECK, STRAND
3. HERINGSDORF, SEEBRÜCKE
4. BANSIN, SEEBRÜCKE
5. BANSIN, STRAND
6. BANSIN, HOCHUFERWEG
7. MÜMMELKENSEE
8. PUDAGLA, WINDMÜHLE
9. DIE SEEN IM ACHTERLAND
10. DAS ACHTERWASSER
11. EICHE BEI SUCKOW
12. REETDACHHÄUSER IN WARTHE
13. LIEPER WINKEL
14. LINDENALLEE BEI KRUMMIN

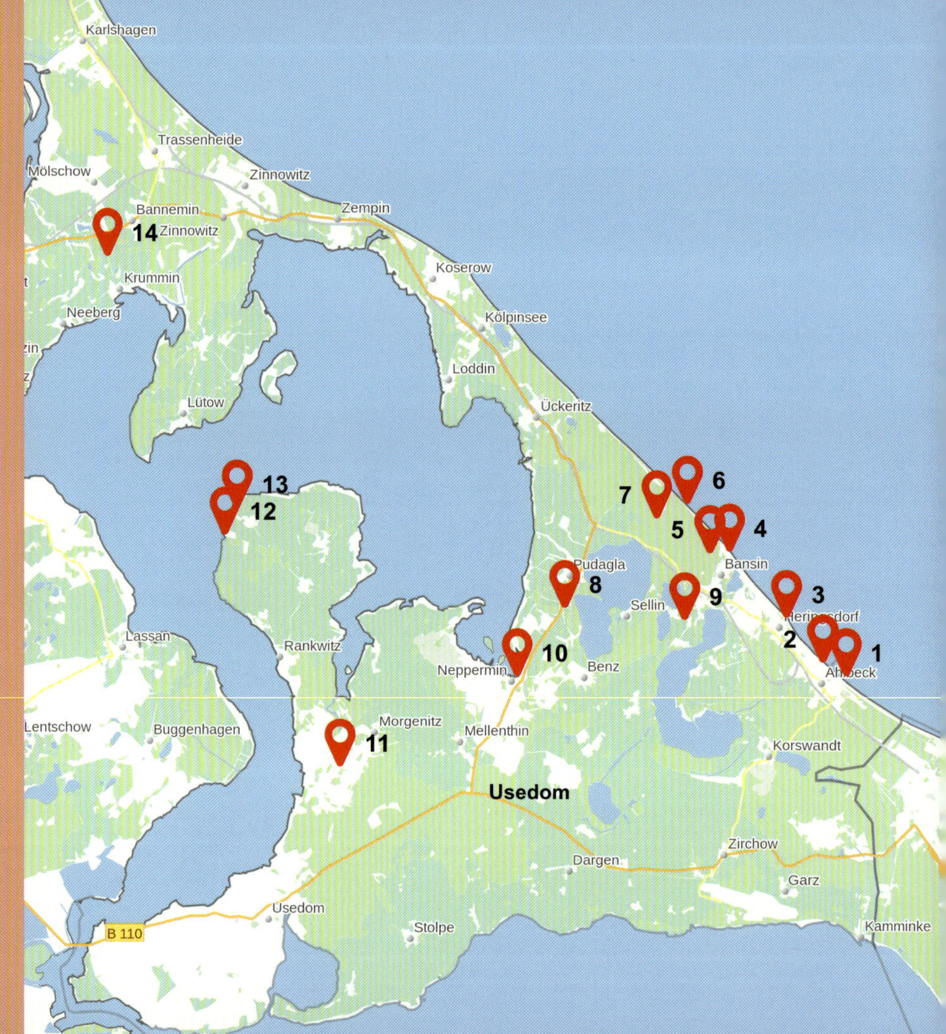

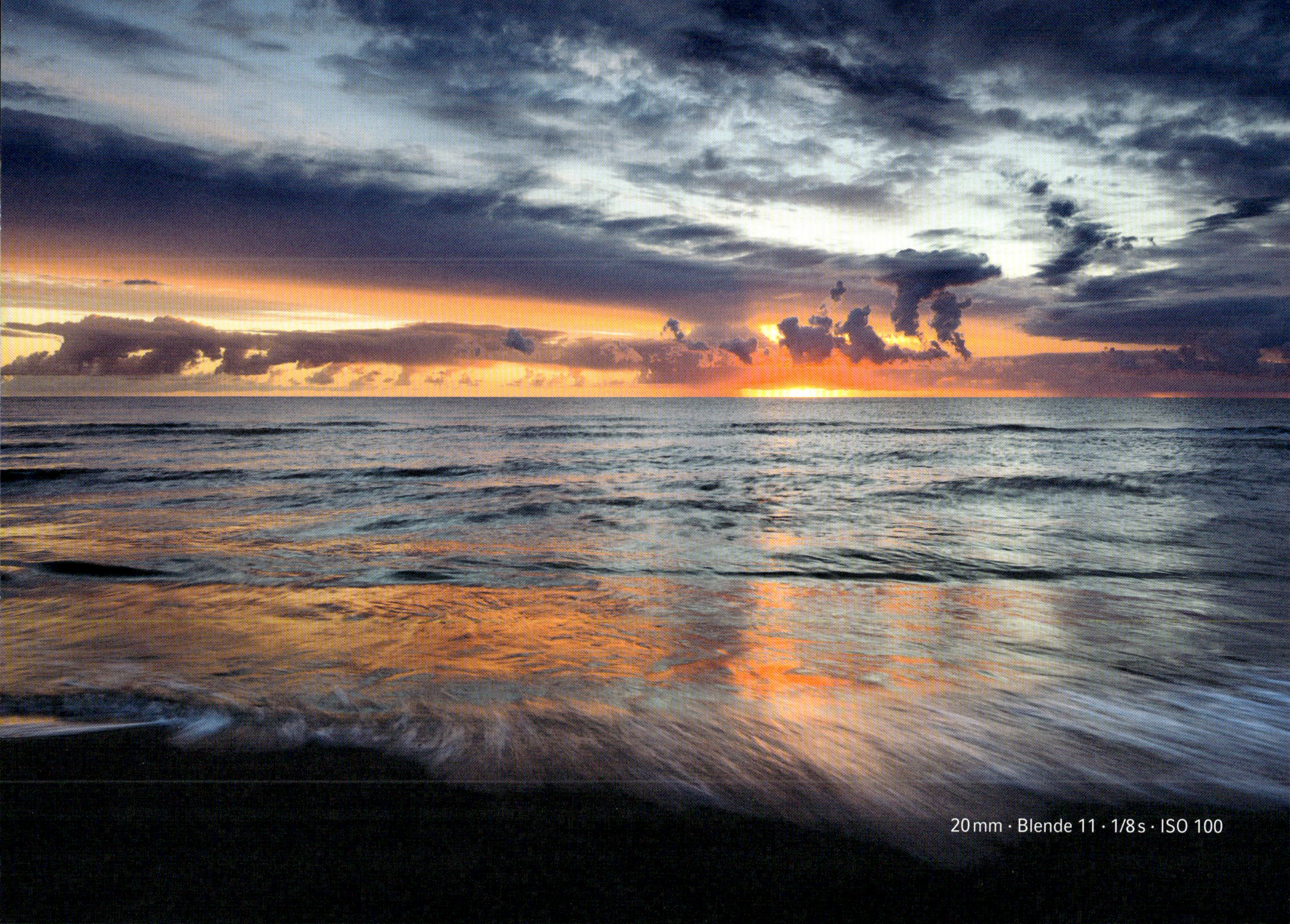

20 mm · Blende 11 · 1/8 s · ISO 100

## 1 AHLBECK, SEEBRÜCKE

**Koordinaten:** 53.943457 / 14.190276
**Beste Tageszeit:** Sonnenaufgang / Sonnenuntergang

Die Ausrichtung der Strände Usedoms nach Osten hin macht deutlich: Am besten kommen wir morgens in aller Frühe hierher, um den Sonnenaufgang zu erleben. Sonnenaufgänge am Strand sind schon für sich genommen immer wieder ein Ereignis, mit der schönen Architektur der Seebrücke aber auch eine gestalterische Herausforderung. Fotografieren wir nur die Sonne und das Meer?

Rücken wir die Seebrücke ganz prominent ins Bild oder soll sie nur die Rolle der Hintergrundkulisse am Horizont spielen? Wollen wir einen möglichst leeren Strand oder nutzen wir die Strandkörbe für den Vordergrund? All diese Fragen und Überlegungen können zu ganz unterschiedlichen Bildern führen. Ein ganz klassisches Bild ist dann zunächst einmal die große Totale, so wie sich die Szene darbietet, wenn wir am Strand ankommen. Und mit stimmungsvollen Wolken funktioniert diese Perspektive genauso auch im Abendlicht.

24 mm · Blende 11 · 1/50 s · ISO 100

24 mm · Blende 11 · 1/30 s · ISO 100

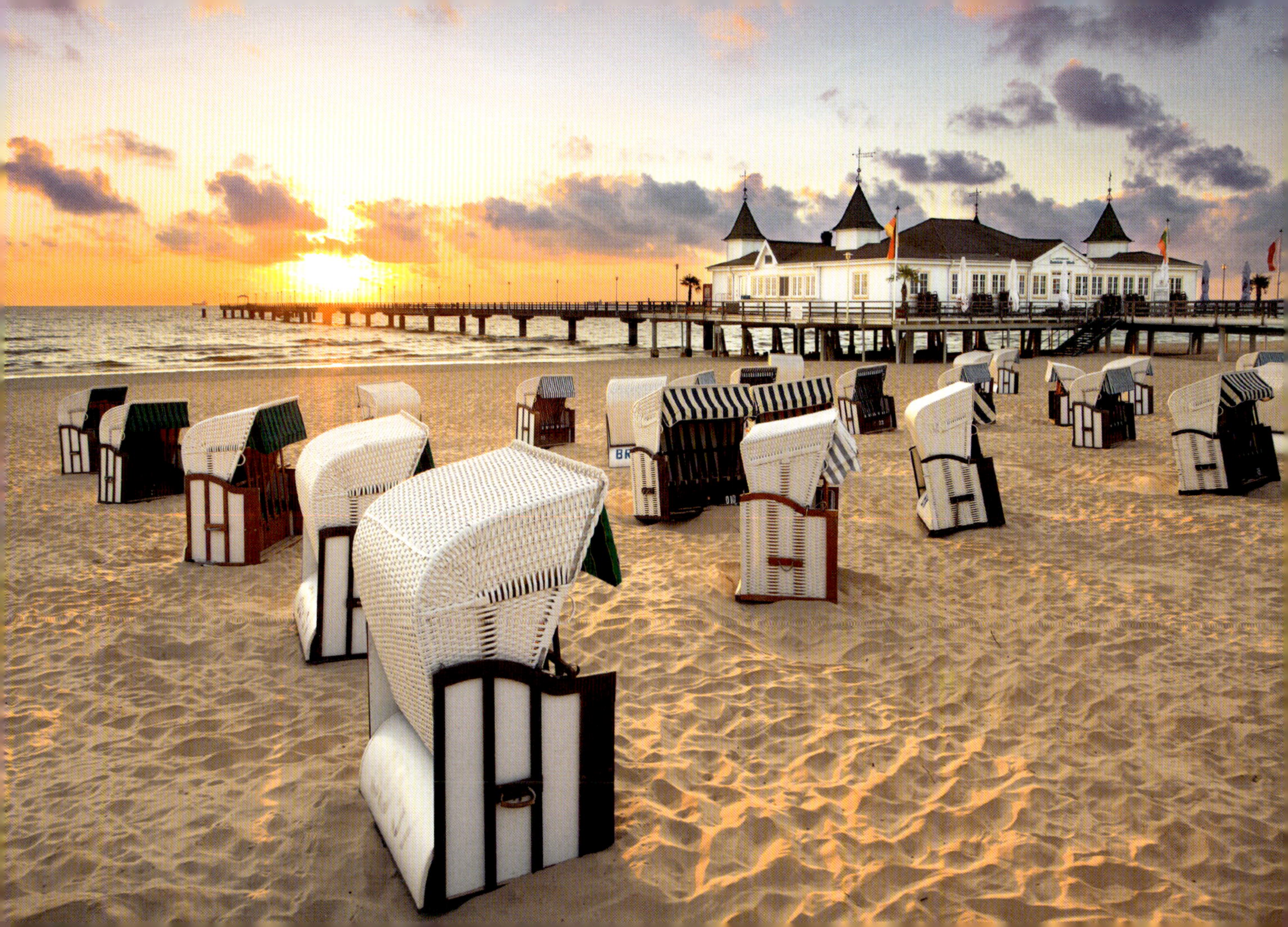

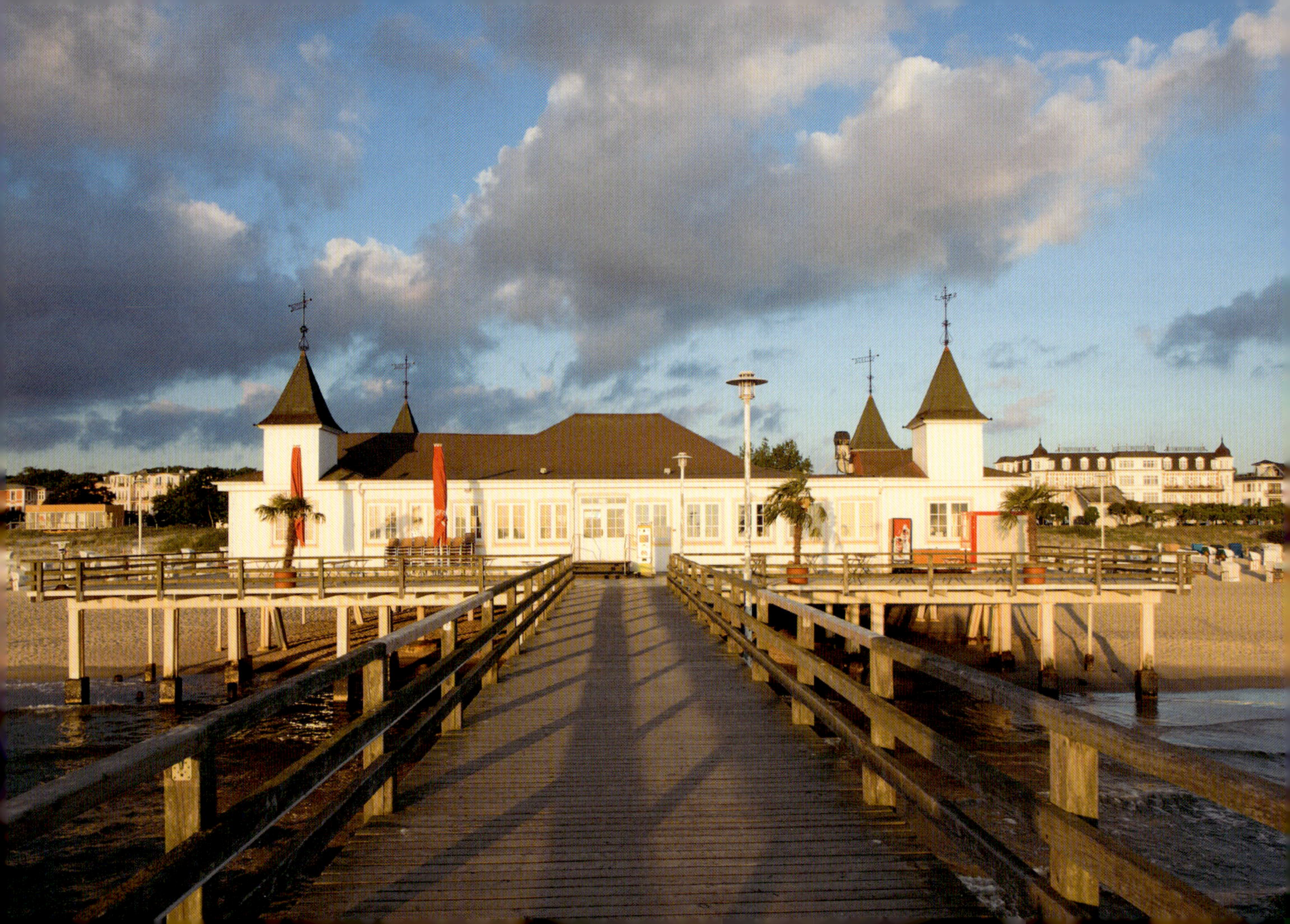

Doch die Architektur der Seebrücke – übrigens die älteste Deutschlands – reizt auch zum Spiel mit weiteren fotografischen Gestaltungsmöglichkeiten. Besonders auf der Südseite der Brücke bilden sich am Strand oft kleine Teiche, in denen sich das ablaufende Meerwasser sammelt. Bei Windstille gibt die Wasseroberfläche einen perfekten Spiegel ab, in der sich die Seebrücke verdoppeln kann. Der beste Zeitpunkt dafür ist im frühen Morgenlicht, aber auch zum Sonnenuntergang kann die Seebrückenspiegelung als Silhouette vor dem Abendhimmel eine reizvolle Kulisse darstellen. Natürlich gehen wir auch auf den langen Steg der Seebrücke hinaus bis ganz nach vorne zum Blick aufs Meer, um dann in der Rückschau festzustellen, dass die Plattform mit dem Restaurant ebenfalls ein Bild wert ist. Auch hier erweist sich der frühe Morgen als die beste Zeit, wobei dann zu beachten ist, dass möglicherweise unser eigener Schatten mit ins Bild kommt.

24 mm · Blende 11 ·
1/60 s · ISO 100

50 mm · Blende 11 ·
1/125 s · ISO 200

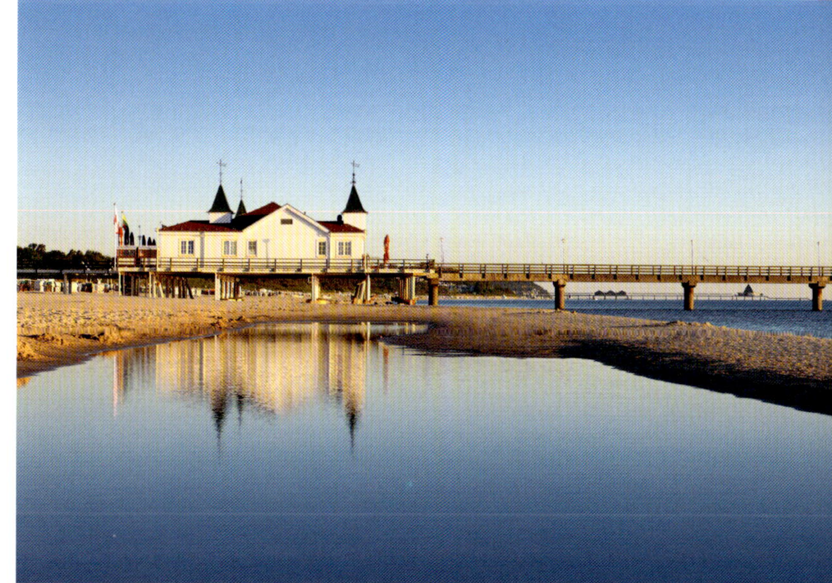

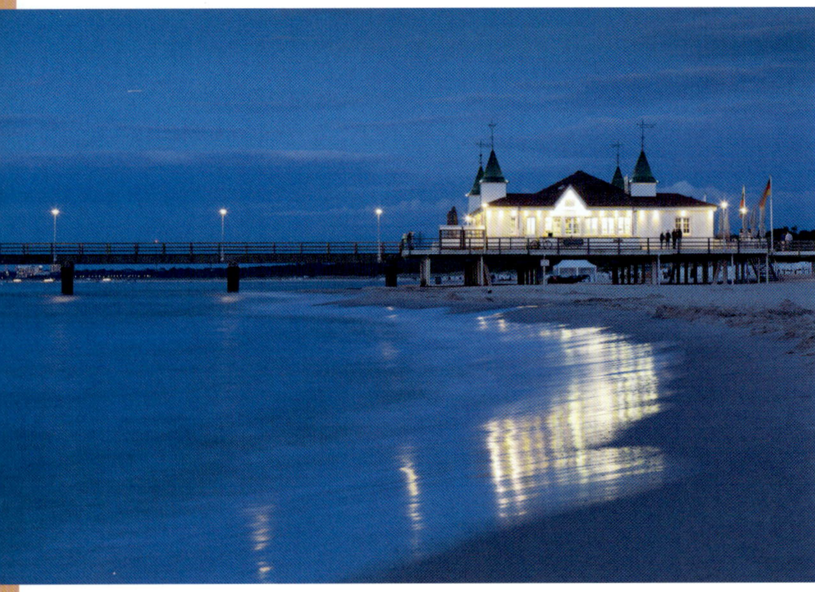

85 mm · Blende 11 · 8 s · ISO 100

85 mm · Blende 11 · 1 s · ISO 100

Zur »Blauen Stunde« der Dämmerung strahlt die Fassade des Brückengebäudes in hellem Kunstlicht und sorgt so auf noch einmal andere Weise für Akzente im Bild. Auch hier kann man die anbrandenden Meereswogen ganz effektvoll für eine Spiegelung nutzen. Am besten gelingt dies mit einem leichten Teleobjektiv aus einiger Entfernung. Von derselben Aufnahmeposition haben wir in umgekehrter Blickrichtung am Strand entlang schon eines unserer nächsten Ziele im Auge, die Seebrücke von Heringsdorf. Als filigrane Silhouette schiebt sie sich am Horizont vor dem Dämmerungshimmel extrem weit ins Meer hinaus. Um möglichst perfekt den schönen Wellensaum zu erwischen, in dem sich hier das letzte Abendrot spiegelt, sollte ebenso wie bei der Ahlbecker Seebrücke bei längeren Belichtungszeiten der Auslöser in dem Moment betätigt werden, wenn eine Welle ihren Höchststand erreicht hat und sich wieder zurückzieht.

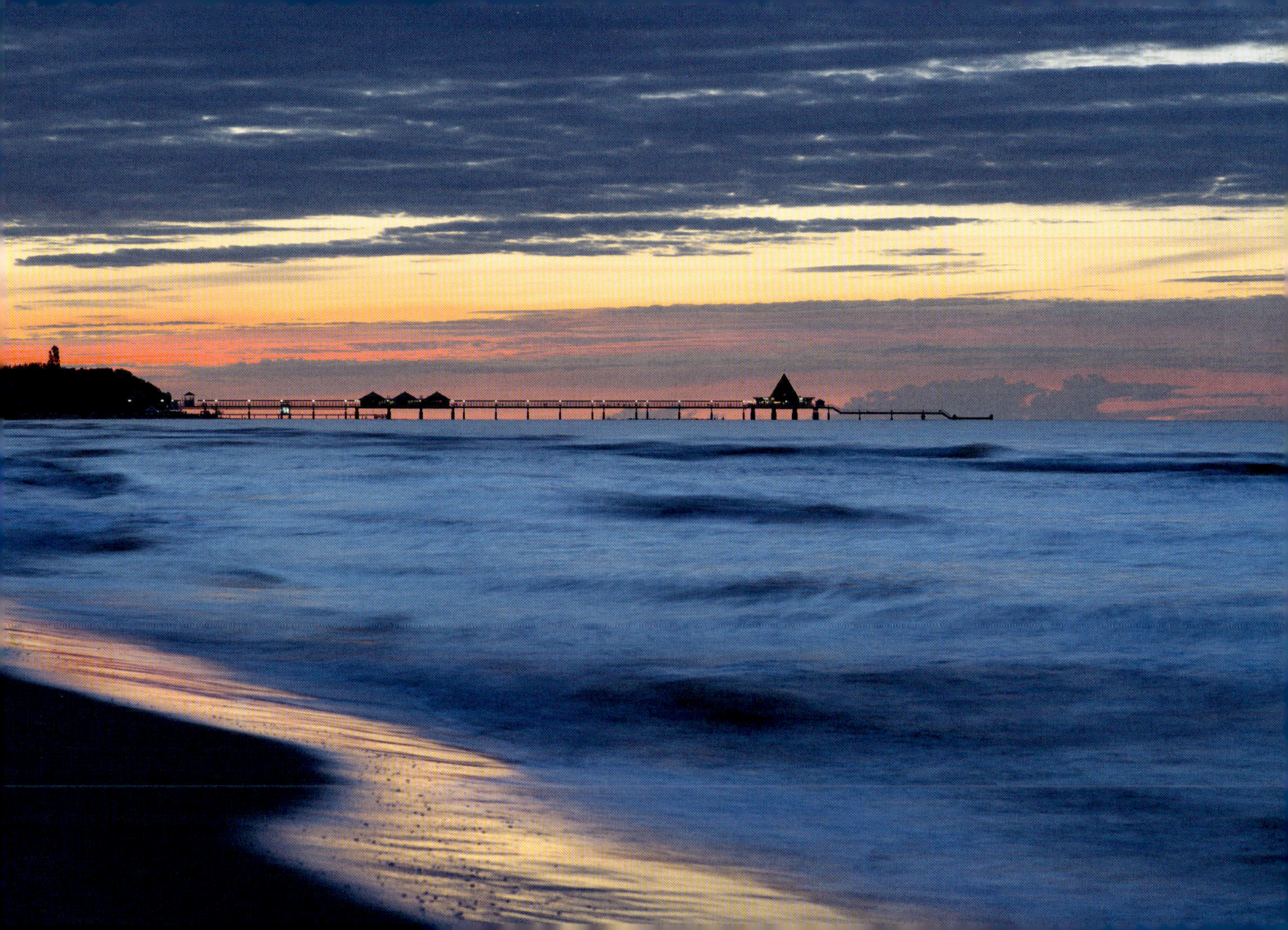

## 2 AHLBECK, STRAND

**Koordinaten:** 53.944789 / 14.188173
**Beste Tageszeit:** Sonnenaufgang / Sonnenuntergang

Viele sind es nicht mehr, die heute noch mit ihren Fischerbooten auf die Ostsee hinausfahren. Die traditionsreiche und schwere körperliche Arbeit ernährt die wenigen verbliebenen Fischer auf Usedom immer schlechter. Ob der Beruf des Heringsfischers wohl irgendwann ganz ausgestorben sein wird und die Boote dann nur noch als museale Ausstellungsstücke am Strand zu besichtigen sind? Überaus beliebte Fotomotive waren sie schon immer, und eines oder zwei von ihnen sind auch heute noch oft am Strand zu sehen, wenn sie nicht gerade draußen auf der Ostsee Fischfang betreiben. Die eindeutig beste Tageszeit ist hier wie so oft der Sonnenaufgang – und Sie haben idealerweise ein starkes Weitwinkel-Objektiv an Ihre Kamera geschraubt, um bei tief liegender Kameraposition möglichst viel Himmel ins Bild zu bekommen. Vor allem wenn bei teils bewölktem Himmel der Horizont und die tieferen Wolken vom Licht der Sonne feurig angestrahlt werden.

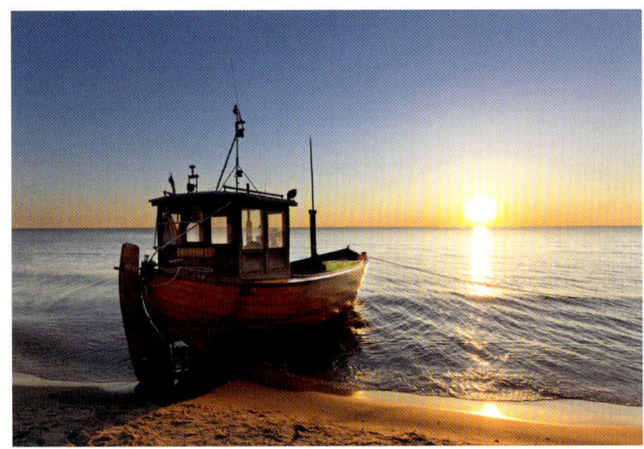

24 mm · Blende 11 · 1/125 s · ISO 100

20 mm · Blende 11 · 1/10 s · ISO 100

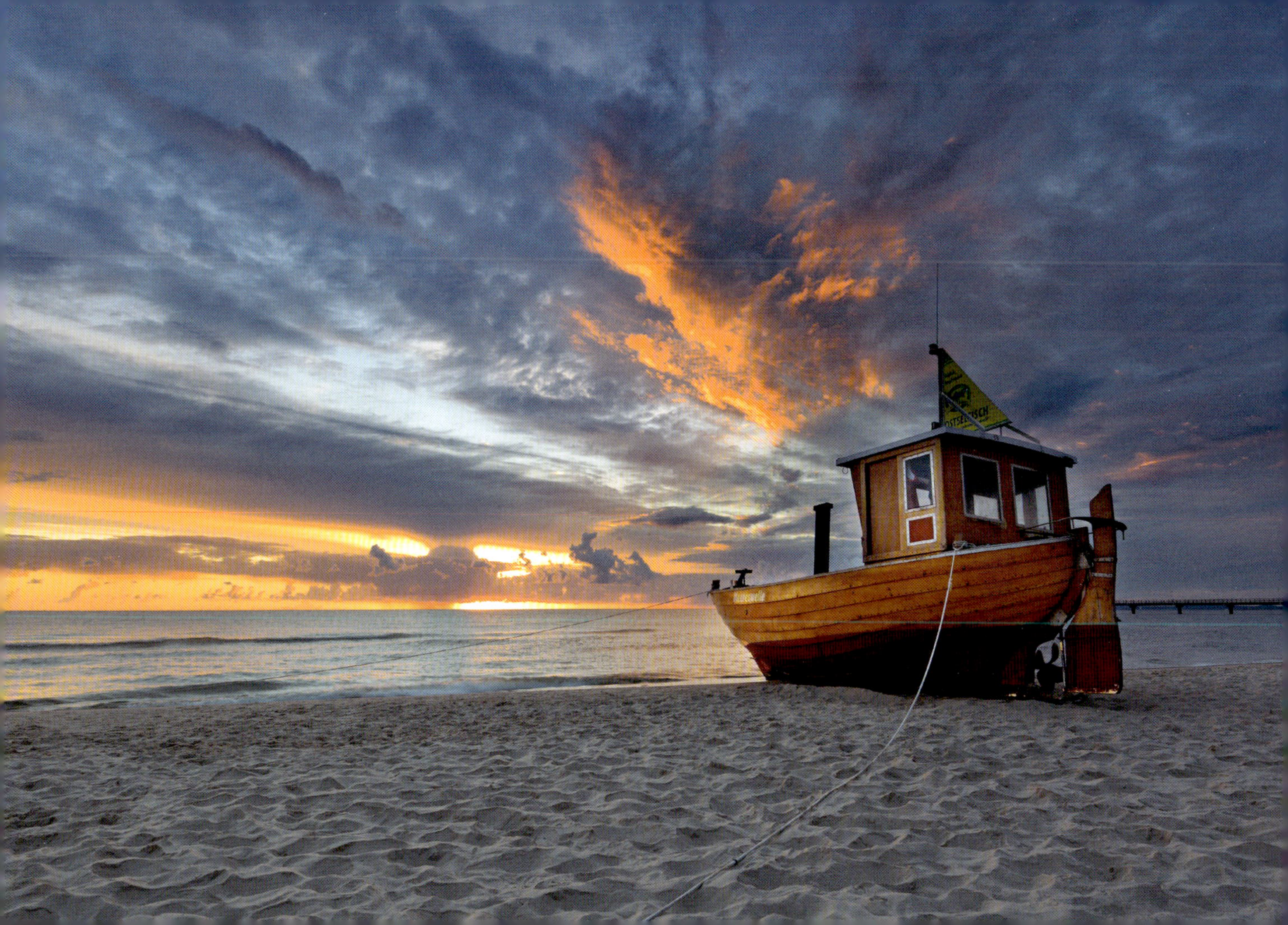

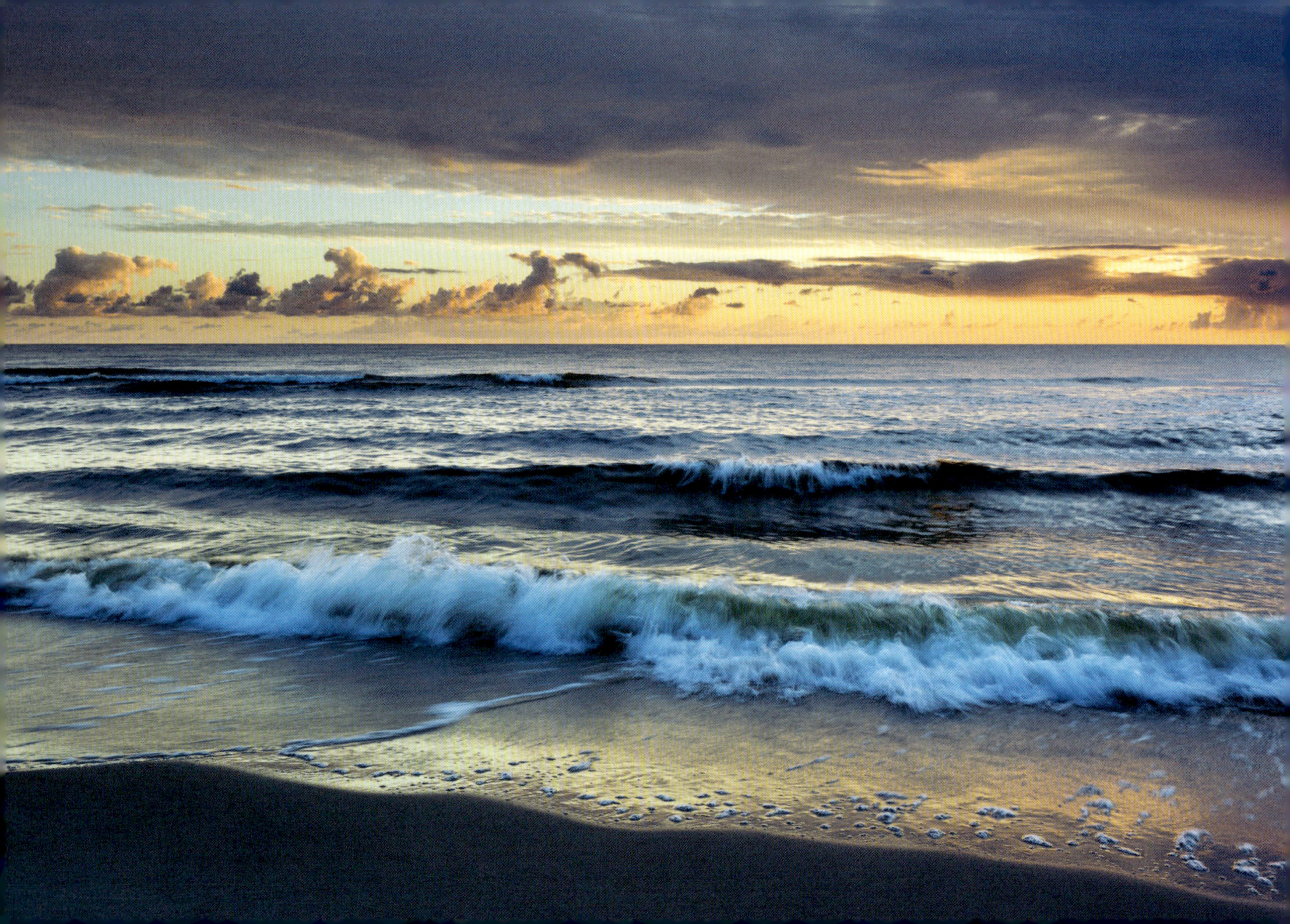

Nur ein paar Schritte von der Seebrücke und den Fischerbooten entfernt haben wir freie Sicht aufs Meer und den Sonnenaufgang. Besonders am Meer kann einem Sonnenaufgang meiner Meinung nach ein bisschen »Drama« nicht schaden, also Wind, Wellen und Wolken. Wenn das alles zusammenkommt, ergibt sich immer wieder ein aufregendes Spiel mit der ganzen Palette an fotografischen Möglichkeiten. Weitwinkel oder Tele, kurze oder lange Belichtungszeit mit entsprechender Auswirkung auf die Wellenbewegung – bei einem Morgen am Meer kann man in dieser Hinsicht vieles ausprobieren. Die große Weitwinkel-Totale mit ihrer nur ganz leichten Bewegungsunschärfe gibt für mich genau die Stimmung jenes Morgens wieder; beim kleinen Bild rechts fängt der enge Ausschnitt des Teleobjektivs die scheinwerferartigen Strahlen der hinter den Wolken versteckten Sonne groß im Bild ein.

28 mm · Blende 11 ·
1/25 s · ISO 100

100 mm · Blende 11 ·
1/40 s · ISO 100

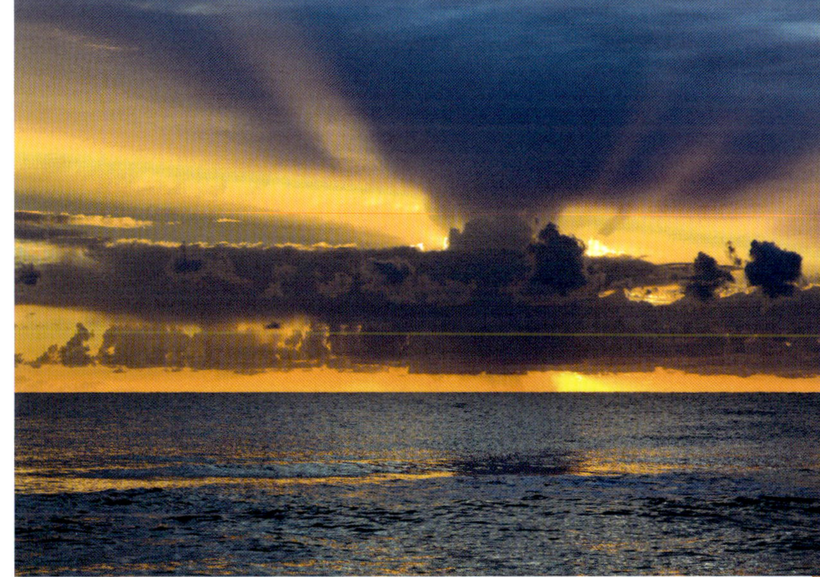

## 3 HERINGSDORF, SEEBRÜCKE

**Koordinaten:** 53.957170 / 14.170889
**Beste Tageszeit:** Sonnenaufgang / Sonnenuntergang

Kaum eine andere Ostseeinsel wird mit einer solchen Anzahl an Seebrücken aufwarten können wie Usedom, und so wetteifern die einzelnen Badeorte auch um die Besonderheiten ihrer jeweiligen Brücke: Wo steht die älteste, die längste, die schönste? Ahlbeck ist klarer Punktsieger beim Alter. Die Seebrücke kann bald ihr 125-jähriges Jubiläum feiern. Dafür hat Heringsdorf die längste Seebrücke nicht nur Usedoms, sondern ganz Deutschlands. Mit ihren 508 Metern gehört die Heringsdorfer Seebrücke sogar zu den längsten in Europa. In ihrer jetzigen Form ist sie auch die jüngste, denn weder von der Optik noch von der Technik her erinnert die 1995 eröffnete Stahlkonstruktion an ihr 100 Jahre älteres Vorgängermodell aus Holz, das an fast derselben Stelle stand. Und wie es sich für eine zeitgenössische Anlage wohl gehört, beherbergt sie eine Art Shopping Mall mit Boutiquen, Cafés und Restaurants. Um es den Besuchern so angenehm wie möglich zu machen, ist die Seebrücke komplett überdacht, damit selbst bei Wind und Regen einem Spaziergang bis zur großen Pyramide am Brückenkopf nichts entgegensteht. Gleich nebenan am Strand ist für die Sommermonate die Großleinwand eines Open-Air-Kinos installiert. Sie lässt sich »ganz nach Wunsch« schön ins Bild integrieren, genauso einfach aber auch außen vor gelassen werden, indem man nur wenige Schritte zur Seite geht. Auch bezüglich der idealen Tageszeit sind beide Optionen reizvoll: Meist wird die Seebrücke bei Sonnenaufgang fotografiert, doch schöne Wolken am Abendhimmel können ebenso reizvoll sein.

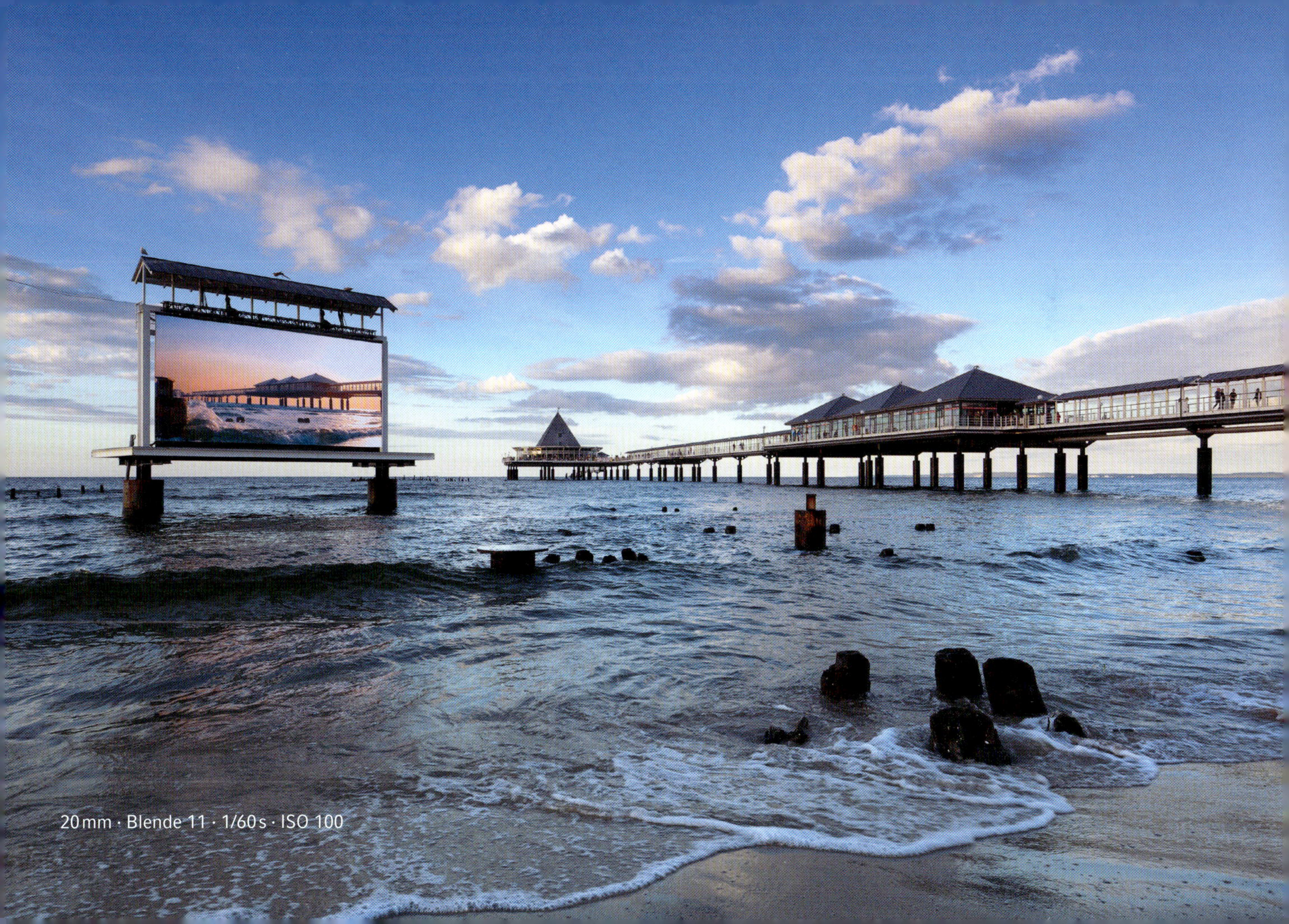

20 mm · Blende 11 · 1/60 s · ISO 100

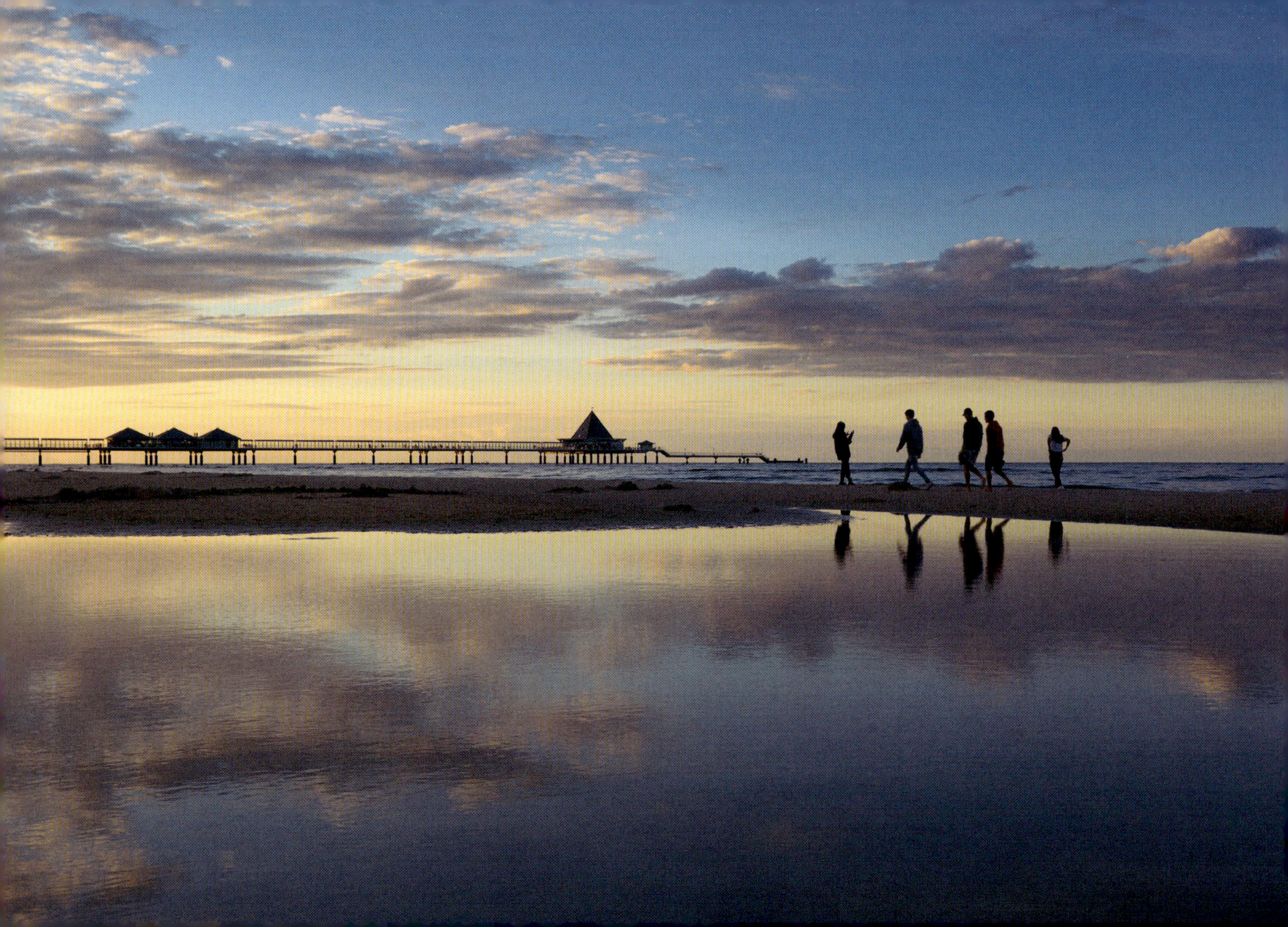

35 mm · Blende 11 ·
1/50 s · ISO 100

24 mm · Blende 11 ·
2 s · ISO 100 · ND-8-Filter

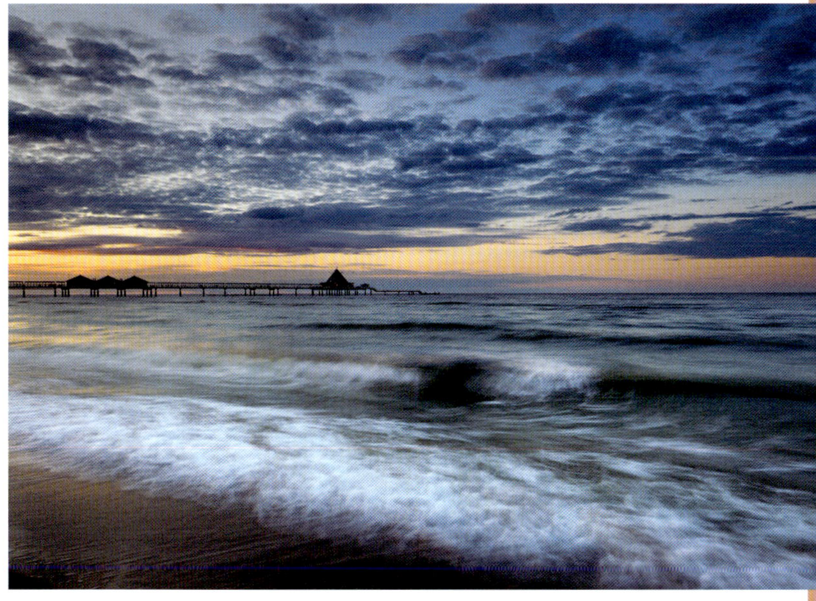

Südlich der Heringsdorfer Seebrücke in Richtung Ahlbeck bilden sich am Strand oft kleine Überschwemmungsteiche, die bei Windstille – wie schon bei der Ahlbecker Seebrücke geschildert – perfekt als Reflexionsfläche für Spiegelungen genutzt werden können. Besonders wenn der Himmel nicht eintönig blau ist, sondern von stimmungsvollen Wolken geziert wird, sind solche Spiegelbilder schon ganz automatisch ein Hingucker. Und fast genauso automatisch ergibt sich intuitiv eine sonst eher verpönte Bildgestaltung, die den Horizont in die Mitte des Bildes platziert und dadurch den Verdoppelungseffekt durch die Spiegelung deutlich macht. Wenn ich auch sonst eher menschenleere Landschaftsbilder bevorzuge, so verleihen die dunklen Silhouetten der Personen am Strand der Komposition hier noch einen zusätzlichen Reiz.

## 4 BANSIN, SEEBRÜCKE

**Koordinaten:** 53.975639 / 14.144856
**Beste Tageszeit:** Sonnenaufgang

»Kaiserbäder« werden die drei eng nebeneinanderliegenden Badeorte an den langen Stränden von Usedom auch genannt. Seinen architektonischen Ausdruck findet dieser Begriff in den ungemein prunkvollen Villen der Bäderarchitektur.

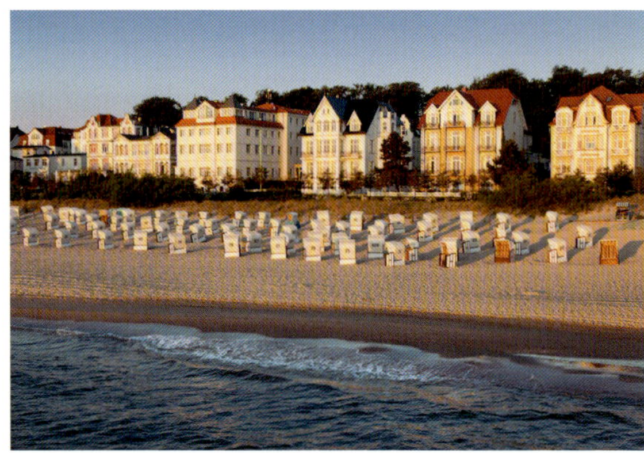

50 mm · Blende 11 · 1/50 s · ISO 200

Wohlhabende Berliner waren es meist, die sich hier vor rund 200 Jahren sogenannte Logierhäuser an die Strandpromenade bauen ließen. So unterschiedlich und vielfältig sie in ihren verspielten Details auch sind, eines eint sie praktisch alle: Strahlend weiß mussten sie offenbar sein. Auch wenn das kleine Bansin vielleicht das bescheidenste der drei Bäder ist, so bietet es doch im Rückblick von der Seebrücke aus den harmonischsten Gesamteindruck eines geschlossenen Ensembles. Fotografisch lässt sich das gut mit einer zentralperspektivisch ausgerichteten Gestaltung zeigen.

24 mm · Blende 11 · 1/60 s · ISO 200

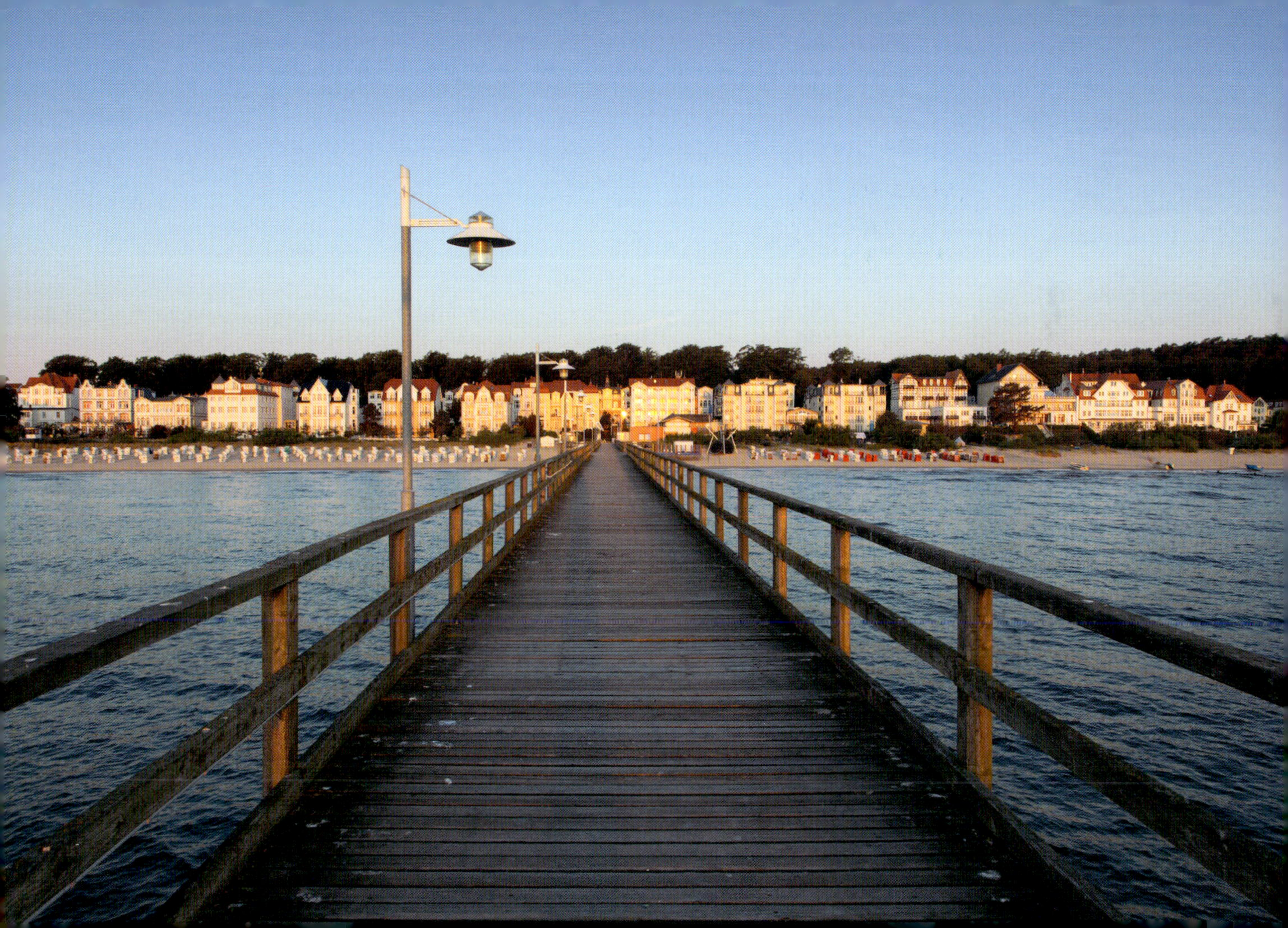

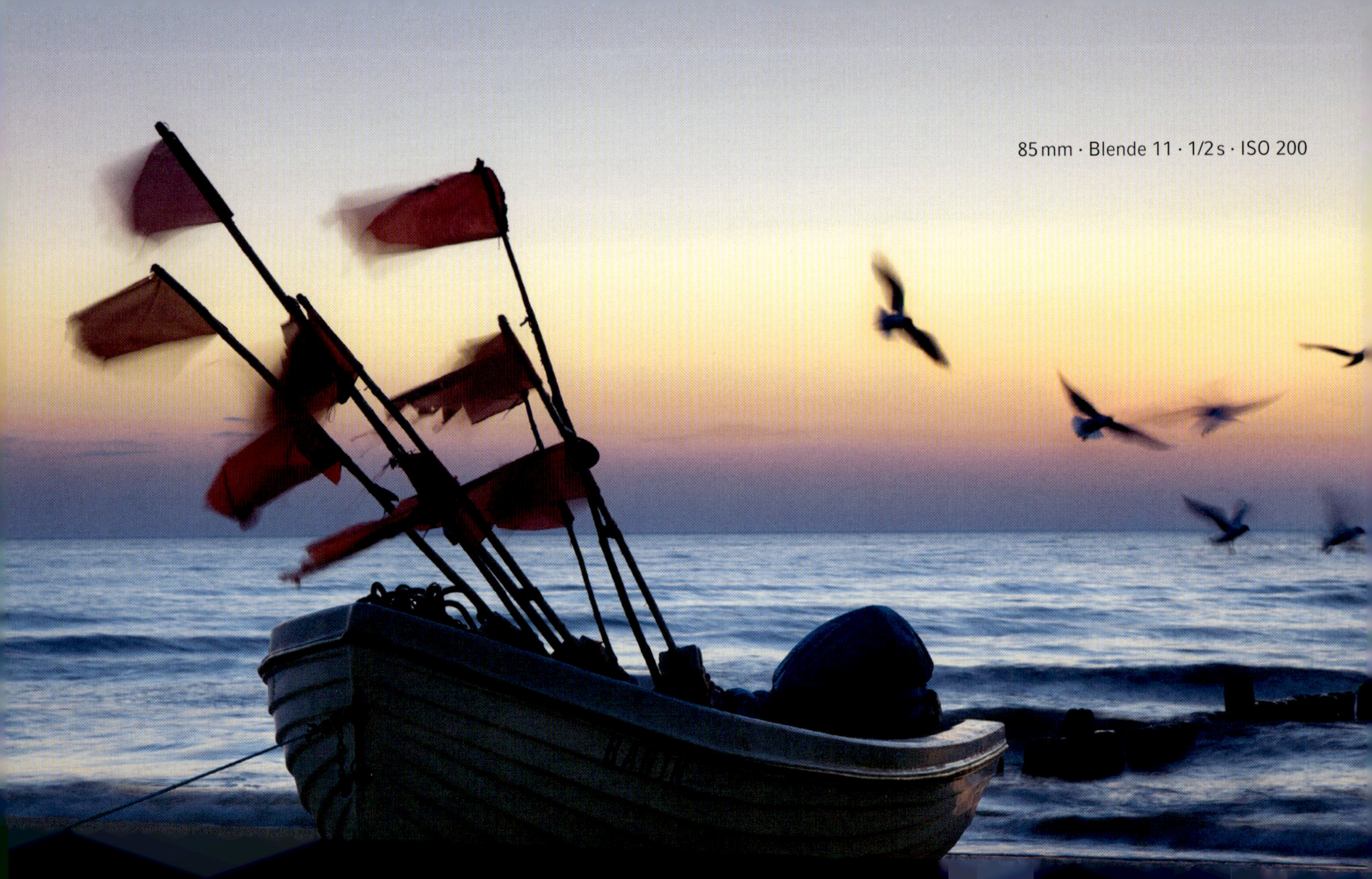

85 mm · Blende 11 · 1/2 s · ISO 200

## 5 BANSIN, STRAND

**Koordinaten:** 53.976510 / 14.141938
**Beste Tageszeit:** Sonnenaufgang

Zum Glück kam ein Schwarm Möwen. Die Fahnenstangen zeigen weit nach links aus dem Bild hinaus, da fehlte im leeren Morgenhimmel noch ein Akzent, der ein gewisses gestalterisches Gleichgewicht herstellt. Dafür sorgten dann die Vögel. Weit vor Sonnenaufgang erweist sich an diesem windigen Morgen die Belichtungszeit von einer halben Sekunde als gerade richtig, um sowohl den Fähnchen als auch den Möwen eine schöne Bewegungsunschärfe zu verleihen, sie aber nicht mit einer noch längeren Belichtungszeit gänzlich verwischt darzustellen. Für Bewegungsunschärfe gibt es kein allgemeingültiges Standardrezept; es ist immer auch ein Tasten und Ausprobieren in Abhängigkeit von der Bewegungsrichtung und -geschwindigkeit. Zum Sonnenaufgang eine gute halbe Stunde später den ISO-Wert höher gestellt und die Blende etwas geöffnet, erweist sich die Belichtungszeit dann schon als kurz genug, um die Möwe im Flug festzuhalten.

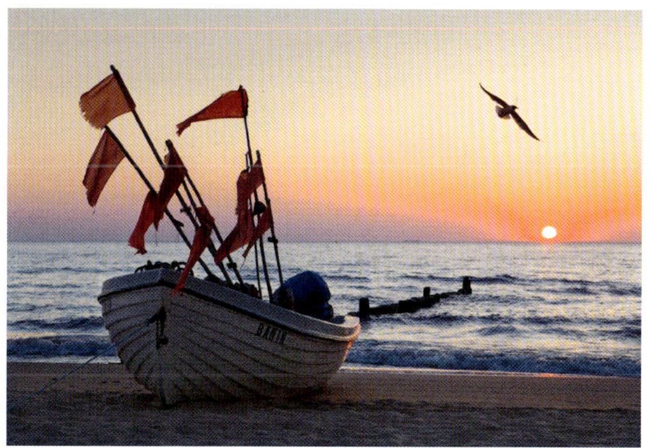

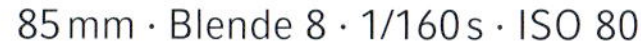
85 mm · Blende 8 · 1/160 s · ISO 800

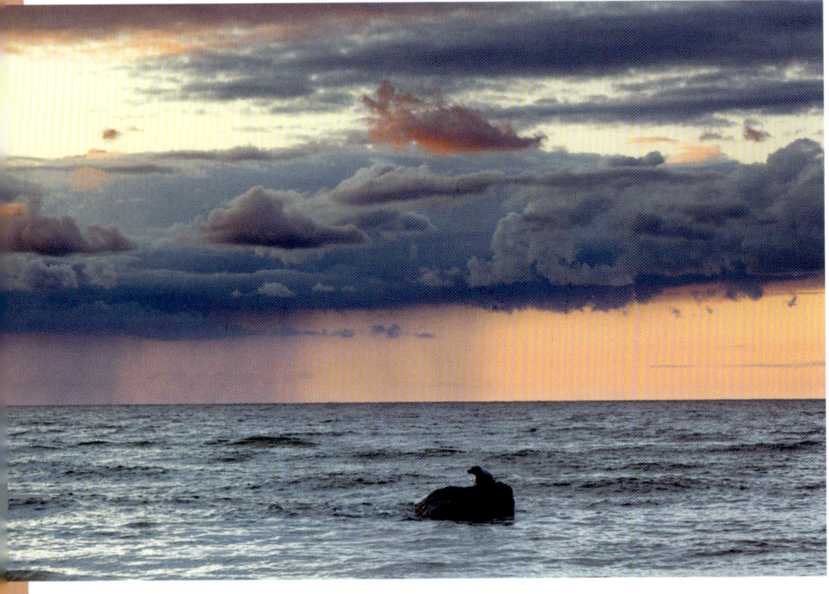

100 mm · Blende 11 · 1/30 s · ISO 400

24 mm · Blende 11 · 2 s · ISO 100 · ND-8-Filter

Nördlich vom Hauptstrand fallen einige große, vom Wasser umspülte Findlinge ins Auge, die sich wunderbar für Spiele mit den Graufiltern eignen. Je nach Tageszeit – am besten morgens oder abends – kann hier mit dem passenden Filter eine Verlängerung der Belichtungszeit auf einstellige Sekundenwerte erreicht werden. Außer dem Horizont und den noch unbewegten Wolken wird der Findling in den bewegten Wellen dann zum ruhenden Pol und Fixpunkt im Bild, an dem sich das Auge festhalten kann.

Auf einem Stein etwas weiter draußen im Meer hat es sich eine kleine Robbe gemütlich gemacht. Wie ein Fotomodell scheint sie die Aufmerksamkeit von uns Menschen am Ufer zu genießen, die wir sie fleißig fotografieren. Von anderen Urlaubern habe ich mir sagen lassen, dass sie das jeden Abend tut.

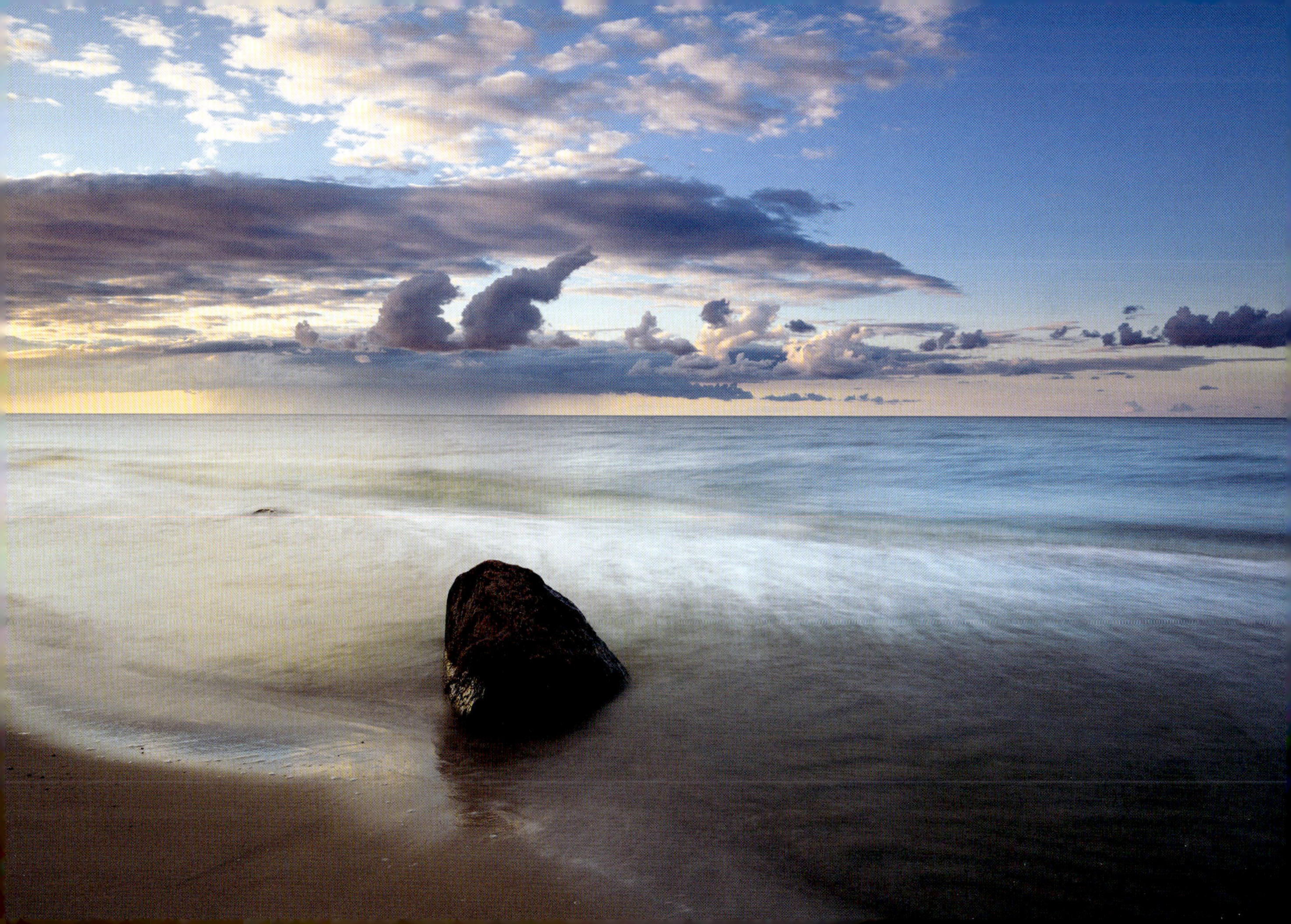

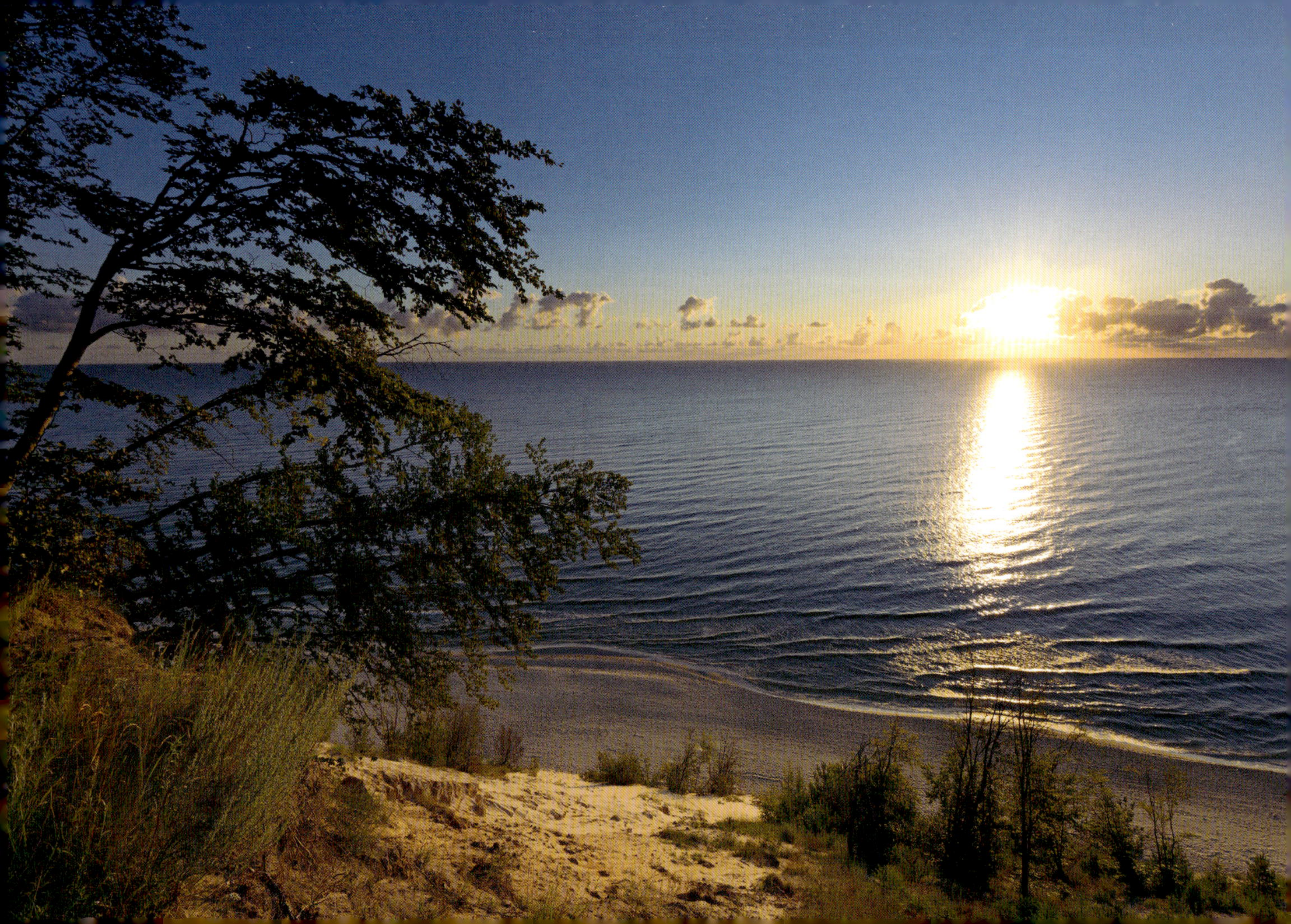

## 6 BANSIN, HOCHUFERWEG

**Koordinaten:** 53.985325 / 14.125780

**Beste Tageszeit:** Sonnenaufgang / Sonnenuntergang

Eine Treppe führt vom Strand hinauf zum Hochuferweg, am Forsthaus Langenberg vorbei, wo sich schöne Ausblicke über die Steilküste, den Strand und das Meer eröffnen. Besonders empfehlenswert ist ein Spaziergang hier am frühen Morgen, wenn die Sonne sich über den Horizont erhebt und eine gleißende Lichtspur ins Wasser schreibt. Natürlich haben wir zunächst die große Totale im Blick, doch bei attraktiver Wolkenbildung lohnt sich auch die durch den Einsatz eines Teleobjektivs entstandene Konzentration auf die Sonne, wie sie die Wolken durchbricht. Dabei kann dann natürlich auch eine deutlich stärkere Brennweite als die hier verwendeten 100 mm sinnvoll sein.

16 mm · Blende 11 · 1/125 s · ISO 100

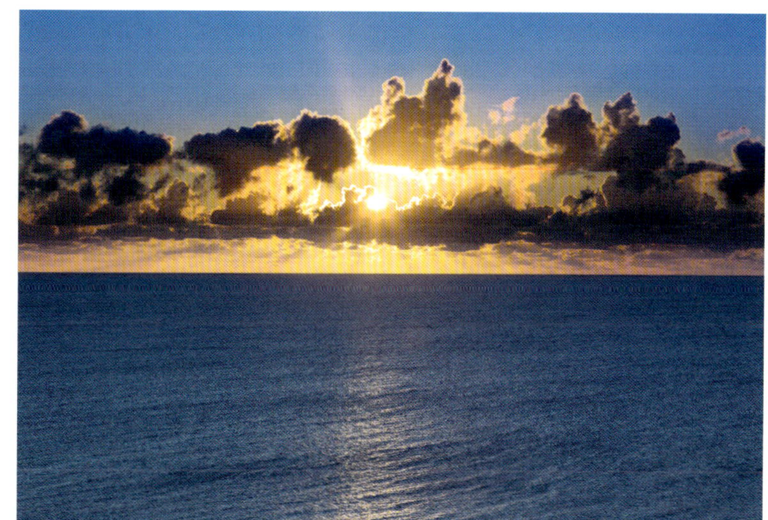

100 mm · Blende 11 · 1/250 s · ISO 100

## 7 MÜMMELKENSEE

**Koordinaten:** 53.982756 / 14.111500
**Beste Tageszeit:** vormittags / nachmittags

Vom Hochuferweg können wir durch den Wald zum stillen kleinen Mümmelkensee wandern. Ganz versteckt liegt er zwischen den Bäumen und ich habe lange überlegt, ob ich ihn hier in die Location-Liste aufzunehmen soll, denn sein ökologisch sensibler Uferbereich darf nicht betreten werden. Da der See jedoch in praktisch jedem Reiseführer zu Usedom erwähnt wird, wäre es müßig, ihn hier »verheimlichen« zu wollen. Nur ein Steg führt vom Wanderweg zum Wasser, und im Sinne des Naturschutzgedankens sollte es auch und gerade für uns Fotograf*innen selbstverständlich sein, diesen nicht zu verlassen.

Der Mümmelkensee ist ein »Moorauge«, der kleinste offene Teil eines in einer Senke liegenden Kesselmoores, und hat ganz ähnlich wie der Schwarze See auf Rügen keinen natürlichen Zu- oder Ablauf, sondern speist sich allein aus dem Regenwasser, das im Moor gespeichert ist. In seinem Uferbereich ist der See nicht von festem Boden umgeben, sondern von einer auf der Wasseroberfläche schwimmenden Vegetationsdecke, sogenanntem Schwingrasen. Einleuchtend, dass dieser nicht betreten werden darf. Vom Steg am Südufer hat man aber einen schönen Blick über den See und den ihn umgebenden Wald. Gutes Licht finden wir hier morgens vor, also ist es nicht die schlechteste Idee, gleich nach den Sonnenaufgangsfotos vom Strand oder Hochufer hierher zu wandern. Kommt man zur rechten Zeit im Sommer, blühen auch die Mummeln, die gelben Teichrosen, deren plattdeutsche Bezeichnung »Mümmelken« dem See seinen Namen gegeben hat.

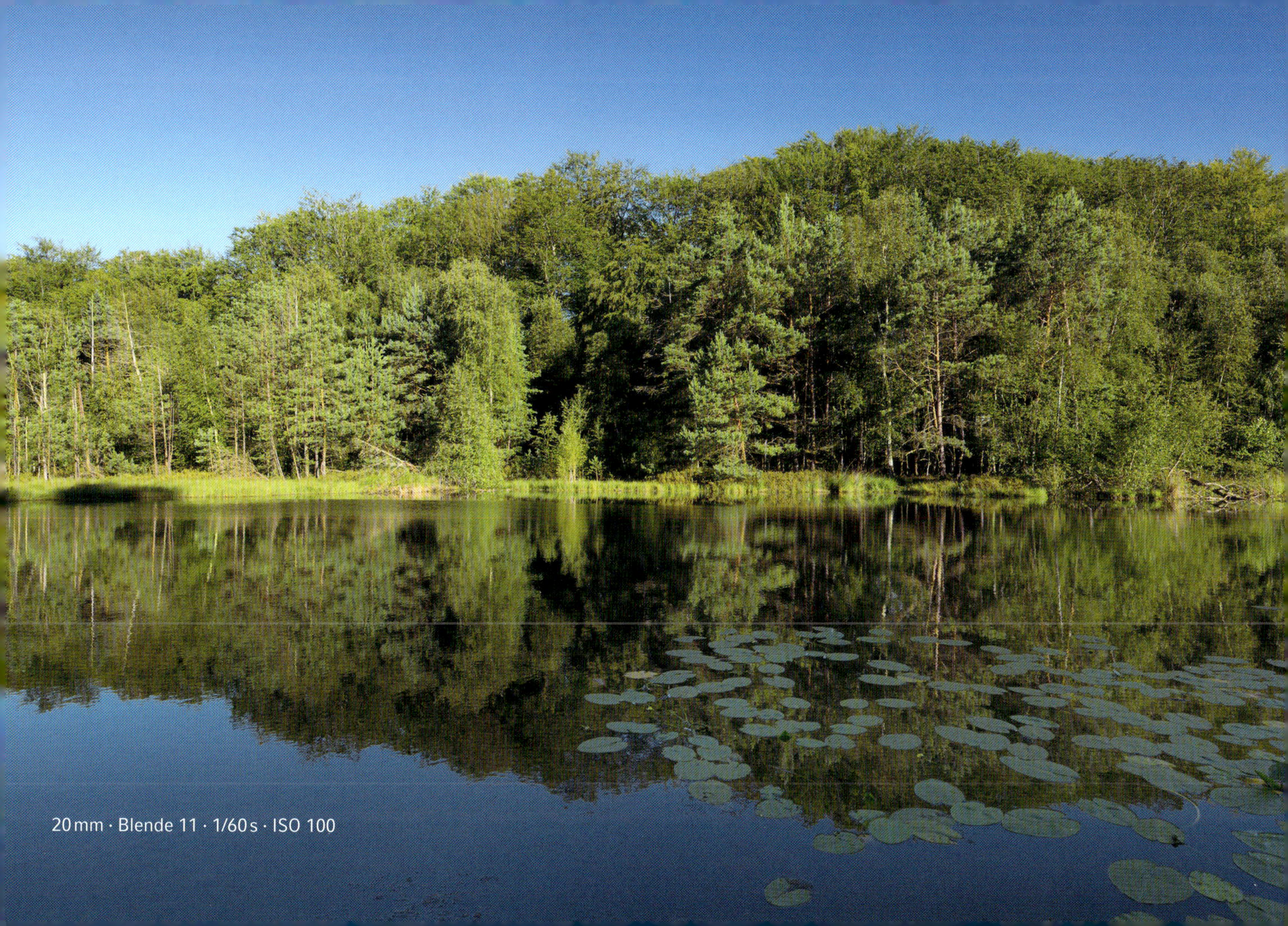
20 mm · Blende 11 · 1/60 s · ISO 100

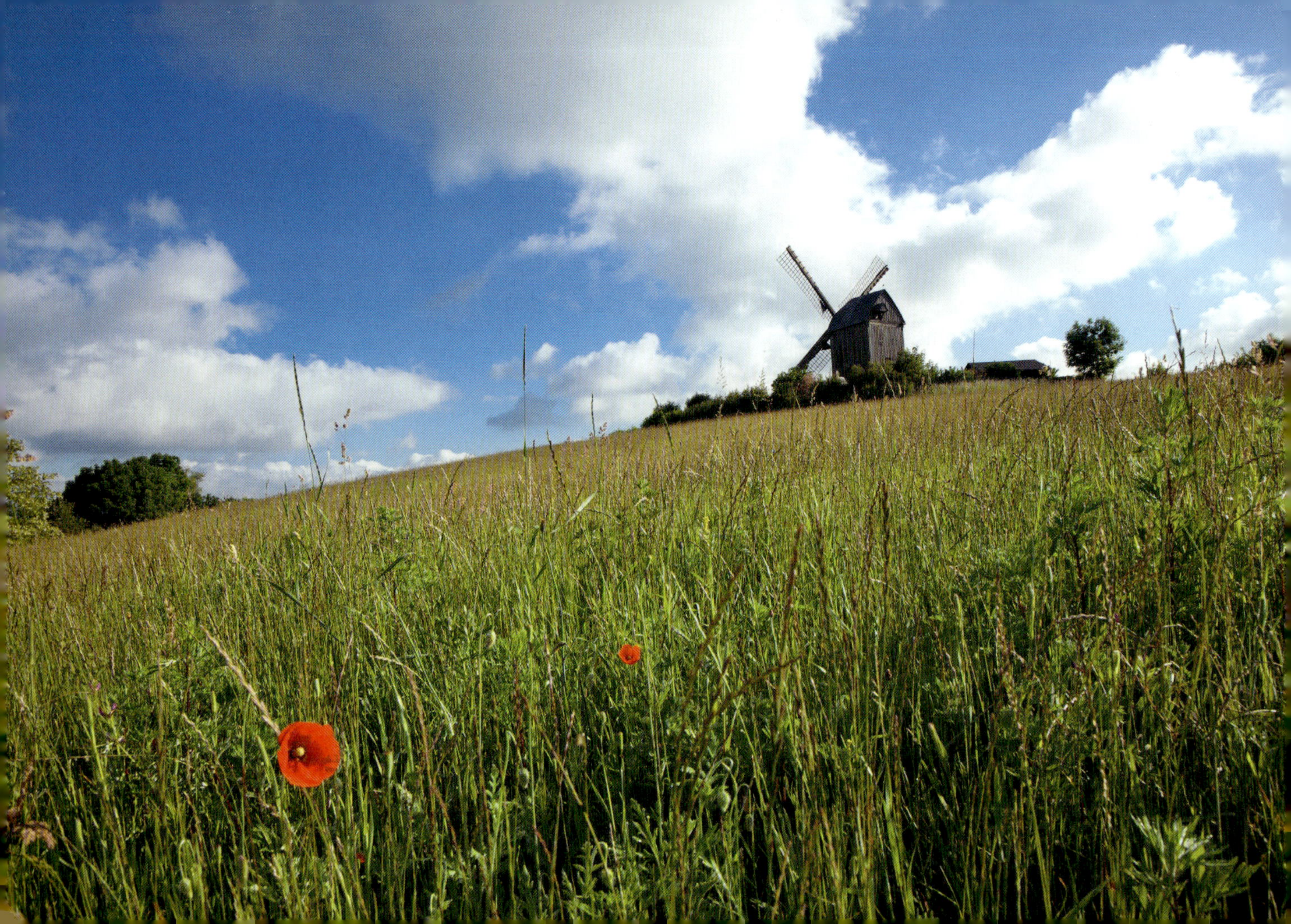

## 8 PUDAGLA, WINDMÜHLE

**Koordinaten:** 53.959791 / 14.063342

**Beste Tageszeit:** vormittags / nachmittags

Wer auf der B 111 in den Norden der Insel Usedom unterwegs ist, kann sie gar nicht übersehen, die Bockwindmühle bei Pudagla. An der exponierten Stelle auf dem Hügel stand schon vor über 300 Jahren eine Windmühle, und auch die jetzige Mühle ist schon fast 270 Jahre alt. Bis zum Jahr 1937 wurde hier das Korn der Bauern gemahlen. Danach stand die Mühle still, wurde zwischenzeitlich sogar als Ferienunterkunft genutzt. Erst 60 Jahre später kam es zu ihrer Restaurierung und seitdem kann sie wieder ihrer eigentlichen Bestimmung nachgehen, wenn auch nur an bestimmten Veranstaltungstagen, zu denen der Mühlenverein einlädt. Dann drehen sich die Flügel im Wind und im Lehmofen wird Brot gebacken. Bei der einzigen Bockwindmühle in Mecklenburg-Vorpommern wird das komplette Mühlengehäuse in den Wind gedreht und nicht nur die obere Kappe mit den Flügeln, wie das bei den Holländermühlen der Fall ist. Ein geeigneter Foto-Spot, um die Windmühle als markanten und dominanten Punkt in der Hügellandschaft darzustellen, findet sich gleich unten am Parkplatz. Der Einsatz eines Weitwinkelobjektivs eröffnet dabei alle Möglichkeiten, um mit der Gestaltung des Vordergrunds zu spielen.

24 mm · Blende 16 · 1/80 s · ISO 100

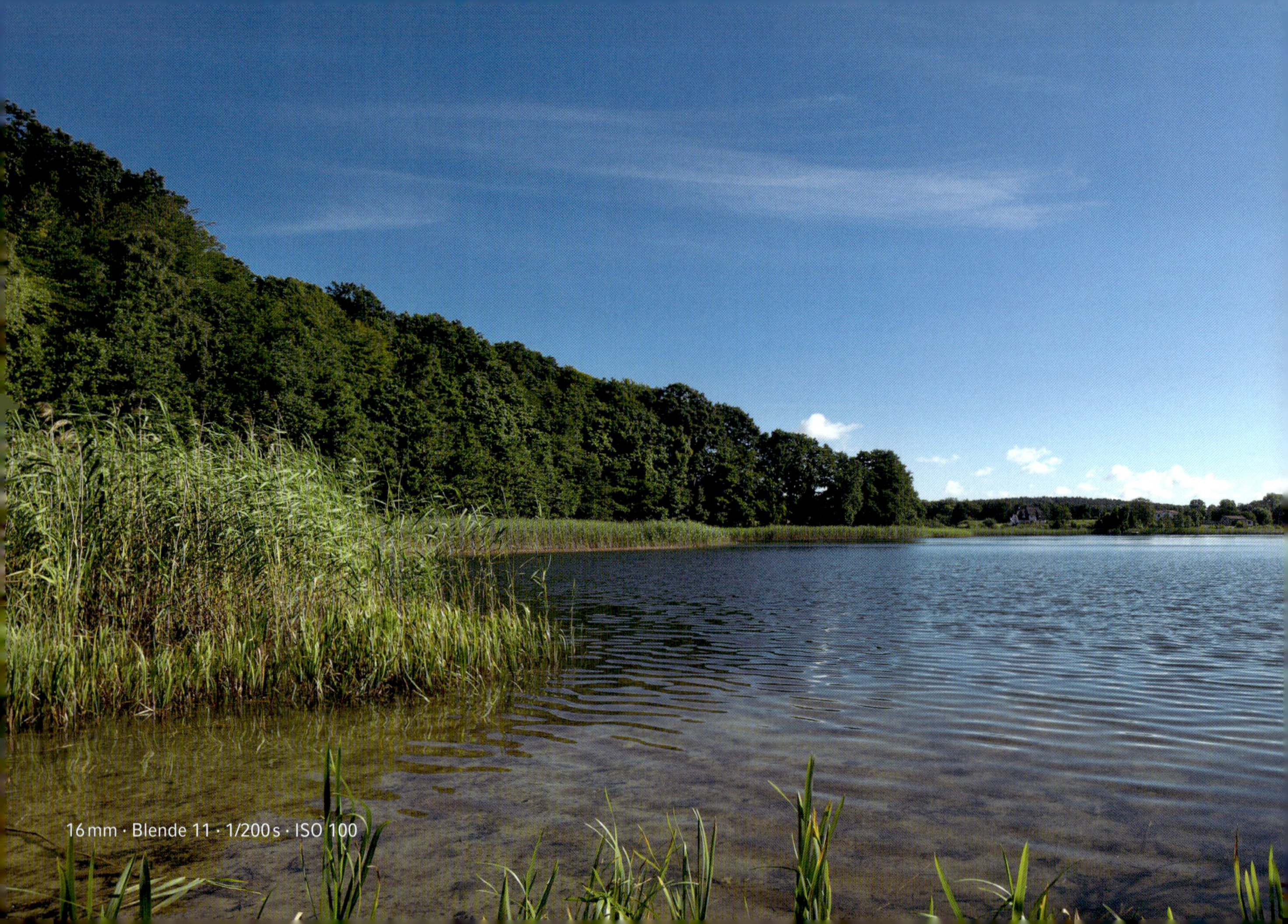
16 mm · Blende 11 · 1/200 s · ISO 100

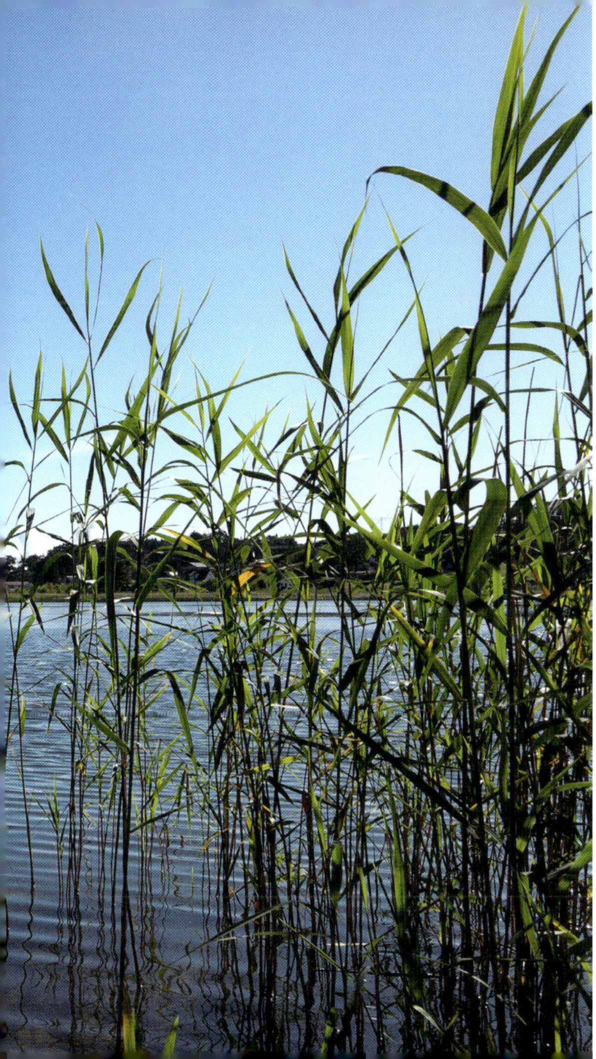

## 9 DIE SEEN IM ACHTERLAND

**Koordinaten:** 53.956496 / 14.121706

Das überraschend hügelige Achterland Usedoms – trotz der eher bescheidenen Höhenmeter gerne auch »Usedomer Schweiz« genannt – wird von einer Seenlandschaft geprägt. Schmollensee und Gothensee heißen die größeren, Kachliner See, Wolgastsee, Großer und Kleiner Krebssee die kleineren Gewässer. Die Gegend ist ideal für eine Radtour. Von verschiedenen Aussichtspunkten aus lassen sich die Seen in der Landschaft überblicken, so zum Beispiel vom »Sieben-Seen-Blick«, einem Turm bei Neu-Sallenthin. Hier kommen bei der Rundumschau zusätzlich noch das Achterwasser und die Ostsee in den Blick. Die Uferbereiche der Seen sind allerdings meist von Wald und breiten Schilfgürteln umgeben und kaum öffentlich zugänglich, sondern geschützte Brutgebiete für viele Wasservögel.

## 10 DAS ACHTERWASSER

**Koordinaten:** 53.940799 / 14.040236
**Beste Tageszeit:** ganztägig

Wenn die Strände an der Ostsee so etwas wie die betriebsame »Vorderfront« Usedoms darstellen, dann ist das achtern, also hinten gelegene Achterwasser die stille Rückseite: ein großer lagunenartiger See mit kleinen Inseln und größeren Halbinseln, den an der schmalsten Stelle Usedoms nur etwa 300 Meter vom offenen Meer der Ostsee trennen. Wie bei den anderen kleineren Seen Usedoms, dem Schmollensee oder Gothensee, sind die schilfbewachsenen Uferzonen mancherorts Naturschutzgebiete, besonders im Südzipfel des Achterwassers, dem Balmer See. Es gibt einige versteckte Strände, vor allem aber ist das Achterwasser ein Paradies für Angler und Segler. An den kleinen Hafenorten starten geführte Kajaktouren und Ausflugsdampfer. Besonders stilvoll ist vom Anleger in Neppermin aus ein Segeltörn mit der »Weißen Düne«, einem großen holländischen Plattbodenschiff.

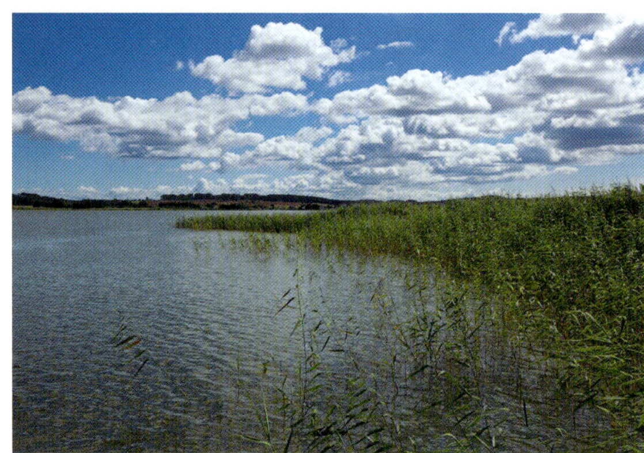

35 mm · Blende 11 · 1/250 s · ISO 100

135 mm · Blende 11 · 1/400 s · ISO 100

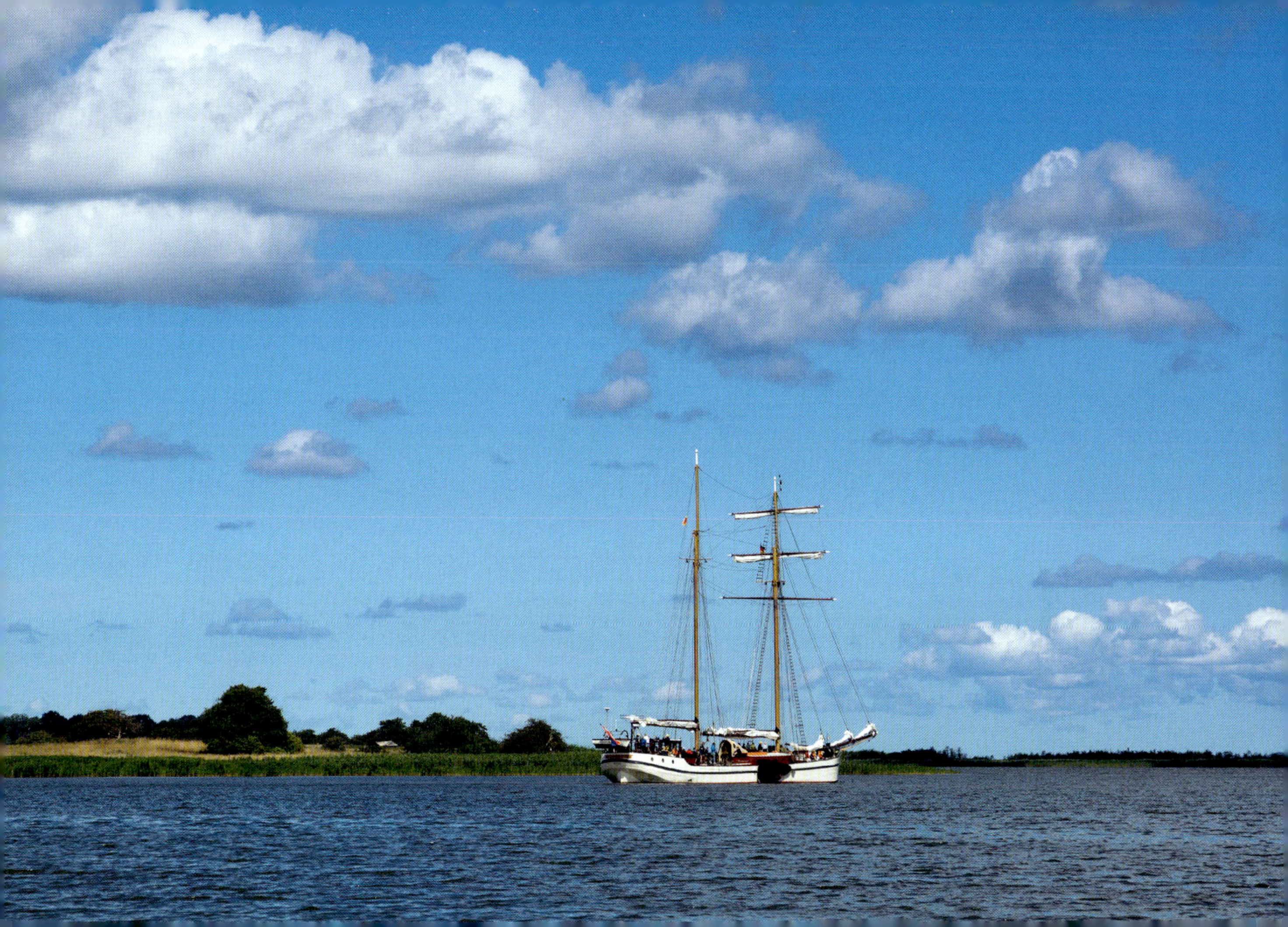

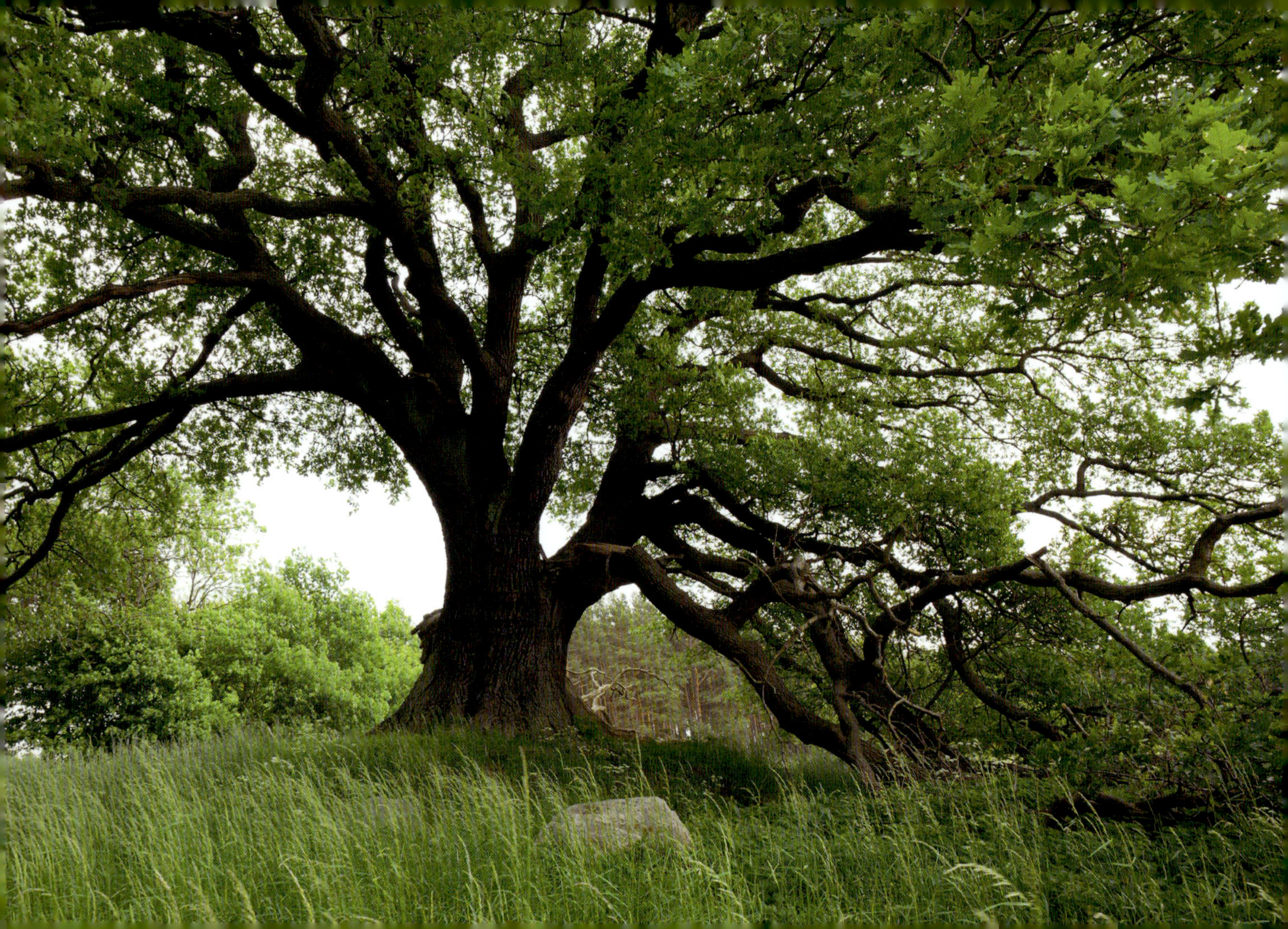

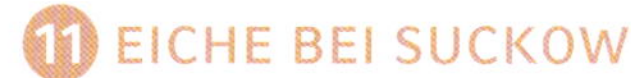

## 11 EICHE BEI SUCKOW

**Koordinaten:** 53.915647 / 13.955159

**Beste Tageszeit:** bei bedecktem Himmel ganztägig

Auf dem Weg in den beschaulichen Lieper Winkel machen wir einen Zwischenstopp bei der Suckower Eiche. Sie bietet uns zwei völlig verschiedene Ansichten: Zur Straßenseite hin zeigt sie die wunderbar ausladende Krone eines im Freistand aufgewachsenen Baumes, auf ihrer Rückseite aber sind zwei große Starkäste ausgebrochen und liegen nackt und kahl am Boden. Die als Naturdenkmal ausgewiesene Eiche steht auf einem vorgeschichtlichen Grabhügel, und eben dieser Standort nährt die vielfältigen Spekulationen um ihr Alter. Schon vor über 700 Jahren wurde eine Eiche an dieser Stelle als markanter Punkt im damaligen Grenzverlauf beschrieben. Als ein damals bereits stattlicher Baum wäre sie heute eine »tausendjährige« Eiche. Weitaus wahrscheinlicher ist aber, dass der heutige Baum mit einem Umfang von etwa 6,5 Metern ein Nachfolger der damaligen Eiche ist.

18 mm · Blende 11 · 1/25 s · ISO 100

18 mm · Blende 11 · 1/50 s · ISO 100

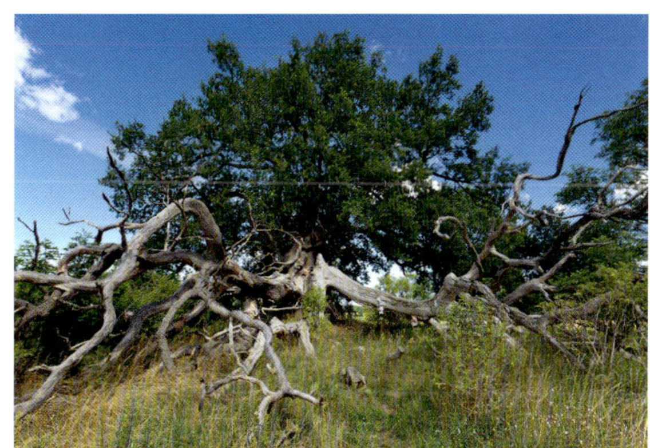

## 12 REETDACHHÄUSER IN WARTHE

**Koordinaten:** 53.983864 / 13.905055
**Beste Tageszeit:** ganztägig

Idyllische reetgedeckte Häuser findet man immer wieder auf Usedom, doch im kleinen Örtchen Warthe ganz oben im Norden des Lieper Winkels wirken sie besonders malerisch. Und es scheint, als würde ihre Bewohner eine gemeinsame Vorliebe für die Farbe Blau verbinden. Fotografisch ein schönes Betätigungsfeld für das Spiel mit Totale und Detail, da manche der Häuser unmittelbar an den kleinen Straßen stehen, andere etwas zurückgezogener in großen Gärten. Immer jedoch sollte es beim Fotografieren selbstverständlich sein, die Privatsphäre zu respektieren.

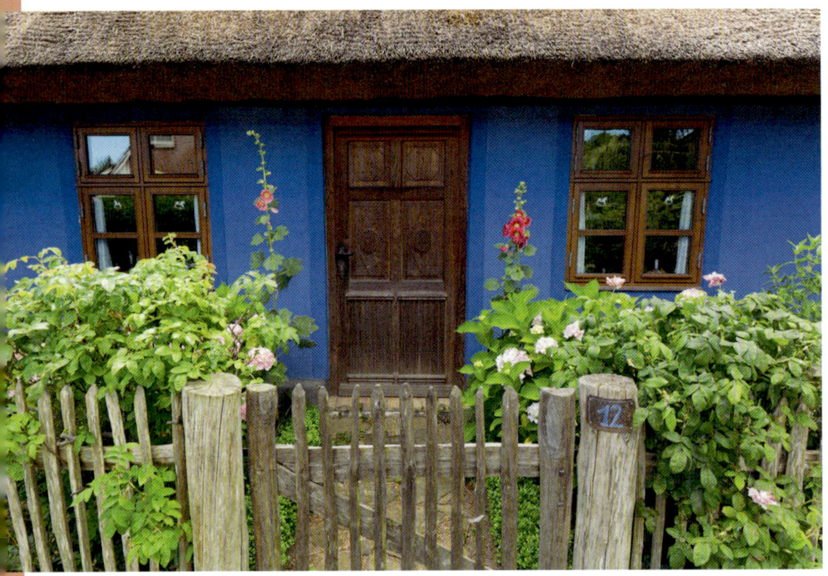


20 mm · Blende 8 · 1/50 s · ISO 200

50 mm · Blende 11 · 1/200 s · ISO 100

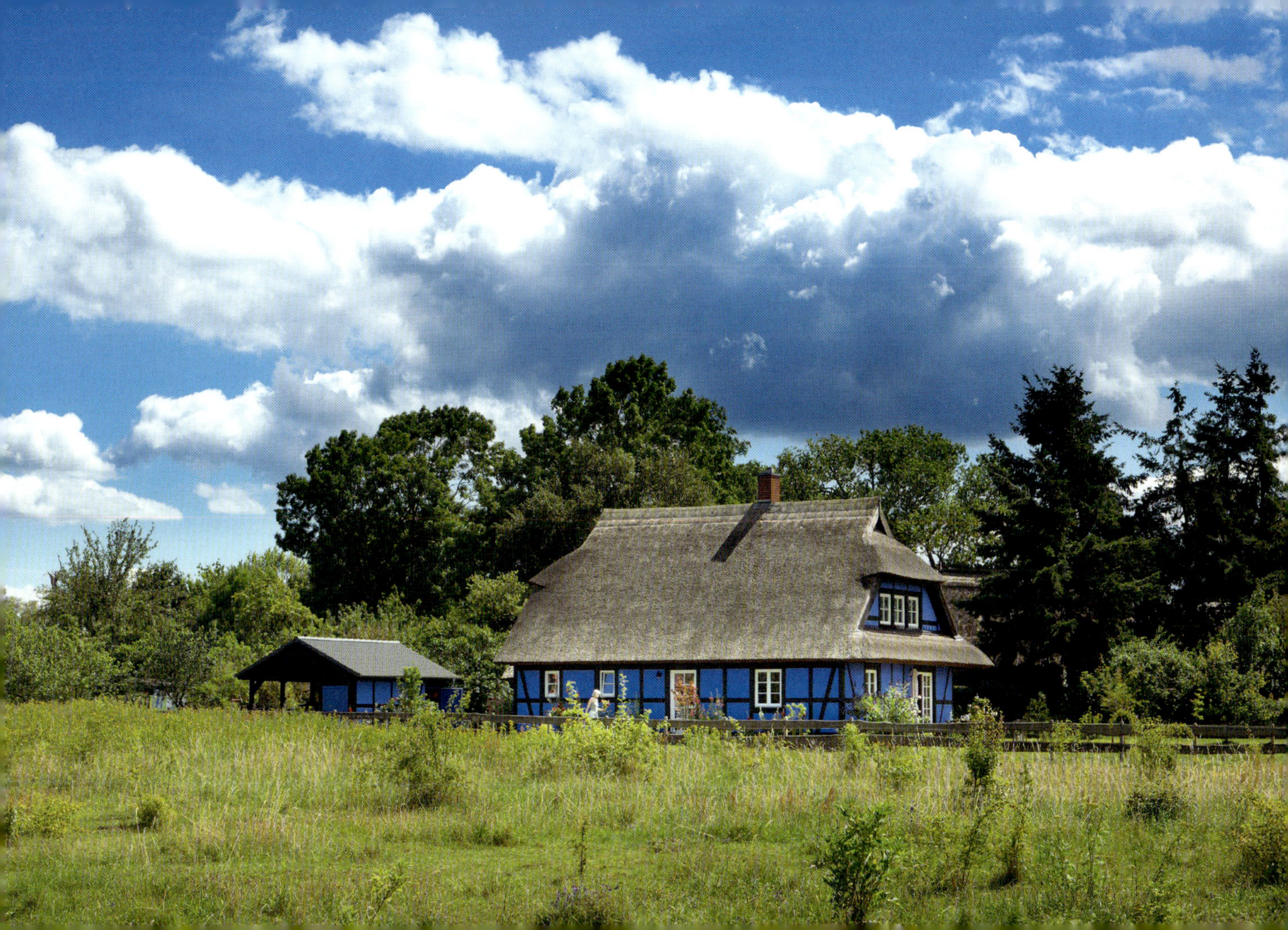

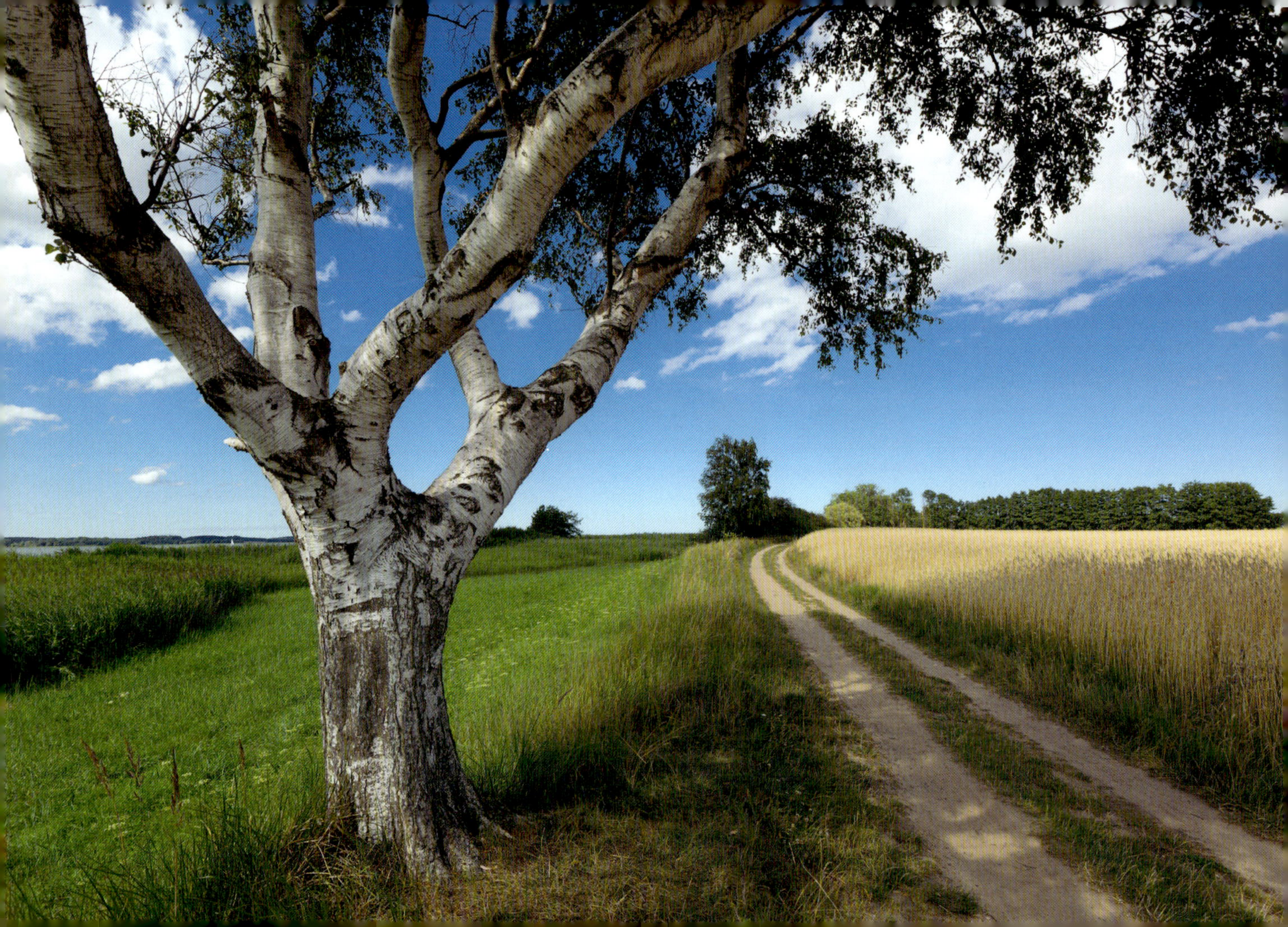

## 13 LIEPER WINKEL

**Koordinaten:** 53.987467 / 13.905242

**Beste Tageszeit:** nachmittags / Sonnenuntergang

Nicht mehr unbedingt ein Geheimtipp, aber immer eine stille und entlegene Welt eröffnet der Lieper Winkel, eine große, von Süden her weit und zentral ins Achterwasser hineinragende Halbinsel, durch die bis zum Ende des 19. Jahrhunderts noch keine Straße führte. Nur per Boot waren damals die Dörfer zu erreichen. Ein schöner Weg für eine Wander- oder Radtour führt von Warthe aus am nördlichen Ufer entlang. Hier findet sich beides: Felder und Wiesen auf der einen Seite, Schilf und Wasser auf der anderen, sodass man auch beides zum Motiv machen kann.

16 mm · Blende 11 · 1/160 s · ISO 100

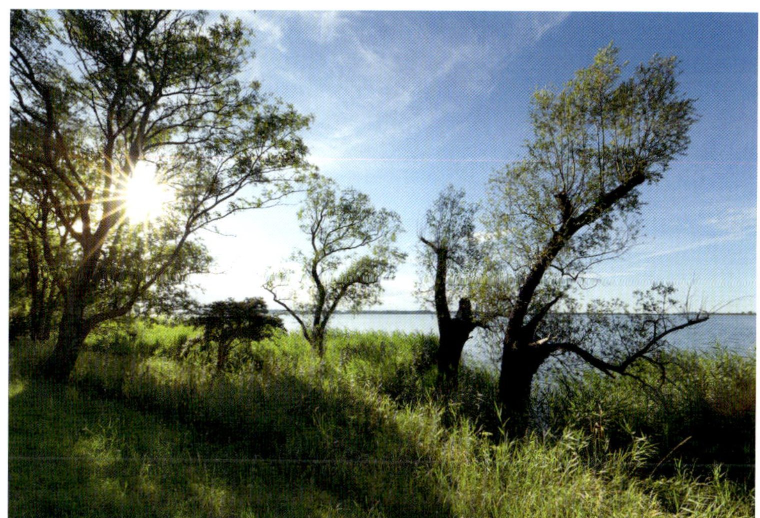

16 mm · Blende 16 · 1/60 s · ISO 100

Am Nordufer des Lieper Winkels wechseln sich breite Schilfgürtel und kleine Buchten miteinander ab. Der weite Blick über das Achterwasser geht hinüber bis zum Gnitz, der als eine von Norden ins Achterwasser reichende Halbinsel sozusagen das Gegenstück zum Lieper Winkel bildet. Hier kann man sich ein ruhiges Plätzchen suchen, die Stille genießen und auf den Sonnenuntergang warten (falls diese nicht, wie hier im Bild, kurz vorher in einer aufziehenden Wolkenbank versinkt). Die schönen Strahlen des Sonnensterns lassen sich durch starkes Schließen der Blende auf 11 oder 16 erreichen. Wichtig ist dabei eine saubere Frontlinse des Objektivs, denn Staub oder Wassertropfen werden als Blendenflecken im Bild sichtbar.

16 mm · Blende 16 · 1/60 s · ISO 100



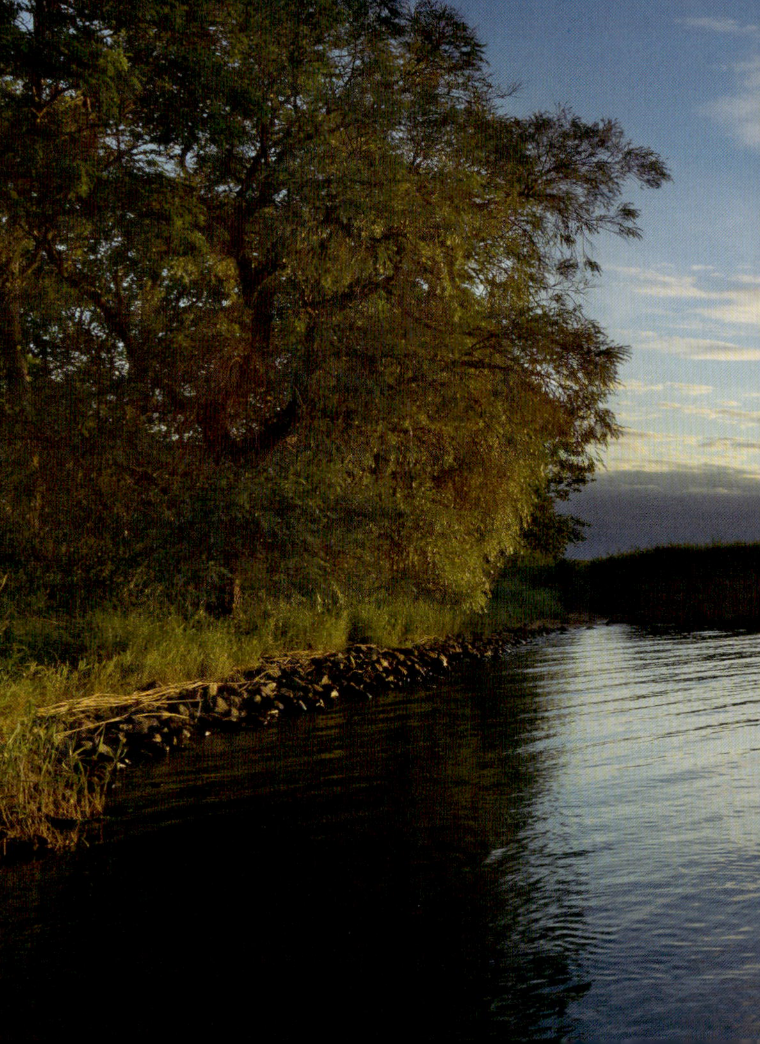

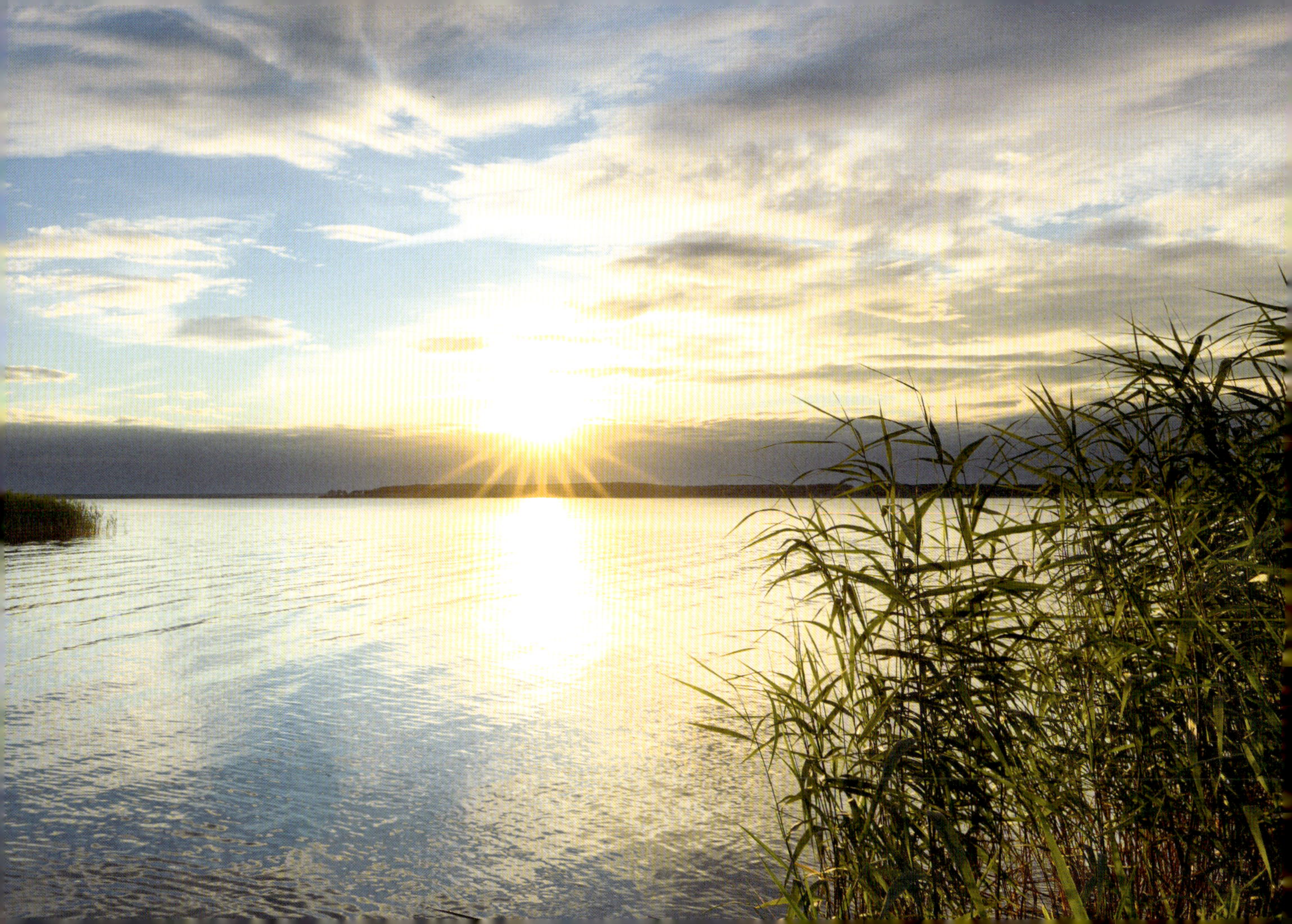

## 14 LINDENALLEE BEI KRUMMIN

**Koordinaten:** 54.057254 / 13.841447
**Beste Tageszeit:** bei bedecktem Himmel ganztägig

Auch für Alleen-Freunde hat die Insel Usedom ein schönes Angebot: Von der B 111 führt über eine Strecke von etwa einem Kilometer eine fast schnurgerade Lindenallee in Richtung Süden nach Krummin. Normalerweise meide ich Alleen an Verkehrsstraßen, denn zum Fotografieren begibt man sich auf einer Straßenmitte ja unweigerlich in Gefahr. Außerdem stören dort auch oft Verkehrsschilder, Leitplanken und Ähnliches einen harmonischen Bildeindruck. Die Krumminer Lindenallee ist jedoch relativ wenig befahren und auch über eine weite Strecke einsehbar, sodass man sein Stativ recht gefahrlos für einen Moment in der Mitte der Straße platzieren kann. Störende Elemente gibt es auch keine, daher also auf jeden Fall eine Empfehlung.

100 mm · Blende 16 · 1/2 s · ISO 200

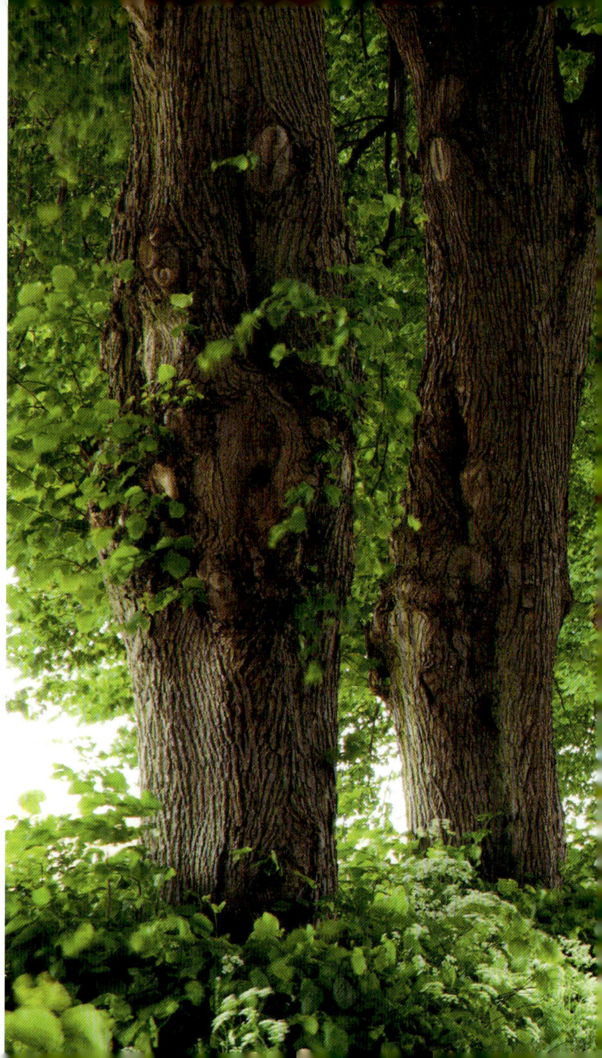

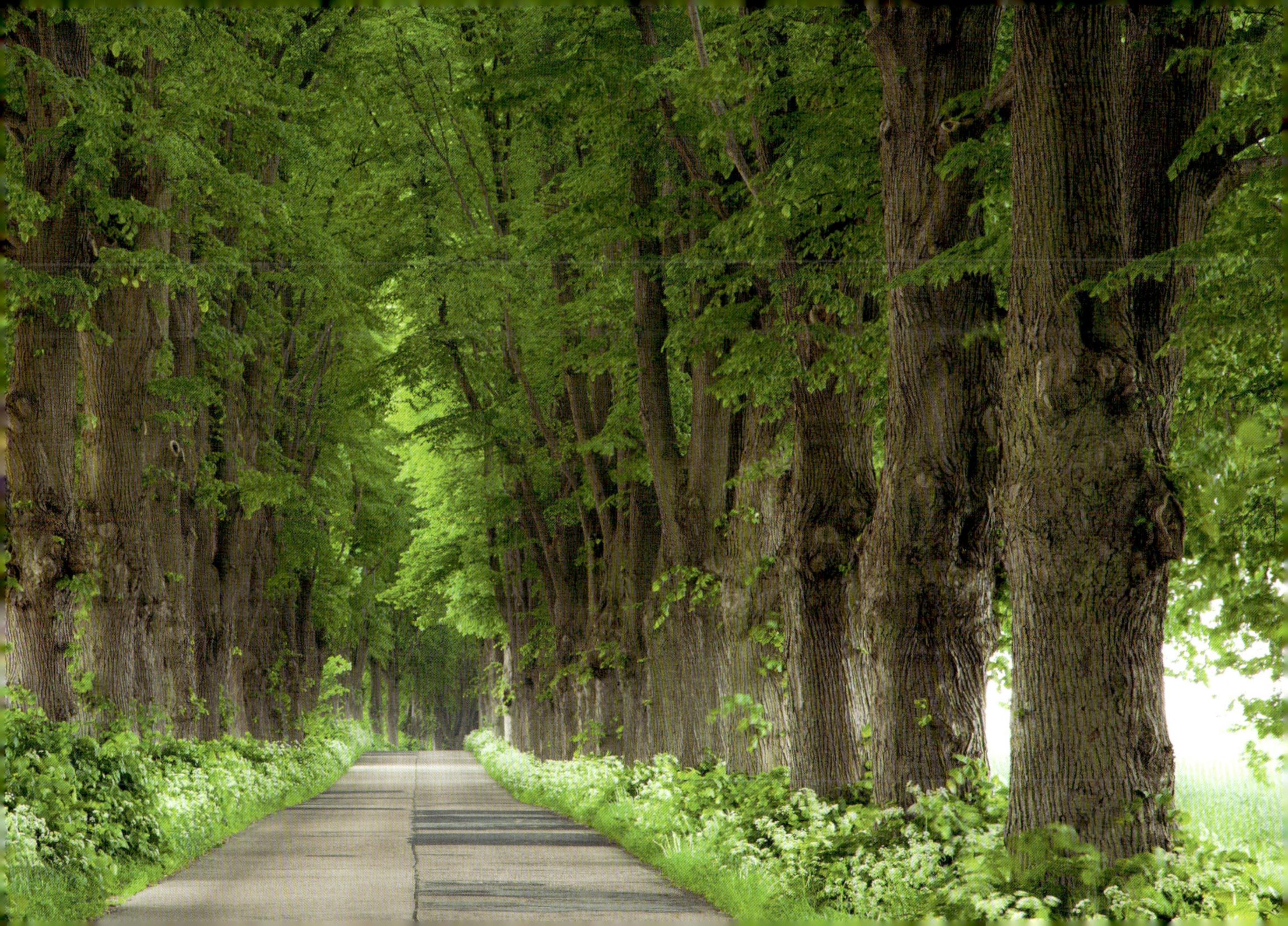

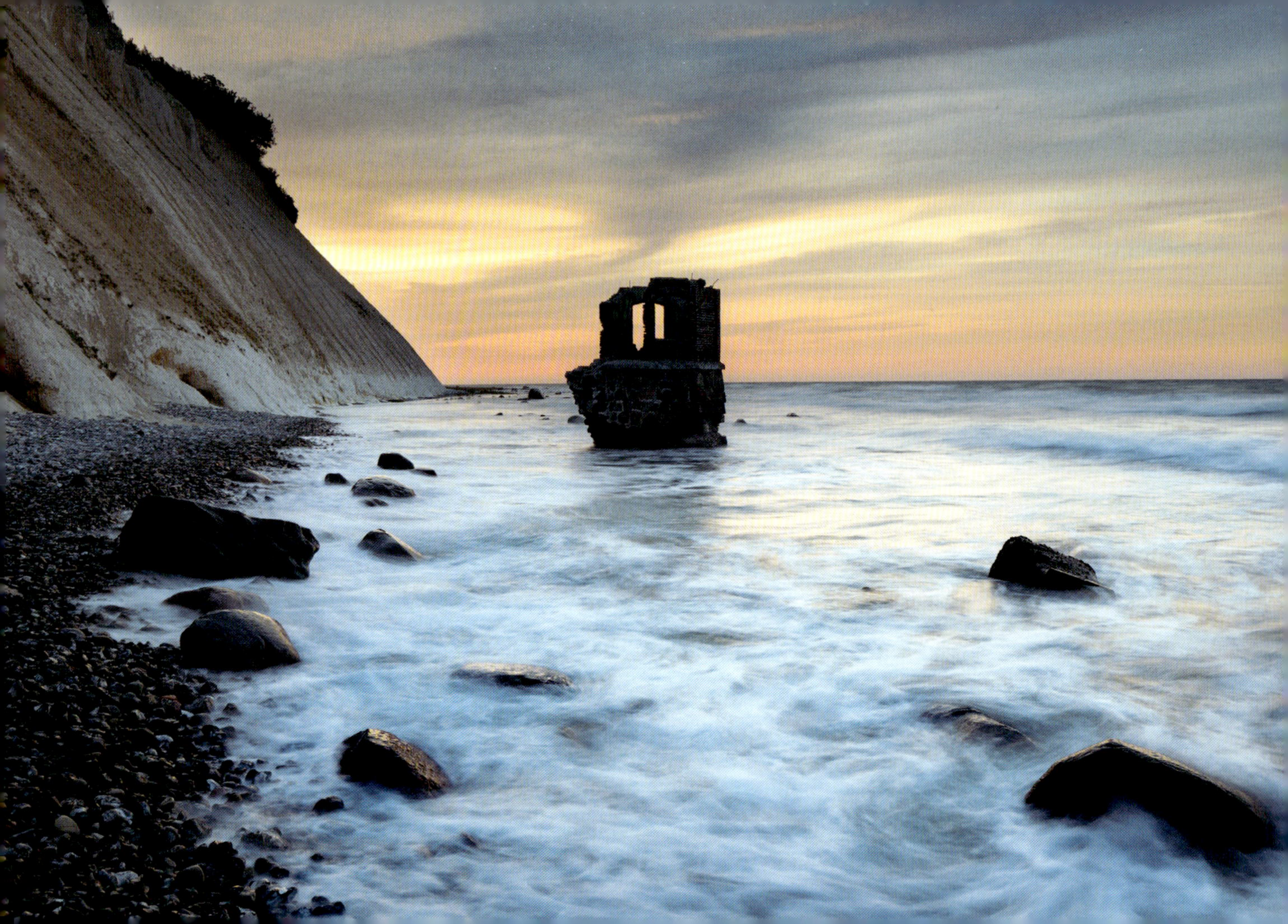

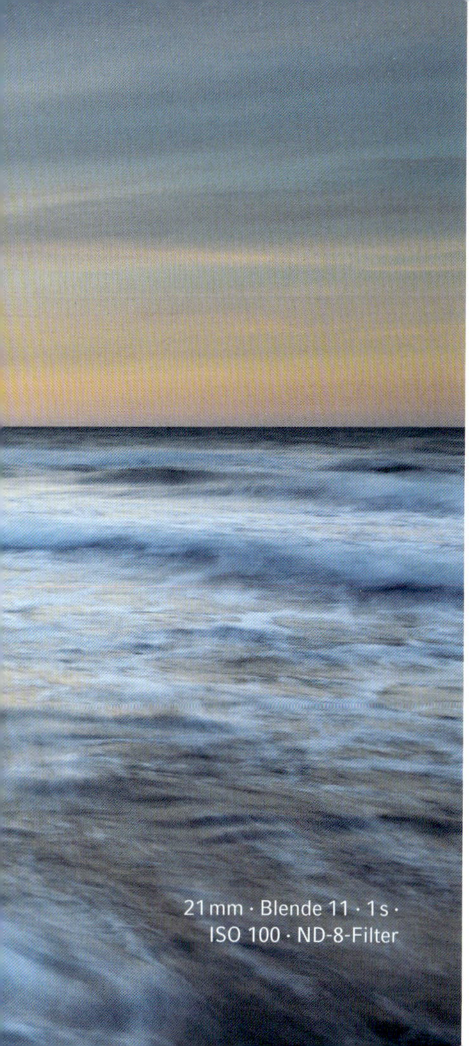
21 mm · Blende 11 · 1 s · ISO 100 · ND-8-Filter

# Filter in der Landschaftsfotografie

Optische Filter können in der Landschaftsfotografie wertvolle Werkzeuge sein, sei es, um mit dem Verlaufsfilter Helligkeitsunterschiede im Bild auszugleichen, mit dem Neutraldichtefilter durch verlängerte Belichtungszeiten Bewegung im Bild darzustellen oder mit dem Polarisationsfilter Reflexionen zu reduzieren und das Blau des Himmels zu verstärken. Als »Spezialwerkzeuge« wollen diese Filter jedoch überlegt und wohldosiert eingesetzt werden. Deshalb hier eine kurze Übersicht über die gebräuchlichsten Filter und ihre Einsatzmöglichkeiten.

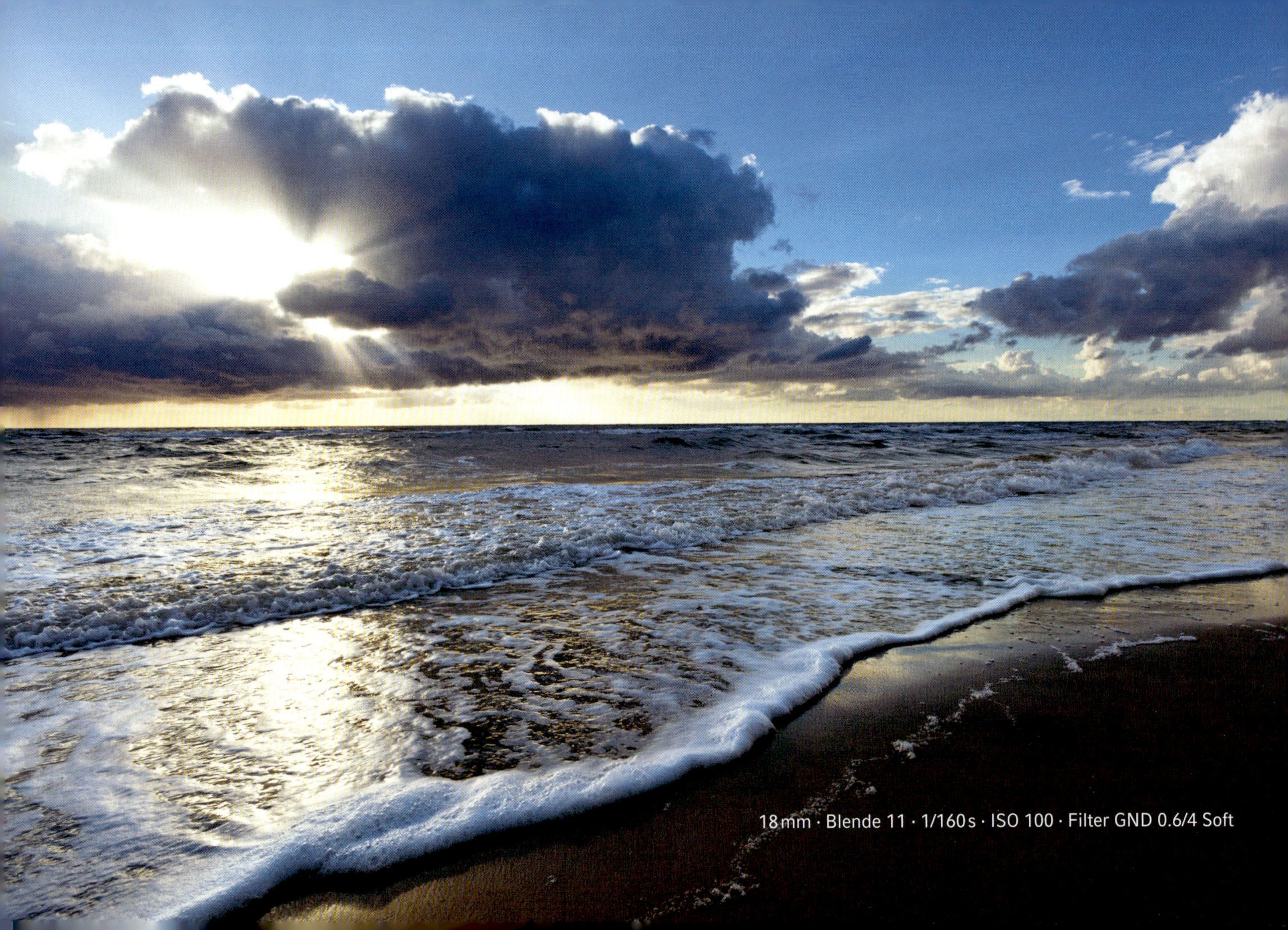

18 mm · Blende 11 · 1/160 s · ISO 100 · Filter GND 0.6/4 Soft

# VERLAUFSFILTER

Zu den am meisten verwendeten Filtern in der Landschaftsfotografie gehören die Verlaufsfilter. Sie sind zur Hälfte neutralgrau eingefärbt und kommen dann zum Einsatz, wenn ein großer Helligkeitsunterschied im Bild ausgeglichen werden muss. Besonders beim Fotografieren in der Dämmerung morgens und abends erscheint der Himmel im Verhältnis zur unbeleuchteten Landschaft wesentlich heller, als dies tagsüber bei Sonnenschein der Fall ist.

Die Verlaufsfilter gibt es in unterschiedlichen Ausführungen und Stärken, mit weichem, hartem oder auch umgekehrtem Verlauf. Statt runder Filter zum Aufschrauben aufs Objektiv haben sich in der Praxis Filtersysteme mit eckigen Filtern allgemein durchgesetzt, die in einer dazugehörenden Filterhalterung am Objektiv befestigen werden. Der Filter lässt sich dabei in der Halterung verschieben, um entsprechend der gewünschten Bildgestaltung die genaue Position anpassen zu können. Die graue obere Hälfte des Filters dunkelt dann den Himmel ab, während die klare untere Hälfte die Belichtung der Landschaft nicht beeinflusst. So kann man die Helligkeitsunterschiede zwischen Himmel und Landschaft ausgleichen und dennoch mit einer einzigen Belichtung zum korrekt belichteten Bild kommen. Diese Methode hat zwei klare Vorteile: Die Wirkung des Filters lässt sich schon bei der Aufnahme am Kameradisplay betrachten und relativ gut beurteilen. Kommt man dabei mit einer einzigen Belichtung aus, erspart man sich auch aufwendigeres Nachbearbeiten am Rechner. Nachteil: Die dunkle Hälfte des Filters überlagert auch alle Objekte, die in den hellen Himmel hineinragen, wie Leuchttürme oder Bäume, auch wenn diese eigentlich gar nicht dunkler dargestellt werden sollen.

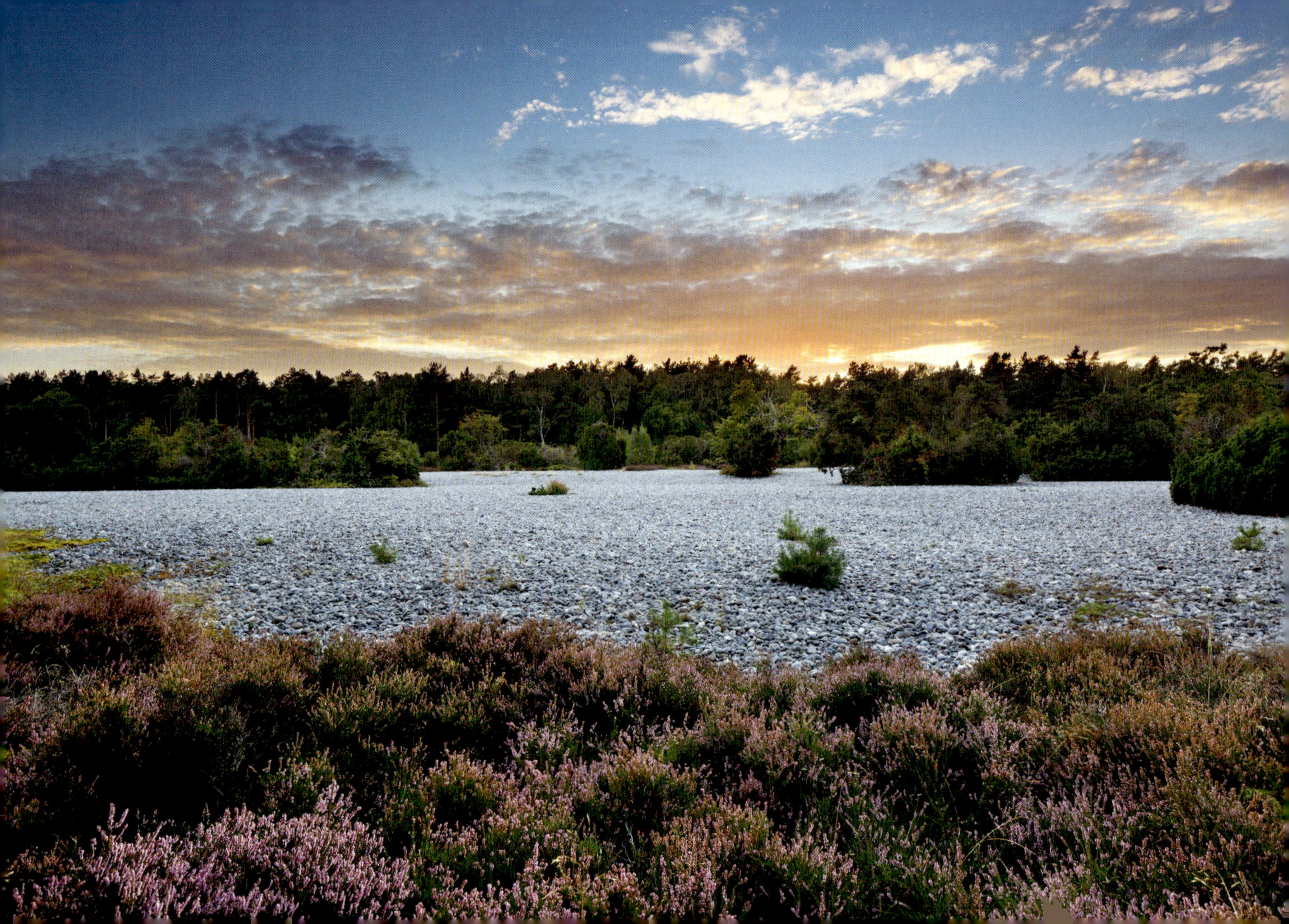

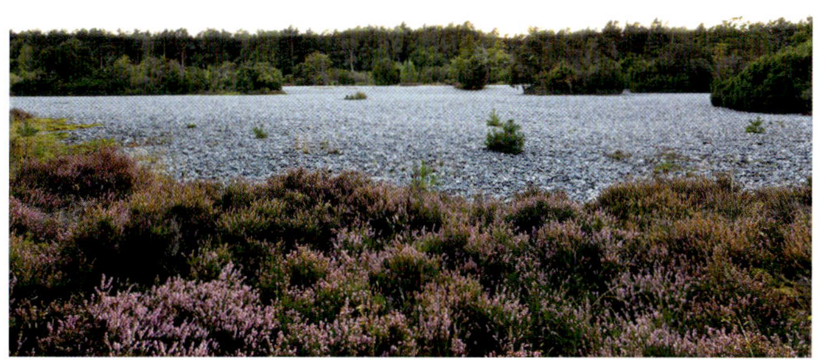

20 mm · Blende 11 · Belichtungsreihe von 1/30 s bis 1/3 s · ISO 100

Die kleinen Vergleichsbilder illustrieren sehr deutlich den großen Helligkeitsunterschied zwischen Dämmerungshimmel und unbeleuchteter Landschaft. Dreieinhalb Blendenstufen liegen dazwischen, oder anders ausgedrückt: Die korrekte Belichtungszeit für die Landschaft im Vordergrund war zehnmal so lang wie die für den Himmel. Vor Ort erlebt man das nicht so stark, denn unsere Augen können einen erheblich größeren Kontrastumfang wahrnehmen und verarbeiten als der Kamerasensor. Unser Gehirn rechnet sozusagen »automatisch« alle Helligkeitsunterschiede zu einem Gesamteindruck zusammen, ohne dass wir darüber nachdenken oder dies auch nur bemerken würden.

100 mm · Blende 11 · Belichtungsreihe von 1/8 s bis 1/2 s · ISO 200

Das Arbeiten mit dem Verlaufsfilter funktioniert sehr gut, solange man einen relativ freien und geradlinigen Horizont im Bild hat, wie das natürlich am Meer der Fall ist. Hier kann es auch sinnvoll sein, statt des meistbenutzten Filters mit weichem Verlauf die harte Variante einzusetzen, oder besonders bei Sonnenauf- bzw. -untergang sogar zum Filter mit umgekehrtem Verlauf zu greifen, um dadurch die hellste Stelle im Bild – eben die Sonne direkt am Horizont – am stärksten abzudunkeln. Ragen jedoch Objekte aus dem dunklen Vordergrund in den zu hellen Himmel hinein, wie der Leuchtturm im Bild rechts, stößt der Einsatz des Verlaufsfilters an Grenzen. Er würde nicht nur den Leuchtturm ebenso stark abdunkeln wie den Himmel, auch würde der Verlauf des Filters am Leuchtturm sichtbar, d. h., der untere Bereich des Leuchtturms würde wesentlich heller erscheinen als der obere. Das Ergebnis wäre eine etwas unnatürliche Bildwirkung. Hilfreich ist hier eine Reihe aus mehreren unterschiedlichen Belichtungen von hell nach dunkel. In der Bildbearbeitung lassen sich diese dann zu einem einzelnen korrekt belichteten Bild zusammensetzen. Anders als der Einsatz von Verlaufsfiltern ist diese Methode meiner Meinung nach deutlich präziser, jedoch nicht zuletzt durch die Nachbearbeitung auch aufwendiger. Voraussetzung dafür ist allerdings das Fotografieren vom Stativ, denn um die unterschiedlichen Belichtungen zu einer einzigen zusammenzufügen, müssen diese absolut deckungsgleich sein, was nur vom Stativ aus sicher möglich ist.

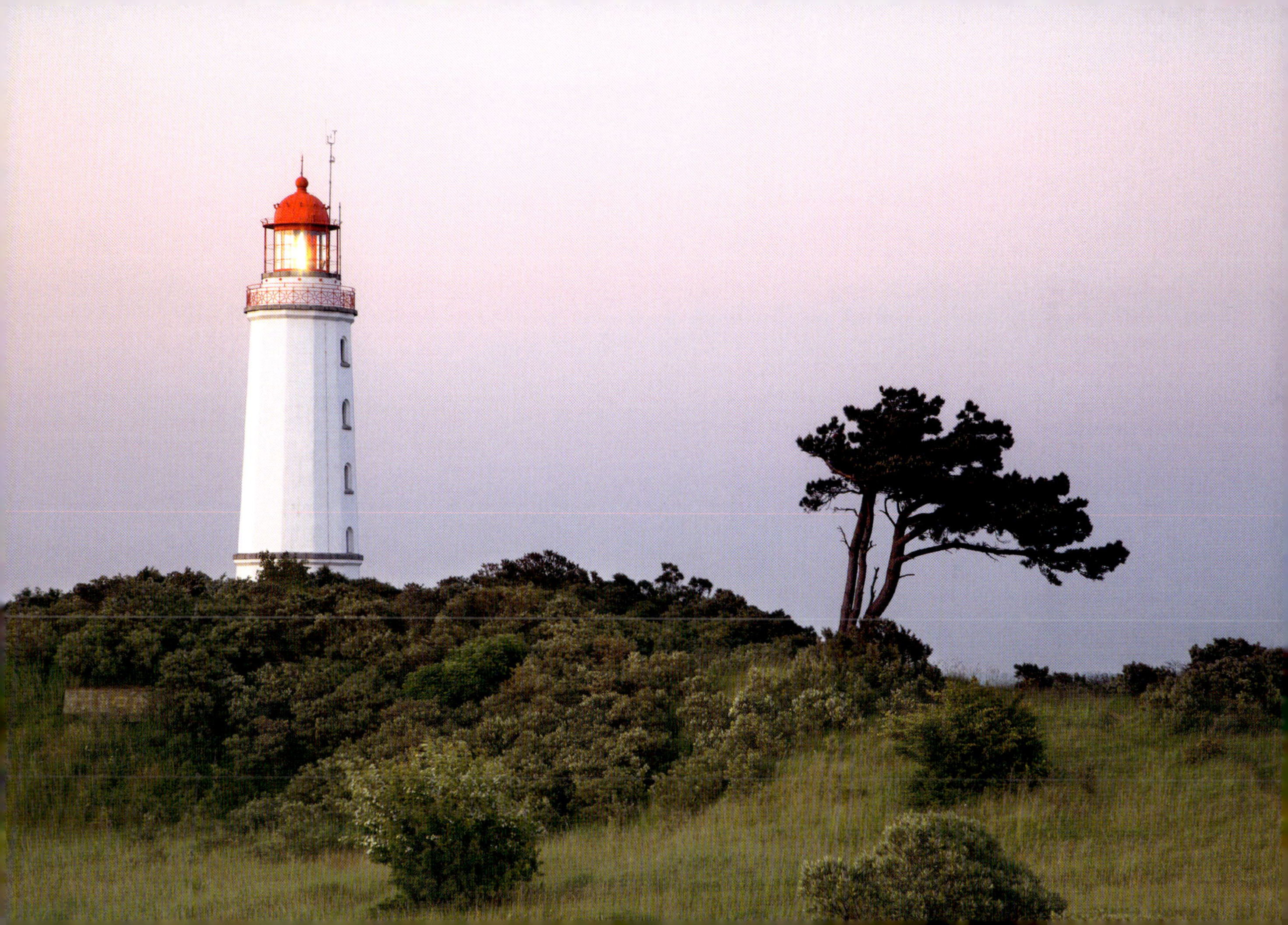

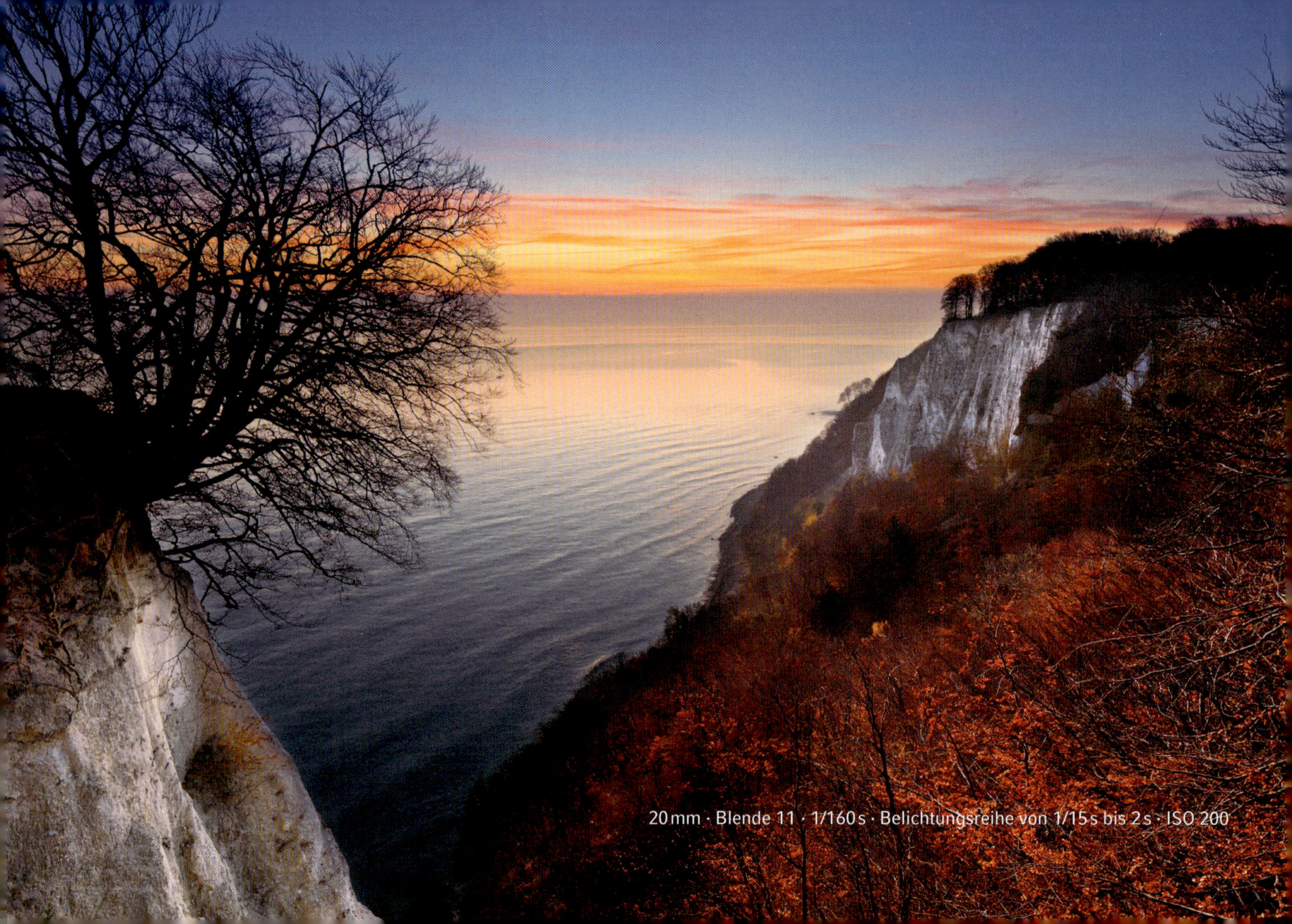

20 mm · Blende 11 · 1/160 s · Belichtungsreihe von 1/15 s bis 2 s · ISO 200

Manchmal sind die Helligkeitsunterschiede im Bild allerdings gänzlich ungleichmäßig verteilt, so wie hier beim Blick vom Königsstuhl. Heller Himmel und dunkleres Meer allein wären durch einen Verlaufsfilter noch in der Helligkeit anzugleichen gewesen, doch verlangten die Felsen und besonders der dunkle Herbstwald nach wesentlich längeren Belichtungszeiten als das Meer. Geht es also nicht nur um den einfachen Ausgleich von hellem Himmel und dunklerer Landschaft, spricht nach meinem Dafürhalten alles für die Belichtungsreihe. Dabei werden die Belichtungen so gewählt, dass jeweils die einzelnen »Bestandteile« des Bildes von den hellsten bis zu den dunkelsten Bereichen korrekt belichtet und durchzeichnet sind, hier also Himmel, Meer, Felsen und Wald. Die Überblendung der einzelnen Belichtungen kann in der Nachbearbeitung dann mit einem HDR-Programm oder manuell erfolgen. Ich selbst habe mir diese Methode angewöhnt. Sie ist zwar im Nachhinein aufwendiger, dafür muss ich nicht vor Ort mit Filtern unterschiedlicher Stärke experimentieren, sondern habe schnell meine Belichtungsreihe gemacht. Natürlich hat auch diese Methode ihre Nachteile: Bewegen sich einzelne Bildelemente zwischen den unterschiedlichen Belichtungen – hier also beispielsweise die Zweige –, kann dies beim Überblenden sichtbar werden und zu »Geisterbildern« führen. Es gibt also bei der Entscheidung »Verlaufsfilter oder Belichtungsreihe« kein Richtig oder Falsch. Überhaupt eröffnen sich in der Fotografie immer verschiedene Wege, die zum gleichen Ziel und Ergebnis führen. Es scheint mir eher eine Mentalitätsfrage zu sein, welche Methode einem mehr liegt.

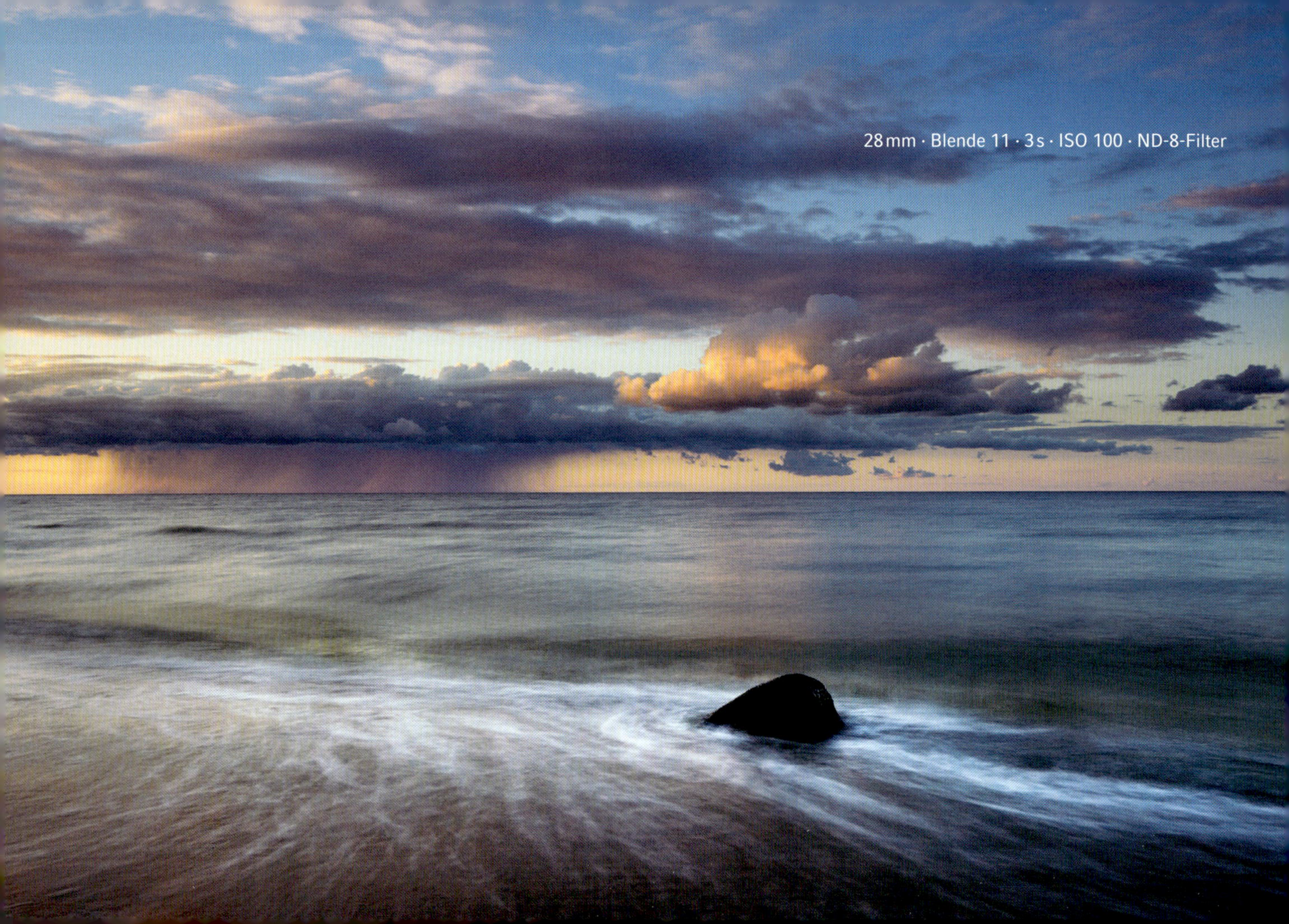
28 mm · Blende 11 · 3 s · ISO 100 · ND-8-Filter

# NEUTRALDICHTEFILTER

Auch die Neutraldichtefilter haben die Aufgabe, die Lichtmenge zu reduzieren. Anders als die Verlaufsfilter sind die auch einfach Graufilter oder ND-Filter genannten Vorsätze durchgehend und gleichmäßig grau eingefärbt. Sie dunkeln also nicht Teilbereiche ab, sondern das ganze Bild. Nun ist aber kaum eine Aufnahmesituation so gleißend hell, dass sie nicht doch mit einer Kombination aus kurzer Belichtungszeit und stark geschlossener Blende in den Griff zu bekommen wäre. Der Zweck des ND-Filters liegt denn auch eher im Bereich der Bildgestaltung, nämlich dem bewussten Einsatz längerer Belichtungszeiten, meist um Bewegung im Bild darzustellen. Wir kennen dies beispielsweise von Bildern von Wasserfällen, Bachläufen oder Meereswogen: Eine kurze Belichtungszeit scheint die Bewegung »einzufrieren«, eine längere Zeit lässt das Wasser scheinbar fließen. Eine möglichst lange Belichtungszeit erreichen wir durch starkes Schließen der Blende und die Wahl eines niedrigen ISO-Werts, der die Lichtempfindlichkeit des Kamerasensors regelt. Reicht beides für die gewünschte längere Belichtungszeit noch nicht aus, hilft der ND-Filter. Es gibt die Filter in verschiedenen Stärken und daraus resultierenden Verlängerungsfaktoren. So reduziert ein ND-8-Filter die Lichtdurchlässigkeit auf 12,5 %, was einer Anzahl von 3 Blendenstufen gleichkommt. Bei ND-64 sind es schon 6 Blendenstufen, bei ND-1000 10 Blenden. Umgekehrt formuliert: Ein ND-8-Filter ermöglicht eine 8-mal so lange Belichtungszeit, ein ND-64-Filter eine 64-mal längere und ein ND-1000-Filter eine 1000-mal längere Belichtungszeit, als das jeweils ohne Filter möglich wäre.

18 mm · Blende 16 · 1 s · ISO 100 · ND-64-Filter

Selbst am hellen Tag bei Sonnenschein sind mit entsprechendem ND-Filter also Langzeitbelichtungen machbar. Welche Stärke man wählt, hängt zum einen von der vorhandenen Helligkeit vor Ort ab, zum anderen vom gewünschten Effekt. Wichtig scheint mir dabei die richtige »Dosierung« zu sein. Bei Langzeitbelichtungen in der Dämmerung sind ziehende Wolken problemlos nachvollziehbar, am hellen Tag können sie schnell unnatürlich erscheinen. Ebenso verschwimmen bei sehr langen Belichtungszeiten die bewegten Meereswellen leicht zu einer nebligen Fläche, die schon fast nichts mehr mit Wasser gemein hat. Hier ist es also wieder eine Frage der persönlichen Einstellung, wie weit man damit geht und was dabei noch als natürlich bzw. sinnvoll erscheint. Da ich persönlich kein großer Fan von ziehenden Wolkenbildern und dem damit verbundenen Einsatz stärkerer Filter wie z. B. ND-1000 bin, setze ich die Filter meist nur am bewegten Wasser ein und arbeite dabei mit leichten Stärken wie ND-8 oder ND-64. Für den gewünschten Eindruck von Bewegung sind diese völlig ausreichend, denn gute Ergebnisse bringen hier nach meiner Erfahrung oft Belichtungszeiten im einstelligen Sekundenbereich oder sogar noch unter einer Sekunde. Ein Vorteil dabei ist auch, dass man hier nicht wie bei Belichtungen im Minutenbereich zuerst ein »Testbild« ohne Filter erstellen und dann komplizierte Berechnungen für die Verlängerung anstellen muss, sondern sich ganz entspannt der Kameraautomatik anvertrauen kann. Bildgestaltung und Fokussierung sollten natürlich schon vorher ohne Filter vorgenommen worden sein, denn die dunklen Filter machen dies nahezu unmöglich.

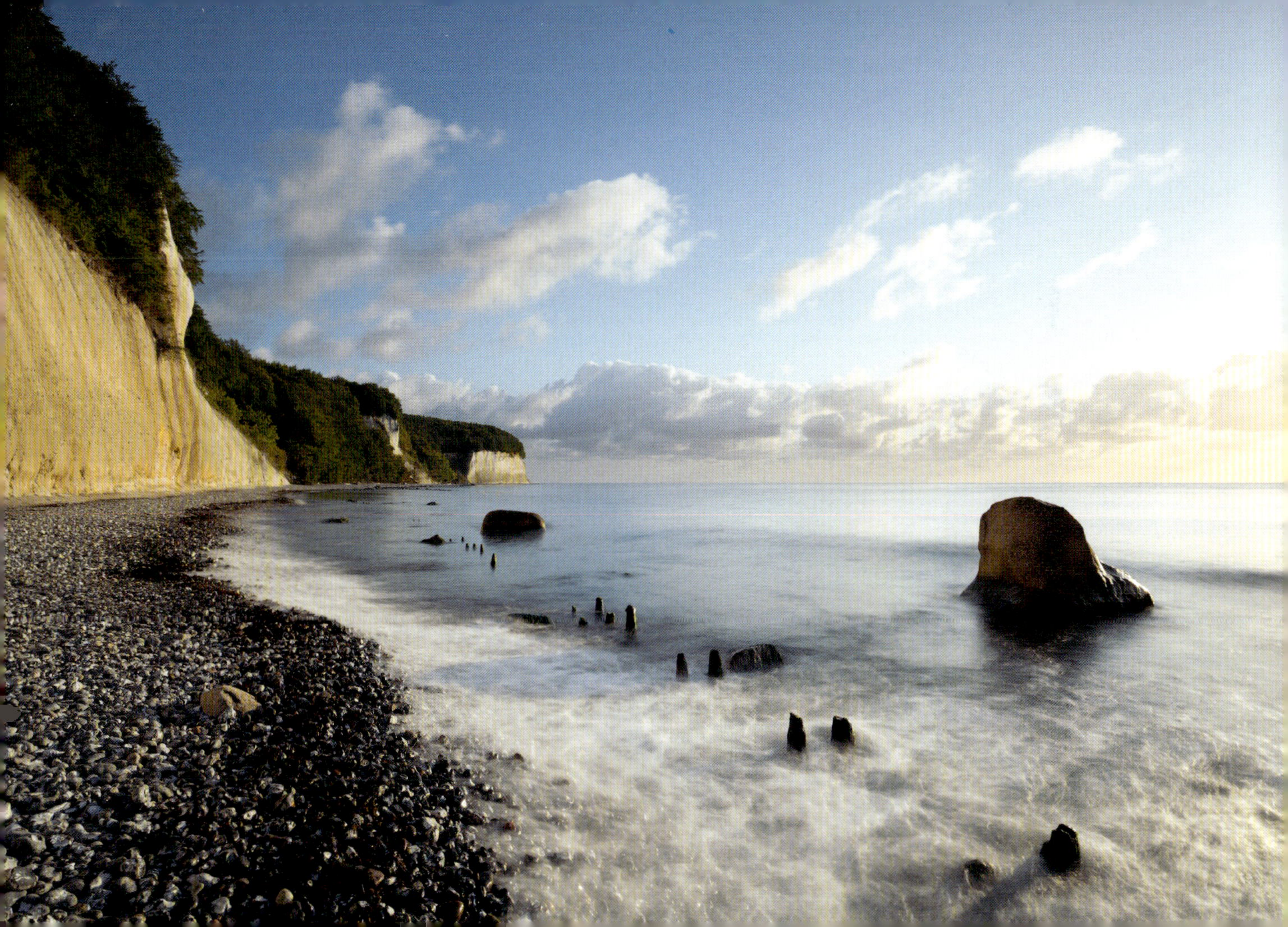

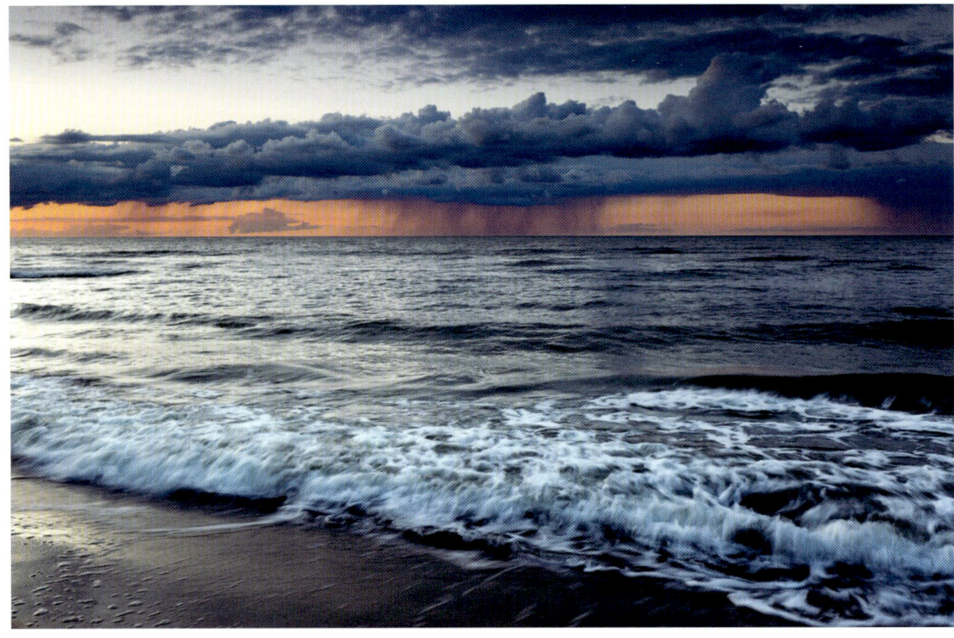

35 mm · Blende 11 · 2 s · ISO 100 · ND-8-Filter

35 mm · Blende 11 · 1/4 s · ISO 100

Die Gegenüberstellung macht es anschaulich: Erzeugt in der kleinen Abbildung auch schon die ohne Filter erreichte Belichtungszeit von einer ¼ Sekunde einen leichten Bewegungseindruck der Wellen, so führt der Einsatz eines ND-8-Filters zu einer Verlängerung der Belichtungszeit auf 2 Sekunden. Dadurch entsteht eine schöne Bewegungsunschärfe, die für meinen Geschmack genau das richtige Maß hat. Struktur und Bewegungsrichtung der Wellen sind noch gut erkennbar, die Verwischung andererseits aber ist stark genug, um dem Bild einen poetischen Ausdruck zu verleihen.

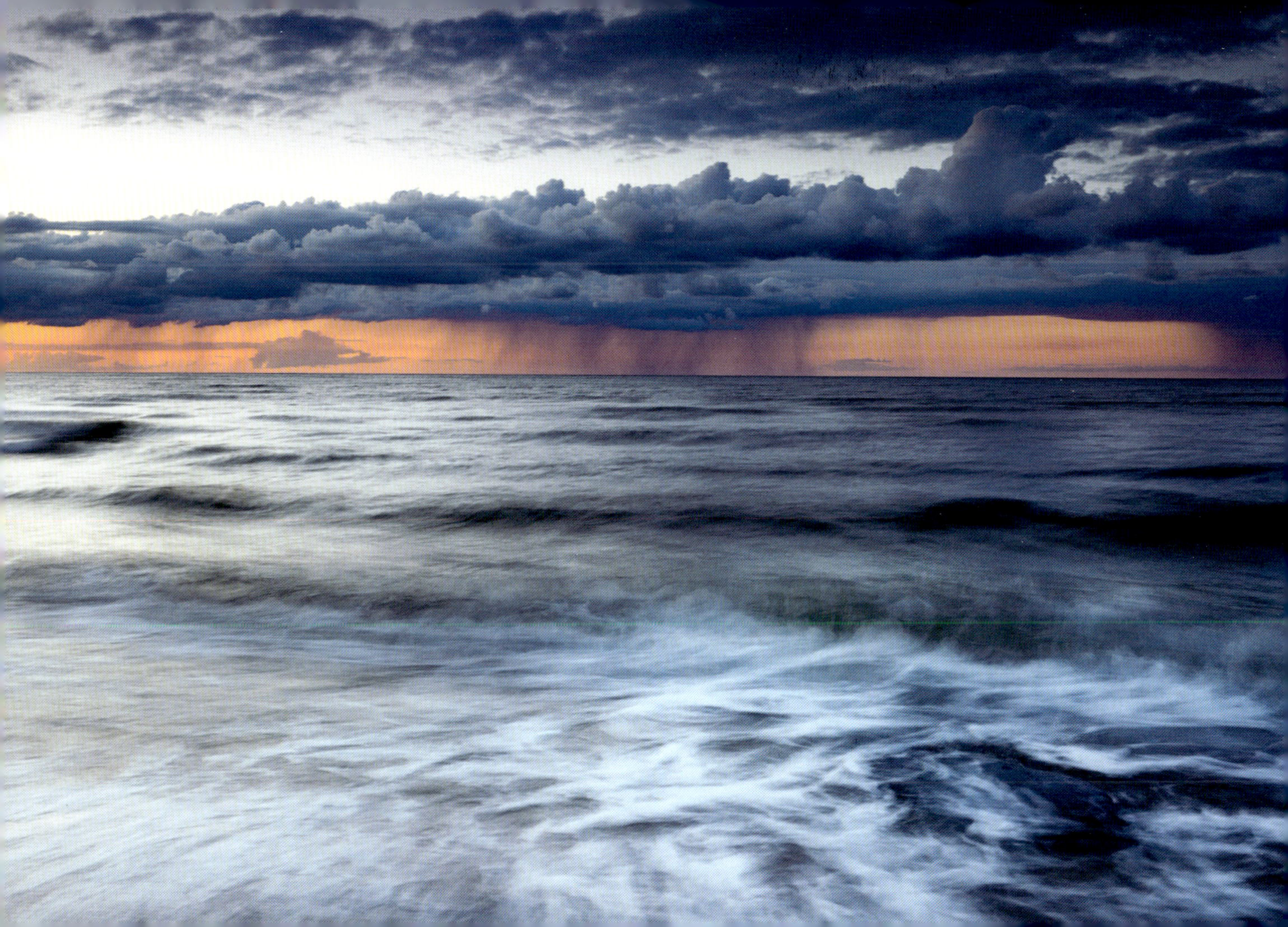

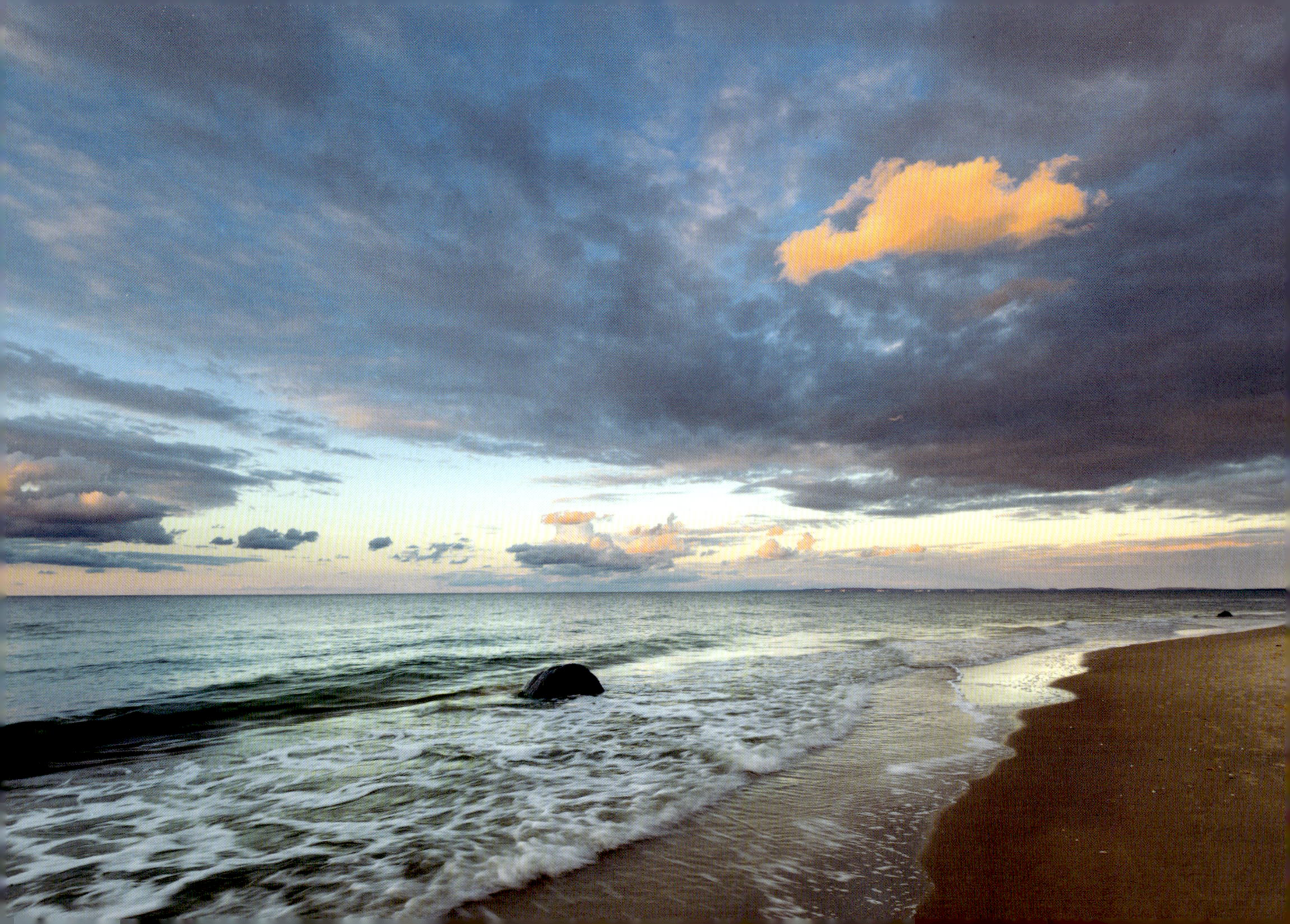

16 mm · Blende 11 · 1/4 s · ISO 100

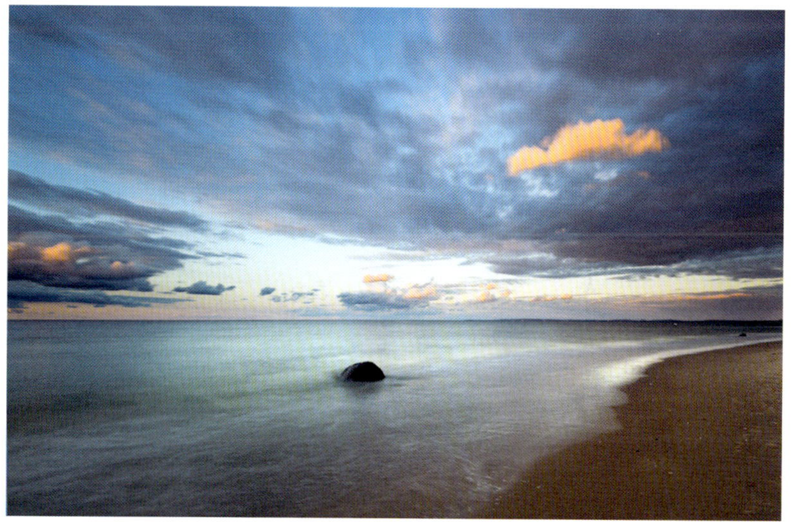

16 mm · Blende 11 · 16 s · ISO 100 · ND-64-Filter

Umgekehrt verhält es sich bei diesem Bildpaar: hier verlängerte der Einsatz eines ND-64-Filters die ursprüngliche Belichtungszeit von 1/4 Sekunde auf 16 Sekunden. Die Wellenbewegung wird dadurch schon sehr stark geglättet, was ich aber noch akzeptabel finde. Die Wolken aber – besonders die kleine, von der untergehenden Sonne rötlich beleuchtete – weisen nun eine nach meinem Empfinden etwas unmotiviert wirkende verwischte Bewegungsunschärfe in einer Art »Zwischenbereich« auf. Deutlich mehr Bewegung, wie sie ein ND-1000-Filter mit gut 4 Minuten Belichtungszeit hätte erzeugen können, wäre für ziehende Wolken im Himmel vielleicht besser gewesen, hätte das Meer aber zu einer gänzlich strukturlosen Fläche geglättet. Ich ziehe dann doch eher die Variante ganz ohne Filter vor, deren Belichtungszeit von 1/4 Sekunde auch schon für eine leichte Bewegungsunschärfe der Wellen sorgt, die Wolken aber noch nicht beeinflusst.

# POLARISATIONSFILTER

Ein wenig aus der Mode gekommen scheint gerade der Polarisationsfilter zu sein, auch in meiner Praxis. Nicht unbedingt zu Recht, denn seine aus der analogen Fotografie bekannte Wirkung kann nur durch die Verwendung bei der Aufnahme erzielt werden und ist nur eingeschränkt im Nachhinein in der Bildbearbeitung zu simulieren. Die physikalischtechnische Funktionsweise muss uns hier nicht unbedingt interessieren; wichtig sind die Effekte des Polarisationsfilters in der Fotografie. Er dient zum einen der Verdunkelung des blauen Himmels, zum anderen der Reduktion von Reflexionen auf spiegelnden Flächen, in der Landschaftsfotografie also meist der Wasseroberfläche von Seen oder Bächen. Hier im Bild ermöglicht er den Blick auf die unter der Wasseroberfläche liegenden Steine. Auch die Farbsättigung wird so deutlich verstärkt. Die gewünschte Intensität lässt sich durch Drehen des Filters in seiner Halterung stufenlos einstellen und im Sucher beobachten.

Die Verdunkelung des blauen Himmels kann sich bei Weitwinkelobjektiven je nach Blickrichtung aber nur in einem Teilbereich des Bildes besonders stark bemerkbar machen, was unter Umständen sehr unnatürlich wirkt. Da ist Fingerspitzengefühl nötig, zumal ein blauer Himmel auch in der Nachbearbeitung recht einfach dunkler zu bekommen ist. Im Gegensatz dazu bleibt die Reduktion von Spiegelungen die unangefochtene Stärke des Polfilters, die anders nicht zu haben ist. Doch auch hier ist es eine Frage der Dosierung, ob man die Wirkung noch als natürlich empfindet, denn ein vollständiges Ausschalten aller Spiegelungen kann eine Landschaft auch stumpf und leblos erscheinen lassen.

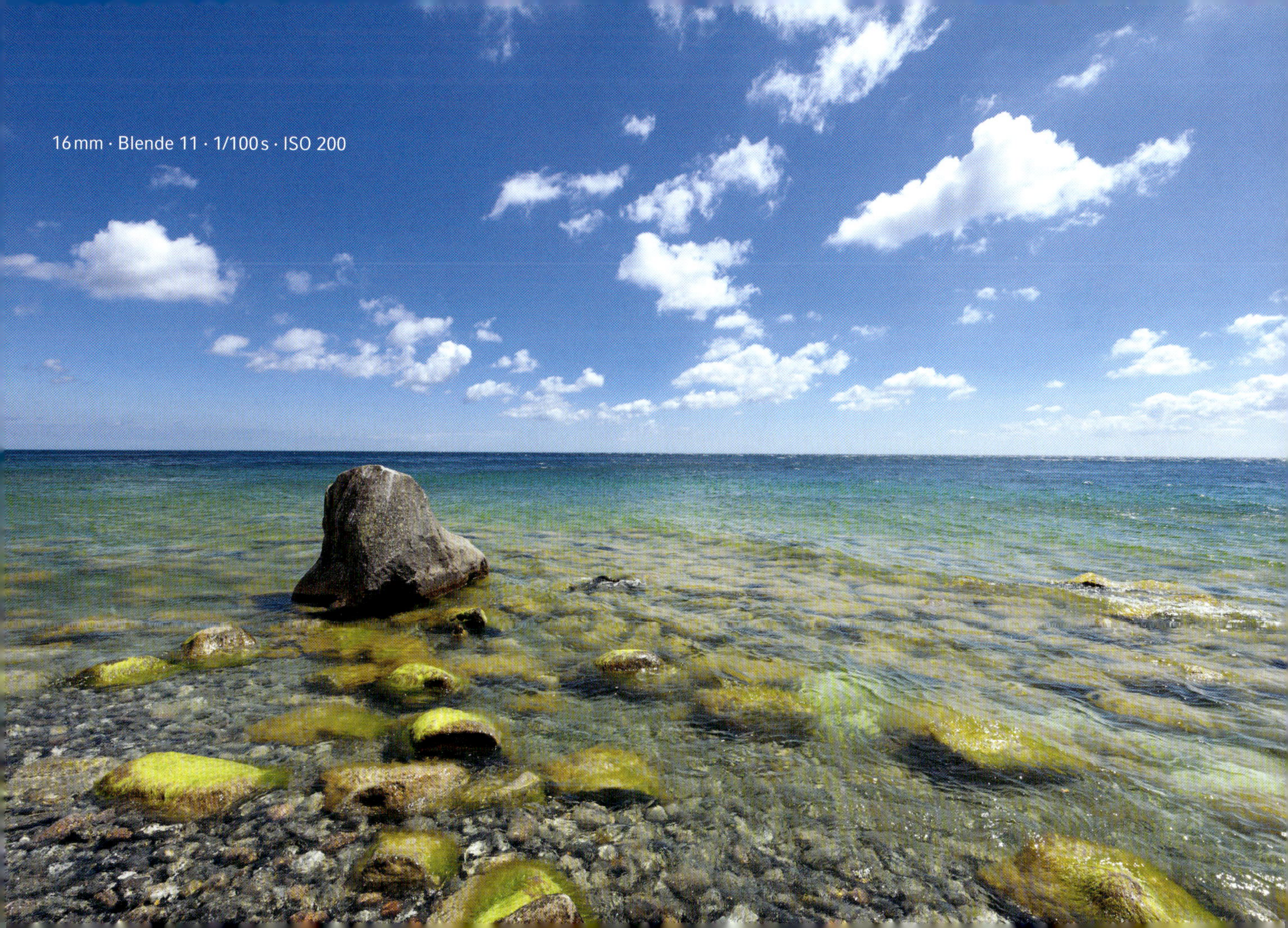

16 mm · Blende 11 · 1/100 s · ISO 200

# INDEX

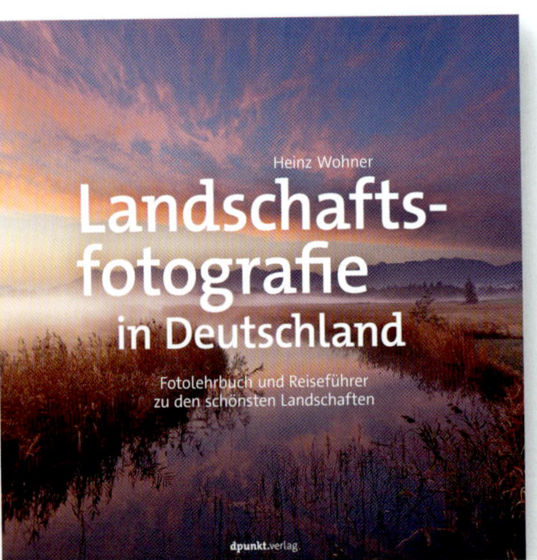


*2020*
*300 Seiten, Festeinband*
*€ 34,90 (D)*

*ISBN:*
*Print 978-3-86490-785-2*
*PDF 978-3-96910-003-5*
*ePub 978-3-96910-004-2*
*mobi 978-3-96910-005-9*

Warum immer in die Ferne schweifen? Heinz Wohner ist als Landschaftsfotograf seit vielen Jahren bevorzugt in Deutschland unterwegs. In diesem Buch möchte er zeigen, wie großartige Natur- und Landschaftsbilder auch in deutschen Landschaften entstehen können. Von der Weite der Nordsee mit ihren Inseln und Wattlandschaften zu den Kreidefelsen der Ostseeinsel Rügen, von den Seen Mecklenburg-Vorpommerns zu den Blütenteppichen der Lüneburger Heide, über die Mittelgebirgslandschaften von Harz und Eifel, Rhön und Schwarzwald bis hinunter zu den Bergregionen der Alpen.

Das Buch ist Fotolehrbuch und fotografischer Reiseführer in einem. Der Autor möchte Sie mitnehmen auf eine Reise zu den attraktivsten Regionen Deutschlands, und dabei Bild für Bild auf leicht verständliche Weise erklären, worauf es in der Landschaftsfotografie ankommt. Sie lernen die Grundregeln der Landschaftsfotografie kennen und erfahren, wo in Ihrer Nähe die interessantesten Fotomotive warten. Mit dem dabei vermittelten Wissen gelingen auch in unserer Heimat beeindruckende Bilder, die berühren und sich sehen lassen können.

Heinz Wohner

# Landschaftsfotografie in Deutschland

**Fotolehrbuch und Reiseführer zu den schönsten Landschaften**

**Jetzt bestellen unter www.dpunkt.de**

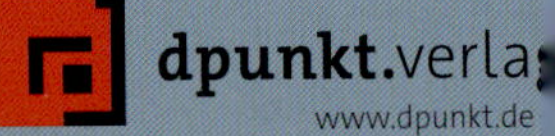